KB200952

국제 전문가가
들려주는

ICT4D

| 정보통신기술과 국제개발협력

ICT4D
Information and
Communication Technology for
Development Cooperation

국제 전문가가
들려주는
ICT4D

 정보통신기술과 국제개발협력

이희진 엮음

이희진·유성훈·김태은·배진현·차경진·김민진·장승권·
조수미·정영찬·섭제임스·박경렬·권호·임문정 지음

한울
아카데미

　올해는 국내적으로 우리나라가 OECD DAC에 가입한 지 10년이 지나는
시점이며 UN SDGs 시대 제3차 개발협력 기본계획이 실행되는 의미 있는
해이기도 합니다. 또한 전 세계적으로 코로나-19 팬데믹 이후 개발협력
의 새로운 방향성이 논의되고 모색되는 전환기이기도 합니다. 이러한 시
기에 우리 학회의 선도적인 ICT4D 연구분과위원회에서 『국제 전문가가
들려주는 ICT4D: 정보통신기술과 국제개발협력』을 연구총서로 발간하는
것은 매우 기쁜 소식이 아닐 수 없습니다.

　우리나라는 이례적으로 빠른 경제성장을 이룩한 경험이 있고, 그 바탕
에는 ICT 부분의 발전과 경쟁력이 자리 잡고 있다는 주장에 많은 분들이
동의하고 있습니다. 개발정책의 우선순위 및 중요성 측면에서 부침은 있
었지만 1980년 이후 30여 년 동안 ICT를 기반으로 한 ODA 사업은 개발협
력에 중요한 부문으로 자리 잡아 왔습니다. 즉, ICT는 행정, 보건, 농업,
교육, 교통, 물 관리 등 다양한 개발협력 사업의 기반이 되어 왔으며, 특
히, 개발협력 사업 섹터 간 연계성을 촉진시키는 방법론으로 주목받고 있
습니다.

　이러한 배경하에 이 책은 몇 가지 의미에서 중요합니다. 우선, 개발협

력의 중요 방법론이자 도구인 ICT의 주요 개념, 논쟁과 발전 과정을 정리하고 이를 바탕으로 향후 방향성을 제시하고 있는 입문서이자 선도적 연구라는 점입니다. 그간 우리는 ICT에 대해 다양한 이야기를 해 왔지만 정작 그 정체성과 개발협력 지형에서 차지하는 의미에 대한 정치한 논의는 부족했던 것이 사실입니다. 또한 코로나 이후 뉴노멀 시대를 준비하는 시기에 개발협력의 과거를 성찰하고 미래의 정책적·사업적 양식을 제시하는 데 이 책이 일조하고 있다는 점에서 의미가 있습니다. 마지막으로 개발협력의 다양한 사업 효과성 제고를 촉진하는 기제로서 ICT의 가능성을 제시하고, ICT ODA 의 주류화 및 세부 적용방안을 고민하게 합니다. 즉, ICT ODA는 개도국과 선진국의 교육적·기술적·산업적 격차를 효과적으로 줄일 수 있고 더 나아가 개도국 빈곤과 경제적·사회적 양극화를 줄일 수 있는 효과적인 방법론이 될 수 있다는 점입니다.

이 책이 출판되기까지 많은 분들의 열정과 노고가 있었습니다. 국제개발협력학회 전임회장인 이희진 교수께서 헌신해 주었고 모든 집필진이 애정과 열정을 쏟아 주었습니다. 아울러 출판을 위해 후원해 준 정보통신정책연구원의 고상원 개발협력연구실장, 이종화 박사, 유성훈 부연구위원 등 모든 분들께 감사드립니다.

다시 한번 이번 출판을 축하드리며, 앞으로도 국제개발협력학회는 개발협력 중요 어젠다를 담아 연구총서 시리즈를 기획·지원할 것을 약속드립니다. 관심 어린 시선과 응원을 부탁드립니다. 감사합니다.

2021년 1월 30일

국제개발협력학회 회장

김성규

정보통신기술(ICT)은 경제와 사회 그리고 인간의 행태를 크게 변화시켜 왔습니다. 이 글을 쓰고 있는 현재 세계에서 시장가치가 높은 5대 기업은 애플·사우디 아람코·마이크로소프트·아마존·구글로, 이 중 사우디 아람코를 제외하고는 모두 정보통신기술 기업입니다. 국제전기통신연합(ITU) 통계에 따르면 2019년 전 세계 인터넷 사용자는 인구 100명당 50명을 훌쩍 넘어섰고, 모바일 브로드밴드 가입자는 지난 10년간 아프리카 대륙에서는 20배, 아시아 대륙에서는 10배 이상 증가했습니다. 그러나 최빈국의 인터넷 사용자는 100명당 19명으로 선진국의 87명에 비해 크게 낮아 디지털 격차로 인한 문제가 심화될 수 있다는 것을 보여 줍니다.

한 연구는 ICT 보급률과 경제성장이 역U자의 형태를 보인다는 가설을 세우고 이를 실증적으로 검증했습니다. ICT 보급률이 도약을 위한 최소 임계치를 넘어서면 경제성장률이 빠르게 증가하다 포화점에 이르고 이어 둔화된다는 가설입니다. 실제로 모바일 브로드밴드 보급이 경제성장에 미치는 영향은 소득수준이 낮은 개도국에서 더 높게 나타났습니다. 개도국에 대한 ICT ODA가 개도국의 경제성장에 도움이 될 수 있다는 증거입니다.

정보통신기술은 정보통신산업을 넘어 농업, 교육, 의료, 교통, 물류 등 다양한 분야에서 활용되며 전 산업의 생산성을 높이고 있으며, 유엔이 제시한 17가지 지속가능개발목표를 달성하는 효과적인 수단이 될 수 있습니다. AI, 클라우드, 빅데이터, 블록체인과 같은 첨단 정보통신기술의 도입부터 5G 이동통신과 같은 네트워크 구축, 전자정부, 사이버 보안, 전 산업의 분야에 대한 디지털 전환에 이르기까지 정보통신기술을 활용한 경제 발전에 대한 개도국의 관심과 수요는 의외로 높습니다. 모바일 금융 서비스, 드론을 활용한 희귀 혈액의 오지 운송, 주요한 생산수단인 소를 운반하기 위한 트럭 공유 서비스 등이 아프리카 개도국에서 활성화되어 있는 것이 그 증거입니다. 우리는 ICT ODA를 통해 개도국과 선진국의 교육 격차, 기술 격차, 인프라 격차, 산업 격차, 궁극적으로는 소득 격차를 줄여 나갈 수 있습니다.

국제개발협력학회의 ICT4D 연구분과위원회와 정보통신정책연구원은 2018년부터 ICT가 국제개발협력에 있어 매우 중요한 역할을 할 수 있다는 공동 인식 아래 ICT 개발협력 사업에 대한 비판적 고찰과 향후 발전방안을 함께 모색해 왔습니다. 이 책에 포함된 글들은 이러한 협력의 결과

물입니다. 이 책은 ICT를 통한 개도국의 경제 발전에 관심이 있는 모든 분들에게 입문서 역할을 할 수 있을 것입니다. 책이 출간되기까지 애써 준 저자 분들과 정보통신정책연구원의 이종화 박사, 국제개발협력학회의 김성규 회장과 관계자 여러분께 감사드립니다.

2021년 1월 30일

정보통신정책연구원 개발협력연구실장

고상원

차례 ────────────────────

발간사_ 김성규(국제개발협력학회 회장) 4

발간사_ 고상원(정보통신정책연구원 개발협력연구실장) 7

서론_ 국제개발협력에서 ICT의 위상 (이희진) 13

1부 우리나라의 ICT ODA ──────────────── 31

1장 한국 ICT ODA 현황 진단: 2015~2019 국제개발협력 종합시행계획 분석
(유성훈) 33

2장 한국의 ICT ODA 전개와 한국형 ICT ODA의 미래 (김태은) 79

2부 국제개발협력 분야에서 ICT의 활용 ──────── 107

3장 국제개발협력에서 전자정부 사업의 효과성 제고 방안 (배진현) 109

4장 개발도상국에서의 정보시스템 개발과 신뢰: 우간다의 인터넷 뱅킹 사례를
중심으로 (차경진) 145

5장 금융 포용성과 ICT: 개발도상국의 모바일 머니를 중심으로 (김민진) 167

6장 협동조합을 통한 개발(C4D)과 ICT4D: 개념과 사례 (장승권·조수미) 209

3부 ICT4D의 주요 이슈 ———————————————— 235

7장 지속가능성을 높이기 위한 ICT ODA 현지 조사의 새로운 방법론

(정영찬) 237

8장 반부패에 효과적이지 못한 한국 ICT ODA (셥제임스) 283

9장 데이터와 국제개발협력 (박경렬) 305

4부 직업으로서의 ICT4D ———————————————— 349

10장 개발협력 ICT 컨설턴트 되기: 새로움을 찾아서 (권호) 351

11장 ICT4D를 공부한다는 것: 끊임없는 도전과 고민, 그리고 관점의 정립

(임문정) 393

국제개발협력에서 ICT의 위상

이희진(연세대학교 국제학대학원 교수)

1. ICT의 융합화와 국제개발협력에서의 역할

2003년 ≪하버드 비즈니스 리뷰≫에 당대의 IT 업계와 학계, 그리고 경영자 사이에 큰 논쟁을 일으킨 글이 발표되었다. "정보기술 중요하지 않다(IT doesn't matter)"라는 도발적인 제목을 달고 있는 글이었다(Carr, 2003). 누구나 정보기술의 전략적 가치를 논하고, 기업 경쟁력을 높이기 위해서 정보기술을 어떻게 활용할 것인가가 기업 경영에서 일상적인 대화의 소재이던 시절이었다. 정보기술의 잠재력과 보편성이 증가하면서 정보기술의 전략적 가치도 상승했고, 이것이 당시 IT 업계, 학계, 경영계에서 공유되는 상식이었다. 카는 이것이 잘못된 생각이라는 도발적인 주장을 펼친다.

어떤 자원을 진정으로 전략적으로 만드는 것은 보편성이 아니라, 희소성이다. 당시에는 이미 정보기술의 핵심 기능이라 할 수 있는, 데이터 저장, 데이터 처리 및 데이터 전송을 모든 기업이 구매해서 사용할 수 있게 되었다. 정보기술의 힘과 존재 자체가 잠재적인 전략적 자원에서 생산의 기본 요소, 특히 차별화되지 않은 가격으로 구매할 수 있는 일반 상품 (commodity)이 되어 버렸다는 것이다. 카는 산업 발전의 역사로부터 예를 가져온다. 증기기관, 철도에서 전신, 전화, 발전기, 내연기관이 모두 이런 과정을 거쳤다. 예를 들어, 발전기의 초기에 공장 가동에서 전기를 사용한다는 것은 큰 전략적 우위였고 기업들은 전기를 사용하기 위해 발전 시설 근처에 공장을 세웠다. 하지만 전력망이 갖추어지고, 전기가 범용으로 활용되기 시작하면서 전기는 더 이상 전략적 자원이 아니라, 누구나 사용할 수 있는 일반 상품이 되었다. 자사만이 사용할 수 있는 기술(proprietary technologies)에서 공유될 때 더 가치를 발휘하는 기반 기술(infrastructural technologies)이 된 것이다.

카에 의하면, 정보기술은 2000년대에 이미 차별적이고 전략적인 우위를 주는 고유 기술에서 누구에게나 가용한 기반 기술이 되었다. 따라서 정보기술이 차별화를 낳는 전략적 가치를 준다는 맹신을 갖지 말고 정보기술 투자에 신중해야 한다. 즉, 이제 정보기술 투자에서 공세적이기보다는 수세적으로 신중해야 한다고 주장했다.

여기서 당시의 논쟁을 길게 언급한 것은 지난 십여 년 동안 보아 온 우리나라의 국제개발협력에서 정보통신기술(Information and Communication Technologies: ICT)이 인식되는 방식과 추세가 이 논쟁을 연상시키기 때문이다.

우리나라는 1980년대 이후 ICT를 기반으로 빠른 경제성장을 이룩한 경험을 바탕 삼아 ICT 분야 ODA를 강조해 왔다. 개발도상국들도 우리나라의 ICT 강국이라는 명성에 영향을 받아 ICT 관련 사업을 원했고, 수용도가 높았다. ICT 강국이라는 특장을 살리면서, 수원국이 원하는 사업을 수행한다는 명분도 있는 이중의 장점을 지녔기 때문에 다른 공여국에 비해 ICT가 전체 ODA에서 차지하는 비중이 높은 편이다(주한나 외, 2020)[1]. 그러나

〈그림 서론-1〉2000년대 초반 KOICA의 중점 협력 분야

자료: KOICA 홈페이지.

최근의 동향을 보면 우리나라 국제개발협력에서 ICT ODA는 과학기술정
보통신부의 국제개발협력사업에서는 여전히 중요한 위치를 점하고 있으
나 예전만큼의 명성을 누리지는 못하는 것 같다. 일례로 한국국제협력단
(Korea International Cooperation Agency: KOICA)에서 ICT 사업의 위상 변화를 보자.

2010년대 초반 무렵까지 정보통신기술은 교육, 보건, 거버넌스, 농업/
임업/어업, 산업/에너지, 환경, 재난구호, 기후변화 등과 더불어 독자적인
핵심 협력주제(Core Aid Theme)였다.(〈그림 서론-1〉)

이후 KOICA는 사업 구조 조정을 하면서 정보통신기술을 별도의 중점
협력분야에서 범분야(cross-cutting)로 재배치한다〈그림 서론-2〉.[2] 범분야란 모든

---

1) 1장 '한국 ICT ODA 현황 진단: 2015~2019 국제개발협력 종합시행계획 분석'과 8장 '반부
   패에 효과적이지 못한 한국 ICT ODA'도 참조.
2) 'KOICA 중기전략 2010-2015: 브로슈어'에 "KOICA는 'KOICA 선진화계획'의 '선택과 집
   중'의 원칙에 의거, 교육·보건·공공행정·농림수산 및 산업에너지 등 5대 중점 지원분야

<그림 서론-2> 범분야로서의 정보통신기술

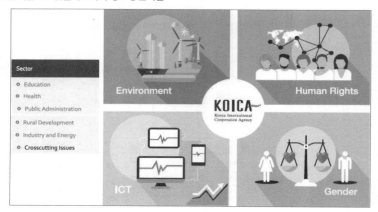

자료: KOICA 홈페이지.

분야의 사업에서 고려되고 중점적으로 다루어져야 한다는 의미이다. 이는 곧 주류화(mainstreaming)로 해석되기도 한다. 범분야에는 정보통신기술과 더불어 환경, 인권, 성평등이 속한다. 즉, 중점 분야인 교육, 보건, 공공행정, 농촌 개발 및 산업/에너지에서 사업을 수행하면서, 이 4가지 범분야 주제를 항상 염두에 두고, 실현하도록 한다는 의미이다. 카의 논쟁에서 정보통신기술이 기반 기술이 된다는 주장을 연상하게 한다. 범분야가 된다는 것은 정보통신기술의 중요성과 위상이 높아졌다는 의미로도 해석할 수 있다. 그러나 현실 맥락에서는 전담 조직이 모호해지고, 모두가 중시여겨야 한다는 선언적인 존재로 되었다는 해석도 가능하다.

KOICA가 분야별 중기전략(2016-2020)을 수립하면서 정보통신기술에는

_____

를 선정했고, 또한 중점 분야 지원 시 기본 가치로 고려되어야 할 젠더·인권·환경과 **수단**으로서의 ICT를 범분야로 정의했다"(8쪽, 고딕체는 필자 강조)고 기술하고 있다. 그러나 같은 문서의 '범분야 전략 및 가이드라인' 절에 성평등과 환경에 대해서 자세하게 기술하는 데 반해, 인권과 ICT는 별도로 다루어지지 않고 있다.

<그림 서론-3> 분야별 중기전략(2016-2020) KOICA 지원 분야

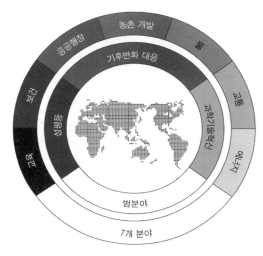

자료: KOICA(2017).

또 한 번의 변화가 있다. 범분야에서 사라진 것이다(KOICA, 2017). 범분야는 성평등, 기후변화대응 및 과학기술혁신 세 분야로 이루어지고, 중점 분야의 기술환경에너지 분야가 물, 교통, 에너지 3개 세부 분야로 나뉜다. 정보통신기술은 하나의 정체성을 가진 분야로 보기는 어렵게 되었다(<그림 서론-3>).

현재 정보통신기술은 분야로서보다는 형태별 지원 사업에서 혁신적 개발협력 사업 중 '혁신적 기술 프로그램(CTS)'[3])으로 그 명맥을 유지하고 있는 것으로 보인다. CTS에서는 주로 정보통신기술을 기반으로 하는 스타트업의 혁신 기술 및 아이디어를 개발도상국을 위한 ODA 사업에 접목하

---

3) 원래 '창의적 가치 창출 프로그램(Creative Technology Solution)'이고 국문 프로그램명을 바꾸었으나 이미 구축된 CTS 브랜드를 유지하고 있다.

<그림 서론-4> KOICA의 혁신적 개발협력 프로그램과 혁신적 기술 프로그램

자료: KOICA 홈페이지.

<그림 서론-5> 각 분야별 정보통신기술 요소를 포함하는 세계은행 사업의 비율

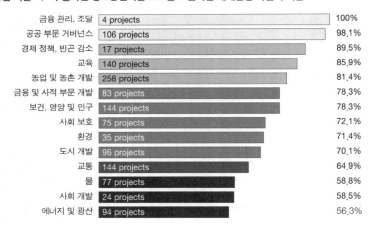

금융 관리, 조달	4 projects	100%
공공 부문 거버넌스	106 projects	98.1%
경제 정책, 빈곤 감소	17 projects	89.5%
교육	140 projects	85.9%
농업 및 농촌 개발	258 projects	81.4%
금융 및 사적 부문 개발	83 projects	78.3%
보건, 영양 및 인구	144 projects	78.3%
사회 보호	75 projects	72.1%
환경	35 projects	71.4%
도시 개발	96 projects	70.1%
교통	144 projects	64.9%
물	77 projects	58.8%
사회 개발	24 projects	58.5%
에너지 및 광산	94 projects	56.3%

자료: World Bank(2012: 4).

는 사업들이 많다.

카의 논쟁에서도 보았듯이 KOICA에서 이러한 정보통신기술의 위상 변

18

화는 정보통신기술 자체의 본질에 기인한다. 즉, 독자적인 분야라기보다는 다른 분야의 발전을 촉진하는 기술(enabling technology)로서의 역할이 점점 더 중요해지는 것이다. 이는 세계은행의 조사에서도 잘 나타난다. 〈그림 서론-5〉는 2003년부터 2010년까지 세계은행이 시행한 1300여 개 사업에서 정보통신기술 요소가 포함된 사업의 비율을 보여 준다. 모든 분야에서 정보통신기술 요소를 포함하는 프로젝트가 과반 이상이고, 금융/조달 및 공공 부문 거버넌스 분야는 모든 프로젝트에 ICT 요소가 포함되어 있다.

여기서 다시 카의 주장으로 돌아가 보자. 카에 의하면 기반 기술이 된 ICT는 기업들에게 더 이상 전략적 우위를 가져다주지 못하기 때문에 정보통신기술 투자에 신중해야 하고, ICT가 가져올 기회가 아니라 위험에 주목해야 한다고 조언했다. 이런 주장은 일견 누구나 ICT 투자의 악대차(band wagon)에 올라타지 않으면 안 될 것 같은 당시의 분위기에 경종을 울리는 긍정적인 역할을 했다고 할 수 있다. 그러나 오늘날의 현실을 보면 기술의 종류만 바뀌었을 뿐 정보통신기술은 기업, 산업 나아가서 국가의 경쟁력에서 여전히, 아니 더욱더 중요한 역할을 맡고 있다. 당시에는 인터넷, 브로드밴드, 전자상거래 등이 핵심 기술이나 서비스였다. 오늘날에는 데이터, 모바일, 플랫폼, 인공지능, 클라우드 등을 떠나서 기업의 경쟁력을 논할 수 없을 정도이다.

국제개발협력에서도 사정은 다르지 않다. Heeks(2008)는 ICT4D의 역사를 0.0, 1.0, 2.0으로 구분한다. 20세기 중반부터 1990년대 후반까지는 ICT4D 0.0 세대로, 통신의 기능이 거의 없는 일반 컴퓨팅 기술을 개발도상국에 이전하는 것이었다. 이후 인터넷이 널리 보급된 1990년대 후반이 되어서 공여기관들이 개발도상국에 인터넷 네트워크나 이를 활용하는 텔레센터를 구축하기 시작했다. 이를 ICT4D 1.0 세대라고 칭한다. 2000년대 초반에 인터넷 사용이 가능한 휴대전화가 널리 보급되고 모바일 네트워크 기술과 서비스가 발전하면서 ICT4D 2.0 세대가 도래했다. 이때는 각 분야에서 ICT를 활용한 프로젝트가 활발히 진행되면서 농업, 교육, 보건, 여성 등 맞춤형 기술 솔루션 및 인프라 구축이 이루어졌다. Heeks (2020)는 나아가 ICT4D 3.0을 제시하면서 광대역, 소셜미디어, 클라우드, 사물인터넷 등의 기술이 개발협력에 필수적인 요소가 되었고 4차 산업혁명과 맞물려 향후 10년간 새로운 패러다임을 구축할 것이라고 제시한다(주 한나 외, 2020).

하나의 예를 들어 보자. 최근의 수자원 관리 사업에는 앞에 '정보통신 기반'이라는 말이 붙는 경우가 많다. 수자원을 효율적으로 관리하기 위해 강 유역에 센서를 설치하고 이 센서를 통해 강물의 속도, 수량 등 수자원 관리에 필요한 주요 지표를 일정 시간 간격으로 측정한다. 이렇게 수집된 측정값은 통신 네트워크를 통해서 집중관리센터에 보내지고 여기서 의사결정시스템(decision making systems)에 입력되어 물관리에 필요한 조치가 취해진다. 즉, 여기에는 데이터, 모바일 통신, 인공지능의 초기 단계로서의 전문가시스템(expert systems) 기술 등이 개입한다. 이는 또 사물인터넷(Internet of Things: IoT)의 일부가 된다. 오늘날 국제개발협력에서는 모바일을 활용한 국제개발(mobile for development)[4]과 데이터를 활용한 국제개발(data for development)[5]이 새로운 틀이 되고 있으며, 여기서 한 발 더 나가면 플랫폼을 활용한 국제개발(platform for development)이 새로운 패러다임이 될 것이다.

여기서 또 주목해야 하는 개념이 융합이다. 국제개발협력에서 정보통신기술이 예전처럼 부각되지 않는 이유는 정보통신기술 자체나 활용 능력을 보급하는 사업(예: 텔레센터 설립, 인터넷 활용)보다는 다른 모든 사업들에서

---

4) 5장 '금융 포용성과 ICT: 개발도상국의 모바일 머니를 중심으로' 참조.
5) 9장 '데이터와 국제개발협력' 참조.

하나의 요소로서 융합되어 사용되기 때문이다. 1장 '한국 ICT ODA 현황 진단: 2015~2019 국제개발협력 종합시행계획 분석'은 우리나라 ICT ODA를 "ICT 자체 요소(통신망, 방송, 정보시스템 등)를 중심으로 지원되는" '일반 ICT ODA'와 "ICT를 활용하거나 사업 요소에 ICT가 포함되는" '융합 ICT ODA' 두 부분으로 나누어 정리했다. 2019년의 경우, '일반 ICT ODA'가 전체 ODA에서 차지하는 비중은 1.4%(438억 원)이고, '융합 ICT ODA'는 7.2%(2328억 원)였다. '융합 ICT ODA'는 2015년부터 분석기간 동안 비율이 일관되게 증가해 오고 있다.

이상에서 보았듯이 ICT는 대부분의 국제개발협력사업에서 융합의 요소로서 각 사업의 효율성과 효과성을 촉진하는 역할을 하면서, 점차 그 중요성이 높아지고 있다. 그럼에도 불구하고, 또는 그렇게 융합되어 가기 때문에, 국제개발협력에서 정보통신기술 분야의 정체성과 위상은 모호해지는 경향이 있어 왔다. 예를 들어, KOICA에서 정보통신기술이 범분야로 자리매김하면서 정보통신기술 분야에 대한 독자적인 통계가 잡히지 않게 되었다.[6] 한편, 각 분야 전문가도 사업을 수행하면서 ICT 전문가와 밀접하게 협력한다. 국제개발협력사업에서 정보통신기술의 역할과 발생 가능한 부작용[7] 등에 대한 이해는 두 전문가 집단의 이해를 돕고, 사업을 원활하게 진행하는 데도 도움이 될 것이다.

---

[6] 1장 '한국 ICT ODA 현황 진단: 2015~2019 국제개발협력 종합시행계획 분석'은 우리나라 국제개발협력사업에서 정보통신기술 분야의 규모와 추세를 통계적으로 파악하기 위한 시도이다. 후속 작업으로 정보통신정책연구원은 "ICT ODA 통계 관리체계 구축을 통한 사업 효과성 제고방안 연구"를 실시 중이다.

[7] 섭제임스는 8장 '반부패에 효과적이지 못한 한국 ICT ODA'에서 우리나라의 ICT ODA가 수원국의 부패도를 높인다는 매우 도발적이고 신랄한 비판을 한다.

2. 책의 목적과 글 소개

국제개발협력의 높아 가는 인기와 한국 ODA에서 ICT 분야의 중요성에 대한 인식에 기반해서 볼 때 ICT4D에 대한 입문서가 필요한 시점이다. 이러한 배경에서 이 책은 ICT 분야에서 다양한 사업 경험을 가진 전문가와 ICT4D 연구자들이 다음 3가지 목적을 염두에 두고 집필했다.

첫째, 국제개발협력에서 정보통신기술의 역할에 대한 이해를 통해 ICT4D 분야의 정체성을 세운다. 이상에서 보았듯이 ICT는 기반 기술이 되면서, 다르게 표현하면 모든 분야의 사업에 구성 요소로 되는 융합 기술이 되면서 정체성이 모호해지는 경향이 있다. 그러나 이는 일면적인 관찰이고 모든 분야에서 효율성과 효과성을 높이는 데 불가결한 촉진 기술로서 점점 중요해지는 분야이다.

둘째, 다양한 분야에서 사업의 한 요소로서 정보통신기술을 접하는 분야 전문가들의 ICT4D에 대한 이해를 높인다. 이를 통해 정보통신기술 전문가 또는 엔지니어들과 원활하게 상호 작용하고 사업의 성공 가능성을 높일 수 있다.

마지막으로, 정보통신기술 분야에서 활동하는 전문가나 관련 분야 연구에 관심 있는 젊은이들에게 하나의 진로로서 소개하고자 하는 뜻도 있다. 위에서도 언급했듯이 ICT4D 사업은 타국에 비해 우리나라 국제개발협력에서 상대적으로 큰 비중을 차지하며, 따라서 관련 분야 엔지니어, 전문가, 연구자에 대한 수요가 상존한다. 그러나 이 분야에 대해서는 읽을거리가 별로 없다. 국제개발협력에 관심 있는 엔지니어나 ICT를 통한 개발도상국 발전이라는 주제에 관심 있는 젊은 연구자들이 이 책을 읽고 새로운 경험을 시도해 보기를 기대한다.

이 책은 총 3부로 구성되어 있다. 1부에서는 우리나라의 ICT ODA를 둘러본다. 1장 '한국 ICT ODA 현황 진단: 2015~2019 국제개발협력 종합시행계획 분석'(유성훈)은 최근 5년간(2015~2019) 우리나라 국제개발협력 종합시행계획의 전체 사업 리스트를 활용하여 ICT ODA라고 분류할 수 있는 사업들을 구별해 낸다. 이는 ICT ODA가 우리나라 ODA에서 전략적이고 중요하다고 강조되는 현실과는 반대로 이를 따로 구분할 수 있는 통계치가 미비한 현실에서 매우 의미 있는 작업이다. 앞에서도 언급했듯이, ICT 자체를 목적으로 하는 ODA, 즉 '일반 ICT ODA'와 타 분야에서 ICT를 활용하거나 ICT 요소가 내재화되어 있는 ODA, 즉 '융합 ICT ODA'를 나누고 전체 사업 리스트에서 두 종류 ICT ODA를 분별해 낸다. 이 결과에 의하면 '일반 ICT ODA'보다는 '융합 ICT ODA'가 액수나 사업 건수 면에서 증가했고 압도적이다. 이는 ICT가 점점 모든 분야에서 불가결한 요소가 되었다는 점을 보여 준다. 유성훈의 주장처럼 "정형화된 사업 형태에서 벗어나 새로운 콘텐츠와 플랫폼을 가진 ICT ODA 사업 구상과 발굴"을 위해서 이런 지속적인 기초통계 조사가 필요하다. 2장 '한국의 ICT ODA 전개와 한국형 ICT ODA의 미래'(김태은)는 한국 ICT ODA의 과거를 돌아보고, 미래의 방향과 과제를 제시한다. 비록 과학기술정보통신부가 수행한 사업들을 중심으로 한 분석이지만 한국 ICT ODA에 대해서도 유효한 문제제기를 한다. 정보통신기술 분야에서 AI, 빅데이터, 클라우드, 플랫폼 등 새로운 기술과 이에 기반한 패러다임으로 전환하고 있는데 아직 한국은 4차 산업혁명이나 디지털 전환(digital transformation)에서 공유할 만한 성과나 경험을 도출하지 못했다. 한국의 ICT ODA는 과거 ICT 분야에서의 성공에 다분히 기대온 측면이 있다. 따라서 새로운 ICT 패러다임에서 기존의 한국 ICT ODA가 지속가능한지, 또 지속가능하려면 어떻게 변화해야 할 것인지 계속 고민해야 할 과제이다.

2부는 국제개발협력에서 ICT가 활용되는 분야들을 소개한다. 물론 여기에서 다룬 분야들은 극히 일부에 지나지 않는다. 앞에서 계속 말한 바와 같이 정보통신기술은 범분야를 넘어서 융합 요소로서 모든 분야의 사업에서 활용되고 점점 더 중요한 역할을 하고 있다. 전자정부는 공공행정 또는 거버넌스에서 주요 축을 이루는 사업 형태이다. 3장 '국제개발협력에서 전자정부 사업의 효과성 제고 방안'(배진현)은 KOICA에서 전자정부 사업을 직접 관리하면서 수행한 경험을 바탕으로 효과성을 제고하기 위한 방안을 제시한다. 4장 '개발도상국에서의 정보시스템 개발과 신뢰: 우간다의 인터넷 뱅킹 사례를 중심으로'(차경진)는 신뢰가 개발도상국의 정보시스템 개발 성과에 미치는 영향을 경험적 연구로 보여 준다. 우간다의 인터넷 뱅킹 사례는 공여국의 원조에 의한 정보시스템 개발은 아니지만 그 함의는 ODA로서의 시스템 개발에도 그대로 적용된다. 더욱이 이 연구는 기존 개발도상국에서의 정보시스템 개발 연구가 수원국 쪽에서의 신뢰만을 문제 삼는 것을 비판하면서 시스템을 제공하는 공여국 자체와 공여국으로부터 파견된 기업과 전문가들에 대한 신뢰의 문제를 제기하는 데 의미가 있다. 정보시스템 개발에 관한 다수의 연구에 의하면, 사회기술시스템(sociotechnical systems)의 구축이 정보시스템의 성공적인 개발과 활용에 관건이다. 여기서 핵심이 개발자와 이용자 간의 신뢰, 기술에 대한 신뢰를 쌓는 것이다. 이 문제는 개발도상국에서 원조에 의해 이뤄지는 시스템 개발에서 더 복잡한 고차의 방정식이 된다. 대부분의 융합 ICT ODA 사업은 시스템 개발을 일부라도 포함하는 경우가 많다. 시스템이 개발되고 잘 사용되기 위해서는 신뢰가 기본적인 요소라는 점에서 사업을 수행하는 여러 분야의 전문가들이 주목할 내용이다. 5장 '금융 포용성과 ICT: 개발도상국의 모바일 머니를 중심으로'(김민진)는 정보통신기술로 구현된 모바일 머니가 개발도상국에서 금융 포용성(financial inclusion)을 높이는 데 어떻게 기여했고(M-Pesa의 사례), 어떤 잠재력을 지니고 있는지 검토한다. 6장 '협동조합을 통한 개발(C4D)과 ICT4D: 개념과 사례'(장승권·조수미)도 개발도상국의 협동조합에서 정보통신기술을 성공적으로 활용한 사례를 보여 준다.

3부는 ICT4D의 3가지 주요 이슈를 다룬다. 정보시스템 또는 응용 프로그램 개발에 있어서 현장과 사용자 중심의 현지 조사(7장), ICT4D 사업이 의도한 성과를 가져오는가라는 근본적 질문(8장)과 오늘날 어느 분야에서도 빼놓을 수 없는 데이터(9장)의 문제다. 7장 '지속가능성을 높이기 위한 ICT ODA 현지 조사의 새로운 방법론'(정영찬)은 작동하고 사용되는 정보통신기술 응용 프로그램을 만들기 위해서 현장 중심, 사용자 중심의 현지 조사를 강조한다. 비싼 돈을 들여 개발한 프로그램이 사용자들에게 외면당하는 것은 어느 조직, 사회에서도 흔한 일이다. 하물며 다른 문화권, 다른 세계관을 가진 선진국의 개발자들에 의해 만들어진 시스템이 개발도상국 현지에서 잘 사용되리라고 바라는 것은 무모할 정도이다. 실제로 ICT4D라는 이름 아래 만들어진 많은 시스템들이 사용되지 않는다. 이런 실패 또는 지속가능성의 부재에 대한 답을 정영찬은 먼저 시스템 개발 이전의 부실한 현지 조사에서 찾는다. 수년에 걸친 현지조사 경험에서 나온 방법론에 대한 숙지와 현지 및 현지 사용자에 대한 집요함은 허를 내두르게 한다. 앞에서도 언급했듯이 대부분의 ICT ODA 사업은 시스템 또는 응용 프로그램 개발을 포함하는 경우가 많다. 짧은 사업 기간 또는 현지조사 기간, 충분하지 않은 예산 등의 이유로 시스템 개발에 필수적인 현지 및 사용자에 대한 조사를 소홀히 하고 이것이 나중에 사용되지 않는 시스템을 낳는 경우가 많다. 충실한 현지 조사는 차경진이 강조하는 신뢰 형성의 첩경이기도 하다. 8장 '반부패에 효과적이지 못한 한국 ICT ODA'(섭제임스)는 우리나라 ODA 전반, 특히 ICT ODA에 대해서 신랄하게 비판한다. 경쟁력 있고, 상대적으로 많이 제공되는 한국의 ICT ODA가 수원국에서 부패를 높인다는 실증적 증거를 제시한다. 한국은 자원 확보 등을 목적으로 권위주의 국가에 많은 원조를 하는데 이런 나라에서는 ICT를 투명성을 높이고 민주적 절차를 세우는 데 효과적으로 활용할 가능성이 낮다. 섭제임스(James Schopf)는 거버넌스를 원조의 핵심 목표로 격상시킬 필요가 있다고 주장한다. 섭제임스의 연구는 논쟁의 여지는 있지만 우리나라의 국제개발협력 일반 또는 ICT ODA에 대해 무거운 질문을 던진다는 점에서 의의가 있다. 9장 '데이터와 국제개발협력'(박경렬)은 21세기 경제와 사회를 움직이게 하는 새로운 석유라고 불리는 데이터와 국제개발협력의 관계를 검토한다. 공공 데이터, 빅데이터 및 시민참여 데이터가 어떻게 국제개발협력에 기여할 수 있는가에 대한 비판적 논의는 주목할 만하다. 여기서도 신뢰가 등장한다. 정부와 공여기관에 대한 데이터 생산자, 사용자들의 신뢰가 낮다면 아무리 많은 데이터가 제공되고 기술적으로 우월한 시스템이 구축되어도 시민들은 데이터 플랫폼이나 피드백 메커니즘을 사용하지 않는다는 점에서 신뢰의 중요성을 다시 한 번 본다.

4부는 '직업으로서의 ICT4D'라는 제목을 달아 보았다. 이 분야에서 활동하고 연구하는 두 전문가가 자신의 경험에 바탕을 두고 이 분야에서 일하고 연구한다는 것의 의미에 대해 생생한 이야기를 전한다. 국제개발협력 일반, 특히 ICT4D에 관심 있는 젊은 전문가와 학문 후속세대가 관심을 가질 만한 이야기이다. 10장 '개발협력 ICT 컨설턴트 되기: 새로움을 찾아서'(권호)는 국제개발협력 분야에서 일하는 ICT 컨설턴트가 되는 길을 소개한다. 권호는 자신이 어떻게 ICT 컨설턴트에서 개발도상국 사업에 전념하는 국제개발협력 ICT 컨설턴트가 되었는지 구체적인 현황과 정보를 제공한다. 특히 '새로움'을 찾고, 호기심이 가득한 전문가에게 국제개발협력 ICT 컨설턴트처럼 항상 배울 것이 넘쳐나고, 프로젝트 하나하나가 호기심을 자극하는 새로움으로 가득 차 있다는 이야기는 듣는 이의 가슴을 설레게 한다. 11장 'ICT4D를 공부한다는 것: 끊임없는 도전과 고민, 그리고 관점의 정립'(임문정)은 임문정이 어떻게 ICT4D를 공부하게 되었고 어떤 도전에 부딪혀 왔는가를 자전적 이야기로 풀어 나가고 있다. 이 글 또한 앞의 글과 마찬가지로 새로움에 대한 호기심과 도전이 출발점이지만, 새로운 분야를 시작하는 연구자의 진지함과 열정, 한편으로는 고민이 잘 드러나고 있다는 점에서 ICT4D 분야뿐만 아니라 어느 분야에서도 새로운 연구자의 길을 걸어가고자 하는 젊은 학도들에게 유익한 글이라고 생각한다.

마지막으로 이 책이 나오기까지 여러모로 도움을 주신 분들에게 감사를 드린다. 무엇보다도 여기에 경험과 연구의 산물인 옥고를 싣도록 참여해 준 저자들에게 고마움을 표한다. 이 책의 토대가 된 모임은 10년도 넘게 전에 시작한 'ICT4D 연구회'였다. 장승권 교수와 정영찬 박사가 이때부터 같이한 분들이다. 2017년 이 모임이 국제개발협력학회의 'ICT4D 연구분과위원회'로 발전해서 모양을 갖추게 되었다. 'ICT4D 연구분과'는 권호 연구분과위원장의 치밀한 운영과 헌신적인 노력으로 확고하게 자리 잡았다. 이때 참여한 동료가 경영정보학 전공의 차경진 교수, KOICA의 배진현 과장인데 이들의 참여로 연구분과는 경영학, 현장성이라는 다양한 면모를 갖추게 되었다. 연구 모임이 힘을 받고, 무엇보다도 이 책이 구색을 갖추게 된 것은 'ICT4D'를 전공으로 박사를 취득한 젊은 연구진의 적극적인 참여 덕분이다. 한국과학기술원(KAIST)에서 일하는 박경렬 교수와 임문정 박사, 그리고 현재 University of East Anglia에서 박사과정 중인 김민진이 그들이다. 계명대학교의 섭제임스 교수는 비록 모임에 직접 참여하지는 못했지만, 한국 ICT ODA의 성과에 대해 비판적 시각을 제시해서 우리 모임에 지적인 자극과 반성을 동시에 주었으며, 논문의 번역본을 싣는 것에 흔쾌히 동의해 주었다.

모든 연구 성과물에는 연구자들의 지적인 노력과 거기에 쓰인 시간이 배어 있다. 하지만 이것을 책이라는 물리적 실체로 만들어 내기 위해서는 자원이 필요하다. 책을 만들자고 말만 하다가 구체화되기 시작한 계기는 정보통신정책연구원 국제협력연구본부 유성훈 부연구위원의 참여였다. 이종화 박사, 정보통신정책연구원 국제협력연구본부 김태은 부연구위원 세 분은 지난 3~4년 동안 우리 모임을 물심양면으로 도와주었다. 정보통신정책연구원 개발협력연구실의 고상원 실장도 더딘 출간을 묵묵히 기다려 주었다. 끝으로 출판에 마지막 힘을 더해 준 국제개발협력학회의 김성규 회장에게도 이 자리를 빌려 감사의 말을 전한다.

참고문헌

＊ 국내 문헌

주한나·정효림·권호·이희진. 2020. 「한국의 ICT 국제개발협력 연구 동향 분석: 2002년-2020년
　　학술 논문의 체계적 문헌 분석」. ≪국제개발협력연구≫, 제12권 3호, 33~55쪽.

한국국제협력단(KOICA). 2013. 「KOICA 중기전략 2010-2015: 브로슈어」.

한국국제협력단(KOICA). 2017. 「KOICA 분야별 중기전략 2016-2020」. 사업전략 2017-01-057.

＊ 해외 문헌

Carr, Nicholas. 2003. "IT Doesn't Matter." *Harvard Business Review*, May, pp.41~49.

Heeks, R. 2008. "ICT4D 2.0: The next phase of applying ICT for international development."
　　Computer, 41(6): 26~33.

Heeks, R. 2020. "ICT4D 3.0? Part 1 – The components of an emerging 'digital-for-develop-
　　ment' paradigm." *The Electronic Journal of Information Systems in Developing
　　Countries*, 86(3): e12124.

World Bank 2012. ICT for Greater Development Impact – World Bank Group Strategy for
　　Information and Communication Technology 2012-2015.

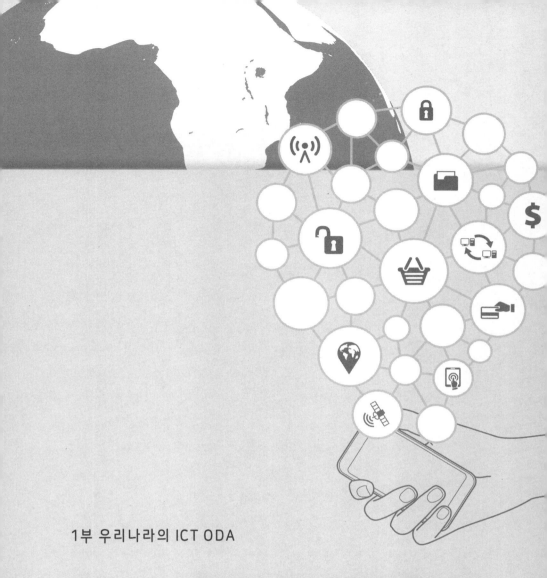

1부 우리나라의 ICT ODA

1장 한국 ICT ODA 현황 진단: 2015~2019 국제개발협력 종합시행계획
　　분석 (유성훈)
2장 한국의 ICT ODA 전개와 한국형 ICT ODA의 미래 (김태은)

한국 ICT ODA 현황 진단
2015~2019 국제개발협력 종합시행계획 분석

유성훈(정보통신정책연구원 국제협력연구본부 부연구위원)

1. 서론

우리나라가 경제협력개발기구(Organization for Economic Cooperation and Development: OECD) 개발원조위원회(Development Assistance Committee: DAC)[1])에 가입한 지 10년[2])이 지나고 있다. 그동안 한국은 국제사회에서 원조규모 확대, 지속가능발전목표(Sustainable Development Goals: SDGs) 달성 노력, 인도적 위기 지원 확대 등 공여국으로서 역할을 충실하게 수행해 왔다. 한편 변화하는 국제개발협력 환경에서 한국은 범부처 차원의 대응책을 마련하여 통합적·전

---

1) OECD의 3대 위원회(경제정책위원회, 무역위원회, 개발원조위원회) 중 하나로 개발도상국 원조에 관해서 회원국 간 상호 협력, 정보 교환, 정책 조정 등을 주요 목적으로 하여 운영되고 있다.
2) 한국은 2009년 11월 25일, 24번째 OECD DAC 회원국으로 가입, 2010년 공식적으로 공여국으로서 활동을 시작했다.

략적 공적개발원조(Official Development Assistance: ODA)를 추진하고자 노력하고 있다.

특히 SDGs는 오늘날 국제개발협력 분야에서의 최대 공동 이정표의 역할을 하고 있으며, 과학, 기술 그리고 혁신의 중요성을 강조하고 있다. 경제, 사회, 환경 등 모든 개발 영역에 걸쳐 그 효과를 제고하기 위해서 과학과 기술, 혁신이 중요한 역할을 수행하고 있는 것이다. 이러한 일련의 변화에서 정보통신기술(information and communication technology: ICT)은 개발목표를 달성하기 위한 촉매제로서 주목받고 있으며 융합 환경에서의 필수 요소로서 다양한 분야에 적용되고 있다.

우리나라 정부는 일찍이 ICT의 중요성을 인식하여 관련 인프라를 구축하고 정보화에 앞장서 왔으며, 이를 통해 경제를 성장시키고 위기를 극복한 경험이 있다. 이에 많은 개발도상국은 이러한 한국의 사례를 주시했으며, 경제 발전을 견인하기 위한 도구로서 ICT 부문의 총체적이고 장기적인 발전계획 수립 경험을 자국에 적용하는 모델을 벤치마킹하고자 했다. 정부는 최근 신남방 ODA 정책 추진에 있어 5대 중점 프로그램으로 '포용적 개발을 위한 디지털 파트너십' 제시를 통해 ICT 분야에서 개도국의 협력 수요에 대응하고 있다.

변화하고 있는 국제개발협력 환경에서 ICT는 범용화 혹은 주류화의 기점에 위치하고 있으며 사업 간 융합이 강조되는 시점에서 ICT ODA의 방향성 설정을 위한 기초연구 자료의 제시가 필요한 상황이다. 우선적으로 우리나라의 ICT 분야 ODA 현황을 면밀히 파악하는 것이 중요하다. 하지만 ICT 분야 ODA 현황과 동향을 파악하기 위해 기존의 통계시스템을 활용하는 데는 한계가 있다. 하나의 예로 무상원조 주관기관인 외교부의 사업을 수행하는 한국국제협력단(Korea International Cooperation Agency: KOICA)의 사업 분류 체계상에 ICT는 별도의 항목으로 다루어지지 않고 있다. 유상원조를 주관하고 있는 기획재정부와 한국수출입은행의 경우 OECD DAC의 공여국 보고 시스템(creditor reporting system: CRS) 분류 체계에 따라 통신 분야를 관리하고 있으나 통계보고 차원에서의 대응에 그치고 있다.

ICT ODA 중요성에 대한 인식 제고와 전략적 사업 추진을 위한 고민이 필요한 시점에서, ICT ODA 주요 사업 현황 및 추세를 파악하고 향후 전략적 ICT ODA 이행 방안 도출을 위한 기초 자료를 이 글을 통해 제시하고자 한다. 최근 5년간(2015~2019) 우리나라 '국제개발협력 종합시행계획' 전체 사업 리스트(확정액 기준) 분석을 통해 ICT ODA 사업 현황을 세부 분야별, 시행기관별, 지역별, 지원 유형별로 파악하는 한편 유의미한 시사점을 도출하기 위해 주제별 분류 기준[연결(connectivity), 활용(use), 법·제도(law and system), 디지털 혁신(digital innovation), 보안(trust)]을 적용하여 그 특성을 파악하고자 했다.[3]

2. ICT ODA 개념

ICT 분야 ODA 현황을 분석하기 위해서는 ICT ODA에 대한 개념 정의가 선행되어야 한다. 우선 OECD DAC의 CRS 원조목적코드 분류(상자 참조)에 따라 경제 인프라 지원 분야의 '통신(Communication)'으로 분류되는 '통신정책 및 행정관리(22010)', '통신/전화(22020)', '라디오/텔레비전/인쇄매체(22030)', '정보통신기술(ICT)(22040)'을 ICT ODA로 정의하는 방법을 제안할 수 있다.

한편 우리나라의 ICT ODA 정의 및 현황 분석을 위해서 활용할 수 있는

---

3) 최근 5년간(2015~2019) 국제개발협력 종합시행계획: ICT ODA 주제별 사업 전체 리스트는 정보통신정책연구원에서 2019년 수행한 「ICT 국제개발협력(ODA) 사업 평가 및 모니터링 체계 연구(II)」 보고서 참고.

OECD DAC의 CRS

OECD DAC는 회원국 대상 통계보고 지침에 따라 작성된 전년도 지원 실적을 연 2회 수집하고 있으며, 수집된 각국의 지원 실적을 통계작업반의 검토를 거쳐 다음 해 1월에 공식 발표함. 보고 항목은 사업명, 국가, 금액 등 다양한데 이 중 사업을 분야별로 분류하는 기준이 목적코드임.

• OECD DAC는 CRS의 원조목적코드를 활용하여 원조 형태를 파악하고 있는데, ODA의 목적에 따라 '사회 인프라 및 서비스', '경제 인프라 및 서비스', '생산(산업)', '다부문', '물자 원조', '부채 지원', '인도적 지원', '원조국 행정 비용', 'NGO 지원', 그리고 '기타(미배분 포함)'로 ODA를 분류하여 그 규모를 보여 주고 있음.
• 총 10개 분류 기준 중 '사회 인프라 및 서비스' 부문은 교육, 보건, 인구, 식수·위생, 공공 행정 등과 관련된 사업을 의미하며, '경제 인프라 및 서비스'의 경우 운송, 통신, 에너지, 금융, 비즈니스 분야의 사업을, '생산(산업)'은 농업, 임업, 어업, 공업 부문을 가리키며, '다부문'의 경우 과학기술, 환경을 포함한 사업을 말함. 그리고 물자, 부채, 인도적 지원의 경우 사업의 형태라기보다는 수원국에 직접적으로 지원하는 방식이며, 행정 비용 및 기타의 경우 ODA 사업 수행 과정에서 발생하는 부수적인 지출로 분석됨.
• 해당 코드는 연속적인 5자리의 숫자로 구성되는데 앞의 3자리는 DAC 분야를 나타내며 하위 코드를 가지고 있음. 예를 들어, 100은 사회 인프라 및 서비스를, 200은 경제 인프라 및 서비스로 분야가 나뉘어 있고, 여기서 100(사회 인프라 및 서비스)은 110(교육), 120(보건) 등 하위 코드를 가지고 있고, 110은 다시 111(교육 일반), 112(기초 교육) 등으로 분류되어 있음.

자료: KOICA(2015).

가장 현실적인 대안은 한국수출입은행에서 운영하고 있는 ODA 통계시스템이다. 해당 시스템을 통해 OECD DAC의 분류 체계에 따른 우리나라 ODA 유형별·기관별·분야별 현황을 증여등가액[4]), 승인액, 순지출액과 총지출액 기준으로 연도별 파악이 가능하다.[5] KOICA의 경우 자체 시스

---

4) ODA 현대화에 따른 ODA 재정의가 이루어졌으며 ODA 인정 시 적용하는 할인율을 저금리 기조와 국별 위험 프리미엄을 고려하여 변경하고, 측정 방식도 지출액에서 회수액을 뺀 순지출액 방식에서 지출액에 증여율을 곱한 증여등가액 방식으로 변경하여 2018년 ODA 통계부터 적용(한국수출입은행).
5) 현재 시스템 활용에 따른 통신(220) 분야 ODA 현황(약정액, 증여등가액 기준)은 아래 표와 같다.

(약정액 기준, 단위: 억 원)

구분	2015	2016	2017	2018
전체 ODA	33,165	32,295	29,967	33,912
통신 ODA(비중)	527(1.59%)	1,244(3.85%)	194(0.65%)	2,430(7.17%)

템을 통해 통계조회서비스를 제공하고 있는데 OECD DAC의 목적별 코드와는 별개로 ODA 사업 분야별(보건의료, 교육, 공공행정, 농림수산, 기술환경에너지, 긴급구호, 기타 등 총 7개 분야) 기준을 가지고 그 현황을 보여 주고 있다.

하지만 최근 ICT가 범용화·주류화되고 분야 간 융합이 진전되는 복합적인 상황을 고려할 때 ICT ODA는 사회 인프라 및 서비스로 분류되는 공공행정 분야로까지 확대될 수 있으며, ICT 산업의 특성을 고려해 본다면 생산 인프라 전반에도 연관될 수 있다. 한편 국제사회에서는 ICT를 범분야 이슈(cross-cutting issue)로 판단하고 실제로 ICT가 교육, 농업, 보건 등 다양한 분야의 발전을 위해 폭넓게 활용되고 있다는 점을 주목하고 있다.

이 글에서는 ICT ODA를 'ICT 발전을 직접적인 목적으로 하거나, ICT를 활용 또는 포함하는 원조'로 정의함으로써 기존의 체계에서 ICT ODA 현황을 파악하는 데 있어 나타나는 한계를 극복하고자 한다. ICT ODA 개념 정의에 있어 활용된 목적별 분류 내용은 〈표 1-1〉에서 확인할 수 있다.

우선, ICT 부문의 자체적인 발전을 지원하고자 하는 독립적인 ICT ODA 사업의 경우 'ICT 자체를 목적으로 하는 ODA(ODA for ICT)'로 분류했다. 한편 ICT를 활용하여 교육, 보건, 농업 등 타 분야의 ODA의 효과성을

통신정책 및 행정관리	39	47	50	284
통신/전화	0	0	0.5	1.7
라디오/텔레비전/인쇄매체	17	20	15	13
정보통신기술	471	1,176	129	2,131

(증여등가액 기준, 단위: 백만 달러)

구분	2015	2016	2017	2018
전체 ODA	1,869	2,191	2,151	2,358
통신 ODA(비중)	41(2.21%)	58(2.64%)	64(2.96%)	54(2.31%)
통신정책 및 행정관리	4.09	9.40	7.06	6.95
통신/전화	5.79	14.17	33.99	0.16
라디오/텔레비전/인쇄매체	1.52	1.57	1.37	1.21
정보통신기술	29.92	32.77	21.15	46.15

<표 1-1> ICT ODA 개념 정의(목적별 분류)

목적별 분류	1. ICT 자체를 목적으로 하는 ODA(ODA for ICT)	2. ICT를 활용하는 ODA(ODA by ICT)	3. ICT 요소가 내재화된 ODA(ODA with ICT)
내용 및 사례	통신망 구축 등 정보통신 관련 인프라 구축, 정보통신 분야 정책 자문 및 역량 강화 등과 같이 ICT 부문의 발전 지원을 목적으로 하는 독립적인 ICT ODA	e-교육, e-농업, e-보건, 핀테크(fintech) 등 타 분야에서 ICT 활용을 통해 프로세스를 개선하고 보다 많은 수혜자들에게 용이하게 혜택을 제공하기 위한 목적의 ODA	병원설비 구축을 위한 하나의 요소로서 의료시스템 등 IT 요소를 포함하는 경우와 같이 ICT의 범용화·주류화에 따라 대부분의 프로젝트에 ICT가 내재화된 ODA

자료: 강인수 외(2016).

<표 1-2> ICT ODA 현황 진단을 위한 범위 설정

ICT ODA	1. ICT 자체를 목적으로 하는 ODA (일반 ICT ODA)			2. ICT 활용 또는 내재화 ODA (융합 ICT ODA)	
	CRS 코드 220 (통신)으로 분류된 사업	그 외 ICT 자체 요소(통신망, 방송, 정보시스템 등)를 중심으로 지원되는 사업	+	CRS 코드 151 (공공행정)로 분류된 사업 중 ICT 요소가 포함된 사업	그 외 다양한 분야에서 ICT 요소가 포함된 사업만을 추출

자료: 강인수 외(2016) 재구성.

제고하는 경우 'ICT를 활용하는 ODA(ODA by ICT)'로, ICT 자체의 발전을 목적으로 하거나 ICT를 활용하여 타 분야의 발전을 도모한다는 목적이 있지는 않지만, ICT의 범용화 또는 주류화에 따라 사업 자체에 ICT 요소가 포함될 때 'ICT 요소가 내재화된 ODA(ODA with ICT)'로 분류했다(강인수 외, 2016). 이렇게 정의된 ICT ODA 개념을 바탕으로 실질적인 현황 진단을 위한 범위를 다시 〈표 1-2〉와 같이 '일반 ICT ODA'와 '융합 ICT ODA'로 설정했다. 〈표 1-2〉는 분석 표본인 최근 5년간(2015~2019) '국제개발협력 종합시행계획'(확정액 기준)에 대한 정보가 제한적인 상황에서 'ICT를 활용하는 ODA'와 'ICT 요소가 내재화된 ODA'를 명확하게 구분하는 데 어려움이 존재했고, 실질적인 분석에 있어 CRS 코드 활용 및 유의미한 시사점 도출을 위한 범위를 추가로 설정할 필요가 있었기 때문이다.

3. ICT ODA 현황 분석: 세부 분야, 시행기관, 지역, 지원 유형[6]

ICT ODA 사업 분석기준은 기존의 문헌연구[7] 내용과 우리나라 ODA 유상·무상 주관기관의 통계 체계를 고려하여 설정했다. 우선 세부 분야별 분석에 있어 ICT 자체 요소(통신망, 방송, 정보시스템 등)를 중심으로 지원되는 사업의 경우 '일반 ICT ODA'로 분류했으며, ICT를 활용하거나 사업 요소에 ICT가 포함되는 경우 '융합 ICT ODA'로 정리했다. 시행기관 구분의 경우 정부 중앙부처, 청, 지자체 등 종합시행계획에서 파악할 수 있는 단위로 이루어졌으며, 지역과 지원 유형 또한 종합시행계획의 분류 기준에 따라 분석했다.

국제개발협력 종합시행계획 자료 분석에 따르면 최근 5년간(2015~2019) 우리나라 ODA 총 규모는 13조 7020억 원이며, 이 중 '일반 ICT ODA' 분야는 약 2867억 원(전체의 약 2.1%) 규모를 보이고 있다. 정보통신기술의 범분야적 성격을 고려하여 해당 분야 ODA 범위를 확장 적용한 '융합 ICT ODA' 분야의 경우 그 규모는 7800억 원(전체의 약 5.7%)을 차지하는 것으로 분석되었다. 이는 '일반 ICT ODA' 규모의 약 2.7배에 이르는 것으로 ICT 활용 및 내재 요소를 가지고 있는 사업이 좀 더 활발하게 추진되고 있다는 것을 보여 준다. 특히 최근 추세를 살펴보면 그 특징이 더욱 뚜렷하게 나타나는데, 〈표 1-3〉과 〈그림 1-1〉에서 알 수 있듯이 '일반 ICT ODA'의 경우 2015년 전체 ODA에서 차지하는 비중이 3.5%(836억 원) 수준이었으나

---

6) 정보통신정책연구원에서 2019년 수행한 「ICT 국제개발협력(ODA) 사업 평가 및 모니터링 체계 연구(Ⅱ)」와 《정보통신방송정책》, 제31권 5호, 「한국 ICT ODA 현황 진단: 최근 5년간 국제개발협력 종합시행계획(확정액 기준) 분석」에서 주요 내용을 발췌했다.
7) 정보통신정책연구원이 2016년 수행한 「ICT 개발협력 성과 제고 및 전략적 이행방안 연구」 과제에서의 분류 기준을 차용했다.

<표 1-3> 최근 5년간(2015~2019) 우리나라 ICT ODA 예산 규모

(단위: 억 원)

구분	2015	2016	2017	2018	2019	합계
전체 ODA 규모	23,782	24,394	26,359	30,482	32,003	137,020
ICT ODA 규모 (전체 ODA 대비 비중)	1,735 (7.3%)	1,183 (4.8%)	2,297 (8.7%)	2,695 (8.8%)	2,766 (8.6%)	10,676 (7.8%)
일반 ICT ODA 규모 (전체 ODA 대비 비중)	836 (3.5%)	429 (1.8%)	534 (2.0%)	630 (2.1%)	438 (1.4%)	2,867 (2.1%)
융합 ICT ODA 규모 (전체 ODA 대비 비중)	899 (3.8%)	754 (3.0%)	1,763 (5.7%)	2,065 (6.7%)	2,328 (7.2%)	7,800 (5.7%)

자료: 유지수·유성훈(2019) 재구성.

〈그림 1-1〉 최근 5년간(2015~2019) 우리나라 ICT ODA 예산 추이(단위: 억 원)

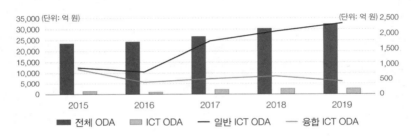

2019년에는 그 비중의 1.4%(438억 원)에 그치고 있다. 반면 '융합 ICT ODA' 가 전체 ODA에서 차지하는 비중은 2015년 3.8%(899억 원)에서 2019년 7.2%(2328억 원)로 크게 증가했다.

한편 2019년 국제개발협력 종합시행계획에서 제시하고 있는 분야별 현황의 경우 교통(3764억 원, 15.1%), 보건(3249억 원, 13.0%), 환경(2648억 원, 10.6%), 교육(2555억 원, 10.2%), 농림수산(2209억 원, 8.9%) 순으로 나타났다. 해당 분류기준의 경우 이 연구에서 적용된 내용과 차이가 있어 단순 비교에는 어려움이 있으나 당해 연도 전체 ODA 규모에서 차지하고 있는 비중을 개괄적 수준에서는 파악이 가능하다. 2019년 ICT 분야 ODA 규모는 2766억 원(8.6%)으로 상기 종합시행계획에서 제시한 5개 분야보다 그 비중이 낮은 것으로 분석되었다.

1) 세부 분야

최근 5년간(2015~2019) 국제개발협력 종합시행계획 분석 결과에 따라 ICT ODA 분야로 분류된 사업들을 좀 더 세분화하여 살펴보기 위해 OECD DAC의 CRS 및 원조목적코드를 활용하여 해당 사업을 7개[일반 ICT, ICT×공공행정, ICT×교육, ICT×환경·에너지, ICT×경제산업인프라, ICT×농림수산, ICT×기타(보건 외)]로 세분화했다.

해당 분류기준을 통해 분석된 세부 분야별 ICT ODA 현황을 〈표 1-4〉를 통해 살펴보면 우선 공공행정 요소가 포함된 ICT 분야가 약 3234억 원, 전체 ICT ODA 규모의 30.3%로 가장 큰 비중을 차지했다. 그 뒤를 일반 ICT(26.9%), 경제산업인프라 ICT(17.2%), 교육 ICT(11.0%), 기타 ICT (7.1%), 환경·에너지 ICT(5.6%)가 잇고 있다.

〈그림 1-2〉에서 알 수 있듯이 세부 분야별 추세의 경우 '일반 ICT' 분야의 ODA 규모는 감소하고 있는 반면 'ICT×환경·에너지' 분야는 지속적으로 증가하는 추세를 보이고 있다. 한편 2019년 기준 ICT ODA 사업에서는 창업, 치안, 재난 안전 및 보건 등의 분야를 포함하는 'ICT×기타(보건, 창업, 치안, 재난, 안전 등)' 규모가 전년 대비 399억 원이 증가하여 전체 ICT ODA에서 차지하는 비중이 16.1%까지 대폭 증가했다.

ICT ODA 현황을 살펴보는 데 있어 규모 측면만 고려해서는 그 추세와 특성을 파악하는 데 한계가 있다. 양허성 공공차관 형태로 운영되는 유상원조 사업의 경우 그 규모가 무상원조 사업의 수십에서 수백 배에 이를 수 있어 단순 규모만 비교해서 시사점을 도출하기에는 무리가 있다. 이를 보완하기 위해 세부 분야별 사업 개수를 파악하여 비교·분석했다.

〈그림 1-3〉 비교 자료에서 보듯이 예산규모 분석에서 ICT ODA는 2017년에 전년(2016) 대비 약 2배 증가한 이후 큰 변화가 없었던 반면 사업 수

<표 1-4> 최근 5년간(2015~2019) 우리나라 ICT ODA 세부 분야별 예산 현황

(단위: 억 원)

구분	2015	2016	2017	2018	2019	합계
ICT ODA 규모	1,735	1,183	2,297	2,695	2,766	10,676
일반 ICT ODA 규모	836 (48.2%)	429 (36.3%)	534 (23.3%)	630 (23.4%)	438 (15.8%)	2,867 (26.9%)
융합 ICT ODA 규모	899 (51.8%)	754 (63.7%)	1,763 (76.7%)	2,065 (76.6%)	2,328 (84.2%)	7,800 (73.1%)
ICT×공공행정	598 (34.5%)	435 (36.7%)	880 (38.3%)	631 (23.4%)	690 (24.9%)	3,234 (30.3%)
ICT×교육	92 (5.3%)	93 (7.8%)	185 (8.1%)	413 (15.3%)	395 (14.3%)	1,178 (11.0%)
ICT×환경·에너지	77 (4.4%)	69 (5.8%)	97 (4.2%)	157 (5.8%)	195 (7.0%)	595 (5.6%)
ICT×경제산업 인프라	66 (3.8%)	122 (10.3%)	330 (14.3%)	788 (29.2%)	527 (19.0%)	1,833 (17.2%)
ICT×농림수산	14 (0.8%)	6 (0.5%)	85 (3.7%)	30 (1.1%)	76 (2.8%)	211 (2.0%)
ICT×기타(보건 외)	52 (3.0%)	30 (2.5%)	187 (8.1%)	46 (1.7%)	445 (16.1%)	760 (7.1%)

자료: 유지수·유성훈(2019) 재구성

<그림 1-2> 최근 5년간(2015~2019) 우리나라 ICT ODA 세부 분야별 예산 변화

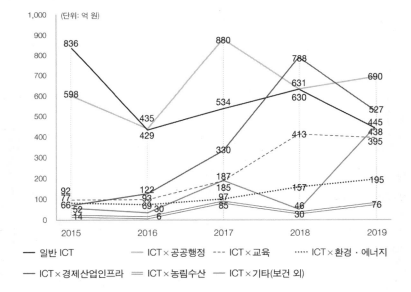

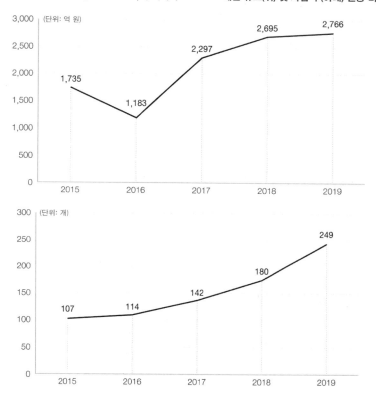

〈그림 1-3〉 최근 5년간(2015~2019) 우리나라 ICT ODA 예산 규모(위) 및 사업 수(아래) 현황 비교

〈표 1-5〉 최근 5년간(2015~2019) 우리나라 ICT ODA 세부 분야별 사업 수 현황

(단위: 개)

구분	2015	2016	2017	2018	2019	합계
ICT ODA 사업 수	107	114	142	180	249	792
일반 ICT ODA 사업 수	35 (32.7%)	40 (35.1%)	31 (21.8%)	47 (26.1%)	48 (19.3%)	201 (25.4%)
융합 ICT ODA 사업 수	72 (67.3%)	74 (64.9%)	111 (78.2%)	133 (73.9%)	201 (80.7%)	591 (74.6%)
ICT×공공행정	38 (35.5%)	32 (28.1%)	41 (28.9%)	44 (24.4%)	61 (24.5%)	216 (27.3%)
ICT×교육	6 (5.6%)	14 (12.3%)	27 (19.0%)	42 (23.3%)	67 (26.9%)	156 (19.7%)
ICT×환경·에너지	10 (9.3%)	8 (7.0%)	12 (8.5%)	17 (9.4%)	21 (8.4%)	68 (8.6%)

ICT×경제산업 인프라	6 (5.6%)	9 (7.9%)	7 (4.9%)	15 (8.3%)	21 (8.4%)	58 (7.3%)
ICT×농림수산	2 (1.9%)	3 (2.6%)	4 (2.8%)	10 (5.6%)	9 (3.6%)	28 (3.5%)
ICT×기타(보건 외)	10 (9.3%)	8 (7.0%)	20 (14.1%)	5 (2.8%)	22 (8.8%)	65 (8.2%)

자료: 유지수·유성훈(2019) 재구성.

분석에서 ICT ODA 수는 꾸준히 증가하고 있으며 특히 2019년에는 전년 (2018) 대비 약 40% 증가한 것으로 나타났다. 〈표 1-5〉를 보면 그 증가가 일반 ICT 분야가 아닌 융합 ICT 분야에서 급격하게 일어났음을 알 수 있다.

사업 수를 기준으로 세부 분야별 ICT ODA 현황을 살펴본 결과 상위 2개 분야는 예산규모 분석과 비슷한 내용을 나타냈다. 'ICT×공공행정'이 총 216개(27.3%) 사업으로 가장 큰 비중을 차지했고, 그 뒤를 '일반 ICT'(201개, 25.4%)가 잇고 있다. 반면 규모 면에서는 'ICT×경제산업인프라'에 뒤처졌던 'ICT×교육' 분야가 사업 수 156개(19.7%)로 세 번째에 위치하게 되었는데, 이는 해당 분야의 사업 형태가 소규모 역량 강화(초청 연수, 장학 지원 등)를 목적으로 이루어지고 있기 때문으로 분석된다. 한편 규모 면에서 3위였던 'ICT×경제산업인프라'는 사업 수 59개(7.3%)로 'ICT×환경·에너지'(68개, 8.6%)와 'ICT×기타'(65개, 8.2%)보다도 낮은 순위를 기록했다〈표 1-5〉. 인프라 사업의 특성상 그 예산 규모가 다른 사업에 비해 훨씬 크다는 점이 이런 차이를 가져온 것으로 파악된다.

최근 5년간 사업 수 변화 추세를 살펴보면 '일반 ICT'의 경우 2015년 전체 ICT ODA에서 차지하는 비중이 32.7%에서 2019년 19.3%로 떨어졌다. 반면 '융합 ICT'는 2015년 72개(67.3%)에서 2019년 201개(80.7%)로 증가했다. 한편 〈그림 1-4〉 꺾은선형 차트에서 알 수 있듯 'ICT×교육' 분야는 지속적인 성장세를 보이며 2019년에는 빈도수에서도 'ICT×공공행정'을 능가한 것으로 나타났다.

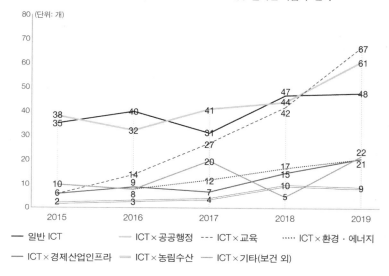

〈그림 1-4〉 최근 5년간(2015~2019) 우리나라 ICT ODA 세부 분야별 사업 수 변화

2) 시행기관

시행기관별 ICT ODA 예산을 살펴보면 우리나라 유상 ODA 주관기관인 기획재정부가 전체의 55.3%(5906억 원)를 차지하고 있으며, 무상 ODA 주관기관인 외교부가 28.6%(3054억 원)로 그 뒤를 따르고 있다. 과학기술정보통신부(471억 원, 4.4%), 교육부(324억 원, 3.0%), 산업통산자원부(288억 원, 2.7%), 기상청(128억 원, 1.2%), 행정안전부(102억 원, 1.0%) 등 여타 기관들의 예산 규모는 상기 2개 유·무상 ODA 주관 부처에 비해 소규모에 그치고 있다. 특히 과학기술정보통신부가 ICT 주관 부처인 점을 고려할 때 예산 수준이 그 역할에 비해 상당히 낮은 것으로 분석되었다.

한편 농림축산식품부, 기상청과 관세청의 경우 그 규모는 작지만 최근 5년(2015~2019) 동안 꾸준하게 ICT와 연계된 ODA 사업을 수행하고 있는 것으로 분석되었다(〈표 1-6〉). 이는 각 분야에서 다양한 형태로 ODA 사업 요소로 정보시스템8) 활용을 포함시키고 있는 것과 맥이 닿아 있다. 농림축산식품부는 국경검역시스템, 식량안보정보시스템, 농식품정보시스템 등과 같은 사업을, 기상청의 경우 관측과 재해 감시 관련 정보시스템 사업을, 관세청은 관세위험관리시스템 사업과 싱글윈도우 관련 초청연수 사업을 수행해 오고 있다.

한편 사업 수를 기준으로 ICT ODA 시행기관을 분석한 결과 외교부가 349개로 전체의 44.0%에 달하는 사업을 수행하고 있는 것으로 분석되었다(〈그림 1-6〉). 기획재정부(124개, 15.6%), 교육부(116개, 14.6%)와 과학기술정보통신부(93개, 11.7%)가 그 뒤를 잇고 있다. 그 외 시행기관들은 20개 미만의 사업 수를 가지고 있는 것으로 분석되었다.

최근 5년간 추세를 〈표 1-7〉을 통해 살펴보면 기획재정부와 교육부의 사업 수가 크게 증가하고 있는 것을 확인할 수 있는데, 이는 ICT 요소가 포함된 경제발전경험공유사업(knowledge sharing program: KSP) 수의 증가와 e-learning 관련 사업의 확대에 기인한 것으로 파악되었다.

또 하나 주목할 점은 〈표 1-8〉을 보면 전년과 같았던 2018년도를 제외하고, 매년 ICT ODA 사업을 추진하는 시행기관의 수가 지속해서 늘어났음을 알 수 있다. 특히 2019년에는 환경부, 식약처, 조달청, 보건부 등 4개 기관의 사업에서 ICT 요소가 새롭게 파악되었다.

ICT ODA 사업을 수행하는 시행기관이 다양해지고 있는 현상은 ICT가 가진 융합적인 특성을 시사하고 있다. ICT와 밀접하게 연관된 과학기술정보통신부만이 ICT ODA 사업을 수행하는 것이 아니라 다양한 부처에서 각 부처의 원조 주요목표를 달성하기 위해 ICT를 활용한다는 것을 의미한

---

8) 정보를 수집·처리·저장·검색·제시하는 시설 및 장비를 가르킴. 컴퓨터(하드웨어 및 소프트웨어)와 통신 수단, 그리고 이들을 사용하는 데 필요한 방침 및 절차까지도 포함함

<그림 1-5> 최근 5년간(2015~2019) 우리나라 ICT ODA 시행기관별 예산 비중

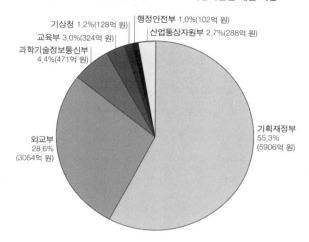

<표 1-6> 최근 5년간(2015~2019) 우리나라 ICT ODA 시행기관별 예산 현황

(단위: 억 원)

구분	2015	2016	2017	2018	2019	합계
ICT ODA 규모	1,735	1,183	2,297	2,695	2,766	10,676
국무조정실	11 (0.7%)	-- --	-- --	-- --	2 (0.1%)	13 (0.1%)
기획재정부	1,037 (59.8%)	532 (45.0%)	1,433 (62.4%)	1,517 (56.3%)	1387 (50.1%)	5,906 (55.3%)
외교부	511 (29.4%)	428 (36.1%)	540 (23.5)	746 (27.7%)	830 (30.0%)	3,054 (28.6%)
과학기술정보 통신부	99 (5.7%)	102 (8.7%)	75 (3.3%)	96 (3.6%)	98 (3.6%)	471 (4.4%)
교육부	39 (2.3%)	81 (6.9%)	73 (3.2%)	63 (2.3%)	68 (2.5%)	324 (3.0%)
기상청	17 (1.0%)	20 (1.7%)	25 (1.1%)	31 (1.1%)	35 (1.3%)	128 (1.2%)
행정안전부	5 (0.3%)	-- --	39 (1.7%)	19 (0.7%)	39 (1.4%)	102 (1.0%)
국토교통부	-- --	8 (0.7%)	32 (1.4%)	16 (0.6%)	31 (1.1%)	87 (0.8%)
농림축산식품부	14 (0.8%)	6 (0.5%)	9 (0.4%)	15 (0.6%)	24 (0.9%)	69 (0.6%)
산업통상자원부	-- --	-- --	10 (0.4%)	119 (4.4%)	159 (5.7%)	288 (2.7%)
고용노동부	-- --	-- --	2 (0.1%)	32 (1.2%)	34 (1.2%)	68 (0.6%)
환경부	-- --	-- --	-- --	-- --	1 (0.0%)	1 0.00%

구분	2015	2016	2017	2018	2019	합계
식약처	–	–	–	–	16 (0.6%)	16 (0.1%)
조달청	–	–	–	–	2 (0.1%)	2 (0.0%)
해양수산부	–	–	–	8 (0.3%)	21 (0.8%)	29 (0.3%)
지자체	–	2 (0.2%)	26 (1.1%)	11 (0.7%)	12 (0.4%)	51 (0.5%)
관세청	2 (0.1%)	0 (0.01%)	2 (0.1%)	3 (0.1%)	5 (0.2%)	13 (0.15)
선거관리위원회	–	3 (0.2%)	19 (0.8%)	18.75 (0.7%)	–	41 (0.4%)
통계청	–	–	12 (0.5%)	–	–	12 (0.1%)
보건부	–	–	–	–	2 (0.1%)	2 (0.0%)

자료: 유지수·유성훈(2019).

<그림 1-6> 최근 5년간(2015~2019) 우리나라 ICT ODA 시행기관별 사업 수 비중

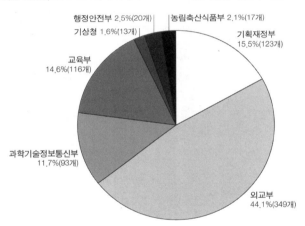

<표 1-7> 최근 5년간(2015~2019) 우리나라 ICT ODA 시행기관별 사업 수 현황

(단위: 개)

구분	2015	2016	2017	2018	2019	합계
ICT ODA 사업 수	107	114	142	180	249	792
국무조정실	1 (0.9%)	–	–	–	1 (0.4%)	2 (0.3%)
기획재정부	15 (14.0%)	13 (11.4%)	20 (14.1%)	24 (13.3%)	51 (20.5%)	123 (15.5%)

구분						
외교부	73 (68.2%)	60 (52.6%)	63 (44.4%)	71 (39.4%)	82 (32.9%)	349 (44.1%)
과학기술정보통신부	11 (10.3%)	20 (17.5%)	15 (10.6%)	23 (12.8%)	24 (9.6%)	93 (11.7%)
교육부	2 (1.9%)	12 (10.5%)	21 (14.8%)	32 (17.8%)	49 (19.7%)	116 (14.6%)
기상청	1 (0.9%)	2 (1.8%)	3 (2.1%)	3 (1.7%)	4 (1.6%)	13 (1.6%)
행정안전부	1 (0.9%)	- -	5 (3.5%)	4 (2.2%)	10 (4.0%)	20 (2.5%)
국토교통부	- -	1 (0.9%)	1 (0.7%)	2 (1.1%)	4 (1.6%)	8 (1.0%)
농림축산식품부	2 (1.9%)	3 (2.6%)	3 (2.1%)	5 (2.8%)	4 (1.6%)	17 (2.1%)
산업통상자원부	- -	- -	1 (0.7%)	4 (2.2%)	6 (2.4%)	11 (1.4%)
고용노동부	- -	- -	1 (0.7%)	2 (1.1%)	3 (1.2%)	6 (0.8%)
환경부	- -	- -	- -	- -	1 (0.4%)	1 (0.1%)
식약처	- -	- -	- -	- -	1 (0.4%)	1 (0.1%)
조달청	- -	- -	- -	- -	1 (0.4%)	1 (0.1%)
해양수산부	- -	- -	- -	2 (1.1%)	3 (1.2%)	5 (0.6%)
지자체	- -	1 (0.9%)	3 (2.1%)	5 (2.8%)	2 (0.8%)	11 (1.4%)
관세청	1 (0.9%)	1 (0.9%)	1 (0.7%)	1 (0.6%)	2 (0.8%)	6 (0.8%)
선거관리위원회	- -	1 (0.9%)	2 (1.4%)	2 (1.1%)	- -	5 (0.6%)
통계청	- -	- -	3 (2.1%)	- -	- -	3 (0.4%)
보건부	- -	- -	- -	- -	1 (0.4%)	1 (0.1%)

자료: 유지수·유성훈(2019) 재구성

〈표 1-8〉 최근 5년간(2015~2019) 우리나라 ICT ODA 사업 추진 시행기관 수 변화

(단위: 개)

구분	2015	2016	2017	2018	2019
시행기관 수	9	10	14	14	18

자료: 유지수·유성훈(2019).

다. 예를 들어, 보건복지부는 개발도상국의 의료 관리 정보시스템 강화 사업을 지원하여 질병정보 관리에 기여할 수 있다. 또한 농림축산식품부

는 농산물 매매 및 작물정보 센터 설립 지원을 통해 시장 정보를 제공한다면 농민 소득 중대에 기여할 수 있다(어규철 외, 2011: 28). 이러한 사례는 다양한 부처의 ODA 사업 목표를 달성하기 위해 ICT를 적극적으로 활용하고 있다는 것을 의미한다.

3) 지역

지역별로 ICT ODA 규모를 살펴보면 아시아가 약 37.0%(3948억 원)로 가장 큰 비중을 차지했으며 그 뒤를 아프리카(3004억 원, 28.1%)와 중동·독립국가연합(Commonwealth of Independent States: CIS)(1532억 원, 14.3%)이 잇고 있다. 연도별 추세를 살펴보면, 아시아는 2015년 53.0%, 2016년 40.0%, 2017년 31.1%로 감소하는 추세였으나 2018년부터 다시 증가하는 추세로 돌아섰다. 이는 정부가 2017년 말 신남방 정책[9])을 공식적으로 천명한 이후 국제개발협력에서도 해당 지역에 ICT를 포함한 중점 분야에서 적극적인 협력이 이루어졌기 때문으로 분석되었다. 또한 정부는 신남방 ODA 추진 전략을 통해 향후 지원 규모를 지속적으로 확대할 예정이고 5대 중점 프로그램[10])에 ICT 분야가 포함된 만큼 아시아 지역에서 ICT ODA는 더욱 활성화될 것으로 기대된다(〈표 1-9〉).

---

9) 아세안과 인도 등 신남방 국가들과 정치·경제·사회·문화 등 폭넓은 분야에서 주변 4강(미국·중국·일본·러시아)과 유사한 수준으로 관계를 강화해 한반도를 넘어 동아시아, 전 세계 공동 번영과 평화를 실현하고자 하는 외교 정책으로, 사람(People)·평화(Peace)·상생 번영(Prosperity) 공동체를 핵심 개념으로 한다(자료: 문화체육관광부).

10) SDGs, 수원국 수요, 우리 비교우위 등을 고려한 주제별 지원을 위해 5대 프로그램(포용적 개발을 위한 디지털 파트너십, 더 나은 미래를 위한 고등교육, 포용적이고 지속가능한 농촌 개발 및 지뢰 제거, 자연과 사람이 함께하는 스마트 도시 개발, 균형 성장을 견인하는 포용적 교통) 선정(자료: 제34차 국제개발협력위원회).

〈그림 1-7〉 최근 5년간(2015~2019) 우리나라 ICT ODA 지역별 예산 비중

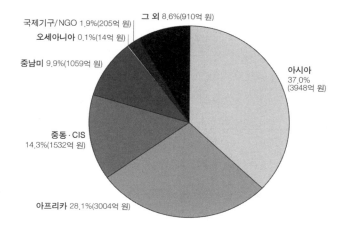

〈표 1-9〉 최근 5년간(2015~2019) 우리나라 ICT ODA 지역별 예산 현황

(단위: 억 원)

구분	2015	2016	2017	2018	2019	합계
ICT ODA 규모	1,735	1,183	2,297	2,695	2,766	10,672
아시아	919 (53.0%)	474 (40.0%)	714 (31.1%)	871 (32.3%)	970 (35.1%)	3,948 (37.0%)
아프리카	335 (19.3%)	309 (26.1%)	871 (37.9%)	620 (23.0%)	869 (31.4%)	3,004 (28.1%)
중동·CIS	106 (6.1%)	126 (10.7%)	430 (18.7)	612 (22.7%)	258 (9.3%)	1,532 (14.3%)
중남미	126 (7.3%)	119 (10.1%)	114 (5.0%)	364 (13.5%)	336 (12.1%)	1,059 (9.9%)
오세아니아	0 (0%)	5 (0.4%)	5 (0.2%)	5 0.3	4 (0.1%)	14 (0.1%)
국제기구/NGO	48 (2.8%)	31 (2.7%)	73 (3.2%)	0 0	53 (1.9%)	205 (1.9%)
그 외	201 (11.6%)	119 (10.1%)	91 (7.3%)	223 (8.5%)	276 (10.0%)	910 (8.6%)

자료: 유지수·유성훈(2019).

〈표 1-10〉 최근 5년간(2015~2019) 우리나라 ICT ODA 지역별 사업 수 현황

(단위: 개)

구분	2015	2016	2017	2018	2019	합계
ICT ODA 사업 수	107	114	142	180	249	792
아시아	38 (35.5%)	34 (29.8%)	49 (34.5%)	60 (33.3%)	80 (32.1%)	261 (33.0%)

아프리카	20 (18.7%)	23 (20.2%)	27 (19.0%)	33 (18.3%)	51 (20.5%)	154 (19.4%)
중동·CIS	11 (10.3%)	17 (14.9%)	23 (16.2%)	25 (13.9%)	25 (10.0%)	101 (12.8%)
중남미	15 (14.0%)	15 (13.2%)	20 (14.1%)	35 (19.4%)	46 (18.5%)	132 (16.7%)
오세아니아	0 (0%)	1 (0.9%)	1 (0.7%)	1 (0.6%)	1 (0.4%)	4 (0.5%)
국제기구/NGO	7 (6.5%)	7 (6.14%)	7 (4.9%)	0 (0%)	15 (6.0%)	36 (4.5%)
그 외	16 (15.0%)	17 (14.9%)	15 (10.6%)	26 (14.4%)	30 (12.0%)	104 (13.1%)

자료: 유지수·유성훈(2019).

우리나라 전체 ODA 지역별 현황이 아시아(2019년 기준, 9688억 원, 38.8%)와 아프리카(2019년 기준, 5396억 원, 21.6%) 중심으로 구성된 것을 고려했을 때 ICT ODA 또한 그 특징을 따르고 있는 것으로 판단된다(〈그림 1-7〉). 우리나라 제2차 국제개발협력 기본계획에서 밝히고 있는 아시아 중심의 지원 기조를 유지하되 아프리카 비중을 점진적으로 확대하겠다는 정책과도 부합한다고 볼 수 있다.

사업 수를 기준으로 ICT ODA의 지역별 현황을 살펴본 결과는 규모 면에서 분석한 내용과 일부분 차이를 보였다. 예산 규모에서 중남미 지역(1059억 원, 9.9%)은 중동·CIS 지역(1532억 원, 14.3%)보다 낮은 순위에 위치했으나 사업 수(132개, 16.6%)에서는 중동·CIS 지역(101개, 12.7%)보다 약 4%포인트 높은 것으로 나타났다(〈표 1-10〉). 이는 다른 지역에 비해 ICT 발전 수준이 상대적으로 높은 중남미 지역에서 사업 규모가 비교적 작은 개발 컨설팅을 포함한 역량강화 사업이 활발하게 이루어지고 있기 때문으로 분석되었다. 국제전기통신연합(International Telecommunication Union: ITU) 자료에 따르면 2017년 기준 미주 지역 ICT 발전 지수(ICT development index: IDI) 평균은 5.21이며 아시아·태평양(4.83), 아랍(4.84), 아프리카(2.64)에 비해 높다.

4) 지원 유형

ICT ODA 사업 예산현황을 지원 유형별로 살펴본 결과 프로젝트가 전체 사업의 82.3%(8782억 원)로 가장 큰 규모를 차지하고 있었다. 그 뒤를 개발 컨설팅(7.0%), 초청 연수(3.2%), 봉사단 파견(2.4%), 기타 기술협력(1.7%), 민관협력(1.7%)이 잇고 있다〈표 1-11〉.

연도별 추세를 살펴보면, 비록 전체 ICT ODA 지원 유형별에서 차지하는 비중이 작지만, 민관협력 지원 유형이 2018년에 급격하게 증가한 것을 알 수 있다〈그림 1-8〉. 이는 우리나라 무상원조 대표 수행기관인 KOICA가 2017년 기존의 민관협력 형태의 사업을 수행하던 조직 구조를 혁신사업실로 개편하고 혁신적 기술 프로그램(creative technology solution: CTS), 포용적 비즈니스 프로그램(inclusive business solution: IBS), 혁신적 파트너십 프로그램(innovative partnership program: IPS)을 통해 다양한 분야의 전문성 있는 파트너와의 협업을 강화했기 때문으로 분석되었다.

한편 2019년 봉사단 파견 유형의 지원이 전년과 비교하여 크게 증가(25억 원→119억 원)한 것을 알 수 있다. 국제개발협력 종합시행계획상 확인할 수 있는 KOICA 봉사단 파견 사업의 일부(월드프렌즈 자문단)가 2018년까지 세분화되지 않은 형태로 제시되었기 때문에 ICT ODA로 분류되지 않았지만 2019년 해당 사업이 내역 사업으로 구분되어 NIPA 자문단 파견 사업이 ICT ODA로 분류되며 나타난 현상이다.

ICT ODA의 민관협력 사업의 경우 전체 예산에서 차지하는 비중이 2015년부터 2017년까지 미미하지만 지속적으로 그 규모가 증가했고 2017년 이후 급격하게 확대되었음을 확인했는데 이는 국제사회의 개발협력 동향과도 일치한다. 2002년 멕시코 몬테레이 UN 개발재원회의에서 민간 재원의 활용 필요성에 대한 논의가 있었으며, 이를 기점으로 국제사회

<표 1-11> 최근 5년간(2015~2019) 우리나라 ICT ODA 지원 유형별 예산 현황

(단위: 억 원)

구분	2015	2016	2017	2018	2019	합계
ICT ODA 규모	1,735	1,183	2,297	2,695	2,766	10,676
프로젝트	1,341 (77.3%)	948 (80.1%)	1,998 (87.0%)	2,280 (84.6%)	2,215 (80.1%)	8,782 (82.3%)
개발 컨설팅	182 (10.5%)	69 (5.8%)	118 (5.1%)	167 (6.2%)	211 (7.6%)	747 (7.0%)
초청 연수	51 (2.9%)	55 (4.6%)	60 (2.6%)	87 (3.2%)	84 (3.0%)	337 (3.2%)
기타 기술협력	73 (4.2%)	34 (2.9%)	35 (1.5%)	24 (0.9%)	13 (0.5%)	179 (1.7%)
봉사단 파견	56 (3.2%)	32 (2.7%)	25 (1.1%)	25 (0.9%)	119 (4.3%)	257 (2.4%)
민관협력	-- --	0.3 (0.03%)	5 (0.2%)	86 (3.2%)	88 (3.2%)	179 (1.7%)
분담금	-- --	-- --	47 (2.0%)	7 (0.3)	3 (0.1%)	57 (0.5%)
장학 지원	32 (1.8%)	25 (2.2%)	9 (0.4%)	19 (0.7%)	9 (0.3%)	94 (0.9%)
부담금	-- --	-- --	-- --	-- --	7 (0.2%)	7 (0.1%)
그 외	-- --	21 (1.7%)	-- --	-- --	17 (0.6%)	38 (0.4%)

자료: 유지수·유성훈(2019).

<그림 1-8> 최근 5년간(2015~2019) 우리나라 민관협력 분야 ICT ODA 예산 추이

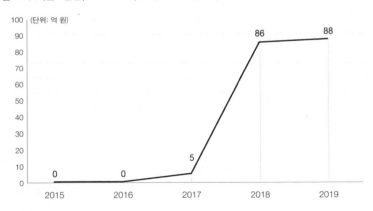

에서 민관협력 사업 확장이 두드러지게 나타나고 있다. 우리나라의 경우 2010년부터 무상원조 분야에서 민관협력 사업이 진행되고 있는데, 특히

<그림 1-9> 최근 5년간(2015~2019) 우리나라 ICT ODA 지원 유형별 예산 비중(위)과 사업 수 (아래) 비교

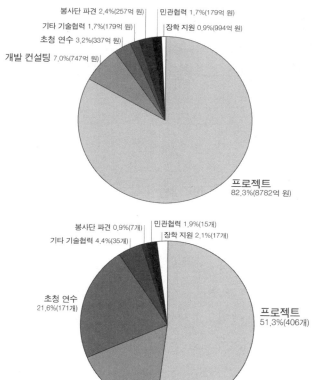

<표 1-12> 최근 5년간(2015~2019) 우리나라 ICT ODA 지원 유형별 사업 수 현황

(단위: 개)

구분	2015	2016	2017	2018	2019	합계
ICT ODA 사업 수	107	114	142	180	249	792
프로젝트	48 (44.9%)	60 (52.6%)	81 (57.0%)	95 (52.8%)	122 (49.0%)	406 (51.3%)
개발 컨설팅	22 (20.6%)	16 (14.0%)	19 (13.4%)	26 (14.4%)	45 (18.1%)	128 (16.2%)
초청 연수	24 (22.4%)	24 (21.1%)	25 (17.6%)	45 (25.0%)	53 (21.3%)	171 (21.6%)
기타 기술협력	7 (6.5%)	4 (3.5%)	11 (7.7%)	5 (2.8%)	8 (3.2%)	35 (4.4%)

봉사단 파견	2 (1.9%)	1 (0.9%)	1 (0.7%)	1 (0.6%)	2 (0.8%)	7 (0.9%)
민관협력	0 (0%)	1 (0.9%)	1 (0.7%)	3 (1.7%)	10 (4.0%)	15 (1.9%)
분담금	0 (0%)	0 0	3 (2.1%)	1 (0.6%)	1 (0.4%)	5 (0.6%)
장학 지원	4 (3.7%)	3 (2.6%)	1 (0.7%)	4 (2.2%)	5 (2.0%)	17 (2.1%)
부담금	0 (0%)	0 0	0 (0%)	0 (0%)	1 (0.4%)	1 (0.1%)
그 외	0 (0%)	5 (4.4%)	0 (0%)	0 (0%)	2 (0.8%)	7 (0.9%)

자료: 유지수·유성훈(2019).

ICT 인프라 구축과 같이 막대한 재원이 필요한 부문에서 민관과의 협력을 통해 ODA 사업이 추진되었다. 이는 자금의 경직성과 개발재원 부족이라는 문제를 가진 전통적인 방식의 ODA 전략으로는 ICT ODA 사업을 수행하는 데 한계가 있음을 시사한다(손혁상 외, 2014).

지원 유형별 ICT ODA 현황을 사업 수 기준으로 분석한 결과 규모 면에서 보여 준 프로젝트의 압도적인 비중이 다소 줄어든 것으로 나타났는데, 이는 사업 규모가 비교적 작은 초청 연수와 개발 컨설팅 형태의 사업이 ICT ODA에 많이 나타나고 있음을 보여 준다(〈그림 1-9〉).

사업 수를 기준으로 지원 유형별 ICT ODA를 분석한 결과 프로젝트가 406개로 전체의 절반 이상(51.30%) 사업을 수행하고 있는 것으로 분석되었다. 초청 연수(171개, 21.6%)와 개발 컨설팅(128개, 16.2%)이 그 뒤를 잇고 있다. 상위 3개 지원 유형을 제외하고 나머지 유형의 경우 40개 미만의 사업 수를 가지고 있는 것으로 분석되었다(〈표 1-12〉).

4. ICT ODA 현황 분석: 주제

기존의 분류 체계(세부 분야, 시행기관, 지역, 지원 유형)를 통해 파악될 수 있는 분석 수준으로는 ICT가 가진 융합적 요소를 충분히 담아 내는 데 한계가 있다. 이 글에서는 이러한 한계를 보완하기 위해 ICT ODA 사업의 주제를 설정하고 그에 따른 분류를 통해 시사점을 도출하고자 했다. 정보통신정책연구원은 ICT 분야 ODA 사업을 직접적으로 수행하며 관련 연구를 심화하고 있는데, 2013년 '한국형 ICT 개발협력(ODA) 로드맵 수립'에서 ICT ODA 개념과 분류 기준을 제시하며 현황을 분석했으며, 2016년에는 'ICT 개발협력 성과제고 및 전략적 이행방안 연구'를 통해 ICT ODA 정의와 범위에 대한 개념을 제시한 후, 2018년과 2019년 'ICT 국제개발협력(ODA) 사업 평가 및 모니터링 체계 연구(I-II)'에서 ICT ODA 주제별 분류 기준과 그 특징을 진단했다. 새로운 분류 기준을 적용하는 또 다른 목적은 ICT ODA 사업 내 공통된 특징을 가진 요소들을 세부 분야별 구분이 아닌 주제별 분류에 초점을 맞춤으로써 향후 ICT ODA 방향 구상과 사업성과 제고에 도움을 주고자 함이다.

한편 예산규모 측면에서의 분석의 경우 유상과 무상의 본래적 차이에서 발생하는 규모의 문제로 유의미한 결과 도출이 어렵다는 판단하에 주제별 분류에서만 예산 현황을 전체적으로 살펴보고, 주제별 특성에서는 사업 수 분석을 중심으로 논의를 이어 가고자 한다.

1) 주제별 분류

정보통신정책연구원 'ICT 국제개발협력(ODA) 사업 평가 및 모니터링 체계 연구(I-II)' 연구진은 기존 분석체계에 따라 ICT ODA로 분류된 전체 사업

〈표 1-13〉 주제별 분류 기준

구분	내용
연결	시스템 인프라(구축, 건립, 개선, 확장, 자동화, 정보화, 고도화, 선진화 등)와 같은 하드웨어 및 정보체계 중심에 해당하는 사업
활용	학교 및 교육센터 설립 등과 같은 교육 관련 인프라 지원과 봉사단 및 전문가 파견, 장학 프로그램 등과 같은 역량강화 및 인력양성 사업
법·제도	정책 자문, KSP, 마스터플랜, 전략수립 지원 등 개발 컨설팅 사업을 통한 역량 강화, '협력센터' 운영을 통한 정책 협의 등과 같은 정책 및 제도 관련 사업
디지털 혁신	창업, 인큐베이팅, 테크노파크 등과 같은 디지털 경제 관련 사업
보안	정보 보안 및 사이버 범죄 관련 사업
기타	상기 5가지 주제에 포함되지 않는 국제기구 사업 및 부담금, 분담금, 기여금 등의 사업

리스트를 다시 한 번 텍스트 마이닝 작업을 통해 5가지 주제, 연결 (connectivity), 활용(use), 법·제도(law and system), 디지털 혁신(digital innovation), 보안 (trust)으로 분류했다(〈표 1-13〉). 해당 주제를 분류 기준으로 정한 이유는 해당 주제들이 ICT가 가진 하드웨어와 소프트웨어 융합 요소를 가장 적절하게 담고 있는 기준으로 판단되었기 때문이다. 한편 보안의 영문 분류명을 'trust'로 표현한 것은 해당 분류기준에서 다루고 있는 정보 보안, 사이버 범죄 대응의 내용이 ICT 환경에서의 신뢰 이슈와 연관되어 있기 때문이다. 또한, 이들 5가지 요소들이 모두 디지털 경제를 구성하는 주요한 요소들로 서로 연관되어 있다는 점에서 그 분류의 의미를 두었다. 브로드밴드 및 무선데이터망 등의 인프라가 구축되지 않고서는 다양한 분야에서 ICT가 활용될 수 없으며, ICT 인프라와 ICT를 활용할 수 있는 인력이 없이는 기업의 ICT 혁신은 더디게 진행될 수밖에 없다. ICT 기술에 대한 신뢰가 부족하다면 인프라와 인력, 기업이 있어도 ICT 활용 및 확산에 큰 장애로 작용할 것이다. 또한 인프라 구축, 활용 확대, 디지털 혁신, 신뢰 구축 등은 법적·제도적 틀이 뒷받침되어야 가속화될 수 있다. 즉, 디지털 경제를 구성하는 요소 간의 상호보완성이 매우 높다. 이러한 상호보완성은 수원

국을 지원함에 있어 ICT 환경에 대한 전반적인 점검과 균형적인 접근이 필요함을 의미한다. 또한 다년도에 걸쳐 특정 수원국에 디지털 경제 구축과 관련된 다양한 요소들을 지원한다면 감가상각율 혹은 진부화가 상대적으로 더딘 분야를 우선적으로 지원해야 한다(고상원 외, 2018).

첫째, 연결의 경우 시스템 인프라(구축, 건립, 개선, 확장, 자동화, 정보화, 고도화, 선진화 등)와 같은 하드웨어 및 정보시스템 중심의 사업이 이에 속한다. 주제가 혼합된 형태의 경우 사업 내용에 시스템 '구축', '개선', '시범사업' 등이 들어가 있으면 연결로 분류했다. 기획재정부와 외교부가 수행하는 공공행정, 과학기술, 환경·에너지 분야에서의 대규모 프로젝트 사업이 다수 포함되어 있다. 둘째, 역량 강화 및 인력 양성과 관련된 사업은 활용으로 분류되었다. 학교 및 교육센터 설립 등과 같은 교육 관련 인프라 지원과 봉사단 및 전문가 파견, 장학 프로그램 등과 같은 인력양성 사업이 이에 해당한다. 교육부 소관 e-learning 관련 연수사업이 대표적인 사례이다. 셋째, 법·제도의 경우 정책 자문, KSP, 마스터플랜, 전략수립 지원 등 개발 컨설팅 사업을 통한 역량 강화, '협력센터' 운영을 통한 정책 협의 등과 같은 정책 및 제도 관련 사업들로 구성되어 있다. 넷째, 융합, 창업, 인큐베이팅, 테크노파크 등과 같은 디지털 경제 관련 사업의 경우 디지털 혁신으로 분류했다. 최근 융합 요소들이 다양한 형태로 ODA 사업에 들어오면서 시너지를 창출하기 위한 노력이 강화되고 있는데, 디지털 혁신 분야에서 그 경향이 두드러지게 나타나고 있다. 마지막으로, 보안의 경우 정보 보안 및 사이버 범죄 관련 사업들이 속한다. 대부분 사업이 역량강화 형태로 지원되고 있으며 인증 체계와 보안사고 대응 체계와 관련된 사업 수가 증가하는 추세이다. 한편 상기 5가지 주제에 포함되지 않는 국제기구 사업 및 부담금, 분담금, 기여금 등의 사업은 기타로 분류했다.

ICT ODA 사업을 예산 기준으로 주제별로 살펴본 결과 연결이 전체 사업의 74%(7850억 원)로 압도적으로 큰 규모를 차지하고 있었다. 활용의 경우 1750억 원으로 전체의 16.5%를 차지하는 데 그쳤다. 그 뒤를 디지털 혁신 (496억 원, 4.7%), 법·제도(305억 원, 2.9%), 기타(199억 원, 1.9%), 보안(76억 원, 0.7%)이 잇

〈표 1-14〉 최근 5년간(2015~2019) 우리나라 ICT ODA 주제별 예산규모 현황

(단위: 억 원)

구분	2015	2016	2017	2018	2019	합계
ICT ODA 규모	1,735	1,183	2,297	2,695	2,766	10,676
연결	1,354 (78%)	814 (69%)	1,904 (83%)	2,077 (77%)	1,701 (61%)	7,850 (74%)
활용	275 (16%)	225 (19%)	255 (11%)	348 (13%)	647 (23%)	1,750 (16%)
법·제도	42 (2.4%)	42 (3.6%)	50 (2.2%)	66 (2.4%)	105 (3.8%)	305 (2.9%)
디지털 혁신	15 (0.9%)	36 (3.0%)	22 (1.0%)	168 (6.2%)	255 (9.2%)	496 (4.6%)
보안	12 (0.7%)	38 (3.2%)	5 (0.2%)	10 (0.4%)	11 (0.4%)	76 (0.7%)
기타	37 (2.1%)	28 (2.4%)	61 (2.7%)	26 (1.0%)	47 (1.7%)	199 (1.9%)

〈그림 1-10〉 최근 5년간(2015~2019) 우리나라 ICT ODA 주제별 예산규모 변화

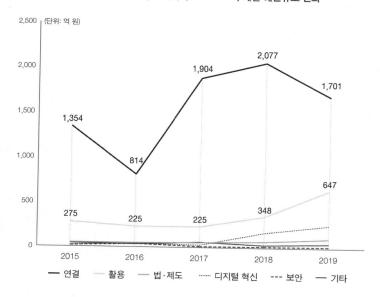

고 있다〈표 1-14〉.

주제별 예산규모 추세를 살펴보면, '연결'의 경우 불규칙한 특성을 보이는데 이는 해당 주제의 사업 형태가 대규모 인프라 구축 지원을 포함하고 있어 당해 연도 대규모 프로젝트 유무에 따라 차이를 보이는 것으로 분석되었다. 반면 '활용'과 '디지털 혁신' 주제는 지속적으로 증가하는 추세를 보이고 있다. 특히 2018년 기준 '디지털 혁신' 규모가 전년 대비 약 7.6배 (22억 원→168억 원) 증가했는데, 이는 테크노파크 구축과 같이 규모가 있는 인프라 사업이 해당 연도에 포함되었기 때문이다〈그림 1-10〉.

한편 ICT ODA 현황을 주제별 사업 수를 기준으로 분석한 결과 예산 규모 면에서 보여준 연결의 압도적인 비중이 상당 부분 줄어든 것으로 나타났다〈그림 1-11〉. 이는 연결로 분류된 사업에 예산 규모가 큰 기획재정부의 유상원조 사업이 대다수 포함되어 있기 때문이다. 그리고 활용의 경우 사업 형태가 대부분 사업 규모가 작은 초청 연수로 구성되어 있어 예산 규모에 비해 사업 수의 비중이 크게 나타나고 있다.

주제별 사업 수 세부 현황을 살펴보면 우선 연결 주제로 분류된 사업 수는 ICT ODA 전체 사업 수(792개)의 43.8%(347개)로 가장 큰 비중을 차지했고, 활용이 276개(34.8%)로 그 뒤를 잇고 있다. 반면 연결과 활용을 제외한 주제의 사업 수는 전체의 20%에 미치지 못한 것으로 나타났다. 각 주제별 사업 수는 법·제도가 79개(10.0%), 디지털 혁신이 36개(4.5%), 그리고 보안은 19개(2.4%)이다〈표 1-15〉.

다만 연도별 추세를 살펴보면, 연결 주제의 사업 수가 차지하는 비중은 꾸준하게 줄어들고 있는 반면 활용과 법·제도 및 디지털 혁신 주제의 사업 수가 지속적으로 증가하고 있다. 특히 2019년의 경우 활용의 사업 수 (93개)가 연결의 사업 수(89개)를 넘어선 것으로 나타났으며 법·제도와 디지털 혁신의 사업 수는 전년도 대비 2배 이상 증가했다〈그림 1-12〉.

〈그림 1-11〉최근 5년간(2015~2019) 우리나라 융합 ICT ODA 주제별 예산 비중(위)과 사업 수 (아래) 비교

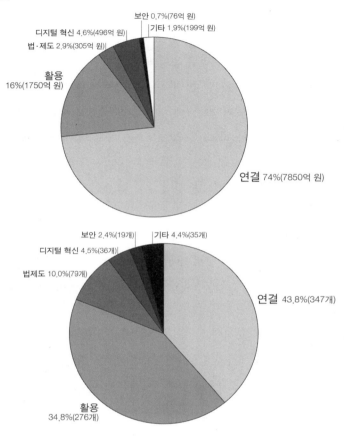

〈표 1-15〉최근 5년간(2015~2019) 우리나라 ICT ODA 주제별 사업 수 현황

(단위: 개)

구분	2015	2016	2017	2018	2019	합계
ICT ODA 사업 수	107	114	142	180	249	792
연결	55 (51.4%)	53[29] (46.5%)	72[43] (50.7%)	78[51] (43.3%)	89[49] (35.7%)	347 (43.8%)
활용	33 (30.8%)	34[15] (29.8%)	46[29] (32.4%)	71[49] (39.4%)	92[69] (36.9%)	276 (34.8%)
법·제도	7 (6.5%)	12[7] (10.5%)	12[5] (8.5%)	16[9] (8.9%)	32[17] (12.9%)	79 (10.0%)

디지털 혁신	2 (1.9%)	3[2] (2.6%)	2[1] (1.4%)	7[2] (3.9%)	22[4] (8.8%)	36 (4.5%)
보안	3 (2.8%)	6[3] (5.3%)	5[3] (3.5%)	2[0] (1.1%)	3[1] (1.2%)	19 (2.4%)
기타	7 (6.5%)	6[2] (5.3%)	5[2] (3.5%)	6[2] (3.3%)	11[4] (4.4%)	35 (4.4%)

주: [ ] 지속 사업 수.
자료: 유지수·유성훈(2019) 재구성.

〈그림 1-12〉 최근 5년간(2015~2019) 우리나라 ICT ODA 주제별 사업 수 변화

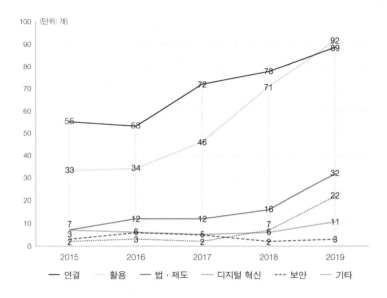

2) 주제별 특성

(1) 연결

연결 주제로 분류되는 사업들을 기존의 분류 기준(세부 분야)을 적용하여 살펴보면, '일반 ICT'(19.3%) 분야의 행정망, 전산망, 통신망 등 ICT 인프라 구축 관련 내용이 주를 이루고 있다. 과학기술정보통신부 소관 사업인 '방송환경 개선 지원', '정보접근센터 구축'이 해당하며, 기획재정부 사업으로

〈표 1-16〉 최근 5년간(2015~2019) 우리나라 ICT ODA-연결 세부분야별 사업 수 현황

(단위: 개)

구분	2015	2016	2017	2018	2019	합계
ICT ODA-연결 사업 수	55	53	72	78	89	347
일반 ICT ODA 사업 수	11	17	10	18	11	67
	(20.0%)	(32.1%)	(13.9%)	(23.1%)	(12.4%)	(19.3%)
융합 ICT ODA 사업 수	44	36	62	60	78	280
	(80.0%)	(67.9%)	(86.1%)	(76.9%)	(87.6%)	(80.7%)
ICT×공공행정	22	17	28	25	32	124
	(40.0%)	(32.1%)	(38.9%)	(32.1%)	(36.0%)	(35.7%)
ICT×교육	2	0	2	4	5	13
	(3.6%)	(0.0%)	(2.8%)	(5.1%)	(5.6%)	(3.7%)
ICT×환경·에너지	9	7	10	13	15	54
	(16.4%)	(13.2%)	(13.9%)	(16.7%)	(16.9%)	(15.6%)
ICT×경제산업인프라	4	6	7	7	13	37
	(7.3%)	(11.3%)	(9.7%)	(9.0%)	(14.6%)	(10.7%)
ICT×농림수산	1	3	4	8	7	23
	(1.8%)	(5.7%)	(5.6%)	(10.3%)	(7.9%)	(6.6%)
ICT×기타(보건 외)	6	3	11	3	6	29
	(10.9%)	(5.7%)	(15.3%)	(3.8%)	(6.7%)	(8.4%)

는 '무선통신망(브로드밴드) 구축'과 '국가통신망 개발' 등이 있으며, 외교부의 'ICT 센터 건립' 사업이 연결로 분류된 대표적인 사례이다. 공공행정(35.7%), 환경·에너지(15.6%), 경제산업인프라(10.7%), 농림수산(6.6%), 교육(3.7%) 등과 같은 분야의 '정보시스템'과 '데이터센터' 구축 및 개선·현대화·선진화·고도화·시범사업과 관련된 사업 또한 연결로 분류했다. 연도별 사업 수 추세 변화에서는 큰 특징이 나타나지 않았다. 다만 'ICT×환경·에너지'와 'ICT×교육' 분야에서 꾸준한 증가세를 나타내고 있다(〈표 1-16〉).

한편 연결로 분류된 상당수의 사업은 다른 주제(활용, 법·제도 등)의 내용 또한 포함하고 있는데 해당 사업의 구성 요소 중 연결의 비중이 상대적으로 큰 경우에 한해 연결의 분류 기준을 적용했다. 예를 들어 'ICT 교육훈련센터 건립' 사업의 경우 활용의 요소가 포함되어 있지만, 센터 건립이라는 인프라 중심의 사업임을 고려하여 연결로 분류했다. 그리고 외교부의 초

<표 1-17> 최근 5년간(2015~2019) ICT ODA-연결 시행기관별 사업 수 현황

(단위: 개)

구분	2015	2016	2017	2018	2019	합계
ICT ODA-연결 사업 수	55	53	72	78	89	347
외교부	36	28	36	34	35	169
	(65.5%)	(52.8%)	(50.0%)	(43.6%)	(39.3%)	(48.7%)
기획재정부	14	12	18	18	23	85
	(25.5%)	(22.6%)	(25.0%)	(23.1%)	(25.8%)	(24.5%)
과학기술정보통신부	3	7	6	9	9	34
	(5.5%)	(13.2%)	(8.3%)	(11.5%)	(10.1%)	(9.8%)
기타	2	6	12	17	22	59
	(3.6%)	(11.3%)	(16.7%)	(21.8%)	(24.7%)	(17.0%)

청연구 사업 중 '시스템 구축 운영 및 인력 양성', '통신망 개발', '전자정부 구축' 등과 같은 인프라를 주제로 한 내용의 경우 또한 활용의 요소보다는 연결의 비중이 크다고 판단했다.

ICT ODA-연결 사업을 시행기관별로 사업 수를 분석한 결과 외교부가 전체의 절반 정도(169개, 48.7%)를 수행하고 있는 것으로 나타났다. 최근 기획재정부의 사업이 늘어나는 추세인 것은 인프라 사업 외 연결 주제와 관련 개발 컨설팅 사업이 증가했기 때문이다(〈표 1-17〉).

인프라 구축 사업과 같은 ICT 하드웨어(정보화 설비) 지원 사업은 개발도상국과 선진국 간 정보격차 해소 및 차후 ICT를 활용한 개발협력을 위해 필수적이고 기본적인 요소이다(어규철 외, 2011: 17). 이러한 필수적인 ICT 하드웨어가 구축되어야 ICT 교육 활성화, ICT 분야 인력 양성 및 창업 등과 같은 ICT를 활용한 개발(ICT for Development: ICT4D)이 가능해진다. 따라서 지원된 ICT 하드웨어가 지속적으로 사용 및 활용되기 위해서는 개발도상국의 상황, 사용자의 관리 능력뿐만 아니라 사회 규범 및 가치까지 고려하여 인프라 구축 사업을 수행해야 한다.

(2) 활용

주제별 분류 중 활용에 해당하는 사업들을 살펴보면, 교육이 전체 사업 수의 절반 이상(140개, 50.7%)을 차지하고 있는 것으로 나타났다. 그 뒤를 'ICT×공공행정'(56개, 20.3%)과 '일반 ICT'(48개, 17.43%) 분야가 잇고 있다(<표 1-18>).

전체적으로 활용의 사업은 ICT를 활용할 수 있는 인적자원 개발(역량 강화, 인력 양성)을 목적으로 하고 있다. 세부 사업명을 살펴보면, 외교부의 '공공행정', '전자정부', '전자조달' 등과 같은 공공행정서비스를 위한 초청 연수, 봉사단 파견, 장학지원 사업과 교육부의 '첨단 ICT 활용 시범교실', 'e-learning 세계화', '솔라스쿨 활용' 등 ICT를 활용하여 교육의 질을 개선하려는 교육 관련 지원사업이 주를 이루고 있다.

한편 2019년도 신규 사업으로 '앙골라 산업고등기술센터 건립', '케냐

<표 1-18> 최근 5년간(2015~2019) 우리나라 ICT ODA-활용 세부 분야별 사업 수 현황

(단위: 개)

구분	2015	2016	2017	2018	2019	합계
ICT ODA-활용 사업 수	33	34	46	71	92	276
일반 ICT ODA 사업 수	11 (33.3%)	6 (17.6%)	10 (21.7%)	12 (16.9%)	9 (9.8%)	48 (17.4%)
융합 ICT ODA 사업 수	22 (66.7%)	28 (82.4%)	36 (78.3%)	59 (83.1%)	83 (90.2%)	228 (82.6%)
ICT×공공행정	14 (42.4%)	11 (32.4%)	7 (15.2%)	12 (16.9%)	12 (13.0%)	56 (20.3%)
ICT×교육	4 (12.1%)	14 (41.2%)	25 (54.3%)	38 (53.5%)	59 (64.1%)	140 (50.7%)
ICT×환경·에너지	1 (3.0%)	1 (2.9%)	1 (2.2%)	3 (4.2%)	4 (4.3%)	10 (3.6%)
ICT×경제산업인프라	0 (0.0%)	1 (2.9%)	0 (0.0%)	3 (4.2%)	1 (1.1%)	5 (1.8%)
ICT×농림수산	1 (3.0%)	0 (0.0%)	0 (0.0%)	1 (1.4%)	1 (1.1%)	3 (1.1%)
ICT×기타(보건 외)	2 (6.1%)	1 (2.9%)	3 (6.5%)	2 (2.8%)	6 (6.5%)	14 (5.1%)

<표 1-19> 최근 5년간(2015~2019) 우리나라 ICT ODA-활용 시행기관별 사업 수 현황

(단위: 개)

구분	2015	2016	2017	2018	2019	합계
ICT ODA-활용 사업 수	33	34	46	71	92	276
외교부	26	19	19	28	30	122
	(78.8%)	(55.9%)	(41.3%)	(39.4%)	(32.6%)	(44.2%)
교육부	2	12	21	32	47	114
	(6.1%)	(35.3%)	(45.7%)	(45.1%)	(51.1%)	(41.3%)
기획재정부	1	0	0	2	6	9
	(3.0%)	(0.0%)	(0.0%)	(2.8%)	(6.5%)	(3.3%)
기타	4	3	6	9	9	31
	(12.1%)	(8.8%)	(13.0%)	(12.7%)	(9.8%)	(11.2%)

과학기술원 건립', '스리랑카 콜롬보 중앙직업훈련 및 감파하 기술대학 건립' 및 '세네갈 고등기술전문대학 설립'과 같이 ICT 분야의 인재 양성을 목적으로 한 교육기관 설립 사업 수가 증가한 것은 주목할 만한 내용이다. 특히 해당 사업들은 연결의 요소도 포함되어 있으나 그 사업의 목적이 교육을 통한 역량 강화에 맞춰져 있어 활용으로 분류했다.

ICT ODA-활용 사업을 시행기관별로 사업 수를 살펴본 결과 외교부와 교육부가 각각 40%를 넘는 비중을 차지하고 있는 것으로 분석되었다. 교육부는 최근 ODA 사업을 수행하는 데 ICT 요소를 내재화하거나 활용을 강화하는 방향을 취하고 있어 부처 소관 사업 대부분이 활용으로 분류되었다〈표 1-19〉.

ICT 분야의 인적자원 개발(연수, 교육, 역량 강화, 인력 양성 등) 중심의 ICT ODA-활용 사업을 수행하는 데는 2가지 이유가 있다. 첫째, 인적자원 개발은 빈곤 완화를 위한 필수 요건이며 가장 효과적인 방법이라는 것이 한국의 경제발전 경험을 통해 증명되었기 때문이다(장현식, 2007). 둘째, ICT 분야의 인적자원 개발 및 인재양성 ODA 사업은 개발도상국의 ICT 산업 자체의 발전뿐만 아니라 사회경제 발전에도 기여하며, 잘 수행된 ODA 사업의 경우 지속성, 파급효과 및 비용 대비 효과성이 높기 때문이다(어규철 외, 2011: 12). 따라서 협력국이 ICT를 주체적으로 사용하기 위해서는 단순 ICT 인프라 및 시스템 구축을 넘어 ICT 분야 인적자원 개발에 힘써야 할 것이다.

(3) 법·제도

ICT ODA-법·제도 사업의 경우, '일반 ICT'(38개, 48.1%)와 'ICT×공공행정'(24개, 30.4%) 분야가 주를 이루고 있다. 그 외 분야의 경우 'ICT×경제산업인프라'(11개, 13.9%)를 제외하고는 5% 미만에 그치는 수준이다(〈표 1-20〉).

법·제도 세부 분야별 사업 수 추세를 살펴보면 2019년 들어 사업 수가 전년 대비 2배 증가한 것을 확인할 수 있다. 특히 'ICT×경제산업인프라' 분야에서의 법·제도 사업이 크게 증가했으며, '일반 ICT'와 'ICT×공공행정' 분야의 사업 수 또한 전년보다 약 2배 늘어났다. ICT 발전을 자체 목적

〈표 1-20〉 최근 5년간(2015~2019) 우리나라 ICT ODA-법·제도 세부분야별 사업 수 현황

(단위: 개)

구분	2015	2016	2017	2018	2019	합계
ICT ODA-법·제도 사업 수	7	12	12	16	32	79
일반 ICT ODA 사업 수	4	7	6	8	13	38
	(57.1%)	(58.3%)	(50.0%)	(50.0%)	(40.6%)	(48.1%)
융합 ICT ODA 사업 수	3	5	6	8	19	41
	(42.9%)	(41.7%)	(50.0%)	(50.0%)	(59.4%)	(51.9%)
ICT×공공행정	1	3	5	5	10	24
	(14.3%)	(25.0%)	(41.7%)	(31.3%)	(31.3%)	(30.4%)
ICT×교육	0	0	0	0	0	0
	(0.0%)	(0.0%)	(0.0%)	(0.0%)	(0.0%)	(0.0%)
ICT×환경·에너지	0	0	0	1	2	3
	(0.0%)	(0.0%)	(0.0%)	(6.3%)	(6.3%)	(3.8%)
ICT×경제산업인프라	2	2	0	1	6	11
	(28.6%)	(16.7%)	(0.0%)	(6.3%)	(18.8%)	(13.9%)
ICT×농림수산	0	0	0	1	0	1
	(0.0%)	(0.0%)	(0.0%)	(6.3%)	(0.0%)	(1.3%)
ICT×기타(보건 외)	0	0	1	0	1	2
	(0.0%)	(0.0%)	(8.3%)	(0.0%)	(3.1%)	(2.5%)

으로 설정하거나 ICT를 접목한 시스템(지능형교통시스템, 통합물관리시스템, 전자정부 등) 관련 마스터플랜 수립 지원과 정책자문 사업이 대표적인 사례이다. 초청연수 형태를 띠고 있다고 해도 그 주제가 정책과 직접 관련이 있는 경우 또한 법·제도로 분류했다. 우리나라는 국제적으로 역량을 인정받고 있는 ICT 분야의 발전 경험과 관련 정책과 제도를 해당 사업을 통해 공유하고 있다.

ICT ODA-법·제도 사업의 시행기관별로 사업 수를 분석한 결과 우리나라 유·무상 원조 주관기관인 기획재정부와 외교부보다 과학기술정보통신부가 더 큰 비중(25개, 31.6%)을 차지하고 있는 것으로 나타났다〈표 1-21〉. 과학기술정보통신부는 2000년대 초반부터 ICT 정책을 주제로 개발 컨설팅 사업을 정보통신정책연구원을 통해 수행하고 있는데, 최근 5년간(2015~2019) 협력국의 수요 증가에 따라 해당 사업의 수가 지속적으로 증가했기 때문이다.

한편 최근 ICT 활용 및 융합 요소들이 개발 컨설팅 사업의 주제로 나타나는 빈도수가 증가하고 있다. 특히 2019년 기획재정부의 KSP 사업의 경우 전년 대비 약 4배 증가했다. 기획재정부는 한국개발연구원, 한국수출

〈표 1-21〉 최근 5년간(2015~2019) 우리나라 ICT ODA-법·제도 시행기관별 사업 수 현황

(단위: 개)

구분	2015	2016	2017	2018	2019	합계
ICT ODA-법·제도 사업 수	7	12	12	16	32	79
과학기술정보통신부	1	5	5	6	8	25
	(14.3%)	(41.7%)	(41.7%)	(37.5%)	(25.0%)	(31.6%)
기획재정부	0	1	2	4	15	22
	(0.0%)	(8.3%)	(16.7%)	(25.0%)	(46.9%)	(27.8%)
외교부	6	5	2	3	3	19
	(85.7%)	(41.7%)	(16.7%)	(18.8%)	(9.4%)	(24.1%)
기타	0	1	3	3	6	13
	(0.0%)	(8.3%)	(25.0%)	(18.8%)	(18.8%)	(16.5%)

입은행, 대한무역투자진흥공사를 통해 KSP 사업을 수행하고 있는데 최근 사업명을 살펴보면 전통적인 경제 발전과 개발협력 주제에서 벗어나 융복합 요소가 결합된 협력국의 컨설팅 수요를 적극 반영하고 있다. 특히 법·제도로 분류된 2019년 기획재정부의 KSP 사업은 디지털 방송, 교통시스템 개선, 데이터센터, 블록체인 등 ICT 요소가 강하게 드러나 있다.

개발 컨설팅 사업은 ICT 인프라 개발이라는 본 사업을 위한 1단계 사업으로 고려되며, 이는 개발 컨설팅 사업의 결과가 본 사업 추진을 위한 전략 수립의 기초 자료가 되며 이를 바탕으로 사업의 세부 내용이 구성되기 때문이다(김종일 외, 2014: 41). 따라서 ICT 분야 개발 컨설팅 사업은 개도국의 성공적인 ICT 인프라 및 시스템 구축과 활용을 위한 제도적 기반 마련, 규제적 환경 조성에 중점을 두고 있다.

(4) 디지털 혁신

디지털 혁신 주제의 경우 '일반 ICT'(17개, 47.2%) 분야 사업의 수가 전체의 절반 수준을 차지하고 있다. 그리고 'ICT×경제산업인프라'와 'ICT×기타(보건 외)' 2개 분야를 합쳐 약 40% 비중을 보이는데, 'ICT×기타(보건 외)' 분야의 경우 대부분 사업이 창업과 취업에 관련된 내용이다(〈표 1-22〉).

2019년 디지털 혁신 세부 분야별 사업 수는 전년 대비 3배 이상 큰 폭으로 증가했다. 공공행정과 교육, 그리고 농림수산 분야에서 처음으로 디지털 혁신 사업이 등장하며 ICT의 융합 성격의 확장 추세를 보여 주고 있다. 디지털 혁신으로 분류된 세부 사업명을 살펴보면, ICT 융합 및 창업·취업 관련 사업의 다수가 포함된 것을 확인할 수 있다. 2015년도부터 2017년까지는 사업 수뿐만 아니라 사업 유형도 다양하지 않았지만, 2018년도부터 '섬유테크노파크', '사이언스파크 및 비즈니스 인큐베이터 구축 지원' 사업이 추가되었고 2019년도에는 '혁신적 기술 프로그램', '4차 산업혁명 확산

<표 1-22> 최근 5년간(2015~2019) 우리나라 ICT ODA-디지털 혁신 세부 분야별 사업 수 현황

(단위: 개)

구분	2015	2016	2017	2018	2019	합계
ICT ODA-디지털 혁신 사업 수	2	3	2	7	22	5
일반 ICT ODA 사업 수	2	3	2	3	7	5
	(100.0%)	(100.0%)	(100.0%)	(42.9%)	(31.8%)	(47.2%)
융합 ICT ODA 사업 수	0	0	0	4	15	0
	(0.0%)	(0.0%)	(0.0%)	(57.1%)	(68.2%)	(52.8%)
ICT×공공행정	0	0	0	0	2	0
	(0.0%)	(0.0%)	(0.0%)	(0.0%)	(9.1%)	(5.6%)
ICT×교육	0	0	0	0	1	0
	(0.0%)	(0.0%)	(0.0%)	(0.0%)	(4.5%)	(2.8%)
ICT×환경·에너지	0	0	0	0	0	0
	(0.0%)	(0.0%)	(0.0%)	(0.0%)	(0.0%)	(0.0%)
ICT×경제산업인프라	0	0	0	4	2	0
	(0.0%)	(0.0%)	(0.0%)	(57.1%)	(9.1%)	(16.7%)
ICT×농림수산	0	0	0	0	1	0
	(0.0%)	(0.0%)	(0.0%)	(0.0%)	(4.5%)	(2.8%)
ICT×기타(보건 외)	0	0	0	0	9	0
	(0.0%)	(0.0%)	(0.0%)	(0.0%)	(40.9%)	(25.0%)

<표 1-23> 최근 5년간(2015~2019) 우리나라 ICT ODA-디지털 혁신 시행기관별 사업 수 현황

(단위: 개)

구분	2015	2016	2017	2018	2019	합계
ICT ODA-디지털 혁신 사업 수	2	3	2	7	22	7
외교부	2	3	1	4	12	6
	(100.0%)	(100.0%)	(50.0%)	(57.1%)	(54.5%)	(61.1%)
기획재정부	0	0	0	0	6	0
	(0.0%)	(0.0%)	(0.0%)	(0.0%)	(27.3%)	(16.7%)
과학기술정보통신부	0	0	1	2	1	1
	(0.0%)	(0.0%)	(50.0%)	(28.6%)	(4.5%)	(11.1%)
기타	0	0	0	1	3	0
	(0.0%)	(0.0%)	(0.0%)	(14.3%)	(13.6%)	(11.1%)

을 위한 직업기술교육 시스템화', '혁신클러스터 구축 방안', '글로벌 창업 보육센터 설립', '기술혁신형 중소기업 발굴·육성을 위한 인증제도 전수' 등과 같은 다양한 유형의 사업이 추가되었다. 이들 사업의 대부분은 ICT

융합을 기반으로 한 혁신 성장과 일자리 창출을 목표로 한 것이다.

시행기관별로 ICT ODA-디지털 혁신 사업의 현황을 살펴본 결과 외교부(22개, 61.1%)와 기획재정부(6개, 16.7%)의 사업 수가 전체의 약 80%를 차지하는 것으로 분석되었다.

개발도상국의 창업, 혁신적 기술 프로그램 등과 같은 ICT ODA 사업이 디지털 혁신 주제에서 눈에 띄는데, 이러한 혁신과 관련된 사업은 천연자원에 의존도가 높은 개발도상국의 경제시장 변화에 긍정적인 영향을 미칠 것으로 예상된다(이정협 외, 2012: 130). 개발도상국이 기존의 산업 경제시장에 진입하기 위해서는 막대한 자본이 필요할 뿐만 아니라 이미 해당 시장이 포화된 상황에서 새롭게 진입하기에는 어려움이 있었지만, 4차 산업혁명을 통해 ICT 융합 중심의 디지털 경제 시대가 열리면서 창의적이고 혁신적인 아이디어만 있다면 오픈 플랫폼을 기반으로 디지털 경제 시장 진출이 불가능한 일이 아니게 되었다(윤유리, 2014: 11). ICT 융합 중심의 창업 및 취업을 주제로 한 ICT ODA 사업의 증가는 이러한 글로벌 경제시장의 변화를 보여 주고 있다.

(5) 보안

ICT ODA-보안으로 분류된 사업을 분석한 결과 '일반 ICT'(3개, 15.8%)와 'ICT×공공행정'(5개, 26.3%) 및 'ICT×기타(보건)'(11개, 57.9%)로 구분되었다(〈표 1-24〉). 보안 주제로 분류된 대표적 사업은 '보안긴급대응 및 국가인증체계 사업', '사이버범죄 수사 역량강화 과정' 등과 같은 ICT 분야의 보안과 관련된 내용이다. 다만 해당 주제의 표본 수가 19개에 그쳐 세부 분야별 사업 수 추세에서 주목할 만한 내용은 없었다. 연도별 표본 수 또한 크지 않아 유의미한 시사점을 파악하는 데도 한계가 있다.

그럼에도 불구하고 2019년 외교부 사업으로 '사이버보안센터 설립'과

<표 1-24> 최근 5년간(2015~2019) 우리나라 ICT ODA-보안 세부 분야별 사업 수 현황

(단위: 개)

구분	2015	2016	2017	2018	2019	합계
ICT ODA-보안 사업 수	3	6	5	2	3	19
일반 ICT ODA 사업 수	0	1	0	0	2	3
	(0.0%)	(16.7%)	(0.0%)	(0.0%)	(66.7%)	(15.8%)
융합 ICT ODA 사업 수	3	5	5	2	1	16
	(100.0%)	(83.3%)	(100.0%)	(100.0%)	(33.3%)	(84.2%)
ICT×공공행정	1	1	0	2	1	5
	(33.3%)	(16.7%)	(0.0%)	(100.0%)	(33.3%)	(26.3%)
ICT×기타(보건 외)	2	4	5	0	0	11
	(66.7%)	(66.7%)	(100.0%)	(0.0%)	(0.0%)	(57.9%)

<표 1-25> 최근 5년간(2015~2019) 우리나라 ICT ODA-보안 시행기관별 사업 수 현황

(단위: 개)

구분	2015	2016	2017	2018	2019	합계
ICT ODA-보안 사업 수	3	6	5	2	3	19
외교부	3	5	5	2	2	17
	(100.0%)	(83.3%)	(100.0%)	(100.0%)	(66.7%)	(89.5%)7
기타	0	1	0	0	1	2
	(0.0%)	(16.7%)	(0.0%)	(0.0%)	(33.3%)	(10.5%)

'보안 네트워크 구축'이 새롭게 등장한 것은 의미가 있다. 외교부가 기존 사이버 범죄 대응을 주제로 소규모 초청 연수의 형태로 지원하던 방식에서 인프라가 포함된 프로젝트 사업을 최근에 추진한다는 것은 보안 분야에서의 협력국 수요와 중요도가 증가하고 있음을 보여 준다.

한편 ICT ODA-보안 사업의 시행기관별 사업 수 분석 또한 표본 수의 한계로 인해 큰 특징이 드러나지 않았다<표 1-25>.

ICT의 확산으로 선진국과 개발도상국 간 상호의존성과 연결성이 강해진 상황에서 국제사회에서 사이버 보안과 관련된 범국가적 대책 마련의 필요성과 협력의 중요성이 강조되고 있다(이정협 외, 2012: 117). 이런 추세에 비해 ICT 분야 관련 보안 주제의 사업 수는 다른 주제의 사업 수에 비해 적은 편인데, 이는 사이버 보안을 다룰 수는 있는 소프트웨어 및 고급인재 부재, 사이버 보안의 중요성에 대한 인식 결여 등과 같은 요인이 작용했을 가능성이 있다.

향후 ICT를 통한 상호의존성이 증대됨에 따라 보안 분야에서의 협력은 공여국 입장에서도 중요한 이슈로 부각될 것으로 예상된다. 또한 개발도 상국 전자정부 확산에 있어 정부의 신뢰성 확보와 안정적인 네트워크 운 영 측면에서도 보안 이슈에 대한 협력 수요는 더욱 늘어날 것이다.

5. 결론

2010년 우리나라는 OECD DAC 회원국으로서의 역할을 체계적으로 수 행하기 위하여 국제개발협력 선진화 방안을 제시했다. 국제개발협력 선 진화 방안은 크게 '원조시스템의 효과적 개편', '개발협력 콘텐츠 개발', '국 제활동 참여 강화'와 같이 3대 선진화 전략으로 나눠지는데, ICT ODA는 '개발협력 콘텐츠 개발'의 일환으로 그 중요성이 강조되어 왔다(국제개발협력 위원회, 2010). 이후 제1차, 제2차 국제개발협력 기본계획을 통해 유·무상 분 야별 원조 추진계획 수립, ODA 규모 및 운용계획, 유·무상 통합전략 강 화, ODA 투명성 제고, 민간 부문과의 협력 강화 등 국가 차원의 정책과 전략을 수립하고 이행해 오고 있다. 특히 2012년 OECD DAC 동료 평가 에서 개발 경험에 기초한 ICT와 공공행정 ODA가 우리나라의 비교우위 분야로 인정받은 이후 정부는 해당 분야를 개발협력 전반에 적극 활용하 고자 노력하고 있다.

하지만 ICT의 중요성을 충분히 인식하고 우리가 가진 강점을 바탕으로 ODA 지원 전략을 수립했음에도 불구하고 그 이행에 있어서는 미비한 점이 있었다는 사실이 ICT ODA 현황 진단을 통해 드러났다. 2015년부터 2019년까지 최근 5년간 한국의 ODA 총 규모는 13조 7020억 원인데, 이 중 ICT와 직접 관련이 있는 '일반 ICT ODA'로 분류할 수 있는 사업은 2.1%인 2867억 원에 지나지 않았고, ICT를 활용하거나 사업 요소에 ICT가 포함된 경우('융합 ICT ODA', 7800억 원, 5.7%)까지 포함하여 그 규모를 파악하더라도 전체 ODA의 7.8% 수준인 1조 676억 원에 그쳤다. 이는 2019년 국제개발협력 종합시행계획에서 제시하고 있는 분야별 현황 자료에 제시된 교통(15.1%), 보건(13.0%), 환경(10.6%), 교육(10.2%), 농림수산(8.9%)보다 낮은 수치이다.

이 글에서는 이러한 ICT ODA 현황을 보다 면밀하게 분석하고 유의미한 시사점을 도출하기 위해 최근 5년간(2015~2019) 우리나라 국제개발협력 종합시행계획 전체 사업 리스트(확정액 기준) 분석을 통해 ICT ODA 사업 현황을 세부 분야별, 시행기관별, 지역별, 지원 유형별, 주제별로 파악했다.

우선 ICT ODA 세부 분야의 비중은 'ICT×공공행정'(30%), '일반 ICT'(26.9%), 'ICT×경제산업인프라'(17.2%), 'ICT×교육'(11.0%), 'ICT×기타'(7.1%), 'ICT×환경·에너지'(5.6%), 'ICT×농림수산'(2.0%) 순이다. ICT ODA 예산을 시행기관별로 분류해 보면 기획재정부가 전체의 55.3%, 외교부가 28.6%를 차지하고 있으며 그다음으로 과학기술정보통신부 4.4%, 교육부 3.0%, 산업통산자원부 2.7%, 행정안전부 1.0%로 나타났다. 지역별로는 아시아(37%), 아프리카(28.1%), 중동·CIS(14.3%), 중남미(14.3%) 순으로 비중이 높은 것으로 분석되었고, 지원 유형은 프로젝트(82.3%), 개발 컨설팅(7.0%), 초청 연수(3.2%), 봉사단 파견(2.4%) 순으로 비중이 높게 나타났다.

이 글에서는 세부 분야, 시행기관, 지역, 지원 유형 등 기존의 ODA 분류 체계 이외에 ICT ODA 사업의 주제를 텍스트마이닝 기법으로 분석하여 디지털 경제의 주요한 요소인 연결, 활용, 법·제도, 디지털 혁신, 보안

5가지로 분류했다. 이러한 분류에 따르면 최근 5년간 수행된 ICT ODA의 주제별 예산 비중은 연결(73.4%), 활용(16.5%), 디지털 혁신(4.7%), 법·제도(2.9%), 기타(1.9%), 보안(0.7%) 순으로 나타난다.

국제사회에서 혁신과 융합이 강조되고 있고 이를 개발협력 분야에 어떻게 적용하는가가 새로운 과제로 떠오르는 시점에서 기존의 ICT 분야 ODA 현황을 다양한 분류 기준을 통해 살펴보고 그 특징을 분석하고 시사점을 제시함으로써 향후 관련 정책 수립을 위한 기반 구축에 기여할 수 있을 것으로 기대된다. 나아가 정형화된 사업 형태에서 벗어나 새로운 콘텐츠와 플랫폼을 가진 ICT ODA 사업 구상과 발굴을 위한 기초 자료로 이 글의 내용이 활용될 수 있기를 희망한다.

이 글의 경우 분석을 위한 표본 설정과 분류기준 적용에 있어 일정 부분 연구진의 주관적인 판단이 적용된 것이 사실이다. 이는 분석 대상에 대한 정보가 제한적인 환경 때문에 발생한 부분도 있다. 연구의 객관성 확보와 타당성 제고를 위한 방법론을 고민할 필요가 있다. ICT ODA 연구에서 가장 기본이 되는 현황 진단의 내용이 더욱 설득력을 가질 수 있도록 향후 새로운 분류 기준에 대한 후속 연구가 이루어지기를 기대한다.

참고문헌

＊ 국내 문헌

강인수·김태은·유성훈·송영민·심수민·조수미. 2016. 『ICT 개발협력 성과제고 및 전략적 이행 방안 연구』. 방송통신정책연구 15-진흥-060, 정보통신정책연구원.

고상원·박지현·유성훈·유지수·김종일·이희진·주한나. 2018. 『ICT 국제개발협력(ODA) 사업 평가 및 모니터링 체계 연구(I)』. 정보통신정책연구원.

고상원·유성훈·송영민·정헌주·유상엽. 2019. 『ICT 국제개발협력(ODA) 사업 평가 및 모니터링 체계 연구(II)』. 정보통신정책연구원.

국제개발협력위원회. 2010. 『국제개발협력 선진화 방안』.

김학기·주대영·김계환. 2011. 『ICT 분야 ODA 종합평가 및 개발효과성 제고 방안 연구』. 최종 보고서, 산업연구원.

손혁상·박보기·김남경. 2014. 「국제개발협력을 위한 한국의 민관협력사업(PPP) 연구: KOICA '글로벌 사회공헌프로그램' 분석을 중심으로」. ≪국제지역연구≫, 23권 2호, 서울대학교 국제학대학원 국제학연구소.

어규철·이희진·김경규. 2011. 『개도국 ICT인력의 효과적 양성을 위한 프로그램 개발협력 모델 연구: 사회기술시스템 접근과 ICT 주류화 관점에서』. 연구자료 사회개발 2011-06-280, 한국국제협력단.

외교부 개발협력국. 2019. 「2019년도 무상원조사업에 대한 시행계획 작성 지침」.

유지수·유성훈. 2019. 「ICT 국제개발협력 연구 시리즈 7. 한국 ICT ODA 현황 진단: 최근 5년간 국제개발협력 종합시행계획(확정액 기준) 분석」. ≪정보통신방송정책≫, 제31권 5호(통권688호), 59~151쪽, 정보통신정책연구원.

윤유리. 2017. 「제4차 산업혁명과 국제개발협력의 미래」. ≪개발과 이슈≫, 29호, 한국국제협력단.

이석원·신재은. 2017. 「지식공유형 ODA 사업의 평가: 정책형성이론과 KSP 사업 실증 분석결과 를 활용한 대안적 평가 프레임워크」. ≪행정논총≫, 제55권 2호, 2~8쪽.

이정협·동그라미·양화인·선주윤·Sira Maliphol. 2012. 『한국형 일반 ICT ODA 전략』. 정책연구 2012-21, 과학기술정책연구원.

장현식. 2007. 「원조효과성 제고를 위한 파리선언의 의미와 우리의 향후 추진방향」, ≪국제개발 협력≫, 2007년 제4호, 한국국제협력단.

한국국제협력단. n.d. "사업평가", KOICA, 2018.9.20, http://www.koica.go.kr/program/eva-luation/beneficiary/index.html

한국기업지식연구원. 2017. 『KSP사업 정보통신분야 사후평가』. 한국기업지식연구원.

홍재환. 2012. 『ODA 정책사업의 평가체계 연구』. KIPA 연구보고서 2012-44, 한국행정연구원.

＊ 해외 문헌

Gesellschaft für Internationale Zusammenarbeit(GIZ). 2017. Evaluation Report 2017-Knowing What Works. Bonn: GFIZ.

Organization for Economic Co-operation and Development. 2016. "Evaluation Systems in Development Co-operation: 2016 Review." OECD, 2018.12.11, https://dx.doi.org/10.1787/9789264262065-en

Organization for Economic Co-operation and Development. 2018. "Development Co-operation Report 2018: Joining Forces to Leave No One Behind." OECD, 2018.12.11, https://doi.org/10.1787/dcr-2018-en

World Bank Group. 2011. An Evaluation of World Bank Group Activities in Information and Communication Technologies: Capturing Technology for Development. Washington D.C: the Independent Evaluation Group(IEG).

＊ 인터넷 사이트

경제개발협력기구 개발원조위원회: https://www.oecd.org/dac/

대한민국 ODA 통계: https://stats.koreaexim.go.kr/odastats.html

대한민국 ODA 통합 홈페이지: http://www.odakorea.go.kr/oz.main.OdaMain.do

세계은행 Open Knowledge: https://openknowledge.worldbank.org/

세계은행 독립평가그룹: https://ieg.worldbankgroup.org/

한국국제협력단(KOICA): http://www.koica.go.kr/sites/koica_kr/index.do

한국국제협력단(KOICA) 통계조회서비스: http://stat.koica.go.kr/ipm/os/acms/smrizeAreaList.do?lang=ko

한국의 ICT ODA 전개와 한국형 ICT ODA의 미래

김태은(정보통신정책연구원 국제협력연구본부 부연구위원)

1. 서 론

ICT ODA는 개도국의 취약한 정보통신 부문의 발전을 위한 공적 지원을 의미하며 개별 국가 차원에서 국가의 경제 발전을 지원하고, 범세계적으로 정보 격차를 해소하는 데 기여하며 궁극적으로 빈곤 퇴치 및 불평등 해소라는 글로벌 목표를 추구한다. 한국의 ICT ODA는 글로벌 정보격차 해소와 빈곤 퇴치를 위한 범세계적인 노력과 함께 성장해 왔다. 전기통신 부문 UN 전문기구인 국제전기통신연합(International Telecommunications Union: ITU)이 1985년 전기통신의 범세계적 발전을 위한 독립위원회 보고서 "Missing Link: Report of the Independent Commission for World wide Telecommunications Development"를 통해 통신의 접속과 경제성장의 상관관계를 분석, 선진국과 개발도상국 사이의 발전 격차의 주요 요인, 즉 미싱링크가 바로 통신이었다는 점을 발표하면서 정보 격차의 해소가 중요한 화두로 등장하게 되었다.[1] ICT의 발전이 제공하는 막대한 기회와 혜택뿐 아니라 정보 격차가 기존의 글로벌 발전 격차를 더욱 고착화할 수 있다는 인식하에 ITU를 중심으로 글로벌 정보격차 해소 노력이 추진되어 왔다. 2000년에 발표된 빈곤 퇴치를 위한 글로벌 협력 프레임워크인 새천년발전목표(Millenium Development Goals: MDGs)에도 ICT의 핵심적 역할이 강조되었고[2] G8의 세계정보사회에 관한 오키나와 선언과 제노아 실천계획, DOT (Digital Opportunities Task) Force 이니셔티브, WSIS 선언 및 실천계획 등 일련의 국제적 노력이 계속되었다. ICT 부문의 급속한 발전과 패러다임 전환적인 생태계의 변화 속에서도 핵심 인프라 및 성장 동력으로서 ICT의 중요성, 빈곤 퇴치를 포함한 다양한 문제 해결에 있어서 ICT의 역할, 정보 격차의 심화가 초래할 막대한 부작용에 대한 우려 등은 MDGs를 계승하는 지속가능발전목표(Sustainable Development Goals: SDGs)에서도 지속적으로 중요하게 고려되었다.[3] 이러한 글로벌 환경의 전개 속에서 한국은 경제 발전 및 ICT 부문의 성과를 기반으로 국제사회의 책임 있는 일원으로서의 역할을

---

1) 메이틀랜드 위원회라고도 불리는 독립위원회의 보고서를 기반으로 ITU 내에서의 개도국 협력과 지원이 우선순위를 가지게 되고 ITU-D가 전파 및 표준화와 동일한 부문으로 격상하고, 1998년에는 1차 세계전기통신개발회의(World Telecommunication Development Conference: WTDC)가 개최되어 정보격차 해소에 대한 선언적인 글로벌 합의를 도출해내게 되었다.

2) MDGs는 목표 8.F에서 민간 부문과의 협력을 통한 정보통신기술의 수혜를 확산시킨다는 것을 목표로 설정하고 2G 이동통신 네트워크에 대한 접근성을 2001년 58%에서 2015년 95% 수준으로 높이며, 인터넷 활용도를 2004년 전 세계 인구의 6%에서 2015년 43%로 제고시키는 세부 목표를 설정했다.

3) SDGs 관련 정상회의 결과 문서 내에 ICT의 중요성에 대한 직접적 언급이 부재하고, 17개 목표, 169개 세부 목표 중 세부 목표 9.c는 유일하게 ICT에 대한 접근성 향상을 목표로 하며 정확하게는 2020년까지 최빈국(LDCs)에 대한 보편적이며 수용 가능한 인터넷 접근의 제공을 목표로 하고 있다. 그러나 이미 ICT/인터넷 엑세스는 목표 달성의 필수적 요소이자 유효한 수단으로 인식되고 있다고 할 것이다.

하고자 ICT ODA를 추진해 왔다.

　한국은 산업화는 늦었지만 정보화는 앞서가겠다는 기치하에, 1980년대 말부터 국가발전전략 차원에서 전기통신, ICT에 집중적인 투자를 했으며 그 성과가 글로벌 ICT 강국의 위상으로 이어졌다. 급속히 발전하는 ICT 기술과 이를 둘러싼 환경의 변화 속에서 ICT를 기회로 활용하여 도약적 발전을 한 한국의 경험과 성과는 개발도상국이 벤치마킹하고자 하는 모범 사례가 되었다. 개도국들은 이미 한강의 기적이라고 불리는 한국의 경제발전 경험에 주목하고 자국 발전전략의 기준으로 삼은 바 있으며, 한국이 단기간에 이루어 낸 ICT 부문 발전은 ICT의 막대한 잠재력과 파급효과를 실증하며 개도국이 선발국을 따라잡을 수 있다는 새로운 기대를 가지게 했다.

　특히 ICT ODA의 높은 비중과 검증된 발전경험 공유 및 지식 전수와 같은 독특한 방식은 다른 공여국과는 차별화되는 한국 ODA에서만 찾아볼 수 있는 것이었다. 즉, 급속히 발전하는 ICT를 국가발전전략의 핵심으로 한 정부의 정책, 이행 계획 및 성과를 수원국인 개도국 맞춤 형식으로 공유하는 것은 "한국형" ICT ODA라는 브랜드로 정착하게 되었다.

　이렇듯, 한국의 ICT ODA는 ICT의 급속한 발전과 확산, 글로벌 정보격차 해소 노력, MDGs와 SDGs의 이행에 있어서 ICT의 역할이라는 글로벌 환경이 마련되었을 뿐 아니라, 한국은 ICT를 국가발전전략으로 추진하면서 ICT 강국으로서 공여자 역량이 갖추게 되었고, 한국의 ICT 발전 성과가 가시화되면서 수원국의 한국 ICT ODA에 대한 수요도 증가했다는 점에서 성공 요인을 다 갖추고 있었다. 특히 한국의 ICT 정책 경험의 외연을 외부적으로 확대하여 국제사회에 대한 기여 확대뿐 아니라 국내 산업의 해외 진출을 증대시키고자 하는 ICT 전담 부처의 정책 의지 및 실행력도 핵심적인 요소였다고 할 것이다.

그러나 ICT의 급속한 발전과 글로벌 환경의 변화는 한국의 ICT ODA에게도 도전이 되고 있다. 현재의 "한국형" ICT ODA가 앞으로도 유효성을 가지기 위해서는 어떠한 방향으로 나아가야 하는지가 검토되고 모색되어야 할 시점이라고 할 것이다. 이 글에서는 한국의 전체 유·무상 ICT ODA가 아닌 "한국형"이라는 점에 초점을 맞추어 ICT 주관 부처에서 추진하는 ODA에 한정하여 그 전개와 특성에 대해서 검토하고 ICT ODA를 둘러싼 환경의 변화와 이러한 상황에서 한국 ICT ODA가 당면하고 있는 도전을 분석하고, 한국 ICT ODA의 미래 모습을 탐색해 보도록 하겠다.

2. 한국 ICT ODA의 전개

1) 한국 ODA의 전개

한국의 ODA는 1988년 대외경제협력기금법 제정 및 1991년 한국국제협력단법 제정으로 유·무상 원조의 틀이 마련되면서 개발도상국에 대한 공적 원조를 시작했으며 경제성장 및 국제적 지위가 상승하면서 국제사회에서 공여국으로서의 책임을 다하기 위하여 ODA 규모를 확대해 왔다. 2020년 국제개발 종합시행계획에서는 한국의 ODA 역사를 크게 원조의 기틀이 마련되는 태동기(1987~1999), OECD 가입 등으로 수원국에서 공여국으로 나아가는 전환기(2000~2009), 기본법 제정 등 법적·제도적 정비와 통합의 추진이 이루어지는 성장기(2010~2019)로 구분하여 보고 있다. 그러나 양적·질적 측면에서 모두 글로벌 수준에 부합되는 ODA의 추구라는 기본 틀 내에 있지만 국내 정부의 교체와 각 정부별 국가정책 비전 및 전략에 따라 ODA의 방향과 내용에 차이가 나타난다.

최효정(2015)에 따르면 문민정부라고 칭하는 김영삼 정부(1993~1997)는 세계화와 경제외교에 중점을 두었다. 개방과 국제화의 맥락에서 개도국 지원을 촉구하고 한국의 개도국 지원 노력을 천명하는 등 ODA도 우리나라의 세계화를 추진하는 수단으로 활용되었다. ODA에 대한 문민정부의 전향적인 접근은 임기 초부터 적극적으로 추진된 OECD 가입에 우호적인 환경을 조성했으며, 실제로 이 기간 동안 대통령의 아프리카 등 해외 순방과 연결된 무상원조액의 규모가 대거 증가했다.

국민의 정부로 불리는 김대중 정부(1998~2002)의 경우, 1997년 외환위기 이후 IMF 체제하에 강력한 개혁 조치를 시행한 시기로 DJ 노믹스라고 불리는 경제 민주화와 함께 경제 발전이 화두였다. 경제 상황의 악화로 ODA의 양적 규모가 축소될 수밖에 없는 상황이었으나 추락한 국가 이미지 및 신뢰도를 회복하는 데 있어서 ODA의 활용이 필요하기도 했다. 이 시기에는 개발도상국과 원조 약정을 통해 유상원조 형태로 우리 기업이 참여하는 프로젝트들이 다수 수행되었다.

참여정부인 노무현 정부(2003~2007) 시기에는 정보화와 자원이 국가전략의 핵심 이슈로 거론되었다. ODA와 관련하여 참여정부는 OECD DAC 가입을 목표로 글로벌 스탠다드에 맞추어 ODA 시스템을 개편하고 ODA의 질과 성과의 개선을 추진하기 위해 2005년 '대외원조개선 종합대책'을 수립했다. 정보화, 즉 정보통신 부문에 초점을 맞춘 국가전략은 ODA에도 반영되었는데, 정보통신 분야 양자 간 무상원조는 김영삼 정부의 5%에서 참여정부 때는 11% 비중으로 확대되었다. 이런 정보통신 ODA의 증가는 정보통신기술의 해외 진출 교두보를 마련하려는 전략과 연계되어 이루어진 것이라고 할 것이다. 자원외교의 맥락에서도 아프리카에 대한 ODA를 증대시키는 등 경제외교 차원에서 ODA를 추진했다고 할 수 있다.

실용정부라고 자처하는 이명박 정부(2008~2012)는 "녹색성장"이 가장 핵심 키워드가 되었다. ODA에 있어서 녹색성장 기조는 글로벌 어젠다인 기후변화 적응을 돕는 ODA 정책과 성장과 관련된 전략적 자원외교 정책의 2가지 측면에서 이루어졌다고 볼 수 있다. 이 시기에는 녹색성장을 개발협력 패러다임에 주류화하는 데 성공했다고 할 수 있다. 그러나 실제 이행에 있어서 국내에서도 논란이 된 4대강 사업을 접목한 ODA의 일방적 전수나 한국의 이해관계가 분명한 에너지, 자원들과 관련된 "성장"이 중시된 ODA가 더욱 중요하게 고려되었다고 할 것이다. 이 시기에는 국제개발협력의 법적·제도적 기반이 확립되었는데, 2010년에는 ODA 추진의 △법적 안정성, △정책 일관성, △원조효과성 증진을 위한 국제개발협력기본법이 제정되었으며 ODA 규모를 2015년까지 GNI 대비 0.25%로 증대시키는 것을 목표로 개발협력의 기본 방향과 전략을 제시한 제1차 국제개발협력 기본계획을 수립했다.

박근혜 정부(2013~2017)의 외교 분야 국정철학은 신뢰받는 모범국가이며, ODA의 기조는 ODA 규모의 지속 확대 및 모범적·통합적 개발협력 추진이다. 이러한 맥락에서 2015년에는 국제원조투명성기구(International Aid Transparency Initiative: IATI)에 가입하여 ODA 예산의 효율적 집행, ODA 질적 향상, 투명성 및 효과성 제고를 모색했다. 또한, 제2차 국제개발협력 기본계획 수립을 통해, 통합전략과 계획 수립을 통한 체계적인 ODA의 추진, 사업평가 등을 통한 ODA의 내실화를 추진하고 시민단체·학계·기업의 참여를 확대하고 개발재원 확대를 위해 민간재원 활용을 추진하고자 했다. 노무현·이명박 정부에 걸쳐 주요 분야로 다루어진 자원외교는 비리 등의 문제로 우선순위에서 멀어지고 새마을 운동을 ODA의 대표 브랜드로 하며 창조경제의 세계화 차원에서 ODA의 추진도 강조된 바 있다. 그러나 박근혜 정부의 국정농단은 ODA에도 '코리아 에이드', '미얀마 K타운', '이란 K타워' 등 이권개입 문제를 발생시켜 한국 ODA의 대외적 신뢰도를 하락시

키고 진정성을 의심받은 상황을 불러 왔다

　문재인 정부는 국제적·보편적 가치에 목표를 둔 원칙 있는 ODA라는 기치 아래 국제개발협력의 이념 및 가치를 재정립하여 국민 신뢰를 회복하고 중견국으로서 국제사회에서의 위상을 재확립하고자 했다. 이는 한국의 국제개발협력이 정권의 이해에 따라 갈지자 행보를 보여 왔고 빈곤 퇴치와 인도주의 실현이라는 국제사회가 합의한 원칙과 가치, 규범보다는 '자원외교', '기여외교', '실용과 국익' 등에 주력해 왔다는 지속적인 비판을 수용한 측면도 있으며 '평화, 인권, 민주주의'를 강조해 온 문재인 정부의 국정철학과 부합하는 것이기도 했다. 그러나 문재인 정부의 ODA 역시 기업 등과의 협력 사업 및 글로벌 인재양성 확대를 통한 민간 일자리 창출 기여, ODA 분야 공공 부문 일자리 창출, 인프라 사업 등 우리나라의 해외 진출을 통한 국익 기여를 강조하는 모습을 보여 주고 있다. 2020년 4월에 국제개발협력위원회의 통합·조정 기능 강화 등을 내용으로 하는 「국제개발협력기본법」 개정안이 국회에서 통과됨에 따라, 정부는 전략 수립–사업 기획·발굴–사업 심사·조정–점검·평가 등 ODA 전 주기를 혁신하는 작업을 추진하고 있으며, 국제개발협력위원회의 ODA 컨트롤 타워 기능이 실질적으로 작동할 수 있도록 위원회 사무기구도 신속하게 확대·개편할 예정이다.

2) 한국 ICT ODA의 전개

　ICT ODA는 한국 ODA의 지속적 확대 속에서 정부에 따라 우선순위가 바뀌었음에도 불구하고 지속적으로 추진되어 왔다. 한국 ICT ODA의 출발기는 OECD 가입(1996) 이후 1990년대 후반이라고 볼 수 있다. 한국은 OECD 가입 이후 명실상부한 선진국으로서의 모습을 보여 주고자 ODA

등을 통해 국제사회에 대한 기여 확대를 모색했다. 1990년대 들어 ITU 등에서 정보격차 해소를 위한 국제 협력 필요성을 제기하고, 빈곤 퇴치를 위한 MDGs 역시 ICT에 주목하는 등 국제적인 공감대가 형성됨에 따라 ICT를 통한 ODA를 시작하고 확대해 갈 수 있는 적절한 시점이었다.

한국은 1980년대부터 정보통신 부문에 대한 집중적인 투자로 단기간 내에 성과를 이루어 냄에 따라 한국의 경제 발전을 주목하고 있는 후발 개도국에 있어서 ICT 부문 역시 관심의 대상이 되었다. 초기의 ICT ODA는 이러한 개도국의 관심을 기반으로 국내 기업의 해외 진출이라는 전략적 목표를 가지고 출발했으며 대부분의 ODA는 개도국 정책 결정자들의 국내초청연수 형태로 이루어졌다.

관련 사업 중 하나의 명칭이 "해외진출전략국가 초청연수"인 데에서 알 수 있다시피 국내 기술로 자체 개발한 전전자 교환기(TDX)의 수출이나 세계 최초로 상용화에 성공한 CDMA 이동통신 기술 및 설비의 해외진출 지원이 주요 목표였다. 즉, 한국의 기술, 혹은 한국 기업의 국제적인 인지도, 브랜드 가치가 높지 않은 상태에서 개도국의 주요 인사를 초청하여 기술 및 상품에 대한 인식을 제고하고 네트워크 구축을 지원하여 국내 기업의 해당국 진출에 유리한 환경을 조성하는 단기적이고 직접적인 목적과 연계되어 있었다(이지용, 2003). 개도국의 경우 민영화, 자유화, 경쟁 도입이 아직 이루어지지 않아 통신 부문의 대규모 사업에 대한 결정권을 정부가 가지고 있는 상황에서 초청 연수는 국내 기업들이 한국 정부의 후원하에 해당 국가의 정책 결정자들과 네트워크를 구축하고, 기업 및 기술을 홍보할 기회를 가질 수 있는 매우 유용한 기회였다. 이러한 측면에서 기업들은 초청 인력의 선정, 초청 작업, 국내 교육 및 연수 전반에 걸쳐 적극적으로 수요를 제기하고, 실제로 교육과정에 참여하는 등 정부와 기업 간의 밀접한 협력 체계가 구성되었다.

초창기의 ICT ODA는 아직 한국의 ICT 발전 상황이나 국내 기업 및 기술에 대한 인지도가 낮은 상황에서 한국 ICT에 대한 인지도를 제고하고, 공여국으로서 한국의 ICT 부문 원조에 대한 개도국들의 수요를 개발하고 증진시키는 성과를 이루었다고 할 수 있으며 APT(Asia Pacific Telecommunity)와 같은 역내 기구와의 협력을 통해 글로벌 정보격차 해소에 기여한다는 모습도 보여 주었다. 그러나 실질적으로는 ODA의 보편적 가치보다 한국 기업의 해외 진출이라는 목적을 위해 공여국 중심의 사업이 수행되었으며, 규모도 적고, 내용도 부족한 상황이었다.

한국 ICT ODA의 발전기는 MDGs 이행의 맥락에서 세계정보사회 정상회의(World Summit on Information Society: WSIS)가 2003년, 2005년에 걸쳐 개최되면서, 정보격차 해소 관련 글로벌 노력에 힘이 실리고 국내적으로도 노무현 정부의 수립 이후 ICT에 대한 우선순위가 높아진 2000년대 중반부터라고 할 수 있다. 원조의 질적역량 강화를 위해 2005년 발표한 '대외원조개선 종합대책'에는 한국은 경제개발 경험, 빈곤 퇴치, 인적자원 개발, 인프라 개발, ICT 등의 분야에서 비교우위에 입각한 '한국적 원조 모델을 추진할 것을 명시했다.[4] 특히 ICT ODA와 관련하여 업무를 전담하게 될 한국정보문화진흥원(Korean Agency for Digital Opportunity: KADO)이 설립되어 글로벌 정보격차 해소를 위한 다양한 프로젝트를 진행하는 등 규모 및 내실 면에서 성장을 이룬 시기였다.

이 단계에서 ICT ODA의 형태도 다양화되기 시작했다. 초청 연수 외에 개도국에 정보접근센터를 설립하고, ICT 발전경험 전수를 위한 정책자문

---

4) 2008년 아크라에서 개최된 제4차 원조효과성 고위급 포럼에서 공여국 간 역할 분담을 통한 원조의 분업화로 원조 효율성을 강화하고자 했으며 한국 등 신흥 공여국은 비교우위 분야를 중심으로 한 원조의 차별화로 국제개발협력에서의 입지 강화가 가능해졌다.

사업도 시작되었으며 인터넷 청년봉사단과 같은 대중을 대상으로 한 협력 사업도 진행되었다. 여전히 단기적 맥락에서 해외진출 지원이라는 측면이 중시되었는데, 개도국 정부 및 공공기관의 다양한 정보화 사업에 참여하고자 하는 SI(system integration) 기업들의 수요에 기반하여 대상국 및 분야를 선정했으며 실제로 사업 수주로 연결되기도 했다.

특히 이 시기에는 수원국들이 ICT 부문의 지속가능발전을 지원해 줄 수 있는 정책 경험 및 성과를 전수하는 프로젝트들이 개발되고 추진되었다. 이는 한국의 ICT 발전이 외환위기를 극복하고 새로운 도약적 발전을 이루어 낸 것을 목격한 개발도상국들이 ICT 발전 경험을 벤치마킹하고자 하는 수요 급증에 부응한 것이라고 할 것이다. 한국의 정보통신 발전 초기의 국가전략부터 노무현 정부의 IT 839와 같은 국가 ICT 전략과 그 이행 경험 및 성과를 공유하고 이를 기반으로 개발도상국 정책 결정자의 역량을 제고하고, 정책적 제언을 통해 한국의 ICT 정책 플랫폼을 확산하고자 했다.

한국의 ICT ODA는 세계은행(World Bank), ITU, 아시아·태평양 경제사회위원회(UN Economic Commission for Asia and the Pacific: UN ESCAP) 등 국제기구와의 협력하에 다수의 ODA 사업을 진행하여 국제적인 인지도 제고 및 다자간 협력 체계의 구축으로 나아가는 등의 발전도 이루었다. 세계은행은 글로벌 정보격차 해소를 통해 개도국의 빈곤 퇴치 및 지속적인 발전을 지원하고자 DGF(Development Gateway Foundation)를 2001년 12월 4일 설립했다, 한국은 DGF의 초대 이사국으로 참여하고 정보통신부와 DGF 간에 양해각서(MOU)를 체결하여 3년간 미화 5백만 달러를 재원으로 개도국 ICT 인력 연수사업을 하기로 했다. 이에 따라 KISDI를 사업 전담기관으로 하여 DGF-KTC(Development Gateway Foundation-Korea Training Center)를 설치·운영했다. 2001~2005년간 진행된 동 사업에서 371명에 대한 초청 연수와 278명에 대한 원격 교육이 이루어졌으며, 세계은행과의 협업으로 중남미, 아프리카 등으로부터의 참가 비중이 높아 한국 ODA의 지역적 확대를 가져왔다.5) 한국은 2006년 6월 UN ESCAP 아시아·태평양 정보통신기술교육센터(Asia Pacific Center for ICT for Development: APCICT)를 인천 송도에 설립하고 운영 중이다.6) ESCAP 지역기구의 위상을 가지는 동 기구는 아태 지역의 정책 입안자와 ICT 전문가의 ICT 지식과 기술 강화, ICT 훈련자 및 ICT 훈련기관의 역량 강화를 위해 ① 개도국 공무원들을 위한 정보통신 인적역량 강화, ② 차세대 리더 교육, ③ 여성과 ICT 프론티어 이니셔티브(WIFI 프로그램)를 진행하고 있다. 또한 역내 ICT 동향에 대한 지식을 공유하기 위해 ICT 정책 사례집을 발간했다. 정보통신 부문의 UN 전문기구인 ITU와의 협력도 강화되었는데 ITU와 공동으로 디지털 기회 지수(digital opportunity index: DOI)를 개발하고 초청 연수 등에 협업을 추진하고 특별 분담금을 통해 개도국의 디지털 방송 전환, 모바일 브로드밴드 구축 관련한 다양한 프로젝트를 지원했다.

한국의 ICT ODA는 규모 면에서 성장했을 뿐 아니라 내용적으로도 발전했으며, ODA 대상 지역도 아프리카, 중남미 등으로 확대되어 갔으며, 초청 연수 수료생 네트워크 구축과 지속적인 교류를 진행하는 성숙한 단계에 진입했다.

한국의 ICT ODA는 2008년부터 정부조직 개편이라는 환경 변화 속에서 새로운 정체성을 정립해야 하는 도전과 직면하면서 정체기를 맞이했

---

5) DGF-KTC는 참가자, 지역 등의 측면에서 다양성을 확보, 원격 교육과 초청 교육의 체계적·보완적 운영 등을 통한 교육의 질적 제고, 글로벌 네트워크와의 연계, 협업 가능성의 장점에도 불구하고, 세계은행과 DGF의 관계 해소 등의 문제로 지속되지 못했다.
6) APCICT는 2005년 채택된 ESCAP 결의안 61/6에 따라 2006년 6월 인천에 설립되었으며 10년 제66차 ESCAP 총회에서 결의안 66/14가 만장일치로 채택되어 당초 협의된 5년 기간(2006~2011년) 이후에도 APCICT 운영 기간이 연장되었다.

다. 전체 ODA 차원에서는 국제개발협력기본법 수립과 국제개발협력 선진화 방안을 통한 제도적 정비와 DAC 가입과 제4차 OECD 세계원조총회 개최를 통한 국제적 위상 제고, KSP 등 콘텐츠 개발과 통합평가체제 마련 등 내실을 다시는 중요한 시기였다(국제개발협력위원회, 2012). 하지만 ICT 부문의 경우, 정부조직 개편으로 관련 업무가 3~4개 부처로 분산되면서 그동안 축적된 경험, 네트워크, 노하우 등 많은 무형자산 활용이 어려워지고 정보통신 분야 간 시너지 효과도 줄어들 수밖에 없었다. 전자정부와 같은 핵심 ODA 분야가 행정안전부 소관으로 변경됨에 따라 정보통신부를 승계한 방송통신위원회는 전파, 정보 보호 등을 새로운 ODA 중점 분야로 추진하게 되었다. 방송통신위원회의 중점 업무인 방송 기술, 방송 콘텐츠, IPTV 등 융합 서비스 관련 ODA를 새로이 추진했지만 개도국이 수요를 적극적으로 제기하지도, 동 분야에 있어서 한국의 경쟁력이나 경험이 충분히 마련되지도 않아서 동 분야의 ODA는 크게 확대되지 못했다.

2008년 글로벌 금융위기 이후 세계경제의 회복이 지체되고 있는 상황에서 1997년 경제위기 시와 같이 정보통신 부문을 통한 한국 경제의 회복 혹은 부양을 기대할 수 있었으나, ICT 주관 부처의 분산과 분절화로 해외 진출 지원 수단으로서의 ODA 활용 측면에서 큰 효과를 거두지 못했다고 볼 수 있다. 통계적으로 동 시기에 ICT ODA가 축소되거나 위축되었다고 볼 수는 없으나, ICT ODA의 질적 제고, 분야 간 시너지 효과 등 내용적인 면에서나 해외 진출 등과 같은 전략적·경제적 목표 달성 등의 면에서는 아쉬운 부분이 있다고 할 것이다. ODA 전반에 걸쳐서는 DAC 가입, 총리실 주도의 ODA 총괄 조정 추진, 경제발전경험공유사업(knowledge sharing program: KSP)의 추진 등 한 단계 진보되는 상황에서 ICT ODA의 경우 이러한 환경을 충분히 활용할 수 없는 상황이었다고 볼 수 있다.

2012년부터 2017년까지는 ICT ODA의 재정립기라고 할 수 있다. 박근혜 정부의 국가발전 비전인 창조경제는 ICT의 범용화와 내재화(embedded)가 급속하게 진행된 상황에서 산업·부문 간 융합이 강조되면서 ICT를 핵심 요소로 강조했다. 분산화·분절화되었던 ICT 관련 정책의 수립 및 이행을 단일 부처가 책임지고 ICT가 국가경제 발전의 성장 동력으로 강조된다는 점에서 ICT ODA 역시 정체성 회복 및 새로운 도약이 가능할 수 있다는 기대도 있었다.

이 시기의 한국 ICT ODA는 한국 ICT 부문의 발전 경험과 성과를 개도국과 공유하겠다는 기본 기조를 유지하면서 개도국에 창조경제를 위한 인프라와 생태계 조성이라는 맥락에서 모바일 인프라, 인력 육성 등 ICT 관련 지원을 확대하고자 했다(창조경제연구회, 2015). 또한 K-ICT의 글로벌 전략의 맥락에서 ICT ODA를 개도국의 공동 발전과 국내 기업의 해외진출 지원 맥락에서 추진한 바 있으며 박근혜 정부의 주력 ODA 사업인 새마을 운동이 21세기 버전으로 업그레이드된 ICT 기반의 디지털 새마을 운동도 추진되었다. ICT ODA라는 측면에서만 보면 창조경제라는 프레임워크에서 융합이나 SDGs 이행을 위한 ICT 역할 등이 반영될 수 있을 것이라고 기대되었으나 창조경제 개념의 정의 및 이해에도 실패하는 상황에서 성과는 미약할 수밖에 없다 할 것이다. 또한 ICT 전담 부처인 미래창조과학부는 과학기술과의 연계가 가능해져 시너지 효과가 더욱 확대될 것으로 예상했으나 실질적이고 가시적인 성과는 없었던 것으로 보인다.

문재인 정부의 ICT 주관 부처인 과학기술정보통신부는 박근혜 정부의 미래창조과학부와 업무 범위가 동일하다. 과학기술정보통신부의 2019년 업무계획을 보면 '혁신성장, 안전, 포용에 기반한 "사람중심 4차 산업혁명" 실현'이라는 비전을 설정하고, ① 5G 세계 최초 상용화로 글로벌 시장 선점, ② R&D 20조 원 투자로 혁신성장 선도와 삶의 질 제고, ③ 4차 산업혁명 인재 4만 명 양성, 맞춤형 지원 강화라는 3대 전략을 중점 추진한다고 밝히고 있다. ODA와 관련해서는 2019년 10월 30일 발표된 혁신적 포용 국가를 위한 과학기술외교에 글로벌 동반 성장을 위한 과학기술 활용 ODA 지원을 명시하며 ICT 부문은 과학기술의 하나로 이에 포함되게 된다. 박근혜 정부 및 문재인 정부에서 모두 ICT ODA는 과학기술 ODA의 일부로 이루어지고 있으나, ICT와 과학기술의 기본적 성격 및 방향성이 다르다는 점에서 ODA 계획 및 전략의 수립부터 성과의 도출까지 많은 제약이 있으며 양 부문 간 시너지 효과도 크지 않다고 할 것이다. 그러나 4차 산업혁명 시대에서도 ICT가 가장 핵심적인 인프라, 기술, 서비스라는 점은 분명하므로 ICT ODA의 중요성이 간과되거나, 그 규모나 범위가 축소되지는 않을 것이다. 수요 차원에서도 수원국인 개도국들이 4차 산업혁명이라는 새로운 모멘텀을 놓치지 않고 이를 기반으로 도약적 발전을 추구할 수 있다는 인식과 의지가 있지만 이러한 큰 화두를 이행하기에는 어려움이 있으며 이를 위한 국제적 지원을 필요로 할 것이다. 이러한 맥락에서 4차 산업혁명의 기본 및 핵심 요소인 ICT 부문과 이를 기반으로 하는 다양한 어플리케이션, 솔루션 및 서비스 발전을 위한 ICT ODA가 추진될 수 있을 것이다. 하지만 현재의 원조 거버넌스는 원칙적으로 부문 간 연계 및 융합적인 ODA에 대한 지원을 독려하고 있으나, 현실적으로는 독립적인 부처 간 혹은 실행기관 간 협력이 용이하지는 않다.

3. 한국 ICT ODA의 특성

한국뿐 아니라 전 세계적으로 ICT ODA가 줄어든다고 보이는 것은 ICT 발전을 민간투자가 주도함에 따른 것도 있지만 ICT의 중요성이 증대됨에 따라 다른 분야로의 확산 효과와 수단으로서의 역할이 독립적인 ICT 부문

지원 이상으로 커진 데 따른 착시 효과라고 할 수도 있다. 우리나라의 경우 정부별 국가발전전략에 따라 ODA 자원 분배에 있어서 차이가 나타나지만 전반적인 추세는 한국에서 ICT 산업의 성장과 함께 지속적으로 확대되는 모습을 보여 주었다. 이러한 한국 ICT ODA에는 "한국적"이라든가 "한국형"이라든가 하는 수식어가 등장하는데 이는 다음과 같이 4개의 전략적 목표에 기반하여 ICT ODA 계획이 수립·추진된 데 기인한다고 할 것이다.

첫 번째는 선진국에 비해 적은 ODA 규모, 짧은 ODA 공여 역사라는 낮은 경쟁력을 극복하고 차별화할 수 있는 전략으로서 ICT 분야를 선택했다고 할 수 있다. ODA는 한국이 OECD 가입으로 선진국 반열에 들었다는 것을 보여 줄 수 있는 가장 용이한 수단이지만, 실제 이행에서 규모나 역량, 경험, 기대 효과 등에 있어 선진국들과 큰 격차가 나는 상황에서 ICT를 통해 이런 문제를 극복하고 효과성을 제고할 수 있다고 판단했다 할 것이다. 2010년 말 기준 우리나라의 ICT 분야 ODA 지원 누계액은(1990~2010) 전체 원조의 약 15%에 달하며 OECD DAC에 가입된 타 국가들과 비교할 때 상당히 높은 수준이었다.[7] 유지수(2019)는 최근 5년간(2015~2019) 순수 ICT ODA[8]는 전체의 약 2.1% 규모이며 ICT의 범분야적 성격을 고려, 범

---

[7] STEPI(2014)에 따르면 미국의 ICT ODA의 비중은 2006년 0.3%에서 2012년 거의 0.0%까지 축소되었다. 일본의 ICT ODA는 2006년 0.4%에서 2008년 1.2%까지 증가했다가 이후 감소하는 추세를 보이고 있다. 독일 ICT ODA는 2006년 0.4%에서 2012년 거의 0.1%로 전반적으로 매우 낮은 상황이며 프랑스의 ICT ODA는 0.1%에서 0.0%로 비교국 중 가장 낮은 수준이다. 영국 ICT ODA는 2006년, 2007년에는 실적이 없었지만, 2010년 1.2%까지 증가했다가 2012년 0.3%로 감소했다.

[8] ICT 자체 요소(통신망, 방송, 정보시스템 등)를 중심으로 지원되는 사업을 순수 ICT로 분류했으며, ICT를 활용하거나 사업 요소 중 일부에 ICT가 포함되는 경우 융합 ICT로 판단했다(유지수, 2019).

위를 확장 적용한 ICT 융합 ODA는 전체의 약 7.8%를 차지하는 것으로 분석했다. 한국은 ODA 시행 초기부터 다른 선진 공여국과 달리 ICT ODA에 높은 우선순위를 둔 기조가 현재까지 유지되고 있으며, 한국 ODA의 시그니처가 되고 있다.

두 번째, 수출 의존적인 산업구조 및 국내 경제에서 ICT의 중요성을 고려할 때 국내 ICT 산업의 해외 진출 및 글로벌 시장에서의 입지 강화를 위한 수단으로 활용되었다. ICT ODA는 해외진출 전략국가 초청사업 등의 사업명에서 알 수 있다시피, 처음부터 대상 국가나 훈련 분야에 있어서나 해외 진출을 염두에 두고 관련 단기적 성과 달성을 중시했다. 2007년 수행된 IT 국제협력로드맵 수립 과정에서 지적된 한국형 ICT ODA 전략 부재는 해외진출 지원의 재강조로 귀결되었다. 이러한 맥락에서 "한국형 IT ODA"는 한국의 성공 경험을 전수할 뿐만 아니라 국내 기업의 해외진출 기반을 조성할 수 있게 전략적으로 추진해야 함을 의미한다고 명시했다. 류제명(2014)에 따르면 우리나라는 정보통신 기기 또는 서비스 시장 규모가 큰 지역에 ICT 국제개발협력을 더 많이 진행한다고 분석되고 있으며, 경제적 이해가 원조 대상국과 지원 규모를 결정하는 중요한 기준이 되고 있다. 이는 사업 주관부서의 핵심 업무가 ODA보다는 산업 진흥이기 때문이기도 했겠지만 한국의 ODA 자체가 빈곤 퇴치와 인도주의 실현이라는 국제사회가 합의한 원칙과 가치, 규범보다는 '실용과 국익' 등에 주력해 왔으며 이는 ICT ODA에도 동일하게 적용되었다고 할 것이다.

세 번째, "한국형" ICT ODA는 ICT에 기반한 한국의 국가발전전략과 정책 플랫폼을 공유하고 확산하는 것에 중점을 두고 있다. 수원국에서 공여국으로 전환한 선발개도국 한국의 ICT 발전 성과와 경험의 공유는 다른 공여국으로부터는 받을 수 없는 독보적인 것이라고 할 수 있다. 정부 주도로 한강의 기적이라 불리는 경제 발전에 이어 ICT를 통해 도약적 발전을 이룬 한국은 후발 개도국들이 벤치마킹하고 싶은 모범 사례라고 할 수 있다. 한국은 개도국들이 원하는 ICT 부문의 국가전략, 정책 및 제도 관련 자문과 역량 제고 및 지원을 해 줄 수 있는 거의 유일하고 적절한 공여자였다고 할 수 있다.

네 번째, ICT ODA 역시 국제정치학적·지정학적으로 대외 지향적인 한국의 소프트파워 강화를 위한 유효한 전략적 수단이다. 한국은 UN을 포함한 국제기구 및 국제협력의 장에서 ICT 강국으로서 위상을 확인받고 글로벌 빈곤퇴치 노력 및 정보격차 해소에 기여함으로서 국제적 위상을 제고할 수 있었다. ICT 부문 협력은 양자외교 및 지역외교에서의 주요한 어젠다가 되었으며 우리나라의 협상력을 높이는 지렛대 역할을 했다고 볼 수 있다.

"한국형"이라는 수식어는 다른 공여국과 차별화되는 독특한 특성과 역량을 가지고 있다는 것을 의미한다. 실제로 "한국형" ICT ODA는 한국의 ICT 발전 경험과 성과에 기반한 고유의 브랜드로서 자리매김하며 국제적 인지도를 높여 왔다. 그러나 그 이면에는 여러 가지 부정적인 모습도 존재한다. 국내적으로 "한국형"은 ODA의 일반 원칙을 우회하거나, 적용받지 않을 수 있는 근거, 혹은 ODA에 대한 예산 확보 및 국내 저항을 설득하는 논리로 활용된 바 있다. 또한 "한국형" ICT ODA라는 브랜드명 아래 초청 연수, 자문, 접근센터 구축, 봉사단 파견이라는 방식이 20년 가까이 변하지 않고 수행되고 있으며, ICT 발전 경험이라는 콘텐츠의 모듈화도 완성된 상태이다. 그러나 급변하는 ICT 발전을 고려할 때, 변화를 수용할 수 있는 유연성이나 혁신적인 변화도 필요하다. 다른 ODA와 마찬가지로 정부 교체에 따른 국내 ICT 정책의 변화, 부처 변경 또는 거버넌스의 변경 등이 ICT ODA의 일관성 및 계속성에 영향을 미친 바 있다는 우려도 동시에 있다. 유·무상을 포함하는 전체 ICT ODA에서 개별 부처가 진행하는

"한국형" ICT ODA의 비중은 매우 낮고 국내 유·무상 원조 체제와 사업의 연계, 확대 등도 용이하지 않아 효과성이나 성과의 지속가능성 등에 한계가 있다는 점도 고려해야 할 점이다.

4. ICT ODA를 둘러싼 환경의 변화와 한국 ICT ODA의 새로운 방향

앞에서 한국 ICT ODA의 탄생, 추진 및 특성에 대해서 살펴보았다. ICT 기술과 생태계의 급속한 발전과 변화, 한국과 한국 ICT 산업의 발전과 국제적 위상의 제고, 글로벌 경제 사회의 변화 등은 한국 ICT ODA에게 도전이 되고 있으며 이로부터 새로운 기회를 모색할 시점이다. 우선은 한국 ICT ODA의 초기에 설정된 전략적 목표와 이에 기반한 특성이 현재도 유효한가를 검토해야 할 것이다.

첫 번째는 글로벌 정보격차 추이 및 그 해소를 위한 노력이 어떻게 변화해 왔는가이다. 정보격차 해소를 위한 글로벌 환경과 정보격차 해소를 위한 글로벌 논의가 시작된 이후 양자 간 ODA와 개발은행 등을 통한 개도국 ICT 발전에 많은 지원이 이루어졌다. 모바일을 중심으로 한 기술 발전, 민영화 및 자유화를 통한 투자 확대 및 경쟁력 제고를 통해 급속한 정보통신의 보급 및 확산이 이루어졌다. 이 결과 접근성이라는 측면에서 격차 문제는 전반적으로 해소된 듯이 보인다. 그러나 인터넷 이용이라는 측면에서는 〈그림 2-1〉과 〈그림 2-2〉에서 볼 수 있듯이 지역별, 경제 발전 수준별로 큰 차이가 나는 것을 알 수 있으며 인터넷 서비스 이용자당 국제 대역 사용도 격차가 매우 크다. 즉, 파급력의 크기나 범위가 더 막대한 인터넷의 보급과 이용에서는 더욱 심각한 정보 격차가 존재하며 더욱 심화

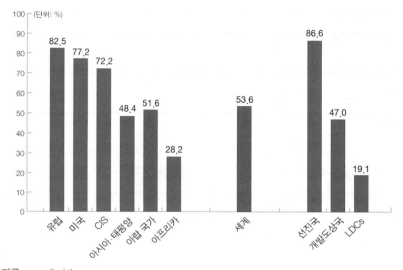

〈그림 2-1〉지역별·개발 수준별 이용인구 비율(2019)

자료: www.itu.int

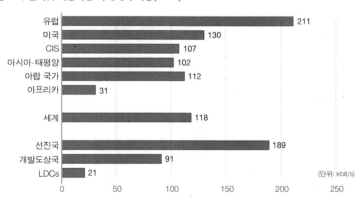

〈그림 2-2〉인터넷 이용자당 국제대역 사용(2019)

자료: www.itu.int

될 우려에 직면하고 있다.

저개발국의 경우 브로드밴드 인터넷 서비스의 연결성(connectivity)과 접근성(accessibility)도 취약할 뿐 아니라 이용 비용도 비싸고 이를 이용할 역량도 부족하고, 활용도도 떨어지는 복합적인 문제를 가지고 있다. 저개발국의 국민들은 브로드밴드 인터넷을 포함한 ICT 신기술이 제공할 수 있는 막대한 혜택과 기회를 차별적으로 누릴 수밖에 없다는 것이 현재 정보격차 현상이다. SDGs도 ICT의 확산과 범지구적 상호 연결은 인류의 진보를 촉진시키고, 정보 격차를 해소하고, 지식사회로의 발전을 위한 막대한 잠재력을 가지고 있다고 인식하고 있으며 지속가능발전의 3대 축인 경제 발전, 사회적 포용, 환경보호의 추진에 있어서도 ICT가 핵심적인 촉매 역할을 할 것으로 기대되고 있다. 이러한 면에서 아직 ICT의 기회와 혜택으로부터 소외되어 있는 많은 사람들의 연결성을 확대하고, 개도국을 포함한 전 세계의 많은 현안 해결에 ICT를 활용하기 위한 노력이 요구되고 있다.

두 번째는 한국 ODA의 경쟁력이라는 측면에서의 ICT ODA가 여전히 유효할 것인가이다. 우리나라는 2010년 OECD DAC 가입 이후 ODA 규모가 연평균 약 10%씩 증가하고 있으나, 2018년 기준 총 23.5억 달러로, OECD DAC 국가 중 열다섯 번째에 그치며 최대 공여국인 미국의 343억 달러, 일본의 142억 달러 등과 비교할 때[9], 주요 공여국과 양적 경쟁은 역부족인 상황이다. 우리나라 총 국민소득 대비 ODA 비율(ODA/GNI)은 2017년 0.14%로 전체 29개 DAC 회원 중 15위(2016년 16위)를 차지했으며, 향후 2020년까지 ODA/GNI 비율 목표치 0.20% 달성을 위해 ODA 규모를 지속적으로 확대하는 등 목표를 설정한 바 있다. 그러나 이러한 목표치는 OECD 권고인 0.7%는 물론 OECD 평균인 0.3%와는 큰 격차를 보인다. 즉, 한국의 ODA 확대는 정책적 목표이므로 지속될 것이지만 주요 공여국과의 규모 면에서 격차는 줄이기가 쉽지 않을 것이며 한국 ODA의 존재감

---

9) http://www.oecd.org/dac/development-assistance-committee/

과 영향력을 높이기 위한 전략적인 접근은 유효하다고 할 수 있다. 그렇다면 현재도 ICT ODA가 한국 ODA를 대표하는 브랜드가 될 수 있을 것인가? 이미 한국은 정권의 변화에 따라 녹색성장, 환경 관련 ODA에 주력한 바 있으며, K-Aid라는 명칭하에 새마을 운동 같은 사업이나 이벤트성 ODA를 진행한 바 있으나, 의도한 성과를 내지는 못했다. 앞에서 언급한 바와 같이 글로벌 환경은 여전히 정보통신 격차의 해소 필요성과 빈곤 퇴치와 사회경제 발전에 있어서 ICT의 중요성을 강조하고 있다. 이렇듯 정보격차 해소 등은 현재 진행형 문제라는 점과 한국의 ICT ODA는 지난 20년간 ODA를 통한 신뢰도와 인지도를 높여 왔고 개도국의 발전에 기여해왔다는 점에서 환경 변화에 맞추어 업데이트하면서 이 분야를 지속하는 것이 실리적이고 효과적이라 할 것이다.

세 번째는 한국 경험, 정책 플랫폼 확산이 개도국의 유일한 대안으로 한국형 ICT ODA에 대한 수요가 여전히 높은가의 문제다. 한국의 개발경험 전수를 위한 KSP에서도 ICT 분야가 포함되는 것을 포함하여 다수의 개도국에서 한국의 ICT 정책 벤치마킹을 강력히 희망하여 정책 자문 및 개발 컨설팅이 증대하고 있다. 과학기술정보통신부가 시행하는 ICT ODA는 ICT 정책 전담부서로서 한국의 ICT 발전정책 수립, 시행 및 성과에 관한 전문성을 가지고 있으며 개도국의 ICT 정책 부처로부터 직접적으로 요청받은 수요에 대응한다는 특성을 갖는다. 수원국 입장에서는 한국과 같은 성공 사례를 벤치마킹하여, 자국의 ICT 국가발전 정책 수립 및 이행 기반을 마련하는 데 필요한 지식과 경험을 공유할 수 있었다. 나아가 대규모 프로젝트를 포함한 향후의 ICT 공적 원조를 수용할 수 있는 준비도를 높일 수 있으며, 급속히 발전하는 ICT 환경 아래 시의적절하고 즉시 활용 가능한 자문을 받을 수 있다는 점에서도 강점을 가지고 있었다.

한편 한국은 그간의 정책 성과를 통해 ICT 강국으로 인정받고 있으나 후발 개도국이 벤치마킹하기에는 이미 너무 앞서갔다고 할 수도 있다. 오히려 급성장하고 있는 중국, 인도 등 후발국의 정책 및 경험들이 더 유용해 보일 수도 있다. 인프라, 활용 능력, 산업화 등에서 지체된 후발 개도국들은 한국의 방식으로 해결해 가기보다는 인프라나 제도가 없는 상황에서 더 쉽게 도입하고 단계를 건너 뛴 발전을 이루어 낼 수 있는 새로운 기술이나 정책을 선호할 수 있다. 국가에 따라서는 과거 한국의 성과와 경험에 대한 수요를 가지고 있기도 하겠지만 많은 국가들은 경험의 공유에서 나아가 4차 산업혁명과 같은 새로운 기술 및 서비스를 중심으로 한 발전을 선도하는 한국의 ICT 비전 및 전략에 대한 기대를 가질 것이다. 한국은 완비된 인프라를 기반으로 5G, AI, IoT, 클라우드, 빅데이터 등 새로운 기술과 서비스를 중심으로 4차 산업혁명을 추진하고 있으나, 그 범위가 매우 광범위할 뿐 아니라 아직 공유할 만한 성과나 경험이 도출되지 않은 상황이라고 할 수 있다.

네 번째, ICT ODA는 국내 ICT 기업의 해외진출 지원 역할을 할 것인가이다. 이미 민간 기업들의 글로벌 인지도 및 경쟁력이 국가의 도움을 필요로 하지 않는 수준에 이른 상황에서 국산 시스템의 수출과 같은 초기의 시장창출 노력이 현재에는 더 이상 유의미하지 않다. 물론 현재도 정부 차원에서 글로벌 역량이나 네트워크가 부족한 중소기업을 대상으로 하는 해외·수출 지원 정책이 추진 중이며 통상 협상을 포함하여 국내 기업의 글로벌화에 도움이 되는 환경을 조성하기 위한 노력이 계속되고 있다. 문재인 정부에서는 실리보다 국제적·보편적 가치에 무게를 둔 원칙 있는 ODA를 추진하고 있다는 점에서 해외진출 지원이라는 요소가 전면에 나오지는 않을 것이라고 보이나, 산업적 특성이 큰 ICT ODA의 특성상 추진 과정에서 여러 가지 방식으로 국내 중소기업의 해외 진출을 지원하는 효과를 기대할 수는 있을 것이며 장기적인 맥락에서 국익 실현과 연계될 것이다. 한국의 ICT ODA는 초기부터 민간 부문의 해외 진출을 지원하는 것을 강조해 왔으나 ICT ODA가 자리 잡고 발전해 가면서 민간 부문과의 협업은 오히려 줄어드는 모습을 보이고 있다. 국내 ICT 기업들의 국제적 경쟁력이 제고되고 영향력이 커지면서 정부가 주도하는 방식의 민관협력의 필요성 및 효과성이 줄어들었으며 파트너십 관계로 이어지는 것에 공감대도 부족하고 적극적으로 모색되지 않고 있다. 개도국의 정보통신 부문 발전의 핵심인 브로드밴드 인프라 확충에 공공 부문과 민간 기업이 협력하는 공공 민간 파트너십(public private partnership: PPP)이 활용되는 등 정부와 민간의 협력을 통해 개별 기업의 이익과 ICT ODA의 질적 제고라는 상호 이익이 되는 결과를 기대할 수 있다. 즉, 기존과 같이 단순한 해외진출 지원이 아닌 수요 파악, 사업 개발, 전문성 공유, 재원 조달, 성과 공유 등 다양한 분야에서의 협력이 가능하고 필요하다. 기업도 사회적 책임 및 기여라는 맥락에서 전 지구적 지속가능발전에 기여를 늘려 가야 하는 필요가 있는 만큼 ODA와 연계 협력할 수 있는 시스템을 구축할 필요가 있다.

마지막은 ICT ODA 거버넌스의 문제다. 기존에는 전체 ODA 거버넌스의 맥락에서의 유·무상 원조 거버넌스의 분리와 원조의 분절화 등에 따른 효과성, 효율성, 책임성 등이 ICT ODA에서도 문제가 되었다. 나아가 현재 ICT ODA가 당면하고 있는 거버넌스 문제는 ICT의 범용화와 융합의 진전, 5G, AI, 빅데이터, 클라우드 등 신기술이 가져올 패러다임 전환에 따른 ICT ODA의 범위와 주체와 관련될 것이다. ICT의 중요성 증대와 범용화, 융합의 진전은 오히려 독립적인 ICT 정책 부서의 입지에 도전이 되었으며 이러한 발전과 변화를 반영하여 정부부처를 개편한 바 있다. 정보통신부를 이은 방송통신위원회, 미래창조과학부, 과학기술정보통신부 등의 명칭에서 알 수 있듯이 정부부처는 기존의 정보통신을 넘어서는 방송통신 융합, 과학기술 융합, 4차 산업을 지향하는 범분야 융합과 관련된 정책을 핵심 업무로 나아가고자 하고 있다. 한국의 ICT ODA는 정부 조직의 개편 및 관할 부처의 변화에 영향을 받을 수밖에 없다. 그러나 ICT ODA의 경우는 기존 업무가 다른 부처로 이관되면 ICT ODA 분야에서도 제외되게 되고 신기술, 서비스 및 융합의 진전에 따른 새로운 ODA 분야는 추진이 어려운 분야가 많아 오히려 ICT ODA의 범위가 축소되거나 제한적일 수밖에 없다는 상황과 직면한다. 과학기술정통부 내에서 과학기술과 ICT는 융합, 연계를 통해서 시너지를 추구할 수 있지만 독립적으로 추진되어야 할 영역도 존재한다. ODA와 관련해서는 ICT 부문의 특성상 독립적인 추진과 SDGs 목표 달성 등에서 보이는 ICT의 핵심적인 역할을 고려할 때, 부처 내 연계보다 부처를 넘어서는 범분야적 연계가 더 중요한 분야라고 할 수 있다.

4차 산업혁명 시대에는 부처 간의 장벽을 허물고 전문성을 기반으로 한 융합 ODA의 추진이 필요하며 이를 통해 시너지 효과를 제고할 수 있을 것으로 보인다. 특히 ICT ODA는 4차 산업혁명 관련 융합적 ODA 추진의 주도 및 조정 역할을 할 수 있다는 점에서 그 정체성을 재확립하고 강화할 필요가 있다고 할 것이다.

5. 결론

ICT는 한국 ODA의 핵심 분야로 짧은 기간 동안 많이 성장하고 많은 기여를 해 왔지만 현재는 ICT 기술의 급속한 발전과 패러다임 전환적으로 변화해 가는 글로벌 경제, 사회 속에서 어떻게 그 존재감을 유지하고 지속 가능할 것인가라는 도전에 직면하고 있다.

한국의 ICT ODA도 원조 경험과 한강의 기적을 바탕으로 선진국과 차별화된 국제개발협력 콘텐츠를 개발·보급하고 정책 자문 및 컨설팅(KSP, DEEP 사업) 등 수원국에서 필요로 하는 맞춤형 패키지 지원 사업 등을 추진하는 한국 ODA의 주요 특징인 "한국형" 콘텐츠의 개발이라는 점에서 맥락을 같이한다. 그러나 ICT의 급속한 발전 속도와 막대한 파급효과, 범분야적 활용과 융합의 진전, 4차 산업혁명과 같은 ICT 기반 새로운 생태계의 등장 등은 기존의 "한국형" ICT ODA 프레임워크의 범위를 넘어서고 있다. 그러나 상존하는 글로벌 정보 격차와 한국을 벤치마킹하고자 하는 수요와 함께 20년 이상 쌓아 온 한국 ICT ODA의 인지도, 네트워크, 경험 및 전문성을 고려할 때 ICT ODA의 필요성과 중요성은 줄어들지 않았다고 할 수 있다. 기존 방식의 답습도, 기존의 경험과 성과의 배제도 답이 될 수 없다는 점에서 이 시점의 현안은 부처 차원에서 추진하는 독자적인 ICT ODA가 여전히 유효하냐에 대한 것이 아니라 "한국형" ICT ODA를 어떻게 재정의하고, 콘텐츠를 개발하여, 새로운 환경에 부합하는 효과적인 거버넌스와 협력 체계를 포함한 새로운 전략을 어떻게 수립하고 이행해 갈 것인가이다.

글로벌 ICT 강국이자 중견국으로서 한국의 ICT ODA는 전 세계의 기대에 부합하는 수준으로 한 단계 업그레이드를 해야 할 시점이다. 새로운 "한국형" ICT ODA의 콘텐츠는 기존의 ICT 정책 경험과 성과에 덧붙여, ICT 신기술 발전에 따른 미래 전략 및 비전, 범분야 융합과 4차 산업혁명 등까지 포괄하여 검토되고 개발되어야 할 것이다. 또한 정부부처, 연구소, 학계, 벤처기업을 포함한 민간 기업, 시민사회, 국제기구 등 다양한 이해관계자들과의 협력 및 연계를 위한 방안도 고려되어야 할 것이다. 지금까지 이루어진 기술의 발전 및 융합의 진전 등에 따른 정부조직 개편은 ICT ODA의 범위를 확대하고, 질을 제고하는 것으로 이어지지 않았으며 부처 간 협력뿐 아니라 부처 내 시너지도 이루지 못한 경우가 많았다. 새로운 한국형 ICT ODA 콘텐츠 개발과 협력을 통한 효과성 제고를 위해서는 부처 내·부처 간 협력 및 조정을 위한 프레임워크가 필요하다. 과학기술정통부에서의 ICT ODA가 어떻게 나아가야 할지에 대한 검토뿐 아니라 통합적으로 관리 운영되는 한국 ODA 체계 내에서 ICT ODA의 새로운 역할 및 위상, 특성에 대한 논의를 통해 이루어져야 할 것이다.

　나아가 전 세계가 코로나-19라는 역사상 유례없는 재난을 겪고 있는 상황에서 이러한 위기의 극복과 회복, 포스트 코로나라는 전적으로 새로운 시대가 가져올 도전과 관련한 범세계적 협력의 필요성을 고려할 때, 한국의 ICT ODA 역시 미래를 위한 새로운 모색을 하기에 매우 적절한 시점이라고 할 것이다.

참고문헌

✳ 국내 문헌

강인수 외. 2013. 『한국형 ICT 개발협력(ODA) 로드맵 수립』. 정보통신연구원.

강인수 외. 2015. 『ICT 개발협력 패러다임 변화에 대응한 ODA 사업 추진전략(I)』. 정보통신정책연 구원, 정책자료 15-15.

강주홍. 2011. 「ICT부문 공적개발원조(ODA)의 효과성 제고방안」. ≪국제개발협력≫, 2011년 제3호, 한국국제협력단.

과학기술정책연구원. 2014. 「과학기술·ICT ODA 현황 및 정책 방향」. ≪STEPHI Insight≫, 145호.

국제개발협력위원회. 2010. 국제개발협력선진화방안, 제7차 국제개발협력위원회 의결안건(제 7-1).

국제개발협력위원회. 2012. 2012년 국제개발협력 종합시행계획 제11차 국제개발협력위원회 의 결안건(제11-1호).

국제개발협력위원회. 2015. 제2차 국제개발협력 기본계획, 제22차 국제개발협력위원회 의결안 건(제22-1).

국제개발협력위원회. 2018. 2018년 국제개발협력 종합시행계획 제30차 국제개발협력위원회 의 결안건(제30-1호).

국제개발협력위원회. 2020. 2020년 국제개발협력 종합시행계획 제34차 국제개발협력위원회 의 결안건(제34-1호).

류제명. 2014. 「우리나라 ICT 국제개발협력사업(ODA)의 결정요인에 관한 연구」. ≪사회과학연 구≫, 제40권 제3호, 경희대학교사회과학연구원.

유지수 외. 2019. 「한국 ICT ODA 현황 진단: 최근 5년간 국제개발협력 종합시행계획(확정액 기 준) 분석」. ≪정보통신방송정책≫, 제31권 5호(통권 688호), 정보통신정책연구원.

이종화 외. 2017. 『개도국 정보통신방송 정책자문 2017: ICT ODA 체계수립』. 정보통신정책연 구원, 정책자료 17-14.

이지용. 2003. 「글로벌 정보격차 해소를 위한 해외 IT인력 초청연수사업 현황 및 전망」. ≪정보 통신방송정책≫, 제15권 22호(통권337호), 정보통신정책연구원.

정인억 외. 2004. 『DGF-KTC 개도국 정보격차해소사업 2004년 결과보고서』. 정보통신정책연구원.

조정문. 2007. 『한국형 IT ODA 수행모형 수립방안』. 한국정보문화진흥원.

진상기. 2008. 「한국의 국제정보격차 해소정책 네트워크 분석: 무상원조사업의 패러다임변동을 중심으로」. 성균관대학교 박사학위 논문.

창조경제연구회. 2015. 『제21차 포럼 보고서: 창조경제와 유라시아 이니셔티브ー창조경제의 세
계화』.

최효민. 2015. 「정권별 중심정책과 공적개발원조 배분」. 서울대학교 대학원 외교학 석사논문.

홍승연. 2012. 「세계은행의 ICT 전략계획(2012~2015) 고찰을 통한 한국 ICT 개발협력의 추진방
향」. ≪방송통신정책≫, 제24권18호(통권540호), 정보통신정책연구원.

홍승연·김정민. 2011. 「국제기구 및 주요 선진국의 ICT 개발협력동향」. ≪방송통신정책≫, 제23
권14호(통권513호), 정보통신정책연구원.

＊ 인터넷 사이트

http://www.oecd.org/dac/development-assistance-committee/
http://www.itu.int

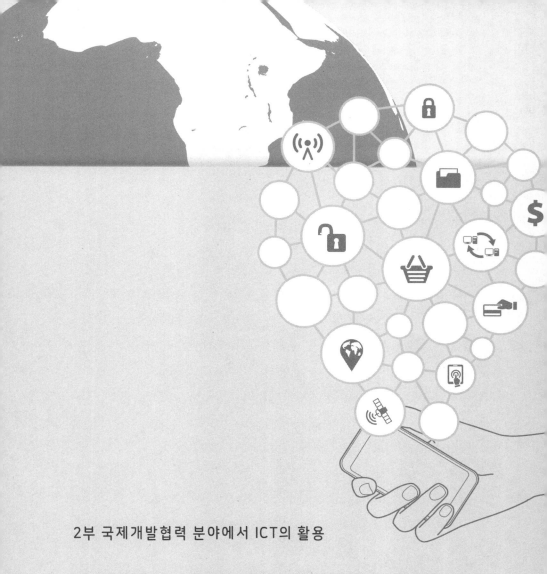

2부 국제개발협력 분야에서 ICT의 활용

3장 국제개발협력에서 전자정부 사업의 효과성 제고 방안 (배진현)

4장 개발도상국에서의 정보시스템 개발과 신뢰: 우간다의 인터넷 뱅킹
    사례를 중심으로 (차경진)

5장 금융 포용성과 ICT: 개발도상국의 모바일 머니를 중심으로 (김민진)

6장 협동조합을 통한 개발(C4D)과 ICT4D: 개념과 사례 (장승권·조수미)

국제개발협력에서 전자정부 사업의 효과성 제고 방안*

배진현(한국국제협력단 과장)

1. 개요

4차 산업혁명 시대가 도래하면서 정보통신기술(이하 ICT) 혁신을 기반으로 한 사회 변화가 가속화되고 있다. 영국, 독일 등 해외 주요국가는 인공지능(AI), 블록체인, 빅데이터 등 신기술 간 융합·확산이 가져오는 사회 변화에 대응하기 위해 국가 차원의 정부혁신 추진을 위한 전략을 수립하고 서비스를 개혁하고자 노력 중이며(NIA, 2018), 우리나라 역시 전자정부1)에서

---

* 이 장은 배진현, 「KOICA 전자정부 및 ICT 사업 효과성 제고방안 연구」, ≪개발과 이슈≫, 제49호(2019.1)의 주요 내용을 바탕으로 수정 및 보완하여 작성했다.

1) 전자정부의 어원은 전자은행 서비스에서 유래했다. 전자정부(Eletronic Government)는 미국의 국가행정평가위원회(National Performance Review: NPR)에서 나온 보고서인 "Re-Engineering Through Information Technology"에서 잘 나타났듯이 전자은행(Electronic Banking)에서 처음 대두된 개념을 확장한 것이다. 오늘날 효과적인 정부라 함은 효율적이고 고객 대응적 과정을 통해 시민들이 정보 및 서비스에 보다 폭넓게, 적시에 접

지능형 정부2)로 전환하는 모습을 보이고 있다.

우리나라에서는 지난 수십 년간 전자정부 분야에서 괄목할 만한 성과를 거두며 차세대 전자정부 또는 지능형 정부에 대한 연구 또한 많이 진행되어 왔다. 그렇다면 기술 격차가 있는 개발도상국(이하 개도국)에서의 전자정부 국제개발협력사업은 앞으로 어떤 모습을 보일 것인가?

컴퓨터와 인터넷으로 대표되는 3차 산업혁명(정보혁명) 시대부터 ICT를 기반으로 한 국제개발협력사업의 유형은 점차 다양해지고 있다. 4차 산업혁명 시대의 선진 기술이 새로운 도약의 기회를 열어 준 가운데, 이에 대비하기 위한 개도국의 노력 또한 쉽게 찾아볼 수 있다. 지능정보기술을 활용한 신(新)사업이 아니더라도 ICT 관련 전자정부 사업은 협력 대상국 행정서비스의 투명성을 개선하고, 효율적인 전산화를 추구한다는 측면에서 여전히 그 중요성이 크다고 할 수 있다.

변화의 주기가 빠른 ICT 분야 특성상 이를 활용한 프로젝트를 보다 효과적으로 추진하기 위해서는 신규사업 발굴, 기획, 추진, 모니터링 및 평가, 종료, 사후 관리까지 생애주기별보다 정교한 접근이 필요하다. 자칫 잘못해서는 우리의 '신기술', '최첨단 기술'을 일방적으로 전수하는 식이 되어 현지에서는 시스템 운영과 관리가 어려울 수 있다는 점도 간과해서는 안 될 것이다.

이 글의 주요 목적은 한국 정부가 개도국을 대상으로 실시하는 전자정부 관련 ODA(Official Development Assistance)3) 사업을 보다 효과적으로 수행하기

근하게 해 주는 현대화된 전자정부(Electronic Government)를 의미한다.
2) 지능정보기술을 활용하여 국민 중심으로 정부서비스를 최적화하고 스스로 일하는 방식을 혁신하며, 국민과 함께 국정운영을 실현함으로써 안전하고 편안한 상생의 사회를 만드는 디지털 신정부로의 지향을 의미한다(지능형정부 기본계획, 2017.2).
3) ODA는 개발도상국의 경제 발전·사회 발전·복지 증진 등을 주목적으로 하는 원조로, 공

위한 방안을 모색하는 것이다. 필자는 한국국제협력단(Korea International Coo-peration Agency: KOICA)을 비롯한 타 공여기관[아시아개발은행(ADB)]의 대표적인 전자정부사업 사례를 비교함으로써 전자정부 프로젝트를 수행하는 과정에 사업 효과성 및 지속가능성을 높이는 방안을 구상하고자 한다.

2. 전자정부 개념 및 한국 전자정부의 성공

1) 전자정부 주요 개념

정보기술(IT)의 발전으로 인한 큰 변화들은 행정 개혁과 정부의 변화를 자극하여 새로운 정부 형태를 만들어 냈다. 1993년 미국 클린턴 행정부에서 '전자정부'라는 말을 처음 사용했다. 당시 앨 고어 부통령은 국가성과 검토를 통해 초창기 관리 기술인 종합품질관리(Total Quality Management: TQM) 및 업무 재설계(Business Process Reengineering: BPR)를 처음으로 도입했다. 이 TQM 또는 BPR 방식은 IT를 활용한 전자정부의 대규모 확산의 시작이라고 볼 수 있다(Kwon, 2014). 전자정부는 미국에서 대중이 많이 모이는 쇼핑센터, 학교 등에 설치된 무인은행기계(ATM)처럼 행정서비스도 하루 24시간 어디에서든지 제공되는 것을 의미하는 용어로 만들어졌다.

전자정부의 개념은 각 국가의 사회·기술적 환경에 따라 유동적으로 정의되는 진화적 개념(오강탁, 2001)으로 그 다양성이 인정되며, 다양한 전자정부의 개념 및 특성 속에는 전자정부 실현을 통해 '신속·정확한 대국민 서비스 제공', 'IT를 활용한 정부업무 효율화', '업무 처리절차 재설계를 통한

적개발원조 또는 정부개발원조라고도 한다.

정부혁신 촉진', '보편적 서비스 확대·제공을 통한 사회적 형평성 제고', '생산성 향상을 통한 국가 경쟁력 제고'라는 공통점을 내포한다(정진우, 2008).

결국 전자정부는 기술혁신, 서비스 절차의 혁신, 제도적 혁신을 주요 골자로 하고 있기 때문에 기술의 발전과 시스템 활용을 하는 사회문화적 특성이 복합적으로 작용한다고 할 수 있다. 또한, 전자정부는 단순히 행정 절차의 생산성을 높이는 것이 아닌, 시민들에게 제공하는 서비스 품질을 향상시키는 것을 목표로 한다. 이를 위해 전자정부는 4가지 요소, ① IT를 활용한 정부 혁신, ② 공공 인터페이스를 통한 고객 중심, ③ 전자민주화 실행, ④ 전자 유연성(E-Reflexivity) 강화를 핵심으로 해야 한다.

2) 한국 전자정부 성공 요인

국가정보화를 구성하는 3가지 주체(개인, 기업, 정부) 중 하나인 전자정부는 IT를 기반으로 한 사회 재설계(Society Redesign)를 실현하기 위한 가장 중요한 수단들 중 하나이며(정진우, 2008), 국가별 전자정부 조직은 그 나라의 IT 수준, 행정 체계, 정책, 투자 방식에 따라 각기 특성이 다르다(Nagy et al., 2009). 〈표 3-1〉은 대표적인 전자정부 유형을 국가별 거버넌스 체계를 기준으로 정리한 것이다.

우리나라는 2년마다 실시되는 UN 전자정부 평가(UN DESA 평가)에서 세 차례(2010년, 2012년, 2014년)에 걸쳐 193개 회원국 중 1위를 차지하며, 세계 최고의 전자정부 국가로서의 명성을 떨친 바 있다. 전자정부 개발 지수(E-Government Development Index: EGDI)는 온라인 거래 서비스 전달, 열린 정부와 모바일 서비스의 트렌드, 혁신적인 공공서비스를 제공하기 위한 일반 시민의 참여 등에서 발전 수준을 비중 있게 평가하는 지표이다. 또한, UN의 지속가능개발목표(이하 SDGs)와의 연계성이 강조되며, 보건, 교육, 사회적

〈표 3-1〉 주요 국가별 전자정부 유형에 따른 장단점

구분	국가	장점	단점
행정부 기반(공공 행정부, 서비스부, 내무부, 행정부 개혁 등)	대한민국, 불가리아, 이집트, 독일, 멕시코, 슬로베니아, 남아프리카공화국	행정 절차 간소화 및 개혁을 통한 전자정부	전자정부 조정을 위한 기술 전문성 부족 우려
정책 및 투자조화 기반(재정경제부, 기획재정부 등 범 부처)	호주, 브라질, 캐나다, 칠레, 핀란드, 프랑스, 아일랜드, 이스라엘, 일본, 중국, 르완다, 스리랑카, 영국, 미국	전자정부 구축 시 재원기반 직접 통제, 통합적 경제 관리 및 전자정부 통합 지원	전자정부 추진 조정을 위한 우선순위화 및 기술 전문성 부족 우려
기술 기반(정보통신기술부, 과학기술부, 산업부 등)	가나, 인도, 요르단, 케냐, 파키스탄, 루마니아, 싱가포르, 태국, 베트남	기술인력 가용, 비정부 이해관계자 참여 확대 (기업, NGO, 학계)	기술에 과도한 집중, 행정부 변화/개혁 수반 미흡
기타	러시아, 스웨덴, 튀니지	정치적 민감성 약함	정부부처 간 경쟁 야기, 범분야 접근 미흡

자료: Nagy et al.(2009) 참고, 재작성.

〈표 3-2〉 주요 전자정부 지수별 우리나라 순위

구분	작성기관	평가 목적	2012	2014	2016	2018
전자정부 발전 지수	UN, EGDI	ICT 주도의 발전을 위해 전자정부를 이용하는 역량과 의지 측정	1 (190)	1 (193)	3 (193)	3 (193)
온라인 참여 지수	UN, EPI	온라인을 통한 시민의 공공정책 의사 결정에 참여할 수 있는 수준 측정	1 (190)	1 (193)	4 (193)	1 (193)

자료: UN, United Nations E-Government Survey 2018: E-Government in Support of Sustainable Development(2018) 참고, 재작성.

보호, 성평등, 노동의 가치와 고용 등과 같은 중요 목표와 정책 과제들과 관련된 핵심 서비스를 강조한다는 측면에서 유의미하다.

한편, 온라인 참여 지수(E-Participation Index: EPI)는 시민들이 ICT를 통해 정부정책 수립, 의사 결정, 서비스 설계 및 전달 등에 대한 참여도를 평가하는 것으로서 정부가 보다 시민 참여적이고 포용적이며 시민들을 보다 세심하게 배려하도록 유도하는 효과가 있다. 이 평가 과정에서 온라인 정보의 이용 가능성, 온라인을 통한 공공의견 수렴, 온라인을 통한 의사결정

과정 등을 비중 있게 고려하는 데 정부 포털 사이트 등에서 각각의 요소별로 참여 도구의 이용이 얼마나 용이한가 하는 점도 평가에 반영된다.

가장 최근인 2020년 UN 전자정부 평가에서 우리나라는 온라인 참여 지수 1위, 전자정부 발전 지수 2위를 차지하며 세계 최정상의 전자정부 수준을 재확인했다. 특히 한국 정부가 점점 더 많이 시민과 기업의 참여를 통해 정부와 협력하는 추세를 보이고 있다고 해석할 수 있다.

전자정부는 한 국가의 경제사회적인 개발에서 '모두의 포용'이라는 측면 아래 빈곤 퇴치, 환경보호, 사회적 포용, 경제적 기회 촉진이 가능한 SDGs 달성을 위한 주요 수단 중 하나다. 많은 개도국은 수원국에서 공여국으로 탈바꿈한 대한민국의 전자정부 성공 경험까지 벤치마킹하려는 시도를 보이고 있다.

한국 전자정부의 성공 요인에 대한 자체 분석은 초고속 통신망 사업의 성공 요인으로 효율적인 추진체계 확립, 정부의 선도적 투자를 통한 민간 참여 유발, 통신 사업자 간 시장경쟁환경 조성, 정보화를 통한 수요 창출, 문화 환경적 요인이 제시된다(송희준·조택, 2007).

종합하면 전자정부의 성공 요인은 정치·사회·경제·문화적 환경, 기술적인 환경, 국가별 정치적 의지와 리더십, 비전과 정책 목표, 사업의 전략적 우선순위, 추진 체계와 인적·재정적·기술적 자원 배분, 정부부처·기관 간 협력과 공통 프레임워크, 그리고 피드백 및 학습 등으로 요약할 수 있겠다.

한국의 전자정부를 성공적으로 바라보는 시각이 다수이지만, 초기 도입 시에는 여러 문제점도 있었다. 정병춘(2001: 116~120)은 과거 "한국 정부의 전자정부시스템이 이미 산발적으로 구축되어 있거나 향후 업무별·부처별로 무분별하게 구축될 공공 부문의 정보 자원을 통합적으로 관리하고 효율적으로 활용함으로써 공공 업무의 효율성을 높이고 공공서비스의 질적 향상을 추구해야 할 필요성이 증대하고 있지만 각급 기관 간 이해 부족과 부처 이기주의에 의해서 연계되지 못하고 있는 실정"이라고 평가한 바 있다. 이는 수기 위주의 공공행정 업무절차에서 전자정부시스템을 본격적으로 도입하기 시작하는 협력 대상국에서 사업을 추진할 때 많이 나타나는 모습이기도 한데, 주무 부처의 국가 단위 전자정부 추진 전략하에 각 관계 부처의 시스템 구축 사업이 통합 연계·활용되지 못한다면 실패할 가능성이 크다는 반증이다.

한편, 기존 관행의 잔존 등으로 인해 이미 구축된 정보 인프라를 업무 처리나 현실문제 해결 등에 적극적으로 활용하지 않아 정보화가 행정 개혁을 통해 생산성과 투명성 향상 등 가시적인 성과로 연결되지 못하고 있고, 전자정부 구축 사업 등 다 부처 관련 사업에 대한 종합적 조정 기능이 미흡하여 중복투자 문제 등이 발생하는 등 정보화 사업을 통한 시너지 효과가 발생하지 못하고 있다는 비판도 동시에 받은 바 있다(정진우, 2008).

이는 ODA 사업에서도 마찬가지이다. 정보화 정책은 한 국가의 종합정책이기 때문에 부처 간 조정 기능이 필수적이며, 해당 국가의 법제도와 거버넌스에 대한 이해를 바탕으로 신중한 접근이 필요하다고 할 수 있다.

3) 한국 전자정부 ODA 사업 현황

한국 정부에서 추진하는 전자정부 관련 ODA 사업은 큰 틀에서 컨설팅, 시스템 개발 및 구축, 역량 강화로 구분할 수 있다. 그중 전자정부 마스터 플랜(Master Plan)[4] 컨설팅을 지원하는 정부기관은 KOICA, 한국지능정보사

---

4) 마스터 플랜은 현 상태에서 바로 활동으로 옮길 수 있는 것이 아니고 몇 개의 장애를 극복하고 장래의 이상이나 목표를 추구하기 위한 기본적 계획을 의미한다.

<표 3-3> 주요 정부 부처/기관별 ICT ODA 추진 현황

정부부처	산하기관	주요 업무	사례
국무조정실	한국개발연구원	• 경제발전경험공유사업(KSP)	• 온두라스 ICT 마스터플랜 시행 타당성 조사 등
	정보통신정책연구원	• 개도국 방송통신 정책자문 • 해외진출전략국가 ICT 마스터플랜 연구	• 베트남, 미얀마, 우간다, 우즈베키스탄, 파라과이 등
과학기술정보통신부, 행정안전부	한국지능정보사회진흥원	• 전자정부 해외진출 지원 사업 • ICT 협력센터, 정보접근센터 • 전자정부 컨설턴트 양성 • IT 봉사단 파견 등	• 카자흐스탄 오픈데이터 운용 확대를 위한 마스터플랜 수립 등
과학기술정보통신부	정보통신산업진흥원	• 해외 정보화 컨설팅 • 초청 연수 • SW 수출 지원	• 개도국 정보통신 방송 전문가 초청 연수 등
	한국인터넷진흥원(KISA)	• 국내 정보보안 산업 해외진출 • 해외 방송통신 전문가 초청 연수 • 방송통신 해외 로드쇼 및 글로벌 마케팅	• 정보보호 시장연계형 초청 연수 등
기획재정부	한국수출입은행(EDCF)	• 대외경제협력기금을 통한 개도국 차관 지원	• 모잠비크 공공안전관리 정보시스템 구축 사업 등
산업통상자원부	대한무역투자진흥공사(KOTRA)	• IT 기업 해외진출 지원 등	• 도미니카 911응급안전시스템 기술 지원 컨설팅 등
외교부	한국국제협력단(KOICA)	• 전자정부 마스터플랜 수립 지원 • 정보시스템 개발 및 구축 • 초청 연수 등 역량 강화	• 방글라데시 전자정부 마스터플랜 수립 사업 등
관세청	국가관세종합정보망운영연합회	• 전자통관시스템 구축 사업 및 관세 행정 컨설팅 • 관세행정 분야 초청 연수	• 탄자니아 전자통관시스템 구축 사업 등

자료: 국가정보화백서, KOICA 전자정부 프로그램 모델, KOICA 전자정부·ICT 분야 사업 현황 (2018) 참고, 재작성.

회진흥원[구 한국정보화진흥원(NIA)], 정보통신산업진흥원(NIPA) 등이 있으며, KOICA 는 1991년부터 2020년까지 총 53개국에서 다양한 전자정부 사업을 추진 함으로써 협력 대상국의 전자정부 구축을 지원해 줄 뿐만 아니라, 우리나라 전자정부의 우수성을 세계에 알리는 역할을 하고 있다. 이는 '스마트 혁명'에 기반한 전자정부 사업의 미래 모델을 구상함과 동시에 개발협력

사업을 통해 협력 대상국과의 상생협력 모델이라는 점에서 갖는 상징성
이 크다. 특히, 이전까지의 단발적인 사업의 한계를 벗어나 통합적으로
전자정부 구축을 지원하는 포괄적 개념의 기술협력 사업으로서(KOICA 경제
사회개발부, 2015) 협력 대상국 정부가 자체적으로 마스터플랜을 수립할 수 있
도록 지원하고 있다.

우리나라의 경우, ICT의 확산과 범용화가 오히려 독자적인 ICT 정책 부
서의 입지에 도전이 되기도 한다. 예를 들면, 정부부처별 전자정부 또는
ICT 관련 ODA 사업의 시행기관 수가 매년 지속적으로 증가하는 추세[5]를
보이는데, 각 시행기관 분절화 문제를 해소하기 위해 국무총리 직속 국제
개발협력위원회를 중심으로 추진 체계를 재편할 필요성도 전문가 집단에
서 지속적으로 제기되고 있는 실정이다.

3. 주요 전자정부 국제개발협력사업 분석

다음으로 KOICA와 ADB의 대표적인 전자정부 유사사업 사례를 비교
해 보도록 하겠다.

KOICA는 '행정서비스의 효과성 향상(Effective Institution)' 및 '정치행정 체제
의 책임성 향상(Accountable Institutions)' 등을 공공행정 분야의 주요 전략목표
(Goal)(⟨표 3-4⟩)로 하고 있으며, 1991년부터 2020년까지 53개국 대상 총 230
건(약 7억 9천만 달러)의 전자정부 및 ICT 분야 사업을 시행했다(⟨그림 3-1⟩).

KOICA의 전자정부 사업은 유형이 매우 다양하다. 이 글에서는 '전자정

---

5) 우리나라 ICT ODA 사업 시행기관은 2015년 9개 대비 2019년 기준 19개 정부 부처/기관
이 시행했다.

<표 3-4> 공공행정 분야 중장기 전략(2016~2020) 상위 전략목표

구분	상위 전략목표	정의
1	행정서비스의 효과성 향상	행정부가 경제 및 사회 발전에 필요한 정책을 수립하여 발전을 선도하고, 모든 국민에게 효과적으로 공공서비스가 전달되도록 효과적인 정책 집행
2	정치·행정 체제 책임성 향상	정치가 국민에게 책임성을 가질 수 있도록 국민의 참여를 보장하고, 행정부가 국민의 요구에 적극적으로 반응하도록 하며, 공공부문이 투명하게 운영
3	법·제도의 포용성 향상	법과 제도가 공평하게 집행되어 모든 국민을 안전하게 보호하고, 소외 계층이 차별받지 않도록 모든 국민의 권리를 보장
4	거버넌스 주류화	각 분야에서 제도역량 강화를 위한 노력을 기울여 개발 효과성을 향상

자료: KOICA ODA 교육원(2016b) 참고, 재작성.

<그림 3-1> KOICA 전자정부 및 ICT 분야 사업 건수 및 사업비(1991~2020)

(단위: 천 달러/개)

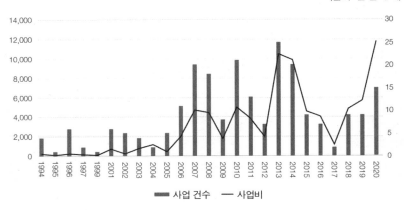

자료: KOICA 내부 자료(2020).

부 마스터플랜 수립사업'이라는 유사 사업명칭으로 추진한 방글라데시 프로젝트 사례와 카메룬 대상 개발 컨설팅(Development Experience Exchange Partnership: DEEP)[6] 사례를 비교·분석하고자 한다.

1) KOICA 전자정부 사업: 방글라데시와 카메룬 사례

(1) 방글라데시

방글라데시는 40세 이하 인구가 60%를 넘는 젊은 인구 분포를 고려할 때 향후 IT 시장이 확대 발전할 가능성이 높은 국가로 평가된다. 2008년 12월, 방글라데시 셰이크 하시나(Sheikh Hasina) 총리는 '디지털 방글라데시 2021' 추진을 총선 공약으로 제시했다. 향후 5년 내 모든 지방에 인터넷을 연결하고, 2013년까지 중등학교, 2021년까지 초등학교에 컴퓨터 교육을 의무화하도록 하는 정책이 주요 골자이다. 같은 정책하에 방글라데시는 2012년까지 전자상거래(E-Commerce), 2014년까지 전자정부(E-Government) 달성을 목표로 했으며, 소프트웨어 산업을 섬유·봉제업에 이은 주력 수출산업으로 채택했다. 또한, 시민 중심의 서비스 및 시스템 개혁을 위한 전자정부 통합 및 구축 가속화와 공공 민간 파트너십(Public Private Partnership: PPP)[7]을 주요 정책과제로 채택하여 추진하고 있다.

그러나 '디지털 방글라데시'[8] 및 '국가 ICT 정책 2009'[9] 등 최상위 수준의 전략은 존재하나, 세부적인 전자정부 청사진과 액션플랜(Action Plan)[10]의 부재로 전자정부가 효과적으로 구현되지 못한 실정이었다. 실제로 방글

---

6) 개발 컨설팅은 KOICA가 2012년 9월부터 추진하고 있는 개발협력 프로그램 중 하나로, 협력 대상국에 개발 경험을 공유하고 컨설팅하는 것을 의미한다.

7) 공공 민간 파트너십은 일반적으로 장기적인 성격을 가진 둘 이상의 공공 부문과 민간 부문 간 협력을 의미한다.

8) 디지털 방글라데시는 기술 활용을 극대화하여 교육 및 보건 발전, 고용 창출, 빈곤 감소 등을 달성하기 위한 방글라데시 정부의 비전을 의미한다.

9) 방글라데시 정부에서 수립한 국가 ICT 정책을 말한다.

10) 액션플랜은 기획(Plan)의 목표를 실현시키기 위한 구체적인 하나 또는 복수의 계획을 말한다. 실행계획, 행동계획, 실천계획이라고도 한다.

<표 3-5> 방글라데시 전자정부 사업 개요

구분		내용
사업 개요	사업명(국문)	■ 방글라데시 전자정부 발전을 위한 마스터플랜 수립 및 역량강화 사업
	사업명(영문)	■ Establishment of the E-Government Master Plan and Capacity Building for Digital Bangladesh
	사업 기간/ 총 사업 예산	■ 구분: 계속 ■ 기간: 2014~2018년 ■ 총 사업 예산: 320만 달러(3,584백만 원)
	사업 유형	■ ① 프로젝트
	사업 분야	■ ④ 공공행정
	사업 목적	■ 방글라데시 전자정부 마스터플랜 수립 및 우선순위 사업에 대한 파일럿 프로젝트 운영을 통한 대국민 서비스 향상 및 공공행정의 투명성·효율성 제고

사업 세부 내용	우리 정부 분담 사항	마스터플랜 수립 및 파일럿 프로젝트 수행	■ 소요 예산: 135만 달러(1,512백만 원) ■ 전자정부 마스터플랜 수립, 액션플랜 수립, 파일럿 프로젝트 수행
		전문가 파견	■ 소요 예산: 150만 달러(1,680백만 원) ■ 13명, 프로젝트 수행 분야 전문가
		초청 연수	■ 소요 예산: 35만 달러(392백만 원) ■ 정책 수립: 10명/14일 ■ 마스터플랜 벤치마킹: 13명/21일 ■ 전략 수립: 13명/21일 ■ 사업 개발: 8명/14일 ■ 파일럿 프로젝트 수행: 12명/42일
	수원국 분담사항		■ 사업수행 지원 전담조직 및 인력 배치, 우리 측 전문가 활동에 필요한 행정 지원, 기자재 면세 및 국내 운송 지원

성과 관리	산출물 (Output)	■ 주재국 정부 공공분야 IT 추진 마스터플랜
	성과 (Outcome)	■ 체계적이고 효과적인 공공분야 전산화
	성과 지표 및 설명	◆ 마스터플랜 및 액션플랜 수립, 파일럿 프로그램 시행

성과 지표	실적 및 목표치			2018 목표치 산출 근거	측정 산식 또는 측정 방법	자료수집 방법 또는 자료 출처
	2016	2017	2018			
마스터플랜 및 액션플랜 수립, 파일럿 프로그램 시행	마스터플랜 및 액션플랜 수립 완료	파일럿 프로그램 시행 완료	사전조사 및 기술 제안서	보고서 감수 및 현장 점검	보고서 접수 및 프로그램 운영 현황 확인

자료 : KOICA 동 사업 집행계획(2014), 2018년 사업계획(2018) 발췌, 재작성.

라데시는 2012년 UN 전자정부 평가에서 150위, 국제전기통신연합(ITU)의 정보통신 개발지수 평가에서 137위에 그칠 정도로 전자정부 수준이 매우 낮은 상태를 보였다. KOICA는 이런 문제에 착안하여 방글라데시의 체계적이고 효율적인 전자정부 구현을 위한 국가별 협력 프로젝트를 추진하게 되었다.

이 사업의 목표는 단기적으로 전자정부 추진전략 수립과 전자정부에 대한 방글라데시 정부의 인식 변화를 도모하고, 중기적으로는 '디지털 방글라데시' 비전 달성에 기여하는 것이다. 사업수행기관(Project Management Consulting: PMC)[11]은 현지 조사를 통해 도출한 개선 과제를 우선순위별로 구분하고, 그중 최우선 과제를 시범사업으로 선정하여 시스템 구축 및 기자재를 지원했다. 또한, 수원기관[12] 공무원들을 대상으로 하는 세미나 및 워크숍 등 지속적인 역량강화 활동을 통해 전자정부 수립에 대한 이해도를 증진시키며 ICT 최신 동향을 전파하는 것이 이 사업의 주요 내용이다.

2014년 12월, 사업 추진을 위한 양국 정부 간 협의의사록(R/D 또는 Record of Discussions: RoD)[13] 서명이 완료되면서 본격적으로 사업이 착수되었다. 사업수행기관인 ㈜한국IT컨설팅, 한국과학기술원(KAIST) 컨소시엄은 전문가 파

---

11) 통상 PMC라고 칭하며, KOICA가 용역을 통해 선정한 전문 업체/기관이 해당사업 전반의 관리와 기획을 담당하는 것을 의미한다.

12) 수원기관은 ODA 사업을 통해 지원을 받는 개발도상국 주무 담당 부처/기관을 의미하며, 수혜기관 또는 협력기관이라고 불리기도 한다.

13) 협의의사록은 개별 프로젝트형 기술협력을 시행함에 있어 상대국 실시기관과 협력 내용에 대해 합의한 사항을 모아서 정리하고 서명한 문서이다. 이 협의의사록의 성격은 양국 정부 간의 국제적인 조약에 해당되지 않으며 국제법상 효력은 없으나, 실질적으로 해당 프로젝트 방식 협력의 시행에 기초가 되는 문서이다. 내용은 ① 협력의 목적, ② 대상 분야, ③ 협력 기간, ④ 실시운영계획, ⑤ 공여국 측 지원 사항(전문가 파견, 기자재 공여, 연수생 등), ⑥ 수원국 부담 사항 등이며, 서로가 합의한 사항을 정리하고, 서명자는 자국 정부에 합의 내용의 실시를 권고하는 형태가 된다. 회의의사록이라고 불리기도 한다.

견을 통해 현황 조사, 법제도 개선 자문, 각종 보고서 발간, 마스터플랜 수립, 현지 워크숍 및 기술 세미나, 초청 연수 등 다양한 과업을 추진했다.

이 사업과 같이 협력 대상국 내 전자정부 추진 전략이 부재한 상황이라면 전자정부서비스의 구축 및 확산 등 양적 확대에 집중하기보다는 법제도 마련과 같은 컨설팅, 공무원 의식 전환 및 자체 역량강화에 집중하는 것이 바람직할 수 있다. 이는 국가의 중장기 계획이라고 할 수 있는 전자정부 마스터플랜의 실효성을 높이기 위해서 기본계획에 기초한 수원기관 각 단위 조직별 실행계획 및 로드맵 수립이 필수적이라는 데서 기인한다.

이 사업의 특이점은 마스터플랜 수립 결과로 도출된 우선순위 액션플랜 중 시급성, 파급 효과성이 가장 큰 사업 1개를 100만 달러 규모 내에서 시범사업으로 추진한 것이다. 이는 개발 컨설팅 형태의 기술협력에 그치는 것이 아니라 실제 다른 프로젝트로의 '사업화'까지 연계시킨다는 측면에서 유의미한 사업 모델이라고 볼 수 있지만, 시범사업의 구성 요소가 정해지지 않은 상태에서 마치 '신발에 발 맞추기' 식의 사업이 추진될 우려도 있다. 이 사업에서 최우선순위 과제로 도출된 시범사업은 방글라데시의 10개 지방정부에 대한 '디지털 지방자치 행정서비스 시스템 구축사업'으로 시스템 개발 및 기자재 지원까지 포함하여 추진되었다.

사업추진 과정 중 지방자치 행정서비스 시스템 운영을 위한 현지 인프라(전용회선 구축, 체계적 주민등록 인증 등) 미비, 개인정보 보호에 관한 기준 모호 등 현지 관행으로 인해 수원기관과의 시스템 오픈 조건 및 시기 조율이 지연되는 어려움이 있었다. KOICA는 협력 대상국 관례 및 상황에 맞추어 시스템 오픈 조건을 일부 완화하고 제도개선 필요 내용을 수원기관에 권고사항으로 제시하는 등의 노력을 통해 시스템 공식 개통식으로 마무리할 수 있었다. 특히, 방글라데시 정부는 KOICA가 관리한 시범사업을 328개 전 지방정부로 확대하고자 하는 강력한 추진 의지를 보여, 수원기관 주도로 사업 발굴을 추진하게 된 점은 사업 성과 가운데 하나로 손꼽는다.

2019년 10월, 방글라데시 ICT 총리 자문관에 의해 전자정부 마스터플랜과 시범사업이 공식적으로 승인 및 공표되는 등 방글라데시 정부의 높은 관심 속에서 이 사업은 종료되었다. 이 사업을 통해 작성된 전자정부 마스터플랜 보고서 최종본은 방글라데시 주도로 추진하는 정보화 정책 '온라인 전산화 확산(E-Service Accelerator)' 로드맵과 연계하는 유의미한 산출물로서 향후 5년 내 방글라데시에 실현 가능한 전자정부의 청사진을 그린 것으로 평가된다. 다만, 방글라데시 정부의 시범사업 확대 추진계획을 면밀히 파악하여 사업의 가시성 및 지속가능성을 확보하는 것이 남은 과제로 판단된다.

(2) 카메룬

카메룬 정부는 2009년부터 2035년까지 카메룬을 신흥국으로 발돋움시키기 위해 '성장과 고용 전략(Strategic Paper for Growth)'을 채택하여 실행하고 있으며, 중앙아프리카 지역의 전자정부 선도국을 목표로 하고 있다. 그러나, UN 전자정부지수 평가에서 총 190여 개국 중 2010년 149위, 2012년 147위, 2014년 144위에 머무르며, 수기 행정으로 인한 효율 저하 및 비용 소요가 사회 발전을 저해한다는 평가를 받기도 했다.

KOICA와 카메룬의 전자정부 협력이 가시적으로 시작된 시점은 2010년이다. KOICA는 카메룬의 전자정부 기반 마련을 위해 '카메룬 공인인증체계 구축사업(2010~2012/280만 달러)'을 실시, 전자정부 운영을 위한 핵심 요소 중 하나인 사용자 인증 체계를 구축해 나갔다. 이를 통해 전자문서 교환, 전자상거래의 토대를 마련하고, 국민으로부터 신뢰받을 수 있는 전자정부의 시작을 알렸다. 실제로 다수의 개도국 대상 전자정부 및 ICT 사업 중 전자인증체계 구축사업 사례가 많은데, 이는 행정 효율성 및 투명성 강화

〈표 3-6〉 카메룬 전자정부 사업 개요

구분			내용			
사업명			■ (DEEP) 카메룬 전자정부 마스터플랜 수립사업 ■ (DEEP) Establishment of Master Plan and Capacity Building for the Development of Cameroon's E-Government			
사업 목적			■ 카메룬 전자정부 마스터플랜과 주재국의 전자정부화 우선순위가 높은 분야에 대한 사업계획(BDS)을 수립하고, 전자정부 교육을 통해 공무원 역량을 강화하여 공공행정 효율성 제고			
사업 규모/기간			■ 총 200만 달러/2015~2017			
양국 분담 사항	한국 (단체)	컨설팅	■ 전자정부 마스터플랜 및 사업기본계획 수립			
		전자정부 교육	■ 전자정부 교육과정 개발 및 시범운영 지원			
		초청 연수	■ 연수 내용: 전자정부 정책, 한국 선진사례, 강사 교육 등			
			■ 연수 대상 및 연수자 수: 전자정부 관계자 33인			
			■ 연수 기간: 4회(1주, 2주, 1주, 1개월)			
		사업 관리	■ 한국국제협력단 및 사업수행기관(PMC)			
		기타	■ 주재국 현지 협력업체 선정을 통한 주재국 측 참여/고용 기회 확대 및 현지 역량강화 추진			
	수원국 (중점)		■ 마스터플랜 및 사업기본계획 수립 공동수행을 위한 TFT 구성 ■ 파견 전문가 활동을 지원하기 위한 기초 자료 및 조사 지원 ■ 개발된 전자정부 교육과정의 지속적 운영을 위한 예산 확보 및 체계 수립			
성과 관리	산출물 (Output)		■ 전자정부 마스터플랜 수립 보고서, 사업기본계획(BDS) 보고서, 교육과정 개설 및 강사 양성			
	성과물 (Outcome)		■ 전자정부 활성화에 따른 행정 효율화 및 대국민 개선 ■ 공무원 역량강화 교육을 통한 지속적인 전자정부 추진 기반 마련			
	성과 지표 및 설명					

성과 지표 및 설명 표:

성과 지표	실적 및 목표치		목표치 산출 근거	측정 산식 또는 측정 방법	자료수집 방법 또는 자료 출처
	2018	2020			
전자정부 발전 지수	0.3000	0.3616	기존 대비 30% 향상	UN 전자정부 발전 지수 활용	UN 전자정부 조사보고서
교육 공무원 수	200명	600명	연간 200명 교육 기준	교육과정 완료 인원	교육과정 운영보고서

• 카메룬은 2014년 UN 전자정부 조사에서 0.2782로 144위 기록

| 우리 측 기대 효과 | | | ■ 카메룬 전자정부 발전을 위한 지식 전수로 국가 위상을 제고하고 대한민국 전자정부 우수성 전파 | | | |

자료: KOICA(2015), 사업집행계획 발췌, 재작성.

와 동시에 대국민 전자정부서비스 역량을 강화한다는 측면에서 착수하기 좋은 사업 아이템으로 볼 수 있다.

한편, 2011년 카메룬 정보통신부 산하기관인 정보통신기술청(ANTIC)은

부처 간 업무 인계, 정책 및 사업 경험, 기술 역량의 부족으로 전자정부 사업을 추진하는 데 자체적으로 어려움을 겪고 있었다. 이에 중장기적 관점에서 체계적인 마스터플랜을 수립하고자 한국 정부(KOICA)의 무상협력 지원을 받아 '카메룬 전자정부 마스터플랜 수립사업(2015~2017/200만 달러)'이 기획되었다.

이 사업은 2015년 3월 카메룬 정부와 사업 추진을 위한 협정(MOU) 체결 이후 2015년 10월 현지 전자정부 워크숍 개최, 2016년 5월 착수 워크숍 및 전자정부위원회 산하 특별전담조직이 신설되며 본격적으로 착수되었다. 특히, 카메룬 전자정부 관련 역량강화를 위한 현직 공무원 150명 대상 현지연수를 통해 현업 적용성을 높였고, 교육과정 개설 및 교육 자료, 기자재 지원을 통해 사업의 지속가능성을 높인 것으로 평가된다.

이 사업의 핵심 구성요소인 전자정부 마스터플랜 수립은 착수 조사, 현황 분석, 개선과제 도출, 이행계획 수립 등 단계별 접근을 통해 추진하고 법·제도·조직 등 추진 체계와 서비스 및 인프라를 포함한 전자정부 관련 영역을 컨설팅하는 과업이다. 특히 전자정부 교육과정[14] 현지연수 실시, 교재 및 교수 지도안 개발, 교육과정 운영 관리자 양성, 교육 기자재 지원 등 수원기관 공무원 대상 전자정부 교육과정이 원활하게 진행될 수 있는 기반을 마련했다. 방글라데시 사업과 비교하면 시범사업(파일럿 프로젝트) 시행을 과업으로 하고 있으나, 우선순위가 높은 1개 개선 과제에 대해 사업기본계획(BDS)을 수립하는 것으로 되어 있고, 이는 상대적으로 다소 제한적인 시범사업 구성을 보인다. 그 대신 전자정부 교육과정 개발 및 운영을 지원하고, 초청 연수 등 역량 강화에 보다 초점을 맞추어 하드웨어가

---

14) IT 거버넌스 및 프로젝트 관리, 소프트웨어 엔지니어링, 데이터센터 운영과 유지 보수, 정보시스템 보안 등으로 구성되었다.

포함된 시스템 개발 사업보다는 개발 컨설팅에 가까운 특성을 보인다.

사업추진 과정 중 위기 요인으로는 마스터플랜 수립 과업범위와 관련해 수원기관과 사업수행기관 간 이견이 발생했다는 점이다. 수원기관은 마스터플랜에 언급된 모든 사업에 대해 액션플랜 수준까지 계획이 수립되어야 한다는 입장을 고수했으며, KOICA와 사업수행기관은 마스터플랜의 취지와 사업 규모를 고려 시 사업별 상세계획의 수립이 불가능하다는 입장을 견지했다. 이견이 발생한 사유는 협의의사록상 문구 해석에 대한 방향이 달랐기 때문으로 파악되는데, 개도국 대상 전자정부 마스터플랜 사업에서 흔히 발생할 수 있는 위험 요인이라고 할 수 있다. 이 사업의 경우, 마스터플랜 대상에 포함되지 않았던 과업 범위는 향후 사후관리 등을 통해 별도 수행해 나가기로 카메룬 정부 측과 협의하여 사업 기간을 일부 연장, 2018년 내 사업 종료가 가능했다. 사업 형성 및 추진 과정에서 산출물에 대한 이견이 발생할 가능성이 높기 때문에 마스터플랜 또는 액션플랜의 범위에 대해 구체화하는 작업은 결코 간과되어서는 안 될 것이다.

2) ADB 전자정부 사업: 미얀마 사례

ADB는 한국 정부 및 중국 공동협력 차관 지원방식으로 '미얀마 전자 거버넌스(E-Governance) 마스터플랜 설계' 프로젝트를 2013년부터 2015년까지 진행한 바 있다. '전자 거버넌스'의 의미는 다양하고 상이하게 사용되고 있는데, 광의의 전자 거버넌스는 의사 형성과 결정의 절차에 있어 정보기술을 활용한 다양한 사회적 조정 기제를 포괄하는 개념으로 이해된다(조화순, 2006).

미얀마 경제는 다양한 상품 수출, 해외직접투자(FDI) 증가로 중장기적으로 긍정 평가되며, ADB는 미얀마 정부의 국내총생산(GDP)이 2012년 6.3%

〈표 3-7〉 미얀마 전자 거버넌스 사업 개요

구분	내용
사업명	• 전자 거버넌스 마스터플랜 설계 및 교육기관 ICT 역량 검토 • Design of E-Governance Master Plan and Review of Information and Communication Technology Capacity in Academic Institutions
사업 규모/기간	• 총 150만 달러(ADB 50만 달러, 중국 50만 달러, 한국 50만 달러) • 2013.7.4~2015.10.5
수원기관	• 미얀마 정보통신기술부 • 미얀마 과학기술부
사업 목적	• 미얀마 정부 공공서비스 전달 효율성, 투명성, 접근성 향상 • 전자 거버넌스 프로그램 지원을 위한 지속가능한 ICT 역량 배양
사업 내용	• 전자 거버넌스 마스터플랜 개발 및 요구사항 분석 • 고등교육기관 ICT 역량 검토 - ICT 교보재, ICT 연구, 혁신성 활용
산출물 (output)	• 전자 거버넌스 마스터플랜 및 액션 아이템 설계 • ICT 교육기관 역량 강화를 위한 지속가능한 액션플랜 개발 • 우선순위 이니셔티브 개발 및 ICT 교육기관 지식 공유(각 최소 1개)
성과 (outcome)	• 정부 애플리케이션 및 온라인서비스 실행 시 통합적 접근법 채택 • 정부 공공서비스 전달 역량강화
영향 (impact)	• 서비스 전달 역량강화 • 효과적인 공공서비스 관리

자료: ADB(2015, 2016) 사업종료보고서 참고, 작성.

에서 2013년 6.7% 증가할 것으로 예측한 바 있다. 미얀마의 지속가능한 경제성장을 뒷받침하기 위해 전자 거버넌스 역량 강화 필요성이 대두되는 가운데 무역, 투자, 전기, 통신 등 주요 분야의 경제 향상을 위해 각 부처의 장관급 정책 결정자를 중심으로 한 태스크포스가 출범하며 이 전자 거버넌스 프로그램이 본격 착수되었다.

미얀마 정부는 이 사업을 통해 전자 거버넌스 마스터플랜을 수립할 뿐 아니라 체계적인 이행을 위한 후속 이니셔티브까지 분석했다. 이와 병행하여 향후 전자 거버넌스 이니셔티브를 단계적으로 착수하기 위해 고숙련 기술자를 양성하고자 고등교육기관에서 ICT 역량을 강화하는 과업도 포함되었다.

이 사업은 2013년 3월 본격적으로 추진되었는데 주요 결과물로는 아래

3가지를 들 수 있다. 첫째, 총 14억 달러 규모의 99개 전자 거버넌스 이니셔티브를 포함한 마스터플랜을 개발했고, 10개의 액션 아이템을 도출했다. 둘째, 미얀마 주요 4개 과학기술 및 ICT 관련 대학에서 ICT 역량 강화를 위한 액션플랜이 도출되었다. 동 설계 단계에서 검토된 17개의 교육 프로그램은 미얀마 과학기술부에 의해 착수될 예정이다. 셋째, 주요 대학에서 이니셔티브 및 지식 공유가 실시되었으며, 미얀마 ICT산업협회를 통해 연수인원 추천 또한 이루어졌다.

ADB는 전자 거버넌스(E-Governance) 또는 전자정부(E-Government)[15] 분야 사업을 진행할 때 ① 거버넌스, 정책 및 기술, ② 공유 네트워크 및 인프라, ③ 공용 데이터 서비스(Common Data Services), ④ 공유 애플리케이션(Shared Applications), ⑤ 부처 특유 애플리케이션(Ministry Specific Applications), ⑥ 통합 서비스(Integrated Services), ⑦ 채널(Channels) 등의 사업 요소별로 구분해 컨설팅을 진행하는 특징을 보인다. 사업결과보고서에는 협력 대상국의 ICT 및 인프라, 조직 구조, 정책 등의 전자정부 수준 진단을 통해 나아가야 할 로드맵 실행을 위한 권고 사항을 제시하는 형태를 보이며, 전자정부 요구 사항을 협력 대상국 정부부처 요구 사항과 연계하는 것, 현존 인프라 및 시스템 설계 이니셔티브, 마스터플랜 가속화 및 주류화를 위한 정책 및 기준을 면밀히 파악하는 것을 주요 시사점으로 제시하고 있다.

하나 흥미로운 부분은 마스터플랜 보고서의 결론에서 전자정부 관련 사업이 가질 수 있는 근본적인 한계점을 언급하고 있다는 점이다. ADB는 "현지 상황이나 기술의 급격한 변화를 감안할 때 어떠한 전자 거버넌스 마스터플랜도 고정적인 계획이 될 수 없으며, 기술의 변화와 국가 정책의

---

15) 공여기관별로 "E-Governance"를 "E-Government"와 구분하여 사용하는 기관이 다수 있기 때문에 이 글에서도 두 개념을 각기 구분하여 사용한다.

우선순위에 따라 실행 로드맵은 변화할 수 있다"(ADB, 2016: 5)는 내용을 적시함으로써 협력 대상국 정부 정책의 변화가 곧 가장 큰 위기이자 기회가 될수 있다는 시사점을 제시한다.

3) 비교 분석 및 시사점

지금까지 KOICA의 방글라데시, 카메룬 대상 전자정부 마스터플랜 수립사업과 ADB의 미얀마 대상 전자 거버넌스 사업을 살펴보았다. ODA 사업으로 전자정부 마스터플랜 유형의 프로젝트를 추진할 경우, 협력 대상국 현지 사정을 충분히 고려하여 실용적인 보고서를 산출해야 실제 시스템 개발 및 구축 사업화까지 이어지기가 용이하다. 결국 협력 대상국 정보화 수준에 대한 명확한 진단을 바탕으로 해당 국가의 주인의식 아래 전자정부 로드맵을 추진할 수 있도록 사업을 기획하는 것이 관건이라고 할 수 있다.

국제금융기구는 국가적 차원을 넘어 지역적 차원에서 정보화 교육 및 ICT 인프라 원조를 자금 지원하는 방식으로 추진하고 있다. 이는 원조 자금을 지원하는 방식에 있어 무상협력 형태로 기술협력 중심의 프로젝트를 실시하는 KOICA의 사업 방식과 일부 차이를 보이지만 기술협력 방식의 컨설팅을 진행하는 형태는 크게 다르지 않다.

주요 산출물을 비교해 보면 큰 틀에서 한국이나 타 국가의 전자정부 사례 분석을 바탕으로 협력 대상국의 전자정부 정책, 법제도, 인프라 등 수준 진단을 거친 뒤 목표 모델을 제시한다는 점에서 유사하다(〈표 3-8〉). 그러나, KOICA 방글라데시 사업은 우선순위 개선 과제를 도출하여 각 단위 프로젝트를 단기·중장기 과제로 성공시키기 위한 실용적인 차원의 이행계획을 제시한다. 반면에 ADB 미얀마 사업은 거버넌스, 정책, 기술 인프

〈표 3-8〉 KOICA와 ADB의 마스터플랜 사업 보고서 목차 비교

KOICA 보고서 목차(방글라데시 사례)	ADB 보고서 목차(미얀마 사례)
1. 사업 개요 2. 현황 분석(ICT 및 전자정부 정책, 법제도 및 거버넌스, 인프라, 서비스 등) 3. 전자정부 목표 모델 4. 이행계획 5. 결론	1. 요약 2. 타 전자정부 사례 분석 3. 전자정부 역량 평가 4. 전자 거버넌스 목표 5. 변화 관리 및 전환을 위한 제언 6. 로드맵 실행을 위한 제언 7. 결론

라, 서비스 및 애플리케이션, 부처별 이니셔티브 등 사업 요소별로 전자
거버넌스 수립을 위한 제언 사항을 보다 적극적으로 제시하는 특징을 보
인다.

4. 개발도상국 전자정부 사업 효과성 제고 방안

1) 전자정부 사업 방향성

개도국 대상 전자정부 사업이 보다 효과적으로 진행되기 위해서는 협
력 대상국의 정책 형성·집행·평가 등 정책결정과정 전반에서 전자정부시
스템을 보다 잘 활용할 수 있도록 통찰력을 제공하는 방향으로 진행되어
야 한다. 현지 맞춤형 전자정부 사업 기획을 위해서는 국가정보화수준진
단도구(National Information Assessment Tool: NIAT)[16]를 활용하는 방안이 있다. 이는
협력 대상국의 전자정부 발전에 시급한 사업을 전략적으로 판단하기 위

---

16) 국가정보화수준진단도구는 국가 차원의 정보화 수준 평가를 위한 내·외부 환경 및 G2G,
   G2B, G2C 전자정부 현황 및 향후 목표에 대한 112개의 평가지표 조사를 통해 개도국의
   현재 정보화 수준을 진단하여 개도국 수준에 맞는 전자정부 및 ICT 분야 우선순위 사업
   을 제안하는 툴킷이다(한국정보화진흥원, 2016).

<그림 3-2> NIAT 활용 국가정보화수준진단 컨설팅 방법론

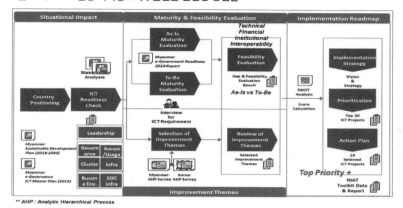

자료: KOICA 내부자료(2020).

<표 3-9> UN 전자정부 발전 5단계

단계	구분	구성 요소
1	착수(Emerging)	• 공식 웹사이트의 존재, 국가포털 및 정부 공식 사이트를 통한 중앙부처 및 지방정부와의 연계 등
2	발전(Enhanced)	• 온라인 정보 제공, 문서탐색 기능 • 정책, 법령, 보고서나 뉴스레터 등의 최신자료 제공
3	상호작용(Interactive)	• 보안 장치, 전자 서명, 공공정보 제공, 비디오/오디오 기능
4	전자거래(Transaction)	• 신용카드를 통한 범칙금, 세금, 우편요금 납부 기능 • 공공 계약의 온라인 입찰 참여
5	통합 처리(Connected)	• 공공기관의 통합 네트워킹을 통한 G2C 구축 • 온라인 설문 조사 등 정부 정책에 대한 시민의견 수렴

자료: 김광기(2011) 참고, 작성.

한 근거로 활용될 뿐 아니라 인프라, 비전 및 정책, 거버넌스, 서비스 영역의 우선순위를 바탕으로 향후 사업의 방향성을 수립하기 용이한 장점이 있다.

한편, 개도국의 정보기술 격차를 감안할 때 UN이 분류하는 전자정부 발전단계 구분에 맞게 각국의 전자정부 수준에 따라 접근하는 것 또한 중요하다(<표 3-9>).

개도국 대상 전자정부 사업계획 수립 시 ICT 생애주기를 바탕으로 시스템 통합(System Integration: SI)[17] 프로젝트 방식으로 진행한다면 전자정부서비스 개발에 초점을 맞추는 것이 바람직할 수 있으며, 소프트웨어 개발 방법론 및 프로젝트 관리 기법이 명확히 활용되어야 한다.

국내 전자정부 사업은 국제 표준인 ISO(International Organization for Standardization, 국제표준화기구) 12207[18]의 체계를 기초로 '공공SW사업 발주관리 표준 프로세스 프레임워크'를 제정하여 SW 생애주기(Software Development Life Cycle: SDLC)에 따른 '기획–BPR/ISP(Business Process Re-Engineering/Information System Strategic Planning)[19]–시스템 구축–운영 및 유지 보수' 등의 프로세스가 표준화되어 있다. 반면 개도국을 대상으로 수행하는 전자정부 사업은 개별 프로젝트 단위보다는 마스터플랜 수립 및 표준화, 통합 및 연계, 활용 등 장기 프로젝트 형태로 구상하되, 현지 제도 및 프로세스에 대한 충분한 조사 및 컨설팅이 필수적일 것이다.

한편, 생애주기가 짧은 정보기술의 특성상 변화 관리(Transition and Change Management)가 필수적으로 수반되어야 한다. 변화관리 조직(Change Management Unit)은 사업 전반에 걸쳐 이해관계자 대상 전자정부 준비성(Readiness)을 평가하는 역할을 수행하며, 수요와 범위 관리, 집행계획 수립 및 반영하는

---

17) 시스템 통합은 고객의 욕구를 충족시키고 그 사업을 성공시키기 위하여 컴퓨터와 주변기기, 각종 소프트웨어와 통신망, 시스템을 개발·유지하는 데 필요한 요원들을 시스템 통합 사업자의 책임하에 조달·확보하여 제공하는 서비스로 정의된다.

18) ISO에서 정한 표준 소프트웨어 생애주기 프로세스이다. 이 표준에는 소프트웨어 개발과 유지 보수에 필요한 각종 작업단계들을 정의한다.

19) BPR/ISP는 업무를 성공적으로 수행하기 위해 선행적으로 행하는 업무 재설계 및 정보화 전략 계획을 의미한다. BPR이 업무 절차를 재설계해서 효율적인 시스템을 구현할 수 있도록 하는 것이라면, ISP는 업무 프로젝트를 성공적으로 수행하기 위한 정보 전략을 계획하는 것이다.

역할을 수행한다. 또한, 전자정부 사업 진행 시 변화관리 툴킷을 체계적으로 활용하여 사업을 추진하는 것이 효과성을 제고하는 방안이 될 수 있다(Sameer, 2008).

우리나라의 개도국 대상 전자정부 사업의 수행 체계도 다시금 고려해 봄 직하다. 현재 KOICA가 집행하는 무상협력, EDCF가 운용하는 유상원조의 경우, 사업수행 용역 또는 컨설턴트를 선정하여 실제 사업을 수행하는 구조로 편중되어 있다. 그러나, 전자정부 사업의 거버넌스와 로드맵에 대한 이해가 중요하다는 점에서 볼 때 민간 영역에 전적으로 의존하는 것은 재고할 여지가 있다. 특히, 전자정부 관련 외부 거시환경에 대해 PESTEL(정치, 경제, 사회, 기술, 환경, 법제도 등) 측면에서 주요 이슈를 분석하고, 해당 결과를 바탕으로 주요 시사점을 도출하는 것이 전자정부 기본계획 수립을 위한 선결 조건이라고 할 수 있다는 점에서 공공 부문의 컨설팅 참여는 필수적으로 수반되어야 할 것이다. 예를 들면, 국가정보화기본법 또는 전자정부 관련 법규에 대한 충분한 이해, 즉 법안 및 정책을 다루어 본 경험이 있는 정부부처 또는 주무기관의 경험과 전문성이 필요하다.

이는 KOICA에서 최근 운영 중인 국제개발협력사업협의회(이하 국사협)[20] 등의 채널을 적극 활용하여 한국 정부의 전자정부 사업 전문성을 보유한 정부부처 간 협업사업으로도 풀어 낼 수 있다. 일례로 2018년 11월, 'KOICA-NIA 공동 미얀마 정부 ICT 분야 성숙도 진단 및 우선순위 사업 도출 컨설팅'을 들 수 있다. 이후 2019년 3월부터 6월까지 '국사협'을 통해 미얀마 정부 ICT 분야 성숙도 진단 및 우선순위 사업 도출 컨설팅을 실시

---

20) 국제개발협력사업협의회는 한국 정부의 무상협력 전담기관인 KOICA 주도로 다양한 기관과의 협업을 통해 ODA 사업 효과를 높이고 개도국과의 상생·번영을 꾀하기 위해 2018년 12월 발족한 협의체이다.

하여 NIAT를 활용한 우선순위 사업을 발굴하여 ICT 분야 융합 프로그램 발굴 추진 협의를 실시했다. 특히 '미얀마 고용 정보화 및 출입국 관리 사업'은 사업 구체화 및 기획을 진행 중에 있어 동 사업 사례를 앞으로 눈여겨볼 필요가 있다.

우리나라가 무상협력으로 실시하는 전자정부 사업은 '원조'라는 특수한 상황을 고려하면서도 시스템 통합 구축을 점차적으로 실행해 나가야 한다는 점에서, 양국 이해관계자(KOICA, 한국 내 사전 타당성 컨설팅 업체, SI 업체, 교육컨설팅 업체, 협력 대상국 내 수행기관 및 담당자 등)의 역할 체계와 추진 전략이 체계화될 필요가 있으며, 구체적인 이행 가이드가 개발되어야 한다(이미정, 2012: 6).

한편, 전자정부를 점진적으로 구축한 역사가 35년 이상 되는 우리나라의 발전 경험을 일방적으로 전수할 경우, 개발된 IT 시스템과 기자재가 제대로 활용되지 못할 우려가 있을뿐더러 협력 대상국 거버넌스에 악영향을 끼칠 우려 또한 절대 간과해서는 안 된다.

국가별로 다른 정보화 프로세스, 정책 및 거버넌스에 대한 충분한 이해 없이 단기간 제한된 인력을 통해 수립하는 한계 또한 극복해야 할 주요 과제이다. 이러한 한계를 극복하기 위해 사업 사전조사 시 아래와 같은 착

〈표 3-10〉 전자정부 사업 주요 착안사항

순번	구분	내용
1	전자정부 법제도 및 추진 체계	• 전자정부서비스 구현을 위한 전자정부법 제정 • 전자정부 추진을 위한 명확한 역할과 책임을 규정하는 추진체계 수립
2	효과적인 정부업무관리 체계	• 전자정부시스템 구축 시 업무 재설계(BPR) 추진 • 효과적으로 작동하는 정부업무시스템 구축
3	편리하고 도움이 되는 전자정부서비스	• 시민참여 중심의 전자정부서비스 • 기업 친화적인 전자정부서비스 • 중요성과 시급성을 고려한 서비스 추진
4	안전한 전자정부서비스를 위한 인프라	• 전자정부시스템에 국가 엔터프라이즈 아키텍처(EA) 적용 • ICT 트렌드를 고려한 전자정부인프라 구축

자료: 각종 개발협력기관 전자정부 유사사업 보고서를 바탕으로 필자 재작성.

<표 3-11> 전자정부 사업 확인사항(체크 리스트)

구분	확인 내용	방법
협력 대상국 사업계획서(PCP) 검토	• 요청 배경 • 사업 목적 및 기대 효과 • 사업비 및 사업기간 산정 근거 • 사업 범위(양국 분담사항 포함)	• 현지 조사(관계자 면담) • 관련자료 검토
정책상 우선순위	• 국가개발계획 현황(목표 과제, 추진 현황, 분야별 주요 정책 등) • 우리 정부 개발정책 부합도 • 지속가능개발목표(SDGs) 달성 가능성	• 현지 조사(관계자 면담) • 유사사업 보고서 검토 • 관련자료 검토
전자정부 현황	• 대상국 현황 분석(세부 분야별 현황 파악) • 사업 실시 및 추진 여건(현지 기술수준, 기술 인력, 인프라 등)	• 현지 조사(관계자 면담) • 유사사업 보고서 검토 • 관련자료 검토
수원의지 파악	• 정부의 사업추진 의지 • 사업 추진계획 수립 여부 및 실현 가능성 • 재원 조달계획 수립 여부 및 실현 가능성	• 현지 조사(관계자 면담) • 관련자료 검토
사업수행 체계	• 수원정부부처 확인 • ICT 관련 부처 및 기관과의 업무 분장	• 현지 조사(관계자 면담) • 관련자료 검토

자료: KOICA 경제사회개발부(2015). 전자정부 마스터플랜 수립 프로그램 가이드라인 참고, 재작성.

안 사항(<표 3-10>) 및 확인 사항(<표 3-11>)을 면밀히 점검하고 사업을 추진하는 과정이 필요하다.

2) 전자정부 미래모델 구상

지금까지 전자정부 ODA 사업이 효과적으로 추진되기 위한 방향을 제시했다. 이번에는 이미 국내에서 활발히 논의되고 있는 전자정부의 미래모델과 국제개발협력사업에의 적용에 대해서 논의한다.

우리나라에서는 최근 AI·클라우드 중심의 디지털 전환(Digital Transformation) 시대에 기존 전자정부의 한계를 보완하고자 '디지털 정부혁신 추진계획'(행정안전부, 2019)을 수립하여 추진 중이다. 디지털 정부혁신 추진 원칙은 ① 최종 이용자의 관점에서 ② 공공서비스 수준 향상을 목표로 ③ 혁신친화적인 방식으로 ④ 국민과 함께 디지털로 여는 좋은 세상을 만드는 것

<표 3-12> 디지털 정부의 5대 핵심 구성요소

구성 요소	개념 및 의미
기술	ICBMS[21]·AI 등 신기술은 물론, 전자정부의 기반 기술이 되는 ICT/과학기술 전반
데이터	전자정부 정보 자원의 원천이 되는 공공/민간의 정형·비정형 데이터(DB), 빅데이터 분석 정보, 소셜 정보, 일상의 실시간 센서·초연결 정보 등을 모두 포괄
서비스	고객 접점이자 성과 창출 및 전자정부 발전 수준의 잣대가 되는 모든 서비스(단일형, 연계·통합형, O2O 등)와 다양한 디바이스 기반의 서비스 호환·표준, 사용자 경험(UX) 등 개념에 따른 서비스 변화상 전반을 포함
인적 자원	공공/민간 등 모든 국민의 차별 없는 접근과 역량 개발, 정책 참여·생성·공유 등을 가능하게 하는 새로운 경제·사회적 자본
거버넌스	다양한 전자정부 추진 체계와 관련 법제도 및 행정 프로세스 포함

자료: NIA 국가정보화백서(2019) 참고, 재작성.

을 비전으로 삼고 있다. 이에, 전자정부라는 용어보다는 디지털 정부를 사용하는 모습을 보이며, 그 핵심 구성요소는 〈표 3-12〉와 같다.

한편, 2020년 전 세계적인 신종 코로나바이러스감염증(코로나-19) 사태로 디지털 경제로의 전환이 요구되는 상황에서 한국 정부는 경제 전반의 디지털 혁신과 역동성을 촉진하기 위한 '디지털 뉴딜' 정책을 발표했다. 디지털 뉴딜 세부과제 중 5G·블록체인 등 디지털 신기술을 활용하여 국민에게 맞춤형 공공서비스를 미리 알려 주고 신속히 처리해 주는 '지능형(AI) 정부' 과제를 수립하여 추진 중이다.

지능형 정부는 지능형 기술을 포함하도록 디지털 변환을 결합하는 방법으로 구현되고 있다. 이미 민간 부문에서는 AI, 머신러닝(Machine Learning: ML), 자연언어 처리(Matural Language Processing: NLP) 및 관련 기술을 활용하여 비용이 절감되고 고객 경험이 향상되는 모습을 쉽게 접할 수 있다. 이에 따라 전자정부에도 디지털 시스템뿐만 아니라 지능정보시스템으로 변환을

---

21) ICBMS는 ▲사물인터넷(IoT), ▲클라우드(Cloud), ▲빅데이터(Big Data), ▲모바일(Mobile), ▲보안(Security)의 약어로 4차 산업혁명의 핵심 기술을 의미한다.

포함하는 포괄적인 로드맵을 구축할 수 있는가가 중요한 화두가 되고 있다(NIA 국가정보화백서, 2019). AI를 활용한 중앙행정시스템, 딥러닝 기술을 활용한 공공서비스 등의 모델에 대한 수요는 향후 개도국에서도 점차 증가할 것으로 예측된다. 다만, 데이터에 대한 인식 강화, AI 시스템 구축에 대한 거버넌스와 이니셔티브를 분명히 해야 하고, 데이터를 충분히 확보, AI 전 단계로서 로봇 프로세스 자동화(Robotic Process Automation: RPA)[22]에 대한 관심이 선행되어야 한다는 전문가 지적도 있다(강정석, 2019).

결국 개도국 대상 지능정보기술을 활용한 신사업을 추진할 때 협력 대상국의 정보화 수준 진단을 면밀히 검증해야 하고, 전자정부, 디지털 정부, 지능형 정부 등 각기 다른 형태의 신규 사업모델을 효과적으로 추진하기 위해서 필자는 아래와 같이 제언하고자 한다.

첫째, 기존 협력 대상국 중앙행정 정보화 분야 이외에 시민 대상 서비스 확장성을 고려한 다양한 사업을 발굴할 필요가 있다. 이는 포용적 사회 구현 및 정부 투명성 강화를 위한 형태로, 사회보험 정보화(건강보험 등), 고용 정보화(워크넷, 국가자격 등), 금융 정보화(모바일 간편 결제 등), 전자상거래, 물류 정보화 분야 사업 등 각 협력 대상국의 경제사회 개발과 보다 밀접한 관련이 있는 분야로 자연스럽게 확장이 가능하다.

둘째, 디지털 상상력을 보다 발휘한 정부 대 정부(G2G) 사업을 발굴할 필요가 있다. 우리나라에서 최근 도입하고 있는 디지털 신기술 활용 G2G 사업의 적용 사례로는 차세대 지능형 교통시스템(Cooperative-Intelligent Transport Systems: C-ITS), 지능형 전력 관리[23], 스마트시티 챌린지 사업 등을 들 수 있

---

22) 로봇 프로세스 자동화는 기업의 재무, 회계, 제조, 구매, 고객관리 분야 데이터를 수집해 입력하고 비교하는 단순반복 업무를 자동화해서 빠르고 정밀하게 수행하는 자동화 소프트웨어 프로그램으로 AI와 결합하며 빠르게 발전하는 분야다.
23) 새로운 에너지 인프라·기술에 IT를 접목한 스마트그리드를 활용하여 실시간 전력 데이

다. 많은 개도국에서 우리나라를 비롯한 선진국의 지능형 ICT를 활용한 다양한 신사업 모델을 접하고 있기 때문에 이에 대한 우리의 대응전략 마련도 필수적이라고 할 수 있다. 4차 산업혁명 시대의 ICT 신기술, 즉 5G, AI, 빅데이터, AR/VR/MR[24], 블록체인 등은 기술적·서비스적 특성이 매우 상이한 특성을 보이기 때문에 개도국의 기술 수준 및 적용을 위한 진단 평가를 통해 구체적인 적용 계획과 시기를 철저히 계획하고 실현하는 것이 필요하다. 이때 중장기 로드맵 도출과 연차별 검증, 개선 및 적용 방향 제시와 검증이 필수적이다.

셋째, 개도국의 문제를 보다 효과적으로 해결 가능한 민간 주도의 공모 형태 사업을 발굴해야 한다. 대표적인 사업 아이템은 핀테크, AI 의료서비스 등을 적용한 사업이 될 수 있다. 예시로 미국 USAID는 모바일로 교사 급여를 지급하는 mSTAR(mobile Solution Technical Assistance and Research) 프로그램을 통해 급여지급 비용의 84%를 절감했고, UN 세계식량계획(WFP)은 블록체인 기반 플랫폼을 활용하여 시리아 난민에게 1백만 달러 규모의 식료품 바우처를 제공한 바 있다. AI, 블록체인 등 디지털 신기술을 기반으로 한 한국 민간기업의 전문성을 십분 활용한 프로그램을 다양화할 필요가 있다. KOICA에서는 지난 2015년부터 실시하고 있는 CTS(Creative Technology Solution)[25] 사업 형태를 유의미한 사례로 손꼽을 수 있다.

터를 기반으로 전력의 소비와 공급을 효율적으로 관리하는 전력관리 방식을 의미한다.

24) AR(Augmented Reality)은 현실에 기반하여 정보를 추가 제공하는 기술로 '증강 현실'을 의미한다. VR(Virtual Reality)은 이미지, 주변 배경, 객체 모두를 가상의 이미지로 만들어 보여 주는 '가상 현실'을 의미한다. MR(Mixed Reality)은 현실 세계와 가상 세계의 정보를 결합해 두 세계를 융합시키는 공간을 만들어 내는 '혼합 현실'을 의미한다.

25) CTS 사업은 KOICA의 혁신적 기술 프로그램으로 예비 창업가, 스타트업 등의 혁신적 아이디어, 기술 등을 ODA에 적용하여 기존 방법으로 해결이 어려웠던 개발협력 난제에 대한 솔루션을 찾는 데 기여하고, 개발협력 사업의 효과성을 제고하는 사업을 의미한다.

5. 결어

한국의 ODA 사업은 대내외적으로 커다란 전환기를 맞이하고 있다. 우리나라는 지금 '신흥 원조공여국(Emerging Donor)'이라는 지위도 어울리지 않을 만큼 그 위상이 높아졌으며 국제사회로부터의 기대와 신망이 더욱 커져 가고 있다. 또한 국제화와 세계화의 급속한 진전과 함께 국제개발협력에 대한 국민들의 인식 또한 크게 향상되면서 국제사회에 대한 기여에 더 많은 관심이 모아지고 있다. 최근에는 4차 산업혁명 시대에 접어들면서 한국의 비교우위인 ICT를 활용한 개발협력의 중요성이 더욱 강조되고 있는 상황이다.

ICT는 농업, 기후변화, 교육, 문해율, 보건, 시민사회 참여 등 개발협력 전반에 걸쳐 활용되는 범분야(Cross-Cutting) 요소로서 디지털 접근성 향상을 위한 개발협력 미션에 부합하는 도구이다. 또한, 전자정부 사업을 통한 협력 대상국의 개방, 협업, 공유, 혁신과제 달성은 지속가능개발목표(SDG) 9번[26] 및 16번[27] 목표와도 긴밀하게 연계되는 핵심 개발의제이다.

이 글에서 제시한 시사점을 요약하자면 다음과 같다.

첫째, 협력 대상국에서 실효성 있는 전자정부 사업이 추진되기 위해서 개도국 정보화 수준 기반의 맞춤형 사업 발굴이 필요하다.

둘째, 전자정부 사업 발굴 시 UN 전자정부 발전 5단계에 따른 구분을

---

[26] 복원력 높은 사회기반 시설을 구축하고, 포용적이고 지속가능한 산업화 증진 및 혁신 장려(Build resilient infrastructure, promote sustainable industrialization and foster innovation).

[27] 지속가능발전을 위한 평화롭고 포용적인 사회 증진, 모두를 위한 정의에의 접근 제공, 모든 수준에서 효과적이고 책임성 있고 포용적인 제도 구축(Promote just, peaceful and inclusive societies).

명확히 실시한 뒤 구성 요소에 따른 사업 형태를 단계적으로 접근해야 한다. 마스터플랜으로 사업을 추진할 경우, 표준화, 통합 및 연계, 활용까지 장기간 접근으로 보되, 현지 법·제도 및 업무 재설계에 대한 현지 조사를 충분히 진행해야 한다.

셋째, 전자정부 사업 추진 시 변화관리 툴킷을 체계적으로 활용하고, 국내 ICT ODA를 추진하는 부처 및 기관 간 사업을 경쟁적으로 추진하기보다는 '융합 ODA' 측면에서 협업사업 모델을 확대할 필요가 있다. 특히, 마스터플랜 수립 방식의 전자정부 사업을 추진할 때 국내 전자정부에 대한 충분한 이해를 보유한 공공 분야 전문가의 참여가 필요하다. 이와 더불어 ICT 전략 수립 시 현지 이해관계자 또는 컨설턴트 참여를 통해 세부 과제는 협력 대상국 정부가 이니셔티브를 가질 수 있도록 사업 요소를 구성할 필요가 있다.

한편, 전자정부 미래 모델로서 '모바일 전자정부(M-Government)', '유비쿼터스 전자정부(U-Government)'를 넘어서 AI, 빅데이터, 블록체인, 드론 등 디지털 신기술이 가져오는 '디지털 정부' 및 '지능형 정부'의 새로운 사업 모델도 보다 적극적으로 구상해 볼 필요가 있다. 이 글에서는 전자정부 미래 모델로서 지능형 정부 형태의 새로운 사업이 내실 있게 추진되기 위해 서비스 확장성을 고려하고 디지털 신기술을 보다 발휘한 사업 발굴의 필요성을 제시했다. 물론 디지털 신기술은 기술적·서비스적 특성이 매우 상이하기 때문에 기술 수준 및 적용을 용이하게 하기 위해서는 진단 평가를 통해 개선 사항을 적시에 제공하는 것이 매우 중요하다고 할 수 있다.

이러한 도전과 기회를 잘 활용한다면 많은 개도국에 국가 발전의 기반이 되는 전자정부 제도를 구축함으로써 SDGs 16번 목표인 달성에도 기여할 것이라고 기대한다.

이 글에서 제시한 전자정부 사업의 발전 방안을 내재화함으로써 한국

정부가 실시하는 다수의 ICT 활용 전자정부 ODA 사업이 보다 효과적으로 추진되고, 지능정보기술을 활용한 새로운 형태의 지능형 정부 사업 모델 또한 보다 다양해지기를 기대해 본다.

참고문헌

＊ 국내 문헌

강정석. 2019. 인공지능기술 사례 인터뷰 내용.

관계부처 합동. 2020. 「한국판 뉴딜」 종합계획.

권윤희. 2003. 「전자정부 발전단계에 관한 연구: 정보화예산을 중심으로」. 대구대학교 석사학위
　　논문.

김광기. 2011. 「UN 전자정부준비지수를 활용한 개발도상국 전자정부 추진 효율화 연구」. 서강
　　대학교 경영전문대학원 석사학위 논문.

도경화·최대규·김두현. 2018. 「제4차 산업혁명과 전자정부의 현재와 미래」. ≪정보과학회지≫,
　　제36권 제9호(통권 제352호), 9~14쪽.

송희준·조택. 2007. 「한국의 전자정부: 성과와 과제」. ≪정보화정책≫, 제14권 제4호, 20~37쪽.

오강탁. 2001. 「전자정부 평가방법론 및 지표 개발에 관한 시론적 연구」. 한국행정학회 논문집,
　　112쪽, 119~143쪽.

이미정 외. 2012.5. 『전자정부 프로그램 모델 연구』. 한국국제협력단.

이재호·강정석·정소윤. 2019. 『인공지능 기술의 행정분야 활용에 관한 탐색적 연구』. 한국행정
　　연구원.

임종업. 2002. 「한국의 전자정부 구현사업 평가와 발전방안에 관한 연구」. 연세대학교 대학원
　　석사학위 논문.

정교일·이병천·진승헌. 2008. 『훤히 보이는 정보보호』. 전자신문사.

정병춘. 2001. 「전자정부구현을 위한 문제점 분석과 추진방안 연구」. 성균관대학교 석사학위 논문.

정진우. 2008. 「차세대 전자정부의 추진전략 모색」. 2009년 추계학술대회 발표논문집, 163~180
　　쪽, 한국행정학회.

조희순. 2006. 「e-Governance 연구의 동향과 한계」. ≪정보화정책≫, 제13권 제2호, 189~205쪽.

(사)한국개발전략연구소. 2007. 『한국적 개발협력 프로그램 발전방안 연구』. 한국국제협력단.

한국국제협력단. 2015a. 방글라데시 전자정부 발전을 위한 마스터플랜 수립 및 역량강화 사업집
　　행계획(안).

한국국제협력단. 2015b. 카메룬 전자정부 마스터플랜 수립사업 집행계획(안).

한국국제협력단. 2018. 방글라데시 전자정부 발전을 위한 마스터플랜 수립 및 역량강화 사업계
　　획(안).

한국국제협력단 ODA교육원. 2016a. 『더불어 사는 세상을 위한 소중한 첫걸음 국제개발협력 입

문편』.

한국국제협력단 ODA교육원. 2016b. 『더불어 사는 세상을 위한 소중한 첫걸음 국제개발협력 심
　　화편』.

한국국제협력단 경제사회개발부. 2015. 전자정부 마스터플랜 수립 프로그램 가이드라인.

한국국제협력단 평가심사실. 2016. 전자정부 분야 종합평가(몽골 사례 보고서).

한국정보화진흥원. 2016.10. 전자정부 수준진단 글로벌 컨설팅 툴킷 개발 연구.

한국정보화진흥원. 2016.12. 2016 UN 전자정부평가 결과분석 및 시사점. 기획보고서 제2016-04호.

한국정보화진흥원. 2016.12. 바람직한 전자정부 모델 연구.

한국정보화진흥원. 2018. 혁신을 촉진하는 D7국가의 디지털 전략 현황.

한국정보화진흥원. 2018.12. 차세대 모바일 전자정부 고도화 연구.

한국정보화진흥원. 2019. 국가정보화백서.

한주희·주창범. 2015. 전자정부시대와 시민들의 정책참여: 박근혜 정부의 '정부 3.0'을 중심으로.
　　한국정책과학회보.

행정안전부. 2017. 지능형정부 기본계획.

행정안전부. 2019. 디지털 정부혁신 추진계획.

✱ 해외 문헌

ADB. 2015a. Myanmar e-Governance ICT Master Plan 2015: Final Report.

ADB. 2015b. Technical Assistance Consultant's Report. "Republic of the Union of Myanmar:
　　Design of e-Governance Master Plan and Review of Information and Communication
　　Technology Capacity in Academic Institutions".

ADB. 2016. Myanmar: Design of e-Governance Master Plan and Review of Information and
　　Communication Technology Capacity in Academic Institutions.

Bannister, Frank. 2003. "Diverging Trajectories: Explaining Different Levels of Success in
　　Public Sector IC." Governing Networks, IOS Press.

Dawes, Sharon. 1996. "Making Smart IT Choices." Center for Technology in Government,
　　New York.

Kwon, Gi-Heon. 2014. "E-Government & E-Strategy." Parkyoung Publishing & Company.

Nagy K. Hanna and Christine Zhen-Wei Qiang with Kaoru Kimura and Siou Chew Kuek.
　　2009. National E-Government Institutions: Functions, Models, and Trends.

OECD. 2001. "The Hidden Threat to EGovernment: Avoiding Large Government IT Failures."

PUMA Policy Brief, March, No.8.

OECD. 2004. The e-Government Imperative.

Sameer, Sachdeva. 2008. Change Management for e-Governance.

Smith, Meritt Roe and Leo Marx (ed.). 1994. *Does Technology History: The Dilemma of technological Eeterminism*. Cambridge. Mass: The Mit Press.

Song, Hee Joon. 2004. "Building E-Governance through Reform." Ewha Women's University.

World Bank 2018. Combined Project Information Documents/Integrated Safeguards Datasheet (PID/ISDS).

개발도상국에서의 정보시스템 개발과 신뢰
우간다의 인터넷 뱅킹 사례를 중심으로

차경진(한양대학교 경영대학 교수)

1. 서론

이 글에서는 신뢰가 개발도상국에서의 정보시스템 개발 성과에 어떤 영향을 미치는지 설명하고자 한다. 뒤에서 설명하겠지만, ICT4D[1]에서 신뢰가 중요한 이유는 ICT의 특징 때문이다. ICT 기술은 대부분 온라인 환경에서 발현되기 때문에, ICT 도입이 시작되어 아직은 오프라인 환경에 익숙한 개발도상국의 조직은 불확실성을 느끼기 쉽다. 선행 연구에 따르면 온라인 환경에서는 오프라인 환경보다 신뢰 문제가 더 부각될 수 있고 (Ratnasingham, 1998), 신뢰는 불확실성과 위험이 내재되어 있는 곳에서 특히

---

1) ICT4D는 이 책에서 줄곧 사용되어 왔듯이 개발도상국의 발전을 위한 정보통신기술의 활용과 그것을 연구하는 분야를 뜻한다. 여기에서는 맥락에 따라 개발도상국에서의 정보시스템 개발 활동을 의미한다.

강조된다(Grazioli and Jarvenpaa, 2000).

　이 글에서는 ICT4D에서 왜 신뢰가 중요하고 사업 성공에 결정적인 역할을 하는지에 대해서 구체적으로 설명하기 위해 우간다의 인터넷 뱅킹 도입 사례를 검토한다. 인터넷 뱅킹의 도입과 상용화로 생기는 부가가치에 대한 기대로 우간다 현지의 상업은행들은 인터넷 뱅킹을 장려했다. 이런 노력에도 불구하고, 우간다의 인터넷 뱅킹 도입 및 상용화는 무척 느린 편이었다. 즉, 충분한 기술적인 지원과 인프라가 있었음에도 불구하고 인터넷 뱅킹이 성공적으로 도입되지 못한 것이다. Yiga and Cha(2016)는 그 원인이 이용자의 신뢰(Trust)에 있음을 실증적으로 밝혀낸 바 있다. 우간다 사례의 시사점을 ICT4D 사업에도 적용할 수 있는데, ICT4D에서도 공여국에게 충분한 기술적 지원을 하고 인프라를 충분히 고려했음에도 불구하고 기대했던 성과가 나오지 않는 사례를 어렵지 않게 볼 수 있기 때문이다. 이 글에서는 우간다의 사례 연구를 적용하여 ICT4D 사업의 실패에도 신뢰가 결정적인 요인으로 작용할 수 있음을 살펴보고자 한다.

　이 글의 구성은 다음과 같다. 먼저 신뢰에 대한 개념과 정의를 정부에 대한 신뢰, 기술에 대한 신뢰, 그리고 인터넷에 대한 신뢰로 구분하여 설명한다. 그리고 우간다의 인터넷 뱅킹 도입 사례를 중심으로 ICT4D의 성공에 수원국 사용자들이 가지는 신뢰가 얼마나 중요한지 설명한다.

2. 신뢰와 정보시스템 실현

1) 왜 신뢰인가?

정보시스템을 기획하고 실행하는 데에 있어서는 기술 외적요소가 매우 중요하다. 특히 개발도상국에서의 원조에 의한 정보시스템 개발에서 그 중요성이 더 두드러진다. 현지의 정치/경제적 이해, 최적화 과정, 목표에 대한 이해와 합의, 객관적인 평가 기준, 성장 가능성과 의지, 신뢰 관계의 형성 등(Kemppainen et al., 2014) 기술 외적요소에 대한 고려가 미흡한 정보시스템 개발은 기술적 측면이 아무리 뛰어나더라도 실패하기 쉽다. 개발도상국에 ICT를 성공적으로 도입하기 위한 여러 기술 외적요인들 중 이 글에서 가장 중요하게 다룰 요소는 바로 신뢰이다.

신뢰는 정보시스템을 도입하는 데에 있어서 필수적인 요소이다. 신뢰는 사람들이 정보시스템을 믿고 받아들이도록 도와주는 요소일 뿐 아니라, 새로운 것을 받아들이는 데에 방해 요인이 되는 불확실성과 위험 등의 저항을 덜어 주는 역할을 수행한다(Bélanger and Carter, 2008). 개발도상국의 ICT 도입 및 성장을 저해하는 장애 요소에는 조직의 내부 요소와 외부 요소가 존재한다. 내부 요소에는 의사 결정자와 기업의 특성과 사업성 문제 등이 있고, 외부 요소로는 인프라, 사회문화적 요소, 정치적 요소, 법·규제 문제 등을 들 수 있다(Kapurubandara and Lawson, 2006).

〈그림 4-1〉 ICT 도입의 장벽

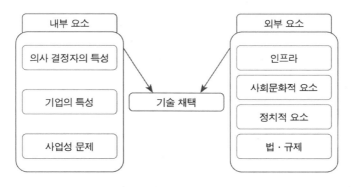

자료: Kapurubandara and Lawson(2006)의 그림을 재구성.

신뢰는 이들 장애 요소 중 내부로는 의사 결정자와 기업의 특성, 외부로는 사회문화적 장벽을 극복하는 데에 필수적이다. 신뢰는 ICT 도입에서의 가장 큰 장애물 중 하나인 저항성을 극복하고, 개개인이 자발적으로 정보시스템을 수용하도록 도와주는 매개체로서, 지속가능성의 측면에서 다른 요소들보다도 먼저 고려해야 한다.

2) 신뢰란 무엇인가?

정보시스템의 지속가능성을 높이는 신뢰에 대해 이해하기 위해서는 먼저 신뢰의 개념을 구분하는 관점을 살펴볼 필요가 있다. 신뢰를 구분하는 관점에는 여러 가지가 있지만, 정보시스템 개발의 맥락에서 가장 널리 쓰이는 구분은 정부에 대한 신뢰, 기술에 대한 신뢰, 그리고 인터넷에 대한 신뢰로 나누는 것이다(Abu-Shanab, 2014).

정부에 대한 신뢰는 정부가 자신들의 기대와 일치하는 결과를 창출하고 있다고 이해관계자들이 인식하는 정도로 정의된다(Hetherington, 2005). 여기서 이해관계자들이란 정부가 제공하는 공공서비스의 수혜를 받는 국민과 정보시스템 사업의 투자자들과 ICT4D 참여국 및 기업 등을 포괄적으로 지칭하는 개념이다. 또한 정부는, 이해관계자들과 소통하고 개발도상국의 정보시스템 사업과 연관된 모든 공공기관을 가리킨다 (Schnackenberg and Tomlinson, 2014). 정부에 대한 신뢰는 ICT 도입을 결정하고 발전시키는 주체에 대한 신뢰이므로, 위에서 언급했던 ICT 도입 및 성장 장애요인에 전반적으로 영향을 미친다.

기술에 대한 신뢰는 정부에 대한 신뢰보다 조금 더 복합적이다. 기술에 대한 신뢰는 기능, 도움이 되는 정도, 가용 가능성 등 기술 자체에 대한 신뢰라는 관점과, 기술 제공자의 무결성(Integrity)과 호혜성(Benevolence) 등 기술

제공자와의 대인 신뢰라는 관점이 혼재한다(Tripp et al., 2011).[2]

이 글에서는 기술에 대한 신뢰의 두 관점을 포괄하기 위해, 기술 자체의 효용성이나 안정성에 대한 신뢰와 실제로 기술 인공물을 설계하고 구축하는 사람들에 대한 신뢰를 포함하는 정의에 초점을 두었다(Taddeo, 2010). 기술에 대한 신뢰는 ICT 도입 및 성장의 방해 요소 중 의사 결정자와 기업의 특성을 극복하는 요소이다. 기술에 대한 신뢰는 ICT 기술을 승인할 의사 결정자와 ICT 기술을 사용할 기업이 해당 ICT 기술이 자신들이 사용하기 적합하고 신뢰할 수 있다고 받아들이고 그 기술들을 수용하는 데에 거리낌이 없도록 만드는 데에 기여한다.

인터넷에 대한 신뢰는 개발도상국의 정보시스템 사업에 관련된 기술을 가능하도록 만드는 인터넷 구조 자체에 대한 신뢰이며, 인터넷을 경험해 보지 않은 사람들이 인터넷에 대해 갖는 막연한 두려움을 떨쳐 내는 데에 필요한 근원적인 신뢰이다(Bélanger and Carter, 2008). 이미 모바일 보급률이 약 80%에 육박하는 아프리카를 인터넷을 경험해 보지 않은 사람들이 많은 곳이라고 말하기는 어렵지만, 차후에 적극적인 정보시스템 사업이 진행된 이후, 인터넷에 대한 현지 사람들의 인식이 변함에 따라 인터넷이 가진 위험성을 어떻게 인지하고 다시 어떻게 그것을 극복할 것인지를 중심으로 고려해야 한다. 인터넷에 대한 신뢰는 ICT 도입 및 성장 장벽 중에서 사회문화적 장벽을 극복하는 요소이다. 사회문화적 장벽은 사람들이 인터넷을 비롯한 ICT 기술에 대해서 잘 모르고, 그에 따라 ICT 기술을 사용

---

2) 무결성은 오류나 편향이 없는 기술이 제공되는 것으로 기술 제공자가 편견 없는 권장 사항 및 지침을 제공하는 것으로 무결성을 높일 수 있고, 호혜성은 기술 사용자에게 이로운 방향으로 기술이 제공되는 것으로 기술 제공자가 기술 사용자의 요구와 선호도를 중요하게 생각한다는 사실을 지속적으로 자각시킴으로써 확보할 수 있다(Benbasat and Wang, 2005).

하는 사람들이 적어서 발생하는 장벽을 포함하는데, 사람들이 인터넷에 대해 올바르게 인지하여 인터넷에 대한 신뢰를 구축하고 이를 극복할 수 있다.

위에서 구분한 3가지 신뢰는 남아프리카공화국의 사례를 통해 보다 실질적으로 이해할 수 있다(Joubert and Belle, 2013). 남아프리카공화국은 아프리카 내에서 기술적·경제적으로 가장 발전된 국가 중 하나로서, 모바일 상거래가 채택될 당시 남아프리카공화국 국민의 90%가량이 휴대전화를 소유하고 있었다. 이러한 높은 모바일 보급률을 기반으로 많은 사람들이 모바일 상거래를 넘어서 모바일 뱅킹, 영상 통화, 모바일 텔레비전 등이 빠르게 채택되고 발전할 것이라고 기대했으나, 당장 모바일 상거래부터 원활하게 이용되지 않았다. 모바일 상거래에 대한 인프라와 기술이 충분히 갖추어졌음에도 남아프리카공화국 국민들이 모바일 상거래를 잘 이용하지 않은 이유로는 단연 신뢰가 지목되었다. 남아프리카공화국 국민들은 모바일 상거래에서 거래 당사자를 확인할 수가 없기 때문에, 잘못된 거래나 서비스에 대한 책임을 지는 사람을 인지하지 못해 신뢰할 수 있는 당사자가 없다고 느꼈다. 또한, 그들은 모바일 상거래가 유발할 수 있는 사이버 범죄, 스팸, 바이러스 및 불법 콘텐츠와 같은 위험들에 대해서, 남아프리카공화국이 충분히 법적으로 보호해 줄 수 없다고 믿었다. 남아프리공화국의 사례는 위에서 분류한 3가지 신뢰가 모두 결여되었음을 확인할 수 있다. 문제가 발생했을 때 정부가 법적으로 자신을 보호해 줄 수 없다는 정부에 대한 신뢰의 결여, 모바일 상거래 기술이 도입되면 사이버 범죄나 불법 콘텐츠와 같은 위험들이 불거질 것이라는 기술에 대한 신뢰의 결여, 그리고 모바일 상거래에서는 거래에 대한 책임을 져야 하는 사람이 모호하다는 오해에서 비롯된 인터넷에 대한 신뢰의 결여를 확인할 수 있다.

개발도상국에서의 정보시스템 개발과 ICT 보급 및 활용에서 3가지 신

뢰가 잘 확보되면 수혜자의 만족감(Piriyakul et al., 2015), 프로젝트의 지속가능
성(Abdelhamid, 2018) 등 여러 방면에서 긍정적인 효과를 볼 수 있다. 신뢰는
ICT4D를 비롯한 다양한 프로젝트나 복지 사업 등의 효과성을 검토하는
연구의 단골 소재이며, 분야별·사례별로 신뢰가 어떤 영향을 미치는지에
대한 연구는 끊임없이 이루어지고 있다.

3) 개발도상국 정보시스템 개발에서의 신뢰

개발도상국에 기술을 도입하는 상황에서 신뢰는 그 사업에 참여하는
이해관계자의 수만큼이나 다양하게 작용한다. 그리하여 상황에 따라 누
가 어떤 신뢰를 어떻게 제공해야 하는지를 일일이 따지기는 매우 어렵다.
개발도상국 정보시스템 사업에서 신뢰를 주지 못하는 주체는 수원국인
것처럼 보인다. 물론 상대적으로 개발이 덜 진행되었고, 공공의 투명성이
확보되지 않은 경우가 많은 수원국 쪽이 공여국보다 신뢰 문제가 더 두드
러지는 것은 사실이며, 원조를 통해 기술과 물자를 제공하는 공여국의 입
장에서 자신들의 신뢰 문제까지 세세하게 신경 쓰는 것이 쉽지 않다. 이
때문에 개발도상국에서의 정보시스템 연구가 공급자의 관점에서 주로 이
루어졌으며, 사용자의 관점은 대부분 간과되었다(Lee, Kim and Ahn, 2011). 이러
한 문제점을 해결하기 위해 개발도상국의 정보시스템 개발 사업에서 기
술 공급자의 역할과 책임이 조명되었으며, 그 결과 몇몇 연구에서 "새로운
기술과, 그 기술을 제공하는 공급자와 그와 연관된 주체들에 대한 믿음과
확신"을 "기술 신뢰(Technology Trust)"(Sijde et al., 2015) 또는 "기술에 대한 신뢰
(Trust in Technology)"(Taddeo, 2010)로 정의하면서 신뢰는 ICT4D에 참여하는 주체
모두가 대등하게 고려해야 하는 요소임을 강조했다. 원활한 ICT4D와 그
목적을 달성하기 위해 ICT4D에 참여하는 모든 주체가 신뢰 문제를 고민

하고 최선의 신뢰를 제공해야 한다.

3. 우간다 사례

1) 배경과 모델

그렇다면 신뢰는 개발도상국의 정보시스템 개발 사업에서 어느 정도의 영향력을 가지고 있을까? 신뢰가 새로운 정보시스템을 받아들이는 환경에 얼마나 영향을 미치는지에 대해서 우간다의 인터넷 뱅킹 수용에 관한 연구를 통해 살펴보고자 한다. 이 연구는 2013년 12월부터 2014년 2월까지의 우간다 시민들에게 실행한 인터넷 뱅킹 수용에 관한 설문 조사를 바탕으로 수행된 것이다(Yiga and Cha, 2016).

2012년 UCC(Uganda Communications Commission) 보고서에 따르면, 우간다는 2009년부터 2012년 말까지 인터넷 사용자 수가 약 570만 명으로 꾸준히 증가했고, 이 중 모바일 인터넷 부문은 약 150만 명 이상을 기록했다. 2013년 6월 2분기에 이 수치는 더 상승했는데, 인터넷 서비스 가입자는 680만 명으로 약 100만 명 이상 증가했다. 인터넷 실제 이용량 또한 증가했다. 인터넷 속도의 단위 중 하나인 mbps(mega bits per second)로 인터넷 사용량을 보면 2012년 말 총 대역폭은 22,664mbps이고 주민 1백만 명당 대역폭은 664.0mbps였는데 2013년 2분기 총 대역폭은 25,679mbps, 주민 1백만 명 당 대역폭은 726mbps으로 우간다 인터넷 사용량의 눈에 띄는 성장을 볼 수 있다(Uganda Communications Commission, 2013). 같은 기간 전체 광대역폭과 가용성 등 인터넷 환경 지표는 약 2% 증가했지만 100명당 인터넷 보급률은 27.5% 이상 증가한 것이다. 또한 모바일 부분에서의 인터넷 가입

성장률은 28% 이상인데 이는 우간다의 스마트폰 인지도, 사용량 상승에 기인한 것으로 2013년 당시 우간다 모바일 인터넷 발전 속도, 전망이 긍정적이라는 것으로 해석된다.

우간다 은행 산업의 ICT 적용의 역사는 다음과 같다. 1997년 스탠다드 차트 은행(Standard Charted Bank)이 첫 번째 무인은행기계(ATM)를 우간다에 도입했고 다른 은행들이 따라서 ATM을 도입하기 시작했다. 선진국에서 1970년대부터 ATM이 사용된 사실과 비교해 보면 매우 느리지만 이후 과정은 선진국과의 격차가 조금씩 줄어들고 있다. 2004년 우간다 현지 전자금융거래서비스 회사인 Bankom은 휴대전화를 통해 비즈니스 거래를 할 수 있음을 발표했고, 2007년 7월 우간다 중앙은행(Bank of Uganda)은 지불 시스템 개선과 현금 거래의 감소를 위해 전자송금(Electronic Funds Transfer: EFT)을 도입했다. 또한 Uganda Law Reform Commission(2014)의 Issue Paper에서는 상업은행들 또한 비즈니스의 수익성과 효율성을 향상시키고자 인터넷 뱅킹을 채택하기 위해 인프라 구축을 위한 투자를 하고 있다고 언급한다. 즉, 우간다에서 인터넷 가입자 수는 계속해서 증가하고, 은행들이 인터넷 뱅킹의 장점을 명확히 인지하고 이를 장려하기 위해 투자했고, 계속 투자할 의지가 있었기 때문에 연구가 시행된 2013년 당시 우간다 시민들이 인터넷 뱅킹을 사용할 수 있는 충분한 환경이 조성되어 있었다.

하지만 우간다 사람들은 인터넷 뱅킹을 잘 사용하지 않았다. 당시 우간다의 인터넷 뱅킹 사용 능력이 비교적 낮았으며, 인터넷 뱅킹의 진입이 초기 단계였다는 것을 감안하더라도 인터넷 뱅킹의 채택 속도가 유독 느린 현상이 발견되어 이를 유발하는 원인을 찾기 위해 우간다 내의 경쟁 우위가 있는 5개 은행의 고객에게 설문 조사를 하고 분석하여 인터넷 뱅킹 채택 저항의 원인을 찾는 연구를 진행했다.

이 연구에서는 우간다 국민들이 인터넷 뱅킹을 사용하지 않는 이유를

〈그림 4-2〉 기술수용 모델(TAM)

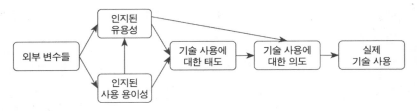

자료: Davis et al.(1989)의 그림을 재구성.

은행에 대한 신뢰가 부족하기 때문이라는 가설을 세우고 기술수용 모델
(Technology Acceptance Model: TAM)을 바탕으로 연구를 진행했다. 은행에 대한 신
뢰란 인터넷 뱅킹이라는 기술을 제공하는 주체인 은행에 대한 신뢰를 가
리키며, 앞서 언급한 3가지 신뢰 중 기술에 대한 신뢰의 일부이다. TAM은
새로운 기술을 사용하는 사람들이 기술을 받아들일 때 어떤 요소의 영향
을 받는지를 규명하는 연구 모델이다. TAM은 1985년에 처음 소개되어,
등장한 지 약 35년이나 된 모델이기 때문에, 오늘날 일어나는 기술 채택
의 유효성을 측정하는 데에는 너무 낙후된 모델이라고 생각할 수 있다.
그러나 새로운 정보통신기술을 채택하는 것의 유효성에 대한 연구에서
기술수용 모델은 빠지지 않고 고려되는 교과서적인 모델이며, 관련 연구
에서 TAM을 사용하지 않을 경우에도 왜 굳이 TAM을 사용하지 않았는지
밝히는 경우가 많을 정도로 영향력이 크다. TAM은 가장 기본적으로는 사
람들이 얼마나 유용하다고 느끼는지에 대한 인지된 유용성(Perceived
Usefulness: PU)과 기술을 사용하는 데 얼마나 쉽다고 느끼는지에 대한 인지
된 사용 용이성(Perceived Ease of Use: PEOU)을 통해 행동으로 드러나는 사용 의
도(Behavioral Intention to Use: BI)를 측정하는 모델이다(Davis et al., 1989). 여기서
'Perceived(인지된)'는 사용자들이 주관적으로 느끼는 특성으로, 이 개념은
기술의 객관적인 유용성과 사용 용이성도 중요하지만, 그 기술을 사용하

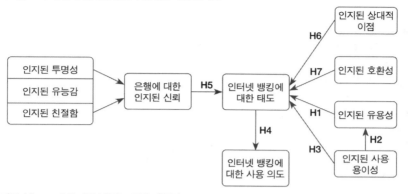

자료: Yiga and Cha(2016)의 그림을 재구성.

는 사람들이 실제로 그만큼 느끼는지에 대해서 고려하는 것 또한 중요함을 강조한다.

이 연구는 기존의 TAM을 기반으로, 우간다의 인터넷 뱅킹에 대한 사람들의 사용 의도가 은행에 대한 신뢰의 영향을 받는다는 가설(H1~H7)을 더해 이루어졌다. 〈그림 4-3〉에서 H1~H4는 기존의 TAM에서 착안한 내용이며, H5가 인터넷 뱅킹에 대한 신뢰에 대해 추가된 핵심적인 가설이다. H5는 Mayer et al.(1995)의 인지된 신뢰(Perceived Trustworthiness) 개념이 인터넷 뱅킹의 사용 의지에 중요한 척도가 된다는 Gefen et al.(2003)의 주장을 이론적 배경으로 두고 있다.

H5: 은행에 대한 인지된 신뢰는 고객의 인터넷 뱅킹에 대한 태도에 중요한 영향을 미친다(Perceived trustworthiness of banks significantly influences customers' attitude to Internet banking).

H6은 Rogers(1983)의 상대적 이점(Relative Advantage)의 개념을 사용한 것이다. 우간다 연구에서는 사용자들이 인터넷 뱅킹이 갖는 이점을 명확하게 인지할 때 사용 의도가 높아질 수 있다는 가설로서 사용되었다. H6의 내용은 다음과 같다.

H6: 인지된 상대적 이점은 인터넷 뱅킹에 대한 고객의 태도에 중요한 영향을 미친다(Perceived relative advantage significantly influences customers' attitude to Internet banking).

마지막으로 H7은 온라인 거래에 대한 태도를 결정하는 데 있어서 'Percieved' 관련 요소 중 가장 영향력이 크다고 밝혀진(Vijayarasarathy, 2004) 인지된 호환성(Perceived Compatibility)을 기반으로 세운 가설이다. 인터넷 뱅킹에 맞게, 인터넷 뱅킹이 얼마나 이용자의 자산을 관리하는지, 그리고 생활방식에 얼마나 잘 맞는지로 호환성 항목을 측정했다. H7의 내용은 다음과 같다.

H7: 인지된 호환성은 인터넷 뱅킹에 대한 고객의 태도에 중요한 영향을 미친다(Perceived compatibility significantly influences customers' attitude to Internet banking).

2) 연구 결과

〈그림 4-4〉는 연구 결과를 도식화해서 요약한 것이다. 변수 간 유의미하지 않은 경로는 점선으로 표시했고, 유의미할 경우 실선으로 표시했다. '인터넷 뱅킹에 대한 태도(Attitude to Internet Banking)'는 '은행에 대한 인지된 신뢰(Perceived Trustworthiness of Banks)', '인지된 상대적 이점', '인지된 호환성' 그리

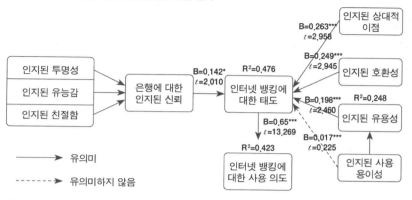

자료: Yiga and Cha(2016)의 그림을 재구성.

고 '인지된 유용성'에 의해 공동으로 유의미하게 예측되었다. 이상 4개 변수들은 '인터넷 뱅킹에 대한 태도'의 분산에 대해 48%를 설명했다. 또한 '인터넷 뱅킹에 대한 태도'는 '인터넷 뱅킹에 대한 사용 의도'의 총 분산 중 42%를 설명해 유의미한 영향을 미쳤다. '인지된 사용 편의성'은 '인지된 유용성'에 대해 총 분산 중 25%를 설명해 유의미한 영향을 미쳤다. 반면 '인지된 사용 편의성'은 '인터넷 뱅킹에 대한 태도'에 직접적으로 유의미한 영향을 미치지 못했다. 한마디로 은행에 대한 신뢰와 인터넷 뱅킹에 대해서 사람들이 인지하는 상대적 이점, 적합성, 유용성이 복합적으로 인터넷 뱅킹에 대한 태도를 설명하는 것이고, 이렇게 결정된 인터넷 뱅킹에 대한 태도는 인터넷 뱅킹을 사용하는 사람들의 의향을 상당 부분 설명한다. 즉, 가설 중 H1, H2, H3, H4, H5, H6, H7은 채택되었고, H3은 기각되었다.

이 연구 결과의 핵심을 요약하면 다음과 같다. 먼저 은행에 대한 지각된 신뢰가 인터넷 뱅킹의 수용에 중요한 역할을 한다는 것을 보여 주었다. 즉, 인터넷 뱅킹과 같은 온라인 거래 환경에서는 기존 은행지점의 영업 방식인 오프라인 거래보다 더 높은 수준의 신뢰가 필요하다는 것을 의미한다. 또한 이 연구는 지각된 유용성이 인터넷 뱅킹에 대한 태도에 중요한 영향을 미친다는 것을 보여 주었는데, 이는 객관적인 유용성이 아닌 사용자가 인지한 유용성이 수용에 큰 영향을 미친다는 TAM 모델의 기본 가정을 지지하는 것이다. 여기서 지각된 용이성은 인터넷 뱅킹에 대한 태도에 직접적인 영향을 미치지 않았다. 하지만 지각된 용이성이 유의한 영향을 주는 지각된 유용성에서 인터넷 뱅킹에 대한 태도에 직접적인 영향을 미치기 때문에 지각된 용이성이 간접적으로 인터넷 뱅킹 수용에 영향을 미친다고 볼 수 있다. 또한 부가적으로 지각된 상대적 이점과 지각된 호환성이 인터넷 뱅킹에 대한 태도에 영향을 끼치고, 결국 이 태도가 인터넷 뱅킹의 수용에 영향을 끼친다는 점을 발견했다. 인터넷 뱅킹의 수용에 대해서 은행에 대한 신뢰와 기술에 대한 신뢰가 중요한 것으로 밝혀졌다. 즉, 우간다에서 시행된 이 연구로 우간다 은행에서 인터넷 뱅킹을 비롯한 정보통신기술을 도입할 때 고객들의 은행에 대한 신뢰와 기술에 대한 신뢰를 고려해야 한다는 시사점을 주었다.

3) 연구 결과의 의의

우간다의 인터넷 뱅킹 도입에 신뢰가 미치는 영향에 대한 연구는 비단 우간다의 사례에만 국한되지 않는다. 다양한 관점에서의 신뢰는 사람들이 기술을 받아들이도록 만드는 데에 영향을 주며, 지속가능한 ICT4D의 초석을 닦기 위해서는 신뢰에 대한 깊은 고려가 반드시 필요하다. 우간다의 사례만 보더라도 신뢰를 고려할 경우 수원국의 ICT 도입을 위해 더 확장된 전략이 필요함을 알 수 있다.

우선, 이 연구는 인터넷 뱅킹 기술에 대한 신뢰가 인터넷 뱅킹의 수용에 긍정적인 영향을 보이며, 기존의 오프라인 뱅킹에 비해서 온라인 뱅킹

환경에서 신뢰의 역할이 더 크다는 함의를 보였다. 즉, ICT 서비스의 성능과 별개로 사용자들이 기술에 가지는 신뢰가 낮다면 기술 수용은 이루어지기 힘들다. 즉, 수원국 이용자들의 생활방식과 성향, 문화를 고려한 ICT 서비스를 만들어도 이용자들의 기술에 대한 신뢰를 파악하지 못해 낭패를 볼 수 있다. 한편, 이 연구에서는 은행에 대한 신뢰를 청렴, 기능, 호혜성으로 구분했는데, 기술 자체는 청렴하거나 호혜적일 수 없으므로 인터넷 뱅킹 기술 자체에 대한 신뢰보다는 대인 신뢰라는 관점에 더 가깝다. 그러나 기술과 관련된 공급자들의 역할과 책임을 직접적으로 언급하지 않고 더 넓은 의미의 신뢰로 포괄하여 연구를 진행했다. 즉, 이 연구에서는 기술 공여자에 대한 역할과 책임을 직접 언급하지 않았는데, 이는 향후 연구에서 기술 공여자에 대한 신뢰를 고려해 볼 필요가 있을 것이다.

또한 우간다 연구에서 말하는 '신뢰'와 사용자가 주관적으로 생각하는 각종 '인식된' 항목의 점수가 낮다면 이를 인위적으로 끌어올리기 위한 노력을 할 필요가 있다. ICT 서비스의 객관적인 기능이 아닌 사용자가 주관적으로 생각하는 항목들이 서비스에 대한 태도와 사용 의도에 영향을 끼치기 때문에 각종 마케팅 채널에 광고를 통해 입소문으로 잠재 고객들에게 인터넷 뱅킹에 대한 각종 긍정적인 '인식'을 심어 주는 것은 잠재 고객을 발굴하는 데 꽤 효과적인 방법이다. 그러나 이러한 신뢰는 파악하기 굉장히 어렵기 때문에 이를 극복하기 위해서는 사전에 현지 기관과 협업해 상당한 기간을 두고 이용자가 가지고 있는 신뢰에 대한 면밀한 조사가 필요하다.

4. ICT4D에 주는 함의

　이처럼 개발도상국의 정보시스템 개발에서 신뢰에 대한 고려는 기술에 대한 고려 못지않게 중요하다. 그러나 올바른 신뢰를 구축하는 것은 말처럼 쉽지 않다. 신뢰는 기술적 요소나 다른 기술 외적요소와는 다르게, 강한 의도를 가지고 많은 투자를 집중한다고 해서 쉽게 이루어지는 사안이 아니다. 신뢰는 ICT4D의 이해관계자가 내면 깊숙이 정부, 기술, 인터넷 등에 대해서 진심으로 믿는 것을 추구하므로, 진정한 의미에서 신뢰를 구축하기 위해서는 보다 장기적이고 자연스러운 과정이 필요하다. 신뢰는 사용자가 내면으로 생각하고 있는 무형 정보(Intangible Information)로서 신뢰를 고려한다고 해서 그 결과가 표면적·정량적으로 드러나지 않는다. 올바른 신뢰를 구축하는 것은 시간이 오래 걸리며, 그마저도 객관적으로 측정하기 어렵다. 따라서 올바른 신뢰를 달성하는 것은 매우 중요하지만, 이를 위해 현실적이고 구체적인 방안을 모색하는 것은 쉽지 않다.

　올바른 신뢰를 구축하기 위한 자연스럽고 구체적인 방안으로서 공여국 관계자에 대한 교육과 수원국에서의 신뢰할 수 있는 정보의 확산을 제언한다. 공여국 관계자에 대한 교육은 기존의 기술과 자본을 일방적으로 제공하는 하향식(Top-Down) 방식 대신, ICT4D를 기획하고 실행하는 공여국 관계자들이 수원국에 대한 특수성이나 환경에 대해 확실하게 이해하도록 만들어 보다 적절한 기술 외적인 고려가 가능하게 하는 방식이다. 이를 통해 수원국에 대한 이해를 바탕으로 수원국의 수요를 파악하여 그에 맞는 ICT4D를 기획하고 실행하는 상향식(Bottom-Up) 방식으로까지 고려할 수 있다. 한편, 수원국에서의 신뢰할 수 있는 정보의 확산은 ICT4D에 대한 신뢰할 수 있는 정보를 수원국 국민들이 잘 알고 활용하도록 하는 것을 목표로 한다. 기존의 ICT4D가 수원국과 공여국의 관계자들끼리 정보를 교환하고 정보시스템을 구축하는 방식으로 이루어졌다면, 이후에는 ICT4D 과정 전체를 투명하게 진행하여 ODA 과정에 관심 있는 수원국 국민이라면 누구나 쉽게 정보를 접할 수 있도록 하는 것도 하나의 방법이 될 수 있다. 투명성(Transparency)은 신뢰를 확보하는 직접적인 방법일 뿐 아니라(Rietz et al., 2013), 더 나아가서는 ICT4D 자체에 대한 관심도와 참여도를 증대시켜 ICT4D 본연의 목적을 달성하는 데에 중요한 역할을 수행한다(Bauhr and Grimes, 2014). 또한 투명성의 확보로 인해 누구나 ICT4D의 전 과정에 열람할 수 있는 접근성(Accessibility)이 확보되면, 누구에게나 동등하고 평등한 기회가 주어질 것이며, 이에 따른 다양한 분야에서의 발전 가능성도 기대할 수 있다(Uimonen and Hellström, 2015). ICT4D의 전 과정에 대한 투명성을 사업을 진행하는 공여국의 입장에서 적극적으로 확보함으로써, 올바른 신뢰의 구축에 자연스럽게 한 발 더 내딛을 수 있게 된다.

지금까지 ICT4D에서의 신뢰 연구는 신뢰 문제가 발생하는 이유로 공여국을 언급하는 경우는 거의 없다시피 하고, 대부분 수원국의 상황을 지목했다. 정부에 대한 신뢰는 대부분 수원국 정부가 수원국 국민, 또는 공여국에게 제공해야 하는 신뢰로 여겨졌고, 기술과 인터넷에 대한 신뢰 문제 또한 수원국 정부나 수혜자의 무지로 인해 발생하는 문제로 간주되는 경향이 있었다(Lee, Kim and Ahn, 2011). 이는 지금까지의 연구가 얼마나 공여국 중심으로 이루어졌고, 사람들이 이를 얼마나 당연시하는지에 대한 방증이다. 국제개발협력의 본질적인 목표를 생각하자면 수원국의 입장에서 기술 제공을 고려하는 것은 당연하고 효과적인 수단이다.

5. 결론

이 글에서는 ICT4D에서 신뢰가 왜 중요한지 사례를 통해서 살펴보았다. 이 사례를 기반으로 단순히 수원국에 필요한 기술뿐 아니라 수원국의 사용자들이 가지고 있는 신뢰를 고려하여 ICT4D 사업을 진행해야 함을 알 수 있었다. 본문에서 중점적으로 다루었던 우간다의 사례는 기술을 제공하는 기관에 대한 인식된 신뢰가 기술의 수용에 중요한 역할을 한다는 것을 보여 준다. 또한 공여국의 수원국에 대한 신뢰 또한 ICT4D 진행에 중요함을 알 수 있다. 이처럼 신뢰란 다양하고 상황에 따라서 고려할 사항이 달라진다.

공여국의 입장에서는 수원국의 사용자가 새로운 기술을 어떻게 신뢰하게 할지 고려해야 한다. 이를 해결하기 위해 현지에서 신뢰를 얻고 있는 기관과 협력해서 사업을 진행해 신뢰를 얻거나 그렇지 못하다면 사업의 인지도를 올리기 위해 홍보함으로써 수원국 사용자에게 신뢰를 줄 수 있도록 노력해야 한다.

수원국 또한 공여국과 공여국 수행기관에게 신뢰를 주어 불확실성을 최대한 줄여 주어야 한다. 이는 ICT4D의 진행 여부를 결정할 수 있는, 어떻게 보면 수원국 사용자가 느끼는 신뢰보다 더 큰 문제이기 때문에 공여국 입장에서는 이런 문제를 사전에 잘 고지하고 협상하는 것이 중요하다고 할 수 있겠다.

ICT4D 사업을 진행할 때 수원국 혹은 공여국의 신뢰를 더 많이 그리고 다각적으로 고려해야 한다는 것이 이번 장의 핵심 내용이다. ICT4D에서 지원하는 기술이 현지에 적합한 적정 수준의 기술인지 고려하는 것을 넘어서 현지 사람들이 과연 그 기술을 혹은 그 기술을 제공하는 주체를 신뢰하여 사용할 수 있는지 고려해야 한다.

국제개발협력의 목표를 이루기 위해서는 유용한 기술을 제공할 뿐만 아니라 현지에서 그 기술이 사용되어 국제적인 차이를 줄여 나가야 한다. 또한 수원국은 공여국에게 지속적인 신뢰를 주어 안정적인 사업 진행을 할 수 있게 해야 한다. 신뢰에 대해 다각적이고 체계적으로 고려한다면 효과적인 ICT4D 사업이 진행되어 국제개별협력의 목표에 더 다가갈 수 있을 것이다.

참고문헌

✳ 해외 문헌

Abdelhamid, M. 2018. "Greater patient health information control to improve the sustainability of health information exchanges." *Journal of Biomedical Informatics*, 83, pp.150~158.

Abushanab, E. 2014. "Antecedents of trust in e-government services: an empirical test in Jordan." *Transforming Government People Process and Policy*, 8(4), pp.480~499.

Bauhr, M. and M. Grimes. 2014. "Indignation or Resignation: The Implications of Transparency for Societal Accountability." *Governance: An International Journal of Policy, Administration, and Institutions*, 27(2), pp.291~320.

Bélanger, F. and L. Carter. 2008. "Trust and risk in e-government adoption." *Journal of Strategic Information Systems*, 17, pp.165~176.

Benbasat, I. and W. Wang. 2005. "Trust in and adoption of online recommendation agents." *Journal of the association for information systems*, 6(3), p.4.

Davis, F. D., R. P. Bagozzi and P. R. Warshaw. 1989. "User Acceptance of Computer Technology: A Comparison of Two Theoretical Models." *Management Science*, 35(8), pp.982~1003.

Hallwright, J. and E. Carnaby. 2019. "Complexities of Implementation: Oxfam Australia's Experience in Piloting Blockchain." *Frontiers in Blockchain*, 10(2), pp.2~10.

Hetherington, M. J. 2005. *Why Trust Matters: Declining Political Trust And The Demise of American Liberalism*. Princeton University Press. pp.120~153.

ITU. 2019. *Measuring digital development facts and figures 2019*. Geneva: International Telecommunication Union.

Joubert, J. and J. V. Belle. 2013. "The Role of Trust and Risk in Mobile Commerce Adoption within South Africa." *International Journal of Business*, 2(3), pp.87~110.

Kapurubandara, M. and R. Lawson. 2006. Barriers to Adopting ICT and e-commerce with SMEs in Developing Countries: An Exploratory study in Sri Lanka.

Kemppainen, J., M. Tedre and E. Sutinen. 2014. "Development Projects And Ict: A Review of Non-technical Aspects." *The Electronic Journal of Information Systems in Developing Countries*, 63(4), pp.1~20.

Piriyakul, M., R. Piriyakul, O. Chuachareon, M. Boonyoung, P. Piriyakul and I. Piriyakul. 2015. "Effects of Trust, Satisfaction and Factors Corresponding to TAM on Intention to Reuse Internet Business Transaction." *International Review of Management and Business Research*, 4(3), pp.872~890.

Rietz, T. A., R. M. Sheremeta, T. W. Shields and V. L. Smith. 2013. "Transparency, Efficiency and the Distribution of Economic Welfare in Pass-Through Investment Trust Games." *Journal of Economic Behavior and Organization*, 94, pp.257~267.

Sijde, P. V. D., R. V. Reekum, W. Jeurissen and B. Rosendaal. 2015. "To Adopt or Not to Adopt? The RFID Adoption Consideration by Entrepreneurs in a Purchasing Co-operative in Dutch Book Retailing." *International Journal of Innovation and Technology Management*, 12(1), pp.1~14.

Taddeo, M. 2010. "Trust in Technology: a Distinctive and a Problematic Relation." *Knowledge and Poilicy*, 23(3), pp.283~286.

Transparency International. 2018. Corruption Perceptions Index 2018, https://www.transparency.org/cpi2018

Uganda Communications Commission Annual Post. 2012. Broadcasting and Telecommunications Market Review 2011/2012. Published 2012-09-21, http://www.ucc.co.ug/data/pubs/30/Reports-&-Surveys.html

Uganda Law Reform Commission. 2014. Issues Paper: Development of legislation to govern mobile financial services in Uganda, http://www.ulrc.go.ug

Vijayasarathy LR. 2004. "Predicting consumer intentions to use online shopping: The case for an augmented technology acceptance model." *Information and Management*, 41(6): pp.747~762.

Yiga, C. and K. J. Cha. 2016. "Toward understanding the importance of trust in influencing Internet banking adoption in Uganda." *Information Development*, 32(3), pp.622~636.

금융 포용성과 ICT
개발도상국의 모바일 머니를 중심으로

김민진(University of East Anglia 박사과정)

1. 개요

이 글에서는 ICT를 기반으로 탄생한 모바일 머니가 개발도상국의 금융 포용성 증대에 미치는 영향에 대해 논하고자 한다. 금융 포용성(Financial Inclusion)이란 개인 또는 기업이 그들의 필요에 맞는 금융서비스를 효율적이며 합리적인 비용으로, 또한 신뢰할 수 있고 지속가능한 방향으로 접근할 수 있는 정도를 뜻하는데 여기서의 금융서비스는 간단한 이체서비스에서부터 결제, 저축, 대출, 그리고 보험 등 모든 종류의 금융서비스를 포함한다(Demirguc-Kunt and Klapper, 2012). 간단히 정리하자면 금융 포용성은 개인이나 기업이 원하는 금융서비스에 접근할 수 있는 정도를 뜻한다.

한국에서는 은행 계좌를 열고 돈을 입·출금하며 누군가에게 돈을 송금하고 받는 일이 단순한 삶의 일부이기 때문에 금융 포용성이라는 용어가 생소하게 다가올 수 있다. 금융 인프라1)가 부족할 뿐만 아니라 금융서비스에 대한 인식이 높지 않은 개발도상국에서는 금융서비스를 접하지 못한 사람들이 다수 존재한다. 세계은행(World Bank)의 보고서에 따르면 2017년 기준 세계 18세 이상 인구 가운데 아직 은행서비스를 이용해 본 적이 없거나 계좌조차 가져 보지 못한 사람이 무려 17억 명에 이르는 것으로 나타났다(World Bank, 2017: 4). 국제연합(United Nations: UN)과 그 산하기구들은 이 문제를 인지하고 UN 총회의 지속가능발전목표(SDGs) 핵심 의제에 '포용적 금융'의 목표와 가치를 포함시켰다. 주요 20개국(G20)은 2017년 '금융 포용성 증대를 위한 액션플랜'을 마련한 데 이어 같은 해 7월 독일 함부르크에서 열린 정상회의 선언문에서 금융 포용성 확대를 통해 소외 계층에게 경제활동의 기회를 열어 줌으로써 빈곤 해소, 일자리 창출, 양성평등에 기여할 수 있을 것에 대한 기대감을 밝혔다.

이러한 금융 포용성 확대라는 목표 달성을 위해 함께 주목받고 있는 것이 ICT의 적극적인 활용이다. 우리가 아는 핀테크(Fintech)서비스는 ICT를 기존 금융서비스에 접목함으로써 인터넷망을 통해 스마트폰 혹은 컴퓨터로 새로운 금융서비스를 제공하는 형태이다. 핀테크서비스 중 개발도상국 내에서의 금융 포용성 확대를 위해 가장 적합한 상품으로 간주되는 것이 "모바일 머니" 서비스이다. 이 글에서는 금융 포용성의 개념을 다루고 모바일 머니가 어떻게 개발도상국 내에서 금융 포용성을 증대시키고, 가계의 생활수준 향상에 기여했는지를 살펴보고자 한다. 또한 개발도상국에서 모바일 머니 서비스의 성공적인 개발과 확산을 지원하기 위해 현재 선진국에서 진행 중인 개발협력은 어떠한 방식으로 이루어지고 있는지 다양한 협력기관들의 사례를 살펴보고자 한다.

---

1) 금융 활동의 기반이 되는 금융 관련 법·제도와 물적·인적 자원을 포괄하는 금융시스템을 의미한다.

2. 개발도상국과 금융 포용성

1) 개발도상국의 금융 포용성

포용적 금융이 가계경제와 산업 발달을 넘어 국가경제 발전에 기여한 다는 이론은 꾸준히 제시되어 왔다.[2] 만약 가계가 자유롭게 금융서비스 를 이용할 수 있게 된다면, 은행이나 타 금융기관에 돈을 예치할 수 있게 되고, 현금과 같은 자산을 더 이상 위험한 곳에 숨겨 두지 않고 안전하게 보관하고 관리할 수 있게 된다. 물론 예금을 통해 이자 수익도 얻을 수 있 다. 더 나아가 높아진 금융 접근성으로 증가한 가계 저축이 기업 투자로 이어지게 되고, 이러한 투자는 기업의 활발한 경제활동을 촉진시켜 기업 의 성장에 기여하게 된다. 나아가 기업의 성장은 지속적인 일자리 창출을 통해 가계의 수입 증대로 이어지게 된다. 이처럼 가계와 기업에 대한 금 융 포용성의 확대는 경제적 활동을 촉진시킴으로써 경제 발전에 기여하 게 된다. 그렇기 때문에 금융 포용성은 현재 개발도상국의 경제 발전을 위한 새로운 핵심 과제 중 하나로 여겨지고 있다.

하지만 글의 서두에서도 언급한 것처럼 세계은행의 보고서에 따르면 2017년 기준 17억 명에 가까운 인구가 금융서비스의 혜택을 받아 본 적이 없는 것으로 나타났다. 〈그림 5-1〉은 지역별로 은행의 금융서비스를 받지 못하는 인구를 지역의 전체 인구 대비 퍼센트로 나타낸 것이다. 중동 지

---

2) 18세기에 시작된 금융 발전과 경제 발전의 연관성에 대한 논의는 20세기 초반 조지프 슘 페터(Joseph Schumpeter)의 책 『경제 발전의 이론(The Theory of Economic Development)』에 의해 본격적으로 진행되었고, 현대에 이르러 Levine(1999), Beck(2000), Demirguc-Kunt(2000) 등의 학자들에 의해 개발도상국의 경제 개발을 위한 금융의 역할 을 논의하는 것으로 이어지고 있다.

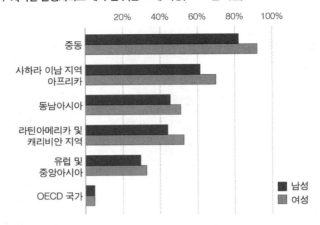

〈그림 5-1〉 지역별 은행서비스 제외 인구(만 18세 이상, 2014년 기준)

자료: World Bank(2014).

역은 아직도 90%가 넘는 사람들이 은행 계좌를 가지고 있지 않으며, 사하라 사막 이남 지역의 아프리카 국가들 또한 60% 이상의 남성과 70% 이상의 여성이 은행서비스를 이용하지 못하고 있는 것을 보여 준다. 그 외에도 동남아시아, 라틴아메리카 지역들도 인구의 50%가 넘는 사람들이 은행서비스의 영향권 밖에 있었다. 이에 비해 소위 선진국이라 불리는 OECD 국가들에서 은행서비스를 이용하지 못하는 인구는 10%가 채 되지 않는다(World Bank, 2014: 15~16). 〈그림 5-1〉에서도 확인할 수 있듯이 금융서비스를 제공받지 못하는 대부분의 인구가 개발도상국에 밀집되어 있다. 위에서 언급한 세계은행의 2017년 보고서에 따르면 선진국 국민들의 94% 이상이 일반 금융기관에 본인 명의의 계좌를 가지고 있는 데 반해 개발도상국의 경우에는 63%의 인구만이 은행 계좌를 가지고 있었다(World Bank, 2017: 18). 그렇다면 왜 개발도상국의 국민들은 선진국에 사는 국민들보다 금융서비스에 접근하기 더 어려운 것일까? 그것은 단순한 경제적 수준에 따른 차이일까?

우선 개발도상국의 낮은 금융 포용성의 원인을 금융서비스의 공급과 수요 측면으로 나누어 설명할 수 있다. 우선 금융 포용성 확대에 큰 장애물 중 하나는 금융기관의 금융서비스 공급이 외부적 요인에 의해 제한되거나 스스로 공급을 제한하는 것이다. 특히나 금융 인프라 부족으로 인해 발생되는 높은 "거래 비용(transaction cost)"이 금융서비스의 공급을 어렵게 만든다. 아직 개발도상국 내에는 많은 인구를 감당할 수 있을 만한 은행 지점이나 ATM(Automated Teller Machine), POS(Point of Sale) 등의 설비가 미비한 상황이다(Miller et al., 2009). 특히 개발도상국 내의 많은 인구가 농촌 및 산간 지역에 거주하고 있으므로 이 인구들이 금융서비스를 이용할 수 있도록 만들기 위해서는 금융 인프라를 여러 지방에 추가적으로 설치해야 한다. 하지만 인프라 구축을 위한 금액이 상당하기 때문에 금융서비스를 제공하는 금융기관들은 선뜻 돈을 투자하기가 어렵고 설사 추가적인 금융 인프라 설비를 구축한다고 할지라도 소비자가 감당해야 하는 거래 비용을 증가시키는 결과를 낳는다. 그리고 금융서비스를 공급하는 입장에서는 농촌 및 산간 지역의 인구들은 일정한 수입이 없고 비정규직에 종사하는 저임금 노동자인 경우가 다수이기 때문에 투자대비 수익을 기대하기 힘든 상황이다. 그래서 금융기관은 시골 지역에 추가적인 금융시스템 구축을 추진할 유인을 찾기 어려운 것이 사실이다. 그리고 소비자 또한 금융서비스를 이용하기 위해서는 인근 도시나 금융기관의 지점으로 이동해야 하는데 이를 위해 지불해야 하는 교통비와 시간이 추가적으로 거래 비용을 상승시키게 된다. 가까운 곳에서 ATM이나 은행 지사를 손쉽게 이용할 수 있는 우리나라나 선진국과는 대조되는 모습이다.

이와 더불어 정보의 비대칭성은 개발도상국 내 금융서비스 공급에 장애물과 같은 역할을 해 왔다. 정보의 비대칭성이란 금융서비스를 제공하는 금융기관과 제공된 서비스를 받게 되는 가계 또는 기업 사이에서 각각 보유한 신용 정보의 양에 차이가 있을 때 생기는 불균등한 정보 구조를 말한다. 금융시장의 경우, 차용자는 자신의 신용 상태를 잘 알고 있지만 차용기관은 신용 정보를 파악하고 확보하는 시스템이 제대로 확립되지 않았을 경우 정보를 한정적으로 파악할 수밖에 없는 경우가 있다. 정보의 비대칭성은 역선택3)과 도덕적 해이4)와 같은 문제들을 야기하는데 이는 금융시장이 형성된 모든 국가에서 발생할 수 있다. 하지만 이 현상은 선진국에서보다 개발도상국에서 더 만연해 있다. 개발도상국 내의 금융기관은 발전된 시스템을 갖춘 선진국의 금융기관에 비해 신용 정보를 충분히 확보할 만한 시스템을 갖추지 못한 경우가 많고(Siriram, 2005), 다수의 고객들은 금융서비스 이용을 위한 충분한 신용 정보 및 담보를 제공할 수 없는 상태에 있기 때문이다(Armendáriz and Morduch, 2010). 일반적으로 금융기관들은 차용자에게 금융서비스를 제공할 때 그들의 월 소득이나 자산과 관련된 금융 정보들이 필요하고, 차용자가 돈을 상환하지 못하고 파산할 경우를 대비하여 담보를 요구하기도 한다. 하지만 개발도상국에서는 많은 수의 사람들이 비정기적인 수입에 의지하며 담보가 될 만한 자산을 가지고 있지 못하기 때문에 금융기관들은 그들에게 대출 및 금융서비스를 제공하는 것을 꺼리는 경우가 많다. 이처럼 금융 인프라 부족으로 인한 과도

---

3) 역선택이란 의사결정 과정에서 정보가 충분하지 않을 때 불리한 선택을 하게 되는 것을 뜻한다. 금융기관이 여신을 제공할 때, 여신을 받고자 하는 가계나 기업의 경제 정보를 제대로 확보하지 못해 향후 상환을 기대하기 어려운 가계나 기업에게도 여신을 제공하게 되는 것이 역선택의 예 중 하나다.

4) 도덕적 해이란 정보의 비대칭성으로 인해 공급자에게는 바람직하지 못하지만 소비자가 자신의 이해관계에만 적합한 행동을 취하는 것을 의미한다. 예를 들어, 자동차 보험 가입자는 교통사고를 예방하기 위해 평소에 조심하던 상황에서도 덜 조심하는 경향이 있는데 이는 보험을 공급하는 보험사 입장에서는 바람직하지 못한 현상이며 이 또한 도덕적 해이로 인한 것이라 할 수 있다.

한 비용과 정보의 비대칭성으로 인해 높아진 위험 부담은 개발도상국 내의 많은 금융서비스 공급자들이 충분한 금융서비스를 제공하는 것을 망설이게 만들었고, 이러한 한계점은 개발도상국 인구들이 선진국 국민들에 비해 금융서비스의 혜택을 받기 어렵도록 만들었다.

금융서비스의 공급뿐만 아니라 수요 측면에서도 각 개인이 놓여 있는 사회·문화적인 배경에서 금융 포용성 확대에 대한 한계의 원인을 찾을 수 있다. 예컨대 케냐는 현재 83%의 인구가 공식적인 금융기관에서 제공하는 서비스에 등록되어 있을 정도로 개발도상국 중에서 높은 금융 포용성 성장을 이룬 나라임에도 절반에 가까운 인구가 공식적인 금융기관이 제공하는 저축서비스를 이용하지 않는 것으로 나타났다(FSD Kenya, 2019). FSD Kenya에서 발간한 케냐 각 가정의 경제활동에 대한 보고서(FinAccess Houeshold Survey 2019)에 따르면 현재 46.4%의 가구가 금융기관이 아닌 비공식적 경로를 통해 현금을 저축하고 있는 것으로 나타났다. 이 중 30%는 한국의 계 모임과 유사한 형태인 10~15명의 소그룹 모임으로 구성된 차마(Chama)에 돈을 모으고 있으며, 16.4%의 가구는 친구나 가족들에게 돈을 맡기고 있었으며, 24%는 자신만 아는 비밀 공간에 돈을 숨겨 놓는다고 응답했다. 이는 단순히 금융 포용성 확대 제한의 이유가 부족한 공급에만 있지 않다는 것을 보여 준다.

개발도상국 내 소비자들의 금융서비스 이용을 어렵게 만드는 요인은 우선 낮은 교육 수준으로 인한 금융 지식 이해도(financial literacy)로 보인다. 경제적 지식이나 금융 관련 교육이 제대로 되어 있지 않은 경우 소비자는 금융서비스를 이용해야 할 필요성을 느끼지 못하게 되고, 이는 자연스럽게 소비자 스스로가 자신을 금융서비스로부터 멀어지게 만든다. 여러 논문들에서는 금융서비스의 적극적인 이용과 금융 지식 이해도 사이에 큰 연관성이 있으며 개발도상국 내의 금융 포용성 확대를 위해 금융 지식에 대한 인식 제고가 선행될 필요가 있음을 강조했다(Hastings et al., 2013; Atkinson and Messy, 2013; Grohmann et al., 2018).

또한, 사회적 관계에 의한 집단적 경제활동(collectivity nature)이 소비자들의 금융서비스 이용을 제한할 가능성이 있다. 특히나 금융서비스가 발달하지 않은 개발도상국의 도서산간 지방에서는 오랜 기간 사회적 관계를 기반으로 이루어진 경제 공동체를 기반으로 하는 경제활동이 아직까지 이어지고 있다. 케냐의 사례처럼 아직까지 가족과 친인척에게 돈을 맡기거나 차마와 같은 계 모임이 유지되는 것도 이와 같은 맥락에서 나온 현상이라 할 수 있다. 하지만 집단 내 일부가 금융서비스에 유입되는 경우 네트워크 효과를 통해 다른 사람들을 금융서비스로 이끌어 금융 포용성이 확대될 수 있다는 주장도 적지 않으므로 집단적 행동에 대한 연구는 앞으로 더 논의되어야 할 필요성이 있다(Okello Candiya Bongomin, 2018; Murendo, 2018).

이와 같이 개발도상국 내에서는 금융서비스가 경제적 이유로 공급에 있어 한계에 부딪히는 것뿐만 아니라 금융서비스를 사용해야 하는 소비자마저 사회·문화적인 한계로 인해 금융 포용성이 선진국만큼 확대되지 못하고 있는 것을 확인할 수 있었다.

2) 금융 포용성 확대를 위한 ICT 개발협력

세계은행과 국제통화기금(IMF)은 개발도상국의 경제 발전에 있어 금융 포용성의 중요성과 현재의 한계 상황을 인식하고 금융 포용성 확대를 개발도상국 빈곤감소 대책의 중요 어젠다로 포함시키고 있다. 세계은행의 주도로 32개가 넘는 금융기관을 포함한 다양한 이해관계자들이 2015년 World Bank Group–IMF Spring Meeting에서 금융 포용성의 확대 및 발전을 위해 Universal Financial Access 2020(UFA 2020) 선언을 발표했다.[5]

이 선언의 가장 큰 목표는 보다 구체적이고 명확한 방안을 통해 그동안 금융서비스를 받지 못했던 사람들이 2020년까지 최소한 새로이 10억 명 이상이 금융서비스 혜택에 접근할 수 있도록 하는 것이며, 이 목표 달성을 위해 100여 개 이상의 국가들과 금융 포용성 확대 사업을 진행하고 있다. 특히 UFA 2020은 "25 priority countries"를 선정하여 금융 포용성 지수가 낮은 25개 국가의 금융 발전에 보다 더 관심을 기울이며 지속적인 지원을 진행하고 있다.[6]

이러한 노력은 세계은행만이 아니라 선진국들 내에서도 이어지고 있다. G20은 2010년 서울에서 열린 G20 정상회의에서 GPFI(The Global Partnership for Financial Inclusion)를 설립하여 G20 국가들의 포용적 금융을 위한 플랫폼을 설치했다. 이를 통해 G20 국가들에만 영향력을 한정하는 것이 아니라, 개발도상국의 발전에도 기여하고자 했다. GPFI는 다수의 전문가들을 통해 아직 금융 혜택을 제대로 받지 못하는 인구가 많은 개발도상국들을 대상으로 포용적 금융에 대한 지식을 공유하고, 지식 이전을 통해 정책 개발에 기여하고자 했다. 이러한 의도는 "혁신적인 포용적 금융을 위한 G20의 원칙(G20 Principles for Innovative Financial Inclusion)"에서도 잘 드러나는데, 이 원칙에서는 포용적 금융 목표를 달성하고자 하는 개발도상국을 위해 G20이 맡은 역할의 중요성을 강조하고 있다.

이러한 금융 포용성의 확대에 대한 중요성과 함께 강조되는 것이 포용

---

5) 32개 협력사들은 세계 각국의 다국적 기업, 은행, 신용조합, 카드사, 마이크로파이낸스 기관, 이동통신 사업자 등 다양한 이해관계자들을 포함한다.

6) 특별관리 대상으로 선정된 국가들은 국민의 70% 이상이 금융서비스를 이용하지 못하는 곳을 기준으로 선정되었다. 여기에는 방글라데시, 브라질, 중국, 콜롬비아, 코트디부아르, 콩고민주공화국, 이집트, 에티오피아, 인도, 인도네시아, 케냐, 멕시코, 모로코, 모잠비크, 미얀마, 나이지리아, 파키스탄, 페루, 필리핀, 르완다, 남아프리카공화국, 베트남, 탄자니아, 터키, 잠비아가 포함된다.

〈그림 5-2〉 UFA 2020 실천적 이행 계획

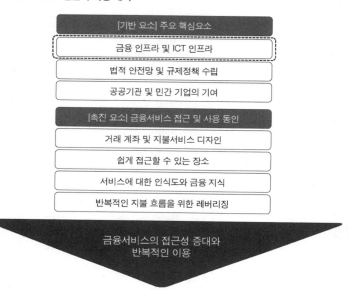

자료: The World Bank 웹사이트에서 재구성(2018).

적 금융의 실천적 이행 및 목표 달성을 위한 ICT의 활용이다. 〈그림 5-2〉
는 포용적 금융의 목표 달성을 위해 세계은행이 제시한 UFA 2020의 시행
계획(The UFA framework for action)을 요약한 것이다. 세계은행은 금융 포용성 계
획 달성을 위한 핵심 요소로 ① 적절한 금융 인프라 및 ICT 인프라 구축,
② 법적 안전망 및 규제정책 수립, ③ 공공기관 및 민간 기업의 참여를 강
조했다. 이 시행계획은 세계은행이 금융 포용성의 증대를 위해 ICT 시스
템 구축과 적절한 활용을 핵심 과제 가운데 하나로 간주했다는 것을 보여
준다.

또한, 2016년 청두에서 열린 G20 회의를 통해 금융 포용성의 확대와 발
전에 기여할 것을 다시 한 번 선언했으며 자체적으로 "디지털 포용적 금
융을 위한 G20의 주요 원칙(G20 High-Level Principles for Digital Financial Inclusion)"을

제정하여 이 원칙에 따라 포용적 금융 발전의 실천적 이행을 실시하기로 결의했다. 이는 세계은행과 마찬가지로 GPFI가 포용적 금융에서 ICT의 중요성을 인지한 결과라고 할 수 있다. GPFI는 ICT를 적용한 금융서비스가 아직 금융서비스의 혜택을 받지 못하는 개발도상국의 사람들에게 혁신적으로 공급을 확대하는 대안이 될 수 있을 것이라고 밝히며, 도시뿐만 아니라 도서산간 지역의 사람들도 ICT 기술을 통해 더 낮은 비용으로 보다 용이하게 금융서비스를 이용할 수 있을 것이라 기대했다.[7] 이처럼 개발도상국에서의 금융 포용성이 경제 개발에 있어서 핵심적인 과제로 떠오르는 가운데 이를 이행하기 위한 실천적 과제로 ICT 적용에 대해 심도 있는 논의가 이루어지고 있다. 그래서 다음 절에서는 ICT 적용의 대표적인 모델인 모바일 머니에 대해서 알아보고자 한다.

3. 모바일 머니의 성장과 영향

1) 모바일 머니

개발도상국 내의 금융 포용성 확대를 위해 은행과 기타 금융기관들은 ICT 기술을 이용해 새로운 형태의 금융서비스를 제공하기 시작했다. 이러한 형태의 금융서비스를 핀테크(fintech) 금융서비스라 통칭하는데 이는 지급 결제 서비스의 혁신에서부터 새로운 방식의 금융 데이터 서비스 분석까지 금융시장 전체를 아우르는 혁신적인 서비스들을 일컫는다. 하지만 인터넷 뱅킹이나 클라우드 펀딩, 비트코인, 온라인 지급 결제 등 수많은

---

7) https://www.gpfi.org/publications/g20-high-level-principles-digital-financial-inclusion

방식의 핀테크 금융 산업 중에서 개발도상국의 금융서비스 확대에 가장 주목받은 것은 휴대전화를 통한 서비스 제공이었다. 컴퓨터나 다른 전자기기 및 기술들에 비해 비교적 저렴한 가격에 접근할 수 있는 모바일은 개발도상국 내에서도 다수가 흔히 접할 수 있는 생활 필수품이 되었다.[8] 모바일을 통해 금융서비스가 제공되는 "모바일 머니"는 개발도상국에서 놀라운 성장세를 기록하고 있다.

모바일 머니는 현금의 입·출금부터 보험까지 휴대전화 기기를 통해 사용할 수 있는 모든 금융서비스를 의미한다. 모바일 머니 서비스로 가장 흔히 이용되는 서비스이자, 처음으로 공급된 서비스는 바로 모바일 송금(mobile transfer)이다. 모바일 송금은 이용자들 사이에 현금을 주고받을 수 있도록 하는 서비스로, 특히 해외에서 근무 중인 이주 노동자들이 본국의 가족에게 돈을 송금하는 용도로 적극적으로 이용되고 있다. 또한, 모바일 지불(mobile payment)도 개발도상국에서 적극적으로 활용하고자 하는 모바일 금융 서비스 중 하나다. 모바일 지불은 거래 대금을 모바일 머니를 통해 지불하는 것을 뜻하는데, 이는 일반적인 상품 거래에만 해당되는 것이 아니라 정부에서 공급하는 물이나 전기와 같은 공공서비스에 대한 요금에도 해당된다. 모바일 지불 서비스를 통해 공과금을 납부하면 거래 비용을 크게 절감할 수 있기 때문에 개발도상국 정부에서는 적극적으로 이 서비스를 활성화하기 위해 여러 노력을 기울이고 있다.[9]

---

8) 2017 Pew Research Center(2018)에 따르면 사하라 이남 지역 아프리카 국가들에서 91%가 넘는 성인이 모바일 기기를 보유하고 있으며, 그중 51%가 스마트폰을 이용하고 있는 것으로 나타났다.

9) 세계은행은 현재 말라위, 케냐 등의 개발도상국 정부들이 모바일 머니를 통해 수도세를 징수할 수 있도록 ICT 플랫폼 구축을 위한 보조금을 지급하고 있으며, 영국 정부도 M4D Utilities Fund를 통해 전 세계 21개국의 34개 기관에 전기세 및 수도세를 모바일 플랫폼을 통해 지불할 수 있도록 하는 시스템 구축을 지원하고 있다.

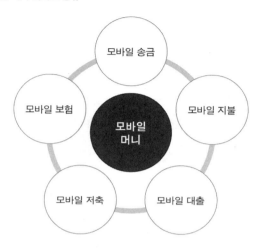

최근에는 모바일을 통해 대출서비스를 제공하는 모바일 대출(mobile credit)도 큰 관심을 받고 있다. 모바일 대출은 대체적으로 모바일 네트워크 사업자와 현지 은행의 파트너십을 통해 제공되는데 두 주체의 정보 공유를 통해 이전보다 더 정교한 고객 신용평가가 가능하다. 은행이 보유한 고객의 신용 정보와 더불어 네트워크 사업자가 가지고 있는 고객의 모바일 사용량 및 요금납부 기록을 바탕으로 신용을 평가하는 방식을 도입하여 이전보다 풍부한 정보를 가질 수 있게 된 것이다. 그리고 금융기관에 신용정보가 없어 대출서비스를 이용할 수 없던 고객들 또한 네트워크 사업자가 가진 모바일 기기 사용정보를 통해 대출 자격을 얻을 수 있게 되었다. 이는 그동안 대출서비스를 받기 어려웠던 취약 계층에게 대출 범위를 확대함으로써 그들이 자신의 소규모 사업에 투자하거나 교육비를 충당하는데 대출서비스를 이용할 수 있게 된 것이다. 더불어 모바일 대출 서비스를 제공하는 다수의 기관들은 모바일 저축(mobile savings) 서비스도 함께 제공하고 있다. 모바일 저축은 모바일 머니 시스템을 통해 일정 금액을 저

축할 수 있는 서비스로 기존의 금융기관에서 제공하는 저축서비스와 마찬가지로 일정 금액의 이자 수익을 얻을 수 있다. 무엇보다 모바일 저축은 모바일 대출을 이용하는 고객이 필수적으로 함께 가입하게 되어 있는 경우가 많은데 이는 모바일 대출 상환을 돕는 역할을 한다. 일정 금액을 모바일 머니를 통해 저축이 가능하도록 유도함으로써 모바일 서비스로 받은 대출에 대한 상환에 어려움이 없도록 사전에 대비할 수 있게 돕는 역할을 하는 것이다. 마지막으로 모바일 보험(mobile insurance)은 가장 높은 차원의 모바일 머니 서비스라 할 수 있다. 이는 모바일을 통해 각종 보험에 가입하고 그 혜택을 누릴 수 있는 상품으로, 현재 선진국에는 일부 출시, 이용되고 있으나 아직까지 개발도상국에서는 활발하게 이용되고 있는 금융 상품은 아니다.

이러한 모바일 머니 서비스는 이동통신 사업자(mobile network operator)와 은행의 파트너십을 통해 제공되기 시작했다. 모바일 머니 서비스 공급 체인에서 이동통신 사업자들은 그들이 소유한 네트워크망을 통해 고객들에게 모바일 머니 서비스를 운영·배포하는 역할을 맡는다. 은행은 이동통신 사업자가 제공한 고객 정보를 바탕으로 고객의 신용 등급을 평가하고 모바일 머니의 가상 화폐를 실제 현금으로 변환하거나 실제 현금을 가상 화폐의 형태로 예금한다. 하지만 이러한 가상 화폐의 현금화 작업은 각 지점에서 은행이 직접 고객들과 대면하는 형태로 이루어지지 않는다. 직접 고객들을 만나 현금을 입·출금하는 역할은 에이전트(agent)가 담당하는데 이들은 보통 지방에서 작은 상점이나 매점을 운영하거나 가판대를 운영하는 사람들로, 에이전트로 인증을 받은 곳에서는 누구나 쉽게 모바일 머니를 현금화하고 예금까지 할 수 있다. 이처럼 모바일 머니는 다른 금융서비스와는 다른 형태로 공급망을 운영하고 있는데, 이를 "에이전트 네트워크(agent network)"라 한다. 에이전트 네트워크를 통해 모바일 머니 서비스는 또 다른 금융 인프라를 구축할 필요 없이 고객들에게 서비스를 제공할 수 있고, 이는 초기 투자비용을 크게 줄이는 데 기여하고 있다(Davidson and Leishman, 2010: 2~3).

2) 모바일 머니의 성장

모바일 머니는 2007년 케냐에서 본격적으로 등장한 이후로 세계 각지의 개발도상국에서 괄목할 만한 성장을 거두고 있으며, 무엇보다 사하라 사막 이남의 아프리카 지역에서 두드러지게 나타난다. 〈그림 5-4〉는 지역별로 모바일 머니 서비스를 사용하고 있는 고객들의 계좌 수를 보여 주는데 모든 개발도상국 지역들 내에서 모바일 머니 계좌 수가 크게 성장한 것을 볼 수 있다. 특히 사하라 사막 이남 지역 아프리카 국가들의 모바일 머니 사용자 수가 2011년 이래로 급증했는데 이 수치는 두 번째로 모바일 머니 계좌 수가 많은 남아시아에 비해서도 월등히 높은 수치다. 2017년에는 사하라 사막 이남 아프리카에서만 1억 2천만 명이 넘는 인원이 모바일 머니 계좌를 사용하고 있는 것으로 나타났다.

모바일 머니가 개발도상국에서 안정적으로 도입·확산되는 데는 케냐의 대표적인 모바일 머니 서비스 M-Pesa의 성공이 큰 영향을 미쳤다고 볼 수 있다. M-Pesa는 케냐에서 처음으로 출시된 모바일 머니 서비스로 모바일 SMS를 이용하여 돈을 송금할 수 있는 서비스로부터 시작하여 현재는 비접촉식으로 결제, 저축, 소액 대출에 이르기까지 모바일을 통해 다양한 금융서비스를 제공하고 있다. M-Pesa가 2007년에 처음 출시된 이후 모바일 머니 이용자 수는 꾸준히 증가하여 2018년 기준 약 3천 2백만의 인구가 모바일 머니 계좌를 가지고 있는 것으로 발표되었다(CAK, 2018: 11). 이는 케냐 전체인구를 고려했을 때 62%가 넘는 국민이 모바일 머니를 사용한

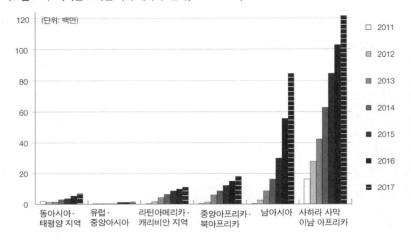

〈그림 5-4〉 지역별 모바일 머니 계좌 수 변화(2011~2017)

자료: GSMA(2017b).

다는 것으로 상당히 괄목할 만한 수치다.[10] 이후 케냐의 성공을 지켜본 주변 국가들이 앞다투어 모바일 머니 서비스를 도입하기 시작했고, 대표적으로 탄자니아의 M-Pawa와 Tigo Kilimo, 그리고 우간다와 르완다의 MTN Mobile Money 등이 있다. 하지만 언뜻 보기에 높은 ICT 기술 수준과 금융에 대한 지식이 필요해 보이는 모바일 금융 서비스가 개발도상국에서 성공할 수 있었다는 사실은 직관적으로 납득하기가 쉽지 않다. 그렇다면 금융서비스가 보편적으로 보급되기 어려웠던 개발도상국 내에서 어떻게 일반적인 은행서비스와 인터넷 뱅킹 이용경험 없이 바로 모바일 금융으로 넘어갈 수 있었을까?

---

10) 세계은행의 데이터에 따르면 2018년 기준 케냐의 인구는 5139만 3010명으로 보고되었다 (https://data.worldbank.org/indicator/SP.POP.TOTL?locations=KE).

3) 모바일 머니의 성공 요인

모바일 머니는 서비스를 제공하는 공급자에게는 이윤을 가져다줄 수 있는 금융 상품일 뿐만 아니라, 개발도상국의 잠재적 수요자에게는 다른 금융서비스보다 상대적으로 쉽게 접근할 수 있는 이점을 가진 금융서비스라 할 수 있다.

우선 모바일 머니가 소비자에게 소구할 수 있는 가장 큰 이유는 모바일 기기를 통해 누릴 수 있는 기동성에 있다. 모바일 기기를 가진 사람은 장소와 시간의 제한을 받지 않고 어디에서든 원하는 시간에 원하는 서비스를 이용할 수 있다. 이러한 기동성은 특히 개발도상국의 도시 지역에 거주하지 않는 사람들에게 큰 이점을 가져다줄 수 있다. 도시 지역에는 금융 인프라가 밀집되어 있지만 도서산간 지역에는 그렇지 않기 때문에, 휴대전화를 가지고 있다면 모바일 머니 서비스를 통해 먼 지역에서도 쉽게 금융서비스의 혜택을 누릴 수 있게 된다(Kopodar and Andrianaivo, 2011: 7). 그렇기 때문에 아직 금융 인프라가 적은 개발도상국에서는 은행서비스에 접근하기 위해 멀리 이동하여 은행 지점을 직접 찾아가기보다는 휴대전화를 통해 모바일 머니를 사용하는 것이 더 쉽고 저렴하게 금융서비스를 이용할 수 있는 대안이 된 것이다.

둘째로 모바일 머니 서비스는 사용자가 이용하기 편한 서비스를 제공하고 있다. 개발도상국에서 제공되는 모바일 머니 서비스는 우리가 생각하는 스마트폰을 통해 제공되는 앱 기반의 금융서비스와는 다른 방식으로 이루어진다. 우리가 흔히 생각하는 모바일 금융 서비스는 주로 3G망 이상의 네트워크에 접속이 가능한 스마트폰을 통해 사용할 수 있는 서비스다. 하지만 개발도상국에 확산되어 있는 모바일 머니 서비스 모델은 국내의 모바일 금융 서비스와는 달리 인터넷에 접속할 필요 없이 2G 휴대전

<그림 5-5> 모바일 머니 이용방법 예시(M-Pesa의 경우)

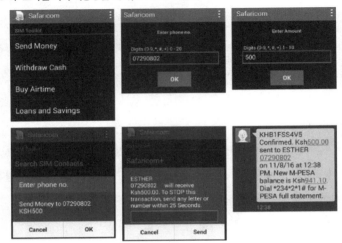

자료: Omigie et al.(2017).

화로 제공받을 수 있는 서비스를 기본으로 한다. 특정 번호로 통화하여 시각 정보를 제공하는 화면으로 이동, 그곳에서 서비스를 이용할 수 있으며 결과를 SMS로 받아 볼 수 있는 방식으로 금융서비스에 쉽게 접근할 수 있다. <그림 5-5>는 케냐의 M-Pesa 서비스를 이용하는 방법을 요약한 것으로 2G 기반으로도 쉽게 현금을 보내거나 인출하는 등 다양한 금융서비스를 이용할 수 있다. 오히려 스마트폰 기반의 모바일 머니 서비스는 아직 교육수준이 높지 않은 개발도상국 다수의 사람들에게는 이용하기 어려운 서비스 화면을 제공하기 때문에, 단순한 형태의 사용자 인터페이스를 가진 개발도상국형 모바일 머니 서비스가 더 크게 성장할 수 있었다.

또한 일반적으로 은행이나 기타 금융기관에 계좌를 만들거나 새로운 금융서비스를 이용하기 위해서는 많은 절차와 시간을 필요로 한다. 은행은 규제나 법규 등 준수해야 하는 정책이 많아 은행에서 제공하는 서비스를 이용하기 위한 가입 조건을 맞추거나 요구 서류들을 구비하는 것이 까

다롭다. 반면 모바일 머니는 비교적 규제가 적어 쉽게 계좌를 개설하여 이용할 수 있다. 모바일 머니의 경우 신용 상태에 관계없이 해당 회사의 로고가 붙어 있는 지역 잡화점 및 소매점의 에이전트에게 신분증만 제시하면 쉽게 계좌를 개설하여 바로 서비스를 이용할 수 있다. 그렇기 때문에 절차가 복잡한 다른 금융서비스를 이용하기보다는 더 빠르고 편하게 접근할 수 있는 모바일 머니를 선택하게 된 것이다.

모바일 머니는 금융서비스를 공급하는 공급자에게도 여러 측면에서 이익을 가져다준다. 공급자들은 모바일 플랫폼만 제대로 구축하면 금융서비스 제공을 위해 다른 은행이나 금융기관들처럼 다수의 지점들을 설치하거나 운영할 필요가 없다. 이는 공급자의 비용을 크게 감소시키므로 금융서비스를 보다 저렴한 가격에 제공할 수 있을 뿐만 아니라 공급자의 이윤을 극대화할 수 있다. 실제로 세계은행 산하기관인 CGAP(Consultative Group to Assist the Poor)의 연구에 따르면 아프리카 전역의 수도세를 모바일 머니 지불방식으로 바꾼 이후 인력 운영비와 중개인 수수료에 들어가는 비용을 적게는 57%에서 많게는 95%까지 절약할 수 있었고 한다.

또한 앞에서 간단히 언급했던 것처럼 모바일 머니 서비스는 은행과 이동통신 사업자 간의 정보 공유로 인해 금융 취약계층이 가지고 있던 정보의 비대칭성 문제를 다소간 감소시킬 수 있다. 모바일 머니는 주로 통신사와 은행의 파트너십을 통해 제공되는데 서로 정보를 공유함으로써 기존 금융서비스 공급자들보다 고객에 대한 정보를 더 많이 보유할 수 있게된다. 통신사들은 협약을 통해 고객 정보와 통신비 납부 및 연체 내역을 은행에 제공하고, 은행은 기존에 가지고 있던 고객의 신용 정보와 새로 얻은 정보를 바탕으로 신용 평가에 필요한 신용 평가 의사결정시스템을 새로이 개발할 수 있었다. 이를 통해 모바일 머니는 더 정확하게 고객들의 신용 상태를 평가할 수 있게 되므로, 정보의 비대칭성 문제를 완화시키고 이로 인한 리스크를 줄일 수 있다. 물론 이는 많은 수의 개발도상국에서 개인정보보호법(data protection act)이 제대로 갖춰져 있지 않아 가능했던 것이고 이는 소비자 보호(consumer protection)와 밀접하게 닿아 있는 영역이기에 향후 개인정보 공유 및 사용에 대해서도 심도 있는 논의가 필요할 것으로 보인다.[11)]

위와 같이 수요자와 공급자 모두에게 혜택을 가져다줄 수 있는 가능성을 가진 모바일 머니는 그동안 금융서비스의 혜택을 받기 어려웠던 사람들에게 더 쉽게 서비스에 접근할 수 있는 가능성을 열어 주고, 이와 동시에 거래 비용의 감소와 정보의 비대칭성 문제가 완화됨으로써 금융서비

〈그림 5-6〉 모바일 머니의 성공 요인

11) 실제로 M-Pesa의 소비자들은 모바일 머니 공급자인 케냐의 통신사 Safaricom에 대해 1150만 명에 달하는 모바일 머니 사용자들의 개인 정보를 불법적으로 이용한 것에 대해 2019년 6월 고소를 진행했다. 이 사건을 시작으로 케냐에서는 본격적으로 소비자 보호를 위한 개인정보보호법에 대한 논의가 이루어졌으며 같은 해 11월에 소비자보호법이 케냐에서 처음으로 가결되었다.
https://qz.com/africa/1746202/kenya-has-passed-new-data-protection-laws-in-compliance-with-gdpr/
https://www.reuters.com/article/us-kenya-dataprotection/kenya-passes-data-protection-law-crucial-for-tech-investments-idUSKBN1XI1O1

스 공급이 이전보다 용이하게 이루어질 수 있게 되었다.

4) 모바일 머니가 개발도상국 발전에 미친 영향

그렇다면 모바일 머니 서비스가 개발도상국에 도입된 이후 실제로 금융 포용성이 확대되었을까? 모바일 머니가 그저 다른 금융서비스의 대체재로 사용된 것은 아닐까? 세계은행의 Global Findex Database 2017에 나타난 결과에 따르면 모바일 머니 서비스의 사용 증대로 인해 총 31개의 개발도상국에서 금융 포용성이 증대되었다. 또한 이 설문 조사에서 50%가 넘는 모바일 머니 공급자들이 도서산간 지역의 고객들을 위해 추가적인 상품개발 계획을 가지고 있다고 답했고, 55% 이상의 서비스 공급자들은 이미 인권 단체들과 파트너십을 체결하여 빈곤 계층에게 최소한의 금융서비스를 제공할 수 있는 방안을 마련 중이라고 답했다(World Bank, 2017). 이는 모바일 머니 서비스가 그동안 금융서비스의 혜택 바깥에 있던 취약계층에게도 더 많은 기회를 제공할 방안에 방점을 두고 있다는 것을 다시한 번 확인시켜 준다.

이와 더불어 모바일 머니의 영향력에 대한 연구는 모바일 머니가 얼마나 금융 포용성 확대에 기여했는지에 대한 논의를 넘어 더 심화된 주제로 확대되고 있다. 최근에는 모바일 머니가 실제 사용자들의 소득 증대 및 삶의 질 개선에 얼마나 영향을 주었는지에 대한 연구가 진행 중이다. 우선 모바일 머니 서비스가 가장 많이 사용되고 있는 케냐에 대한 연구가 활발하다. M-Pesa 서비스 등장 이후 케냐 전체가구의 2%에 해당하는 약 19만 4000 가계의 소비 수준이 향상되거나 빈곤에서 벗어난 것으로 나타났다(Suri and Jack, 2016). 기본적으로 어려운 계층의 사람들이 다른 금융서비스보다 비교적 저렴한 모바일 머니를 사용함으로써 효과적으로 금융자산을

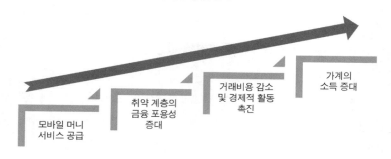

모바일 머니
서비스 공급

취약 계층의
금융 포용성
증대

거래비용 감소
및 경제적 활동
촉진

가계의
소득 증대

관리할 수 있게 되었고, 이를 바탕으로 이전보다 경제활동이 용이해졌다고 언급했다. 또한 다른 연구에서는 모바일 송금 서비스를 사용한 가구들을 대상으로 설문을 진행한 결과 평균적으로 해당 가구들의 연 소득이 37%나 상승한 것으로 확인되었다(Kirui et al., 2013). 이는 모바일 머니 서비스 사용이 전체적인 가계소득 향상에 도움이 되었다는 결과를 보여 준다. 특히 논문에서 제시한 사례에서는 케냐 시골지역 농부들이 모바일 머니를 사용하면서 변동성이 높은 농업 시장에 능동적으로 대응하게 되었고, 이것이 직접적인 소득 증대로 나타난 것을 보여 주었다.

더불어 케냐뿐만 아니라 모바일 머니 서비스가 공급되고 있는 다른 국가에서도 모바일 머니의 영향력에 대한 연구가 이루어지고 있다. Munyegera·Matsumoto(2016)는 우간다의 도서산간 지역에서 모바일 머니 서비스를 사용한 846개 가계들을 대상으로 모바일 머니 서비스 사용에 따른 성과 평가를 진행했다. 이 연구 결과에 따르면, 모바일 머니를 사용한 가구들은 송금서비스를 적극적으로 활용하면서 전체적인 경제활동 규모가 늘어나 실제로 가계의 생활수준이 향상됨으로써 실질적 개인 소비력(real per capita consumption)이 증가한다고 설명했다(Munyegera and Matsumoto, 2016). 또한 니제르의 모바일 머니 사용자를 대상으로 한 연구에서는 모바일 지불 서비스를 사용함으로써 사용자의 구매력이 향상되어 식량 안전 보장성(food security)이 증대된 것을 확인할 수 있었고, 이는 사용자의 삶의 질 향상에 기여했다(Aker et al., 2016).

이처럼 모바일 머니 서비스는 금융서비스의 영역 바깥에 있던 취약 계층이 기존 사용자들과 마찬가지로 손쉽게 금융서비스를 받을 수 있는 기회를 제공했고, 더 나아가 실질적인 소득 증대까지 이어지는 결과를 가져왔다. 따라서 모바일 머니의 확산은 개발도상국의 경제 발전에도 잠재적으로 큰 의의를 지닌다고 볼 수 있다. 그렇다면 모바일 머니의 성공적인 확산과 지속적인 이용을 위해 실제 어떤 개발협력 사업들이 이루어지고 있을까?

4. 모바일 머니와 개발협력

1) 다양한 기관들의 참여

앞에서도 언급한 것처럼, 다양한 기관들이 금융 포용성을 개발협력의 주요 과제로 다루고 있으며 또한 그 이행을 위해 ICT와 모바일 머니의 중요성을 강조하고 있다. 세계은행, IMF, G20과 같은 국제기구들뿐만 아니라 이상의 기구들이 제시한 큰 목표와 어젠다 아래 많은 정부기관, 비영리 단체 및 민간 재단 등 다양한 주체들이 모바일 머니의 성공적인 개발과 확산을 위해 여러 개발협력 프로젝트에 참여하고 있다. 첫째로 정부 차원의 지원을 통해 가장 활발하게 개발협력 사업을 진행하고 있는 곳으로는 USAID(United States Agency for International Development), UK DFID(UK Department for International Development)가 있다. 또한 민간 영역에서도 함께 사업을 진행하거나 지원금을 지원하고 있는데 민간 재단인 BMGF(Bill & Melinda Gates Foundation)와 민간 협회인 GSMA(Global System for Mobile Communication Association)가 대표적이다. 여기서는 공공기관과 민간기관으로 나누어, 각 기관에서 어떠한 방식으로 모바일 머니 활성화를 위한 지원 사업을 진행하고 있는지 살펴보고 기관별 지원의 특징을 알아보고자 한다.

2) 공공 부문

현재 모바일 머니를 통한 금융 포용성 증대 사업에 가장 적극적으로 참여하고 있는 기관은 미국의 USAID와 영국의 UK DFID다. 두 기관은 모바일 머니의 성공적인 도입 및 배급에 기여했다(USAID, 2010). 앞에서 언급한 M-Pesa는 영국 통신사 Vodafone, 케냐 통신사 Safaricom, 그리고 케냐 정부와 영국 DFID의 합작으로 2007년에 시작되었다(Buku and Meredith, 2012: 385). 그리고 아프리카 지역뿐만 아니라 동남아시아 지역에서 대표적으로 사용되고 있는 필리핀의 GCash는 USAID의 지원을 통해 2004년에 처음으로 모습을 드러냈으며 필리핀의 금융 포용성 확대에 기여했다(USAID, 2010; GSMA, 2012). 이처럼 미국의 USAID와 영국의 DFID는 모바일 머니의 개발도상국 내 도입 초기부터 주체적으로 기여한 국가들로 모바일 머니 개발협력에 많은 경험과 역사를 가지고 있다. 이하에서는 위 기관들이 모바일 머니 원조사업에 지원한 내용을 좀 더 상세히 살펴보도록 한다.

(1) USAID의 모바일 머니 사업

USAID는 현재 개발도상국 내 모바일 머니의 성공적인 개발과 확산을 지원하는 사업을 활발하게 진행 중이다. USAID는 'Mobile Solutions Team' 이라는 부서를 별도로 운영하여 모바일을 통한 개발 지원사업에 방점을

〈표 5-1〉 USAID의 모바일 머니 주요 원조국가

구분	아프가니스탄	말라위	요르단	네팔
지원 금액	• 5백만 달러 • 해당 금액 중 현재 통신사에 2백만 달러 지원	• 3백만 달러		
시기	• 2011년 시작	• 2012년 시작	• 2013년 시작	• 2014년 시작
주요 수여기관	• 이동통신 사업자 (Etisalat, MTN, Roshan M-Paissa)		• 마이크로파이낸스 기관(Ahli Microfinance Company, Assisting Micro Fund for Women, Ethmar, VITAS Finance)	• 은행(Mega Bank, Laxmi Bank)
주요 사업분야	• 모바일 지불 서비스 개발 지원 (공과금 납부, 공공 분야) • 모바일 머니 교육 지원	• 모바일 지불 서비스 개발 지원 (농업 분야, 공공 분야, 사회복지 분야)	• 소금융 대출기관 (마이크로파이낸스)의 모바일 대출 서비스 개발 지원	• 은행의 모바일 뱅킹 서비스 개발 지원
결과	• 현재 10만이 넘는 가계가 모바일 머니를 통해 전기세 납부 • 교사들에게 모바일 머니를 통해 급여 지급	• 현재 18만 5천 명의 공무원을 대상으로 모바일 머니를 통해 급여 지급	• 소금융 대출기관을 지원함으로써 해당 기관에서 대출을 받는 중소기업들이 이전보다 손쉽게 서비스 이용 가능	• 16개 지역에 300명이 넘는 에이전트가 등장 • 5년 내 75개 지역에 모바일 머니 서비스 배포 예정

두고 모바일 머니 확산과 관련된 사업을 진행하고 있다. USAID는 개발도상국 정부와 긴밀한 관계를 구축하고, 모바일 머니에 대한 기본적인 교육부터 플랫폼 구축까지 광범위한 범위에서 사업을 진행하고 있다.[12] 〈표 5-1〉은 USAID가 모바일 머니 분야를 중점으로 개발협력을 지원하고 있는 주요 수원국들에 대한 내용이다. USAID는 일부 지역에 한정하기보다는 다양한 지역에서 여러 형태의 모바일 머니 관련 공적개발원조(ODA)를 진행하고 있다.

---

12) https://www.usaid.gov/news-information/fact-sheets/mobile-money

＊ 아프가니스탄

　　USAID는 5백만 달러 규모의 Mobile Money Innovation Grant Fund를 설립하여 아프가니스탄에 2011년부터 지속적인 투자를 하고 있다. 아프가니스탄의 모바일 머니 사업은 이동통신 사업자들을 중심으로 지원이 이루어지고 있다. 현재까지 2백만 달러에 달하는 금액이 Etisalat, MTN, Roshan M-Paisa와 같은 이동통신 사업자들에게 투자되었으며, 해당 지원은 모바일 머니 지불 서비스를 새로이 구축하기 위한 용도로 사용되었다.[13] USAID가 가장 먼저 집중한 사업은 아프가니스탄 전역의 교사들의 급여를 모바일 머니로 지급한 것이다. 이는 아프가니스탄 전역에 퍼져 있는 1백만 명 가까이 되는 공무원들의 급여를 정부에서 안전하고 효과적으로 지급하기 위한 파일럿 단계의 실험이었다. 교사들의 급여를 모바일 머니 서비스로 지급한 것을 시작으로 아프가니스탄 전역의 공무원들의 급여를 이 서비스로 지급할 예정이다. 아프가니스탄 지역 내에는 아직 은행 시설 및 ATM이 제대로 정비되어 있지 않아 도서산간 지방에서 근무하는 공무원들에게 매달 급여를 지급하는 데에 어려움을 겪고 있었다. 그렇기 때문에 모바일 지불 방식을 통한 공무원 급여지급 방식의 개선은 효율성 및 비용 절감을 시도한 것이라 할 수 있다. 또한, USAID는 아프가니스탄 정부와 함께 모바일 지불 서비스를 통해 전기세 납부 프로젝트를 진행하고 있다. 가계가 모바일로 전기세를 직접적 납부할 수 있다면 중간 브로커에게 들어가는 비용을 줄이고, 가계 입장에서도 전기세 납부를 위해 들어가는 시간과 비용을 감소시킬 수 있다. 현재 10만이 넘는 가계들이 전기세를 모바일 지불 서비스를 통해 납부하고 있으며, 카불 지역에서 30만

---

13) https://2012-2017.usaid.gov/afghanistan/news-information/press-releases/usaid-grants-will-enable-more-100000-afghans-use-mobile(검색일: 2019.12.1)

가구들이 모바일 머니로 전기세를 납부할 때까지 프로젝트가 진행될 예정이다(USAID, 2014).

＊ 말라위[14]

말라위에서도 아프가니스탄과 유사한 모바일 머니 서비스 공급을 위한 프로젝트들이 이루어지고 있다. USAID는 MMAP(The Mobile Money Accelerator Program)를 통해 총 3백만 달러의 금액을 말라위에 지원했다. USAID는 아프가니스탄의 사례와 마찬가지로 모바일 지불 서비스를 통한 공무원의 급여 지급 시스템 개선 프로젝트를 말라위에서 우선적으로 진행했다. 사업의 결과로 현재 18만 명이 넘는 공무원들이 모바일 지불 서비스를 통해 급여를 지급받고 있으며 앞으로 더 많은 인원이 동일한 서비스를 통해 급여를 수령할 수 있을 것으로 기대된다(FHI 360, 2013).

그러나 아프가니스탄과 달리 말라위에서의 사업은 농업 분야의 거래 환경을 개선하는 데에도 초점이 맞춰져 있다. 말라위는 총 인구의 90% 이상이 농업에 종사하며 GDP의 40%를 차지할 정도로 농업에 대한 의존도가 매우 높다. 하지만 농업에 종사하고 있는 인구의 대다수가 산간 지방에 살고 있기 때문에 은행서비스를 이용하기 어려운 상황에 놓여 있다. 또한, 대금을 현금으로 거래하기 때문에 이에 따른 2차적인 보관·관리 비용이 초래되어 금융서비스에 대한 개선안이 필요한 실정이다. 그래서 USAID는 모바일 머니를 통해 농산물 거래를 쉽고 빠르게 진행할 수 있으며, 무엇보다 돈을 베개 밑에 보관하는 전통적인 방법이나 강도의 위협에서 벗어나 안전하게 돈을 관리할 수 있도록 모바일 지불 서비스 시스템 구

---

14) https://blog.usaid.gov/2013/09/coordination-counts-fostering-mobile-money-in-malawi/(검색일: 2019.12.1)

축을 위해 보조금을 지원하는 데 집중하고 있다(FHI 360, 2016)

✳ 요르단

요르단에서는 현재 중소기업들에게 큰 영향을 미치고 있는 마이크로파이낸스 기관이 모바일 머니 서비스를 제공할 수 있도록 시스템을 구축하는 데 초점을 맞추어 프로젝트가 진행되었다. USAID는 요르단 내에 "USAID LENS" 프로젝트를 발족하여 마이크로파이낸스 기관의 디지털화를 돕고, 이를 통해 그동안 대출의 혜택을 받지 못했던 중소기업들이 보다 쉽게 대출의 기회를 받을 수 있도록 길을 열어주고자 했다(USAID, 2014). 이와 더불어 거래 비용을 감소시키는 데 사업의 목표를 두었다. USAID는 요르단의 대표적인 마이크로파이낸스 기관들인 Ahli Microfinance Company, Micro Fund for Women, VITAS Finance 등에 자금을 지원했고, 전달된 보조금들은 모바일 어플리케이션 및 새로운 금융서비스 개발, 즉 휴대전화 기기를 통한 대출금 지급과 상환이 가능한 플랫폼 개발에 주로 사용되었고, 마이크로파이낸스 기관들의 현 고객들에게 모바일 머니 서비스에 대해 교육하는 비용에 투자되었다(USAID, 2019).

✳ 네팔[15]

네팔 사업의 핵심 목표는 모바일 뱅킹 서비스 개발로 그 수혜 대상이 네팔 내 주요 은행들로 초점이 맞춰져 있다. USAID는 네팔의 주요 은행인 Mega Bank와 Laxmi Bank에 보조금을 지급하여 모바일 뱅킹 서비스

---

15) https://www.usaid.gov/news-information/videos/usaid-neat-promise-mobile-money?field_country_mission_nid=All&field_sectors_nid=All&language=en(검색일: 2019.12.1)

의 원활한 개발이 이루어지도록 지원했다. 또한 해당 지원금은 모바일 뱅킹 시스템 개발에만 쓰인 것이 아니라, 모바일 뱅킹 서비스를 고객들에게 직접 제공할 각 지역의 에이전트들을 확보하는 데에도 사용되었다. 돈을 모바일 SMS로 거래하고 난 이후에는 실물로 돈을 거래해야 하는데 이 기능을 담당하는 것이 바로 에이전트들이다. 에이전트들은 보통 표 가판대나 작은 상점을 운영하는 소상공인들로서 모바일 머니 에이전트 일을 부업으로 함께 하고 있다. 이들은 마치 선진국의 ATM과 같은 역할을 하는데 이는 모바일 머니 사업에 있어 중요한 노동 자원이라고 할 수 있다. 그렇기 때문에 양질의 에이전트를 많이 확보하는 것이 사업에서 중요한 부분인데 네팔에서는 USAID의 지원 아래 현재 16개 지역에 300명이 넘는 에이전트들이 생겨났고, 5년 내 75개 지역에 에이전트 수를 확대하여 더 활발한 서비스를 공급할 예정이다.

(2) USAID 모바일 머니 개발협력의 특징

위의 사례에서 확인할 수 있듯이, USAID가 집중하고 있는 분야는 모바일 지불 서비스(mobile payment services)이다. 수혜국에 따라 집중하는 분야와 수여기관의 차이는 있지만 기본적으로는 모바일 지불 서비스를 확대시키는 데 중점을 두고 있다. 모바일 지불 서비스를 통해 더 안전하고 편리하게 경제적 거래가 이루어질 수 있다면 거래 비용을 절약할 수 있을 뿐만 아니라 이를 통해 경제적 행동을 촉진시키는 효과가 있기 때문이다.

USAID는 단순히 보조금 지급에만 그치는 것이 아니라 모바일 머니 사업을 전반적으로 기획하고 실행하는 데까지 여러 가지 채널을 통해 사업을 지원하고 있다. 〈그림 5-8〉은 USAID가 모바일 머니 프로젝트를 개발도상국에 어떤 방식으로 투자하고 지원했는지를 요약한 것이다. 보조금을 통해 직접적으로 모바일 머니 서비스 확산을 지원하기도 하지만, 다양

〈그림 5-8〉 USAID 모바일 머니 지원사업 내용

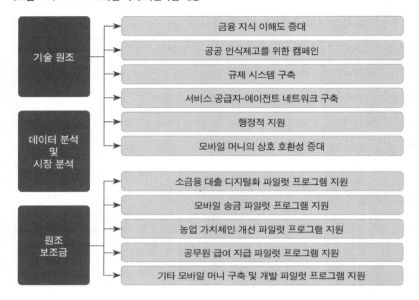

기술 원조
- 금융 지식 이해도 증대
- 공공 인식제고를 위한 캠페인
- 규제 시스템 구축
- 서비스 공급자-에이전트 네트워크 구축

데이터 분석 및 시장 분석
- 행정적 지원
- 모바일 머니의 상호 호환성 증대

원조 보조금
- 소금융 대출 디지털화 파일럿 프로그램 지원
- 모바일 송금 파일럿 프로그램 지원
- 농업 가치체인 개선 파일럿 프로그램 지원
- 공무원 급여 지급 파일럿 프로그램 지원
- 기타 모바일 머니 구축 및 개발 파일럿 프로그램 지원

자료: FHI 360(2016) 재구성.

한 기술 원조(technical assistance)를 통해 개발도상국이 스스로 해결하기 어려운 기술이나 경험 등의 정보를 제공하고 있다. 금융 지식을 증진시키는 교육과 캠페인에서부터 소비자 보호를 위한 법적 규제 프레임워크 구축에 대한 자문 등이 이에 해당한다. 또한 USAID는 수원국에게만 정보를 제공하는 것이 아니라 여러 국가에 모바일 머니 사업을 성공적으로 수행할 수 있도록 USAID 직원들이 참고해야 할 가이드북을 발간했다(USAID, 2013).

(3) 영국 DFID의 모바일 머니 사업

DFID는 USAID와 함께 개발도상국 모바일 머니 서비스 확산에 많은 보조금을 지원하고 있다. 케냐의 M-Pesa 지원으로 시작된 UK DFID의 모바일 머니 지원사업은 현재 여러 개발도상국을 아우르는 큰 프로젝트들로 확대되었다. DFID가 진행하는 사업들 중 가장 규모가 큰 M4D(Mobile for Development Utilities Programmes)는 2013년에 시작된 사업으로 에너지, 물, 그리고 위생서비스 등의 공공서비스 혜택을 제대로 누릴 수 없었던 취약 계층에게 모바일 기술을 통해 전보다 더 쉬운 방법으로 서비스를 공급받을 수 있도록 지원하는 프로젝트다.

이 사업은 성공적인 목표 달성을 위해 모바일 기술을 통한 5가지 채널의 혁신을 강조했다. 자세한 내용은 〈그림 5-9〉에서 확인할 수 있는데, 혁신을 위한 핵심 과제 중 하나가 모바일 지불 방식 시스템을 구축하는 것이다. 공공서비스의 원활한 운영을 위해 모바일 지불 방식의 시스템 구축을 지원하는 것은 미국 UKAID 지원사업 내용과 맥을 같이한다고 할 수 있으며, UK DFID는 보다 다양한 국가들에게 지원을 진행하고 있다.

이 사업은 현재 총 730만 달러 규모의 금액이 투자되었고, 21개국 전역에 걸쳐 총 34개 기관을 대상으로 보조금이 지급되었다. 이 사업을 통해 이전에는 공공서비스 혜택을 받지 못했던 인구 중 230만 명이 넘는 사람들이 전기, 물, 위생서비스 등의 공공서비스를 모바일 머니 서비스를 통해 요금을 지불하고 새로이 이용할 수 있게 되었다.

〈그림 5-9〉 공공서비스 공급체인 개선을 위한 모바일 채널의 과제와 기대 개선효과

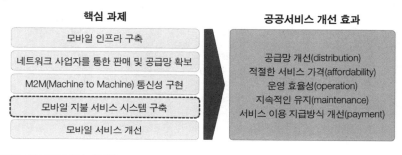

핵심 과제

- 모바일 인프라 구축
- 네트워크 사업자를 통한 판매 및 공급망 확보
- M2M(Machine to Machine) 통신성 구현
- 모바일 지불 서비스 시스템 구축
- 모바일 서비스 개선

공공서비스 개선 효과

공급망 개선(distribution)
적절한 서비스 가격(affordability)
운영 효율성(operation)
지속적인 유지(maintenance)
서비스 이용 지급방식 개선(payment)

자료: GSMA(2017a) 재구성.

〈표 5-2〉 M4D 프로젝트 내 모바일 지불 서비스 활성화 지원 사업

국가	사업명	사업 내용	공공서비스 공급자	모바일 머니 공급자
파키스탄	Distribution of solar pay-as-you- go in Pakistan	Pay-as-you-go 형태로 태양광 서비스 모바일 머니로 구매하는 시스템 구축	EcoEnergy	UBL Omni
	PAYG energy in Pakistan	Pay-as-you-go 형태로 태양광 서비스 모바일 머니로 구매하는 시스템 구축	Easypaisa	Tameer Bank
캄보디아	Introducing GSM-enabled PAYG solar in Cambodia	Pay-as-you-go 형태로 태양광 서비스 모바일 머니로 구매하는 시스템 구축	Kamworks Limited	WING
나이지리아	Pay-as-you-go solar in Nigeria with MTN	Pay-as-you-go 형태로 태양광 서비스 모바일 머니로 구매하는 시스템 구축	Lumos	MTN Nigeria
케냐	PAYG Solar for small entrepreneurs in Kenya	Pay-as-you-go 형태로 태양광 서비스 모바일 머니로 구매하는 시스템 구축	M-KOPA	Safaricom
르완다	Pay-as-you-go Solar for Entrepreneurs	Pay-as-you-go 형태로 태양광 서비스 모바일 머니로 구매하는 시스템 구축	Mobisol	MTN Rewanda
미얀마	Pilot sales of solar home systems in Myanmar	태양광 에너지 모바일 머니 지불 시스템 구축	Brighterlite	Telenor Myanmar
니제르	Smart prepaid water meters for urban populations in Niamey, Niger	모바일 지불 서비스 통한 수도세 납부 시스템 구축	CityTaps	SEEN (operated by Veolia)
말라위	Using mobile technology to bring innovative payment solutions to peri-urban water supply in Malawi	모바일 지불 서비스 통한 수도세 납부 시스템 구축	Seasaw	

베닌	mWater™ Services to Improve Rural Water Service Perfomance in Benin	모바일 지불 서비스 통한 수도세 납부 시스템 구축	mWater™	MTN, AFEB
마다가스카르	A Better Service: the Loowatt ICT Sanitation Platform	모바일 지불 서비스 통한 쓰레기 처리비용 납부 시스템 구축	SAMVA Municipal Waste Treatment Facility, Pit Emptiers' Association	

〈표 5-2〉는 UK DFID가 M4D 프로젝트를 통해 모바일 머니 서비스 구축 지원 중인 대표적인 12개국에 대한 사업 내용과 수여기관들을 정리한 것이다. 〈그림 5-9〉에서도 확인할 수 있듯이 DFID는 공공서비스 공급체인 개선을 위해 모바일 지불 서비스 시스템 구축에 역점을 두고 있다는 것을 확인할 수 있다. GSMA가 2017년도에 발간한 리포트에 따르면 ① 전기세, ② 수도세, ③ 쓰레기 처리비의 3가지 공공서비스 사업 분야에 지원이 이루어지고 있었다(GSMA, 2017).

또한 DFID는 M4H(Mobile for Humanitarian Programme)를 운영하고 있는데, 이 프로그램 또한 모바일 머니 서비스 확산을 지원한다. M4H는 모바일 기술을 통해 인도주의적 지원을 가속화하는 것에 목적을 두고 있으며, 이 사업은 크게 4가지 분야에 방점을 두고 있다. 그중 하나가 "모바일 금융 서비스"의 확대로, 이 프로젝트를 통해 취약 계층이 모바일로 금융서비스를 사용하도록 유도하여 금융 자주권과 탄력성을 가질 수 있도록 하는 것이 목표다. 이 프로젝트는 위의 M4D 프로그램과 유사해 보일 수 있으나 빈곤층, 난민, 도서산간 지역 거주민 등 취약 계층을 중심으로 사업이 진행된다는 차이가 있다. 특히 여기서 모바일 금융 서비스는 단순히 금융 포용성을 증대시키는 데서 끝나는 것이 아니라 금융 접근성을 확대시킴으로써 취약 계층이 인도주의적 위기 상황에 놓였을 때 이를 극복할 수 있는 능력을 증대시킨다는 데 궁극적인 목적이 있다. 모바일 머니 서비스를 통해 높아진 금융 접근성이 취약 계층의 경제적 자립성을 높이는 데 기여할 수 있도록 하는 것이다. 또한 UK DFID는 보조금을 지원하는 동시에, 모바일 금융 서비스를 효과적으로 개발하고 구축할 수 있는 가이드북을 만들어 니제르, 우간다, 요르단, 시에라리온 등의 국가에 배포하여 사업 효과성 증대를 기하고 있다.

3) 민간 부문

민간에서의 모바일 머니 지원은 위에서 서술한 정부기관에 비해 전 방위적으로 이루어지기보다는 금전적 지원이나 연구적 성과에 집중하는 경향성이 있다. 아래에서 살펴볼 두 단체는 BMGF와 GSMA로 두 기관 모두 민간 단체이지만 서로 주력으로 집중하는 부분이 다르다.

(1) Bill & Melinda Gates Foundation의 모바일 머니 사업

BMGF는 미국의 민간 재단으로 모바일 머니 확산을 위해 꾸준한 지원을 이어 오고 있다. BMGF는 자체적으로 "빈곤 계층을 위한 금융서비스 프로그램(Financial Services for the Poor Program)"을 수립하고, 궁극적으로 빈곤 계층이 다양한 금융서비스를 이용할 수 있도록 지원하고 있다. BMGF는 모바일 금융 서비스가 타 금융서비스에 비해 낮은 가격으로 빈곤 계층에 공급될 수 있을 것으로 보고, 모바일 머니 보급 사업에 더 큰 관심을 갖고 여러 사업을 진행 중이다.

BMGF는 개발도상국 내 다양한 기관들과의 협력을 통해 모바일 머니를 통한 금융 포용성 확대에 기여하고 있으며, 많은 투자를 하고 있다. 우선 BMGF는 이동통신 사업자들에게 전폭적인 지원을 하고 있다. 2010년에 모바일 머니 M-Pesa Tanzania의 성공적인 도입을 위해 BMGF는 Vodacom Tanzania에 420만 달러를 지원했고[16], 지진으로 인해 금융 인프라가 황폐화된 아이티 지역의 이동통신 사업자 중 하나인 Digicel에 250만 달러를 지원함으로써 모바일 머니를 통한 아이티 금융시장의 빠른 정상화에 기여하고자 했다.[17] 이 밖에도 현재 BMGF는 방글라데시, 인도, 나이지리아, 파키스탄, 인도네시아, 아이티, 탄자니아 등 세계 전역에 모바일 머니 서비스 공급을 위해 방대한 금액을 지원하고 있다.

BMGF는 직접적인 현지 투자만이 아니라 모바일 머니의 효과적인 도입 및 발전을 위해 연구기관과의 협력도 지속적으로 진행하고 있다. 모바일 머니의 사용이 개발도상국 내 사용자의 경제활동에 어떤 영향을 미쳤는지 확인하기 위해 캘리포니아 어바인 대학교(University of California Irvine)에 170만 달러를 연구 목적으로 투자했고[18], 또한 아이티의 빈곤 계층에게 모바일 머니 서비스를 효과적으로 제공할 수 있는 방안을 고안하기 위해 캘리포니아 데이비스 대학교(University of California, Davis)에는 10만 달러를 지원했다.[19] BMGF는 모바일 머니의 성공적인 확산을 위해 직접적인 투자는 물론 이를 촉진시킬 수 있는 다양한 활동을 함께 지원하고 있다.

---

16) https://www.gatesfoundation.org/Media-Center/Press-Releases/2010/11/Vodacom-gets-US-48-Million-to-Expand-MPesa-Services(검색일: 2019.12.5)

17) https://www.gatesfoundation.org/Media-Center/Press-Releases/2011/01/Foundation-and-US-Government-Give-25-Million-Prize-for-Transforming-Banking-Sector-in-Haiti(검색일: 2019.12.5)

18) https://www.gatesfoundation.org/Media-Center/Press-Releases/2008/09/UCI-Mobile-Banking(검색일: 2019.12.5)

19) https://www.gatesfoundation.org/How-We-Work/Quick-Links/Grants-Database/Grants/2016/04/OPP1150679(검색일: 2019.12.6)

(2) GSM Association의 모바일 머니 사업

GSMA(GSM Association)는 이동통신 사업자들이 모여서 만든 일종의 산업 협회로, 이동통신 사업자들의 이익을 대변하는 역할을 하고 있다. 언뜻 보기에는 개발협력과 관련이 없는 기관으로 느껴질 수 있으나 모바일 머니 산업에서 이동통신 사업자들의 역할을 돌이켜 보면, GSMA가 개발도상국 내 모바일 머니 확산을 위해 지원하는 개발협력 사업들은 충분히 납득이 가능하다. GSMA는 모바일을 통한 금융 포용성 증대를 목표로 삼되, 동시에 이동통신 사업자들의 이익 증대와 사회적 가치 실현을 동시에 추구하고 있다고 볼 수 있다.

이들의 개발협력 사업은 주로 이동통신 사업자들이 성공적으로 모바일 머니 서비스를 개발도상국 내에 제공할 수 있도록 하는 데 집중되어 있다. GSMA는 실제로 개발도상국 내 이동통신 사업자에게 지원금을 후원하는 방식으로 협력 사업을 진행하기도 하지만, 이동통신 사업자들을 대표해 다른 정부기관 및 민간 단체들과 함께 실제 개발도상국 내 모바일 머니 공급 시스템 구축 및 개발 사업을 수행하는 역할을 담당하기도 한다. 예컨대 현재 UK DFID에서 진행 중인 M4D 사업은 GSMA와 파트너십을 통해 진행되고 있으며[20], 또한 BMGF에서 보조금을 받아 이를 바탕으로 여러 가지 사업을 수행하고 있다.

무엇보다 이들의 역할이 중요한 이유 중 하나는 이들이 꾸준하게 모바일 머니 서비스와 관련된 다양한 연구를 진행하여 모바일 머니 서비스를 구축하거나 개발해야 하는 이동통신 사업자들이나 이 공급 체인에 관련된 사업자들이 참고할 만한 가이드라인과 정보를 제공하는 싱크탱크의 역할을 하고 있다는 것이다.[21] GSMA에서는 아프리카부터 동남아시아까

---

20) https://devtracker.dfid.gov.uk/projects/GB-1-203804(검색일: 2019.12.6)

지 수많은 개발도상국들의 모바일 머니 발전과 관련된 리포트를 꾸준히 발간하고 있으며 이를 둘러싼 규제 환경이나 이슈에 대해서도 블로그를 통해 최신 동향을 꾸준히 업데이트 하고 있다.[22]

5. 결론

이 글에서는 ICT 기술을 기반으로 탄생한 모바일 머니가 개발도상국의 금융 포용성 증대에 미치는 영향에 대해 정리하고, 궁극적으로 모바일 머니 서비스의 사용이 취약 계층에게 어떤 결과를 가져다주었는지 살펴보았다. 또한 선진국들의 실질적인 개발협력 사례를 통해 모바일 머니 서비스 확산을 위한 지원 방식과 사업 결과에 대해 서술했다.

모바일 머니를 통한 개발도상국의 금융시장 발전은 단순히 개발도상국의 경제 발전에만 영향을 미치는 것이 아니라 공여국의 입장에서도 이익이 되는 시장으로 변화해 가고 있다. 실제로 미국과 영국 같은 금융 선진국들이 모바일 머니 확산과 관련하여 정부 차원의 다양한 개발협력 사업을 진행한 이후 미국과 영국 국적의 금융 기업들이 개발도상국, 특히 아프리카의 핀테크 시장에 적극적으로 진출하여 아프리카의 금융 포용성 확대와 더불어 사업적 성공을 거두고 있다. 하지만 몇몇 공격적인 핀테크 기업들의 진출로 개발협력의 관점에서 벗어난 사례들이 나타나고 있어 이를 제어하기 위한 개발도상국 내 적절한 규제와 법규들에 대한 연구 필

---

21) https://www.gsma.com/mobilefordevelopment/mm-resources-page/ (검색일: 2019.12.6)

22) https://www.gsma.com/mobilefordevelopment/blog-2/?post_cats=mobile-money(검색일: 2019.12.6)

요성도 대두되고 있다. 그만큼 개발도상국 내 모바일 머니 관련 산업이 뜨거운 시장이라는 반증이기도 하다.

개발도상국 내 모바일 머니의 괄목할 만한 성장과 그 영향력은 현재 한국의 개발협력 사업에 대한 새로운 관점을 제시해 준다. 중국 알리바바 그룹의 산하기업인 Ant Financial은 중국에서 비약적인 성공을 거둔 알리페이(Alipay) 서비스를 2023년까지 남미, 아프리카, 동남아시아, 인도에 확장시킬 것이라 발표하고 바쁜 걸음을 옮기고 있다. 한국의 금융시장 또한 이미 다양한 형태의 모바일 머니 서비스 및 핀테크서비스를 제공하고 있으며, 그 서비스의 질 또한 상당히 높은 수준이다. 그렇기 때문에 아직 한국 내에서 금융서비스와 관련한 개발협력 사업을 진행한 적은 없지만, 한국이 가진 강점을 생각해 보았을 때 모바일 머니와 관련한 개발협력 사업은 충분히 고려해 볼 만한 가치가 있다. 메신저를 통한 네트워크를 기반으로 몸집을 키워 온 한국형 핀테크 상품인 네이버페이와 카카오페이가 한국 시장을 넘어 대만, 태국, 마카오에 안착했다. 이들이 한국형 모바일 머니 개발협력 사업의 새로운 시작이 될 것이라 기대해 본다.

참고문헌

✳ 해외 문헌

Armendariz, B. and J. Morduch. 2005. *The economics of microfinance*. Cambridge: MIT Press.

Atkinson, A. and F. A. Messy. 2013. Promoting financial inclusion through financial education: OECD/INFE evidence, policies and practice.

Buku, M. W. and M. W. Meredith. 2012. "Safaricom and M-Pesa in Kenya: financial inclusion and financial integrity." *Washington Journal of Law, Technology & Arts*, 8, p.375.

Burgess, R. and R. Pande. 2005. "Do rural banks matter? Evidence from the Indian social banking experiment." *American Economic Review*, 95(3), pp.780~795.

CAK. 2018. *Second Quarter Sector Statistics Report For The Financial Year 2018/ 2019*. Nairobi: Communications Authority of Kenya.

Davidson, N. and P. Leishman. 2010. *Incentivising a Network of Mobile Money Agents: A Handbook for Mobile Network Operators*. London: GSM Association.

Demirguc-Kunt, A. and L. Klapper. 2012. *Measuring financial inclusion: The global findex database*. The World Bank.

FHI 360. 2013. *MMAP: Mobile Money Accelerator Program*. North Carolina: FHI 360.

FHI 360. 2016. Guide to the Use of Digital Financial Services in Agriculture. North Carolina: FHI 360.

Grohmann, A., T. Klühs and L. Menkhoff. 2018. "Does financial literacy improve financial inclusion? Cross country evidence." *World Development*, 111, pp.84~96.

GSMA. 2012. *Mobile Money in the Philippines – The Market, the Models and Regulation*. London: GSM Association.

GSMA. 2017a. *Mobile for Development Utilities Programme: Catalogue of Grantees*. London: GSM Association.

GSMA. 2017b. *2017 State of the Industry Report on Mobile Money*. London: GSM Association.

Hastings, J. S., B. C. Madrian and W. L. Skimmyhorn. 2013. "Financial literacy, financial education, and economic outcomes." *Annual Review of Economics*, 5, pp.347~373.

Howell, G. 2012. *Six Degrees of Mobile Money in Afghanistan*. Washington D.C: United

States Agency for International Development.

Johnson, S. and S. Arnold. 2012. "Inclusive Financial Markets: Is Transformation Under Way in Kenya?" *Development Policy Review*, 30(6), pp.719~748.

Kirui, O. K., J. J. Okello, R. A. Nyikal and G. W. Njiraini. 2013. "Impact of mobile phone-based money transfer services in agriculture: evidence from Kenya." *Quarterly Journal of International Agriculture*, 52(892-2016-65177), pp.141~162.

Levine, R. 1999. *Financial development and economic growth: views and agenda*. Washington D.C: World Bank.

Levine, R., N. Loayza and T. Beck. 2000. "Financial intermediation and growth: Causality and causes." *Journal of monetary Economics*, 46(1), pp.31~77.

Miller, M. J., N. Mylenko and S. Sankaranarayanan. 2009. *Financial Infrastructure: Building Access Through Transparent and Stable Financial Systems*. Washington D.C: World Bank.

Munyegera, G. K. and T. Matsumoto. 2016. "Mobile money, remittances, and household welfare: panel evidence from rural Uganda." *World Development*, 79, pp.127~137.

Murendo, C., M. Wollni, A. De Brauw and N. Mugabi. 2018. "Social network effects on mobile money adoption in Uganda." *The Journal of Development Studies*, 54(2), pp.327~342.

Okello Candiya Bongomin, G., J. M. Ntayi, J. C. Munene and C. A. Malinga. 2018. "Mobile money and financial inclusion in sub-Saharan Africa: the moderating role of social networks." *Journal of African Business*, 19(3), pp.361~384.

Omigie, N. O., H. Zo, J. J. Rho and A. P. Ciganek. 2017. "Customer pre-adoption choice behavior for M-PESA mobile financial services: Extending the theory of consumption values." *Industrial Management & Data Systems*, 117(5), pp.910~926.

Silver, L. and C. Johnson. 2018. *Internet Connectivity Seen as Having Positive Impact on Life in Sub-Saharan Africa*. Washington, D.C: Pew Research Center.

Sriram, M. S. 2005. "Information asymmetry and trust: a framework for studying microfinance in India." *Vikalpa*, 30(4), pp.77~86.

Suri, T. and W. Jack. 2016. "The long-run poverty and gender impacts of mobile money." *Science*, 354(6317), pp.1288~1292.

USAID. 2010. *Using Mobile Money, Mobile Banking To Enhance Agriculture in Africa*.

Washington D.C: United States Agency for International Development.

USAID. 2013. *Digital Finance for Development: A Handbook For USAID Staff*. Washington D.C: USAID.

USAID. 2014. *Afghans now pay bills, share funds using "mobile money"*. Washington D.C: United States Agency for International Development.

USAID. 2014. *JORDAN LOCAL ENTERPRISE SUPPORT (USAID LENS) PROJECT*. Washington D.C: United States Agency for International Development.

USAID. 2019. *Digital Finance Country Report: Jordan*. Washington D.C: United States Agency for International Development.

WALDRON, D., C. FRANK, A. SHARMA and A. SOTIRIOU. 2019. *Testing the Waters: Digital Payments for Water and Sanitation*. Washington D.C: CGAP.

World Bank. 2014. *The Global Findex Database 2014: Measuring Financial Inclusion around the World*. Washington D.C: The World Bank Group.

World Bank. 2017. *The Global Findex Database 2017: Measuring Financial Inclusion and the Fintech Revolution*. Washington D.C: The World Bank Group.

＊ 인터넷 페이지

Bill & Melinda Gates Foundation 홈페이지: https://www.gatesfoundation.org/What-We-Do/Global-Growth-and-Opportunity/Financial-Services-for-the-Poor(검색일: 2019.12.1)

United Kingdom Department for International Development 홈페이지: https://devtracker.dfid.gov.uk/projects/GB-1-203804(검색일: 2019.11.28)

The World Bank 홈페이지: https://datacatalog.worldbank.org/dataset/global-financial-inclusion-global-findex-database(검색일: 2019.11.15)

The World Bank 홈페이지: https://www.worldbank.org/en/topic/financialinclusion/brief/achieving-universal-financial-access-by-2020(검색일: 2019.11.15)

6장

협동조합을 통한 개발(C4D)과 ICT4D
개념과 사례

장승권(성공회대학교 경영학부 및 대학원 협동조합경영학과 교수)

조수미(성공회대학교 대학원 협동조합경영학과 박사과정)

1. 서론

이 장의 목적은 협동조합(Co-operative)이 국제개발협력 분야, 특히 ICT4D (Information Communication Technologies for Development)에서 무엇을 어떻게 하고 있고, 할 수 있는지를 설명하고 토론하는 것이다. 이를 위해서 다음 몇 가지 질문으로 글을 시작하려 한다.

협동조합이 ICT4D 사업을 성공적으로 실행하는 데 훌륭한 파트너 혹은 행위 주체인가? 협동조합을 통한 개발(Co-operative for Development: C4D)을 성공시키기 위해 ICT가 필요한가? C4D와 ICT4D는 유사한 측면이 있는가? 무엇이 비슷하고, 무엇이 다른가? 개발도상국 협동조합(농협, 신협 등)이 농촌 개발이나 빈곤 문제를 해결하는 데 ICT를 이용하여 성공한 사례가 있는가? 그들은 어떻게 성공했는가? 협동조합을 대상으로 ICT4D를 실행한 사업에는 어떤 것이 있는가? 협동조합은 ICT를 어떻게 이해하고 활용하는가? 협동조합이 ICT를 통해서 개발협력을 하는 사례를 어떻게 분석할 것인가?

　이 장에서 우리가 위의 질문에 대한 답을 전부 할 수는 없다. 그러나 그 중 몇 가지 질문에 대해서 토론할 것이다. 우리의 핵심 주장은 다음 2가지로 요약할 수 있다. 첫째, 협동조합은 ICT4D의 성공을 위한 좋은 파트너다. ICT4D를 성공시키기 위한 지역 파트너로 협동조합이 효과적이다. 협동조합은 보통의 사람들이 자기 자신의 필요와 욕구를 스스로 해결하기 위해 결성한 사업체다. 그리고 조합원 스스로 민주적으로 통제하는 자발적 단체다. 협동조합은 민주적으로 통제되는 조합원 소유 사업체이기 때문에 개발도상국에서 필요로 하는 ICT 관련 개발과제를 선택하고, 통제할 수 있다. 그래서 개발협력 사업에서 중요한 수혜자가 되면서 동시에 통제 관리자가 될 수 있다.

　둘째, C4D를 성공시키기 위해서 정보통신기술(ICT)이 필요하다. 개발도상국의 빈곤 퇴치와 사회 개발 등을 위한 개발협력 사업을 하는 데 있어서, 협동조합은 오랫동안 중요한 참여자였다. 아시아와 아프리카의 협동조합은 19세기 식민지 시기와 20세기 중반 이후 독립 시기, 근대화 시기를 거치면서 농촌과 도시에서 모두 중요한 개발조직 역할을 수행해 왔다. 특히 20세기 후반, 전 세계가 ICT를 활용해 개발 사업을 하거나, 혹은 탈산업화 흐름에 발맞추어 갈 때, 개발도상국 역시 예외 없이 정보화 흐름에 동참했다. 그리고 그동안 농촌과 도시에서 보통 사람을 위한 자발적 경제조직 역할을 수행해 온 농업협동조합(농협, Agricultural Co-operative), 신용협동조합(신협, Credit Union), 소비자생활협동조합(생협, Consumer Co-operative) 등도 ICT를 적극적으로 활용하고 있다.

　C4D에 ICT를 활용하는 사례는 다양하다. 가장 많이 볼 수 있는 것은 서민 금융을 핵심 사업으로 활동하는 신협의 사업 개발을 위한 ICT 활용이다. 신협이 자신들의 금융 업무를 수행하기 위한 기술로 ICT를 활용하는

것은 필수적이다. 최근에는 인터넷과 모바일을 통한 새로운 사업 확대를 볼 수 있다. 그리고 이는 금융으로부터 소외된 빈곤층이나, 농민 등을 재무적으로 포용하는 사업으로 평가된다. ICT를 통해서 신협의 금융 업무와 조직 운영 투명성을 제고할 수 있게 되었고, 신협의 관리 역량도 강화시켜 주었다.

농협(농촌협동조합과 농민협동조합) 역시 ICT를 활용하고 있다. 다양한 개발도상국의 농협들이 농민소득 증대와 농촌개발 사업에 ICT를 활용하고 있다. 예를 들어, 아프리카 가나의 북부 지역에서는 농업협동조합 생산자들에게 모바일폰과 방송 등 ICT 기술을 통해 농업기술을 교육하고 전파하기도 한다(Karanasios and Slavova, 2019).

이 장의 목적은 C4D와 ICT4D가 서로 많이 다른 것처럼 보이지만, 실은 유사한 점이 많다는 것을 보여 주는 것이다. 협동조합은 조직이고 그래서 C4D는 조직기반 접근인 반면, ICT4D는 기술기반 접근이라고 말할 수 있다. 그러나 둘 다 빈곤 퇴치와 지역 개발을 목적으로 하고 있다는 점은 같고, 서로가 서로에게 도움이 된다.

이 장의 내용 구성은 다음과 같다. 먼저 C4D에 대한 설명을 협동조합의 정의와 원칙 등을 바탕으로 설명한다. 그리고 협동조합에서 ICT를 활용하여 성공적으로 개발 사업을 수행한 사례를 설명한다.

2. 협동조합을 통한 개발(C4D)

이 절에서는 C4D를 설명한다. 이를 위해 먼저 협동조합의 개념과 원칙을 이해하는 것이 필요하다. 협동조합은 주식회사 같은 사업체나 비정부기구(NGO) 같은 단체와는 다르기 때문이다. 조합원이 소유하는 기업이라는 점에서 투자자 소유 기업인 주식회사와 다르고, 사업의 이익이 조합원에게 돌아간다는 점에서 NGO와도 다르다. 협동조합은 조합원들이 필요로 하는 사업을 하는 단체이다. 이러한 특징을 이해해야만, C4D의 특성을 비롯해 이와 관련된 전략과 ICT 활용 전략을 이해할 수 있다.

1) 협동조합 개념과 원칙[1]

전 세계 협동조합의 연합체인 국제협동조합연맹(International Co-operative Alliance: ICA)이 제시한 협동조합의 정의는 다음과 같다. 협동조합은 조합원들이 공동으로 소유하고 민주적으로 통제하는 사업체(a jointly-owned and democratically-controlled enterprise)를 통해서, 조합원 공통의 경제·사회·문화적 필요와 열망(common economic, social, and cultural needs and aspirations)을 충족하고자 자발적으로 결합한 사람들의 자율적 단체이다(an autonomous association of persons united voluntarily). 그리고 협동조합이 추구하는 가치는 자조(self-help), 자기책임(self-responsibility), 민주주의(democracy), 평등(equality), 공정(equity), 연대(solidarity)를 기반으로 한다. 협동조합 조합원은 정직(honesty), 공개(openness), 사회적 책임(social responsibility), 타인에 대한 배려(caring for others)라는 윤리적 가치를 지니고 있어야 한다.

ICA가 1995년에 확정한 협동조합 원칙(Co-operative Principles)은 다음 7가지이다. 이 원칙은 협동조합이 자신의 가치를 실천하는 지침이며, 협동조합 정체성의 근간이기도 하다.

첫째 원칙은 자발적이고 개방적인 조합원 제도(Voluntary and Open Membership)이다. 협동조합은 자발적인 조직이다. 협동조합의 서비스를 이용할 수 있

---

[1] 이하 내용은 국제협동조합연맹(2015) 자료를 번역한 한국협동조합협의회(2017)를 참고.

고, 조합원의 책임을 받아들일 의지가 있다면 성·사회·인종·정치·종교에 따른 차별을 하지 않고 모든 사람에게 열려 있어야 한다.

둘째 원칙은 조합원의 민주적 통제(Democratic Member Control)이다. 협동조합은 조합원에 의해 통제되는 민주적 조직이다. 조합원은 정책 수립과 의사 결정에 적극적으로 참여한다. 그리고 선출직으로 활동하는 대표자들은 조합원에게 책임을 다해야 한다. 협동조합의 조합원은 동등한 투표권(1인 1표)을 갖는다. 또한 협동조합 연합체도 민주적 방식으로 조직된다.

셋째 원칙은 조합원의 경제적 참가(Member Economic Participation)이다. 조합원은 협동조합의 자본 조달에 공정하게 기여하고 민주적으로 통제한다. 자본금의 일부는 조합의 공동 자산으로 한다. 조합원 자격을 얻기 위해 납부하는 출자금에 대한 배당이 있는 경우에도 보통은 제한적인 배당만을 받는다. 조합원은 다음 몇 가지 목적을 위해 잉여금을 배분한다. 잉여금의 일부는 분할할 수 없는 준비금 적립을 통해 배분한다. 그리고 협동조합을 발전시키기 위해 배분하고, 협동조합 이용에 비례하여 조합원에게 혜택을 주기 위해 배분하고, 조합원이 승인한 여타 활동을 지원하기 위해 배분한다.

넷째 원칙은 자율과 독립(Autonomy and Independence)이다. 협동조합은 조합원이 통제하는 자율적이고 자조적인 조직이다. 정부를 포함한 다른 조직과 협약을 맺거나 외부에서 자본을 조달하고자 할 경우, 조합원의 민주적 통제가 보장되고 협동조합의 자율성이 유지될 수 있는 조건 아래서 이루어져야 한다.

다섯째 원칙은 교육, 훈련, 정보 제공(Education, Training, and Information)이다. 협동조합은 조합원, 선출직 대표, 경영자, 그리고 직원이 협동조합의 발전에 실질적으로 기여할 수 있도록 교육과 훈련을 제공한다. 협동조합은 일반 대중, 특히 젊은 세대와 여론 주도층에게 협동조합의 본질과 혜택에 대한 정보를 제공해야 한다.

여섯째 원칙은 협동조합 간의 협동(Cooperation among Co-operatives)이다. 협동조합은 지역, 국가, 글로벌 차원의 조직들과 협력하여 조합원에게 효과적으로 봉사하고 협동조합 운동을 강화한다.

일곱째 원칙은 커뮤니티 관여(Concern for Community)[2]이다. 협동조합은 소규모 지역사회는 물론, 글로벌 사회를 포함하는 다양한 규모와 형태의 커뮤니티가 지속가능한 발전을 할 수 있도록 지원하는 활동을 해야 한다.

이상의 협동조합 개념과 가치, 원칙은 모두 C4D의 기본 개념을 정립하고, 실제 사업을 평가하는 데 중요한 준거가 된다.

2) 협동조합을 통한 개발(C4D)

협동조합의 개념, 가치, 원칙을 이해한 바탕 위에서 C4D를 이해해 보자. 무엇보다 먼저, C4D가 성공적이었는가 하는 질문부터 해 보자. 국제개발협력에서 협동조합을 통한 개발에는 많은 사례가 있다. 제2차 세계대전 이후 독립한 국가의 경제사회 개발을 위하여 선진국(유럽과 북미) 협동조합은 개발도상국 협동조합을 많이 도와주었다.

1950년대 한국의 농협과 신협은 선진국 협동조합 모형을 학습하여 적용한 성공 사례로 인정받고 있다. 한국의 농협은 1960년대 초반 다목적협동조합(Multi-purpose Co-operative)으로 설립되었다. 이전의 농협과 농업은행을 통합하여, 농업 경제사업과 은행 신용업무를 동시에 수행하는 통합 모형

---

2) 한국협동조합협의회(2017)가 'Community'를 '커뮤니티'로 번역하여 사용했는데, 그 이유는 여기 제7원칙에서 말하는 '커뮤니티'가 단지 소규모 지역사회만을 지칭하는 것은 아니기 때문이다.

으로 발전했다. 이는 인도-영국 모형을 기반으로 발전시킨 것이다. 그리고 한국의 신협은 1950년대 말부터 캐나다의 신협으로부터 배운 역사가 있다.

한국처럼 해외 농협과 신협 모형을 도입하여 성공시킨 사례가 다수 있다. 그러나 모든 C4D가 성공적이었다고 말하기는 어렵다. 수많은 아프리카와 아시아의 신생 독립국가에서 식민지 시기부터 존속되어 온 협동조합이 있었지만, 이들이 독립 이후에 신생국의 개발 수행자 역할을 잘했다고 말하기는 어렵다(Birchall, 2011).

C4D의 목표는 무엇인가? 원래 19세기 영국과 독일 등 서유럽 국가에서 발전하기 시작한 협동조합의 설립 목적은 분명하다. 공장 노동자와 농촌 농민의 빈곤을 해결하고, 더 나은 삶을 추구하는 경제 사업체로 탄생한 것이다. 즉, 협동조합은 현재 개발협력 사업의 중요한 목표인 빈곤 퇴치와 사회와 인간 개발 등의 문제 해결과 동일한 미션을 갖고 있다. 구체적으로 말하면, 농촌과 도시의 빈곤 계층에게 필요한 자금 지원을 용이하게 하고, 지역 개발을 할 수 있는 인력을 양성하여 지역 자립을 돕고, 농촌과 도시에서 좋은 일자리를 창출하고, 여성과 청년의 역량을 강화시켜서 더 나은 삶을 영위할 수 있게 하는 것이 C4D의 목표다.

이러한 C4D의 특징은 무엇인가? C4D는 민간의 자조 경제조직인 협동조합을 통한 농민, 주민, 시민의 역량 개발을 중시한다. 이런 측면에서 협동조합은 지난 19세기 초반부터 현재까지 200년간 역사적으로 성공적인 사례였다. 국제적으로 C4D를 지원해 주는 전문기관이 많이 있다. 이들 기관은 협동조합 관련법과 정책의 지원을 중요시한다. 제도와 정책의 중요성을 강조하는 것이다. 개별 협동조합만이 아니라 협동조합 연합체를 지원하는 것도 중시한다.

그런데, C4D의 목적을 달성하는 데는 여러 제약요인이 따른다. 실제로 개발도상국에서 C4D를 실행하기 어려운 요소는 다양하다. 무엇보다 개발도상국의 주민과 시민들의 상호 신뢰를 구축하는 것이 어렵다. 즉, 사회적 자본이 부족하다는 점이 제약 요소이다. 그리고 개발도상국에 협동조합을 운영·관리하는 능력을 갖춘 인력도 많이 부족하고 개발도상국의 경제적·정치적 상황이 불안정하다는 점도 큰 어려움이다.

C4D를 추진하기 위한 전략은 무엇인가? C4D 추진 목표는 무엇보다 조합원의 자조 역량을 개발하는 것이다. 그리고 민주적 통제 역량을 개발하는 것이 중요하다. 이러한 목표를 달성하기 위하여 몇 가지 전략이 제시되고 있다. 협동조합 법·제도를 개혁하는 전략, 연합 조직 네트워킹 전략, 협동조합 교육기관 개발 전략, 소득 증대를 위한 가치사슬 개선 사업과 신용사업 추진 전략, 농촌 지도사업 전략, 그리고 C4D 성공사례 확산 전략 등이 있다.

ICA의 협동조합 7원칙은 위에서 설명한 C4D의 목표, 특징, 전략과 밀접하게 연결된다. 제5원칙은 협동조합이 협동조합의 발전을 위해 조합원, 경영자, 직원 등을 교육하고 훈련하는 데 노력하게 한다. 협동조합 내부 구성원들을 위한 교육과 훈련은 조합원의 민주적 통제(제2원칙)를 가능하게 하고, 조합원의 경제적 기여(제3원칙)를 이끌어 낼 수 있다. 이를 통해 강화된 조합원의 역량과 조합의 경제적 독립은 제4원칙인 협동조합의 자율과 독립을 가능하게 한다.

그뿐만 아니라, C4D에는 선진국의 협동조합 연합 또는 세계 협동조합 연합들이 참여하는데, 이는 협동조합 원칙 중 제6원칙인 협동조합 간의 협동을 위한 실천 사례로 대표된다. 유럽의 협동조합 개발기관들은 C4D를 위한 네트워크를 형성하고 관련 정책을 만들기 위한 실천을 시작했다. 이들은 협동조합 간 협동을 기반으로 개발도상국 협동조합 개발을 위해 힘쓰고 있다.

협동조합은 조합원뿐만 아니라 협동조합이 속한 지역의 발전에 기여하는 노력도 하는데, 협동조합의 조합원이 지역사회의 구성원이며, 지역이 발전해야 협동조합도 지속가능한 발전을 할 수 있기 때문이다. 이는 제7원칙에 해당되는 것으로, 국가에 상관없이 많은 협동조합들이 이 원칙을 실천하고 있다.

C4D를 수행하는 데, 사람이 중요하고, 특히 조합원의 자발적 노력과 역량이 중요하다고 강조했다. 그렇다면 협동조합들이 실제로 ICT를 어떻게 활용하고 있고, 활용하는 것이 좋을지 실제 사례를 통해서 알아보자.

3. 협동조합의 ICT4D 사례

2절에서는 C4D를 설명했다. 3절에서는 협동조합의 ICT4D 사례를 설명하겠다. 협동조합의 ICT4D를 이해하기 위해서는 협동조합의 개념이 다시 한 번 강조되어야 한다. 협동조합은 조합원의 경제적·사회적·문화적 필요를 충족하기 위한 단체이며, 동시에 조합원이 공동 소유하고 민주적으로 통제하는 사업체이다. 그렇기 때문에 협동조합에서 ICT를 도입하여 활용할 때, 경제적 가치 창출만을 위한 도구로 사용하지는 않는다. 그에 못지않게 문화적이며 사회적 필요와 가치를 창출하기 위한 역할이 중요하다. 즉, ICT를 이용한 소득 증대뿐 아니라, 조합원의 경영관리 역량, 민주 역량, 자조 역량, 여성과 청소년의 역량 개발 등이 중요하다. 이러한 협동조합의 특징과 목적 등을 고려하여 ICT4D 사례를 찾아서 설명하는 것이 3절의 내용이다.

개발도상국에는 다양한 유형의 생산자협동조합(농협, 수협, 축협, 산림협동조합, 소상공인사업자협동조합 등)이 있다. 이들 협동조합이 조합원들의 다양한 경제적·사회적·문화적 요구를 충족시키는 데 ICT가 기여할 수 있고, 이러한 여러 유형의 협동조합을 돕기 위해 활동하는 선진 공여국의 많은 협동조합개발 단체들이 ICT 활용에 관여하고 있다.

대표적인 국제협동조합 개발협력 지원기관으로 미국의 NCBA CLUSA (National Cooperative Business Association CLUSA International)를 들 수 있다. 미국 협동조합 연합체인 NCBA CLUSA는 개발도상국 협동조합 지원을 위해 ICT를 활용하고 있으며, 주로 농업과 축산업 등을 중심으로 지원하고 있다.

NCBA가 ICT를 활용하여 개발도상국 협동조합을 지원하는 사례는 다양하다. 모잠비크에서는 소규모 농업 생산자들에게 모바일과 라디오 프로그램을 통해 식량 안전과 농업기술에 대한 정보를 전달한다. 이 사례는 2016년부터 2019년까지, 국제개발협력 지원기구인 USAID, UKaid, IFAD, Bill & Melinda Gates Foundation의 지원을 받아서 수행되었다.[3] 소규모 농민들은 좋은 농업기술과 실천에 대한 접근이 어렵고, 기존의 방법으로는 매우 제한적인 정보들만 얻을 수 있어 농업 생산성이 계속 악화되어 식량안보 위험에 노출되어 있었다. 그러나 모바일과 라디오를 통해 새로운 농업기술과 실천뿐만 아니라 시장에 대한 정보가 전달되면서, 소규모 농민들이 그들의 생산성을 높이고 시장에 더 접근할 수 있게 되었다.

에티오피아에서는 협동조합을 통해 ICT 사용과 접근을 확대하는 사업을 했다. CCI(Communications Cooperative International)가 파트너로 참여하여, 90개 ICT 센터를 지원하고 교육과 역량 강화 프로그램을 제공했다. 이 사업은 2010년부터 2019년까지 미국 USAID의 지원을 받아서 수행되었다.[4]

---

3) https://ncbaclusa.coop/blog/the-most-popular-radio-show-in-this-mozambican-village-is-changing-the-way-people-farm/(검색일: 2019.12.25)

4) https://ncbaclusa.coop/project/ethiopia-and-nigeria-communications-cooperative-international-ict-project-cci-ict/(검색일: 2019.12.25)

캐나다의 협동조합개발 지원기구인 DID(Desjardins International Développement)의 지원 사례도 많다. DID는 데잘뎅 그룹의 개발협력 부서인데, 데잘뎅 그룹은 캐나다 퀘벡 지역 협동조합 운동을 이끌고 있는 대표적인 협동조합이며, 퀘벡 지역의 개발과 교육에 중요한 역할을 하고 있다. 그들은 지역 발전에 있어 협동조합이 가진 힘을 이해하고 있기 때문에 개발도상국, 특히 프랑스어를 사용하는 국가의 신협들을 지속적으로 지원하고 있다. 대부분의 사업들은 개발도상국 신협의 내부 운영관리시스템과 정보시스템을 개선하고 조합원들의 재무적 포용(Financial Inclusion)을 하기 위해서 모바일을 통한 금융시스템을 보급하고 있다(DID, 2012).

2개의 사례를 소개하고자 한다. 각 사례는 협동조합이 ICT를 개발을 위해 적극적으로 사용하는 사례이며, 서로 다른 영역에서 다양한 방법으로 ICT를 활용하는 것을 보여 준다.

1) 인도의 여성 자영사업자 노동자협동조합 사례(Self-Employed Women's Association: SEWA)

SEWA는 여성 조직화를 통해서 가난하고 불완전고용 상태에 있는 여성 노동자들의 완전고용(Full Employment)과 자립을 목표로 하는 노동자협동조합 성격의 단체다. 완전고용은 노동자들이 노동, 소득, 식품, 사회 안전 등을 얻을 수 있는 상태를 의미한다. SEWA는 모든 가정이 '완전고용'될 수 있도록 여성들을 조직하려고 노력한다.

SEWA는 인도의 노동조합법에 의해 1972년 노동조합으로 설립되었다.[5] 가난한 여성 자영사업자(Self-Employed) 노동자들의 조직이라고 할 수

---

[5] http://www.sewa.org/(검색일: 2019.12.25)

있다. 이들 여성 자영사업자는 그들의 노동 혹은 소규모 사업을 통해 생계를 이어 간다. 그러나 조직된 영역에서 일하는 노동자들이 받는 복지 혜택과 정기적인 임금을 받지 못하고 있다. 인도의 여성 자영사업자들은 보호되지 않은 노동력이라고 할 수 있다. 이처럼 '조직되어 있지 않은 노동자들(Unorganized Workers)'은 인도 전체 노동력의 다수를 차지하고 있다. 특히 인도의 여성 노동자들 중에서는 94% 이상이 비공식 부문의 조직되지 않은 영역에서 일하고 있다. 그들의 노동은 중요하게 다루어지지 않고, 눈에 잘 띄지도 않는다.

SEWA의 조합원 구성을 보자. 2016년 기준으로 SEWA 조합원은 133만 9621명이다. 그중 인도 구자라트(Gujarat) 주의 조합원만 69만 9194명에 달한다. 구자라트 주의 조합원 중에서 육체 노동자와 서비스 제공자가 71.3%, 생산자와 서비스직이 18.7%, 가내수공업자는 9.7%, 그리고 행상인 5.4% 등으로 구성된다.[6)]

SEWA는 ICT와 이를 활용할 수 있는 역량을 발전시켜서 여성들이 생산자와 노동자뿐만 아니라 소유자와 관리자가 될 수 있도록 지원한다. 또한, 가정, 소집단, 공동체 수준에서 자본을 형성하고, 여성들의 행복과 생산성을 강화시켜 취약한 가정경제의 위기를 줄일 수 있도록 사회적 안전망을 강화시키고 있다.[7)]

UN 세계식량농업기구(FAO)도 SEWA의 ICT4D를 주목했다. 이들은 SEWA의 RUDI와 M-Bachat을 협동조합이 ICT를 활용한 대표적인 사례라고 설명했다(Benni and Barkataky, 2018). RUDI는 SEWA에서 설립한 농업회사로 유통, 가공 센터, 포장 등 농민과 소비자를 연결하는 사업을 하고 있다.

---

6) http://www.sewa.org/Movements_Gujarat.asp#Cooperatives(검색일: 2019.12.25)

7) http://www.sewa.org/(검색일: 2019.12.25)

'루디벤(Rudiben)'이라는 배달원이 실제 소비자로부터 주문을 받고 이를 유통·가공을 담당하는 센터에 전달하면, 이에 맞게 가공하여 다시 소비자에게 배달하는 시스템이다.

이 사업에서 핵심은 소비자의 수요 정보를 실시간으로 가공 센터에 보내는 것인데, 사업 초기에는 수기로 이 모든 정보를 전달하다가 이후 SMS, 전화 등으로 처리했다. 그리고 최종적으로 모바일폰을 활용한 어플리케이션을 통해 실시간으로 수요 정보를 입력한다. 이 과정에서 SEWA는 계속해서 어플리케이션을 실제 사용자인 배달원이 활용할 수 있도록 업그레이드했다.

M-Bachat은 SEWA가 조합원의 자산 형성을 위해 자조 소집단(Self Help Group: SHG)을 구성하여 조합원들의 저축을 유도하는 데 사용되는 모바일폰 앱이다. 초기에는 SHG의 리더와 같은 조합원이 직접 소집단 내 각 조합원들을 방문하여 저축액을 받고 장부에 수기로 작성했다. 저축액을 모아 이를 다시 조합에 제출하고 장부를 작성하는 이 모든 과정을 단순화하고 자동화하기 위해서 'M-Bachat'이라는 모바일폰 앱을 만들었다. 이를 통해, SEWA의 SHG는 실시간 저축 정보를 입력하고 이를 투명하게 관리할 수 있게 되었다.

그리고 SEWA는 ICT를 이용하여 협동조합 조합원을 조직화하고 조합원들의 리더십을 육성해 왔다. 조합원 관리부터 시작해서 일자리 창출, 조합원 소득 증대, 협동조합 역량 강화 등에도 ICT 활용 효과가 나타나고 있다. SEWA의 ICT 활용에 대한 연구를 보면, 다음 몇 가지로 활용 성과를 설명할 수 있다(Nathan, 2019).

첫째, SEWA가 ICT를 활용하는 전략은 GVC(Global Value Chain, 글로벌 가치사슬) 내에서의 권력관계를 새롭게 조정하여 재구성하고 GVC 내의 소득을 재분배하는 대항 운동(Counter-Movement)으로 이해할 수 있다. GVC 내에서 개발도상국의 생산자들은 여전히 불리한 하층에 위치해 있으며, 하층으로 갈수록 비조직화되고 가치사슬 내 소득 재분배에 영향을 미치기도 어렵다. SEWA의 조합원 중 수공예 생산자들은 이러한 하층에 위치해 있고, 소비 시장에서 멀리 떨어져 있어 시장 접근성이 좋지 않고, 생산한 물품을 판매하는 과정에서 많은 이득을 얻지 못하고 있었다.

이러한 문제를 극복하기 위해서 SEWA는 ICT와 온라인 소매업(E-Retailing)을 활용했다. 생산자들이 생산한 물품을 판매할 수 있는 플랫폼을 만들고 온라인으로 직접 시장에 접근할 수 있도록 했다. 결과적으로 275만 명 이상 조합원들의 매출이 5~10% 증가했다(SEWA, n.d.).

둘째, 고용의 안정성을 확보했다. 플랫폼 노동자들은 노동시간이 불규칙적이고 생계를 위한 충분한 노동시간을 채우지 못할 수 있는 위험에 노출되어 있다. 이런 경우에는 실제 서비스를 제공하는 노동자들이 플랫폼 내에서의 소득과 일정 노동시간을 보장할 수 있도록 집단적인 행동이 필요하다(Nathan, 2019).

고용의 안정성을 확보하기 위한 SEWA의 전략은 신규 사업과 기존 사업의 확장을 통해 고용을 창출하고, 자영사업자인 여성들을 조직화하여 노동자로서 얻을 수 있는 혜택을 누릴 수 있도록 했다. SEWA는 ICT를 활용하여 전자상거래(E-Commerce), E-Hospitality[8]와 같은 플랫폼을 만들었다. 전자상거래는 자영사업자들이 시장 접근을 용이하게 하여 본인의 제품 생산에 관한 노동시간과 품질을 조정하게 했고, E-Hospitality는 가정의 유휴 자원을 활용하여 추가 소득을 얻으려는 것이다. 플랫폼의 서비스 제

---

8) 가정집 내 남은(여유) 공간을 여행자들이 사용할 수 있도록 공유하는 온라인 플랫폼 (Hum Skb Ek Hai)으로 홈스테이 형식으로 진행하고 있고 에어비앤비(airbnb)와 유사한 형태라고 볼 수 있다(SEWA, n.d.).

공자들은 이 플랫폼을 만든 SEWA의 조합원이기 때문에 노동시간이나 생계를 위해 필요한 비용 등에 대해서 적극적으로 요구할 수 있고, 이를 보장받을 수 있게 되었다.

셋째, 새로운 기술과 함께 기회를 학습하는 것이다. SEWA는 ICT를 조합원이 활용할 수 있게 한다. 만약 조합원이 ICT를 활용할 능력이 없다면 활용할 수 있도록 교육시키며, 최대한 조합원의 환경에 맞는 기술과 소프트웨어를 개발하고 도입했다.

넷째, 국내 가치사슬(Domestic Value Chain)을 강화시켜 소비와 생산이 한 국가 내에서 일어날 수 있도록 한다. SEWA는 가치사슬 내에서 생산에만 집중하는 것이 아니라, 조합원들이 필요로 하는 제품과 서비스를 제공할 수 있도록 국내에서 가치사슬을 만들고, 이 과정에 ICT를 적극 활용했다.

보험(VimoSEWA)은 여성들이 일상에서 마주하는 위험에 대비하여 시작된 사업이다. 점점 늘어나는 조합원들의 수요에 맞춰서 정보 관리를 잘 할 수 있도록 ICT를 통해 전산화와 자동화를 촉진한다. 그리고 많은 수의 보험 계약을 관리할 수 있게 되어 더 많은 조합원들과 보험 계약이 이루어지도록 했다.

또한, SEWA Lol Swasthya Mandali(LSM)와 같은 빈곤층을 위한 건강 관리 프로그램을 태블릿 PC를 이용하여 제공한다. 약국도 운영해 조합원들이 낮은 비용으로 약을 구매하여 건강을 관리할 수 있도록 했다. 이는 조합원에게 필요한 서비스를 제공하면서 내수 시장(보험 사업, 약국 사업 등)에서 고용 창출을 이끌어 낸 사례다.

다섯째, 노동인구 내에서 여성을 위해 더 많은 기회를 제공한다. ICT 활용을 통해서 일자리를 창출한다. 노동자협동조합의 성격으로 시작된 SEWA의 주요 목적은 조합원, 특히 경제적으로 취약한 여성들의 소득 증대와 일자리 창출이었다. 여성들이 자신의 직업을 가지고 생계를 이어 나갈 수 있도록 하는 것이 중요한 과제다. SEWA가 ICT를 활용하는 과정에서 창출한 일자리는 다양하다. 사업과 관련된 직접고용 형태로 ICT를 활용할 수 있는 젊은 세대를 고용하고, 간접고용 형태로 ICT로 인해 사업이 확장되면서 더 많은 인력을 고용했다.

여섯째, 기술혁신 수용을 위한 보편적인 사회안전망 역할을 한다. SEWA에서는 새로운 기술에 대한 저항을 해결한 과정이 있었다. 은행 (Mahila SEWA Cooperative Bank) 전산화의 경우, 초기에 은행 직원들이 전산화가 자신들의 생계에 위협이 될 수 있을 것이라는 우려와 저항이 있었다. 그러나 경영진의 지속적인 설득과 교육, 그리고 협동조합의 목적인 일자리 보장을 확인시키고 설득하는 과정이 있었다. 이후 직원들은 ICT 활용을 받아들였고, 결국 은행 고객인 협동조합 조합원들이 ICT를 더 적극적으로 활용할 수 있도록 했다.

SEWA 사례에서 협동조합이 ICT를 개발에 활용하여 얻게 되는 장점을 볼 수 있다. 이를 요약하면 다음과 같다. 첫째, 협동조합의 조합원 관리가 용이하다. 조합원 데이터의 전산화를 통해서 협동조합 리더들이 조합원을 더 긴밀하고 정확하게 관리할 수 있다. 태블릿 PC를 가지고 직접 조합원을 만나는 과정에서 데이터를 처리하게 되었다. 이 과정에서 조합원들은 리더들과 직접 대면할 수 있게 되고, 리더들은 조합원들을 관리하는 역할을 할 수 있게 되었다.

둘째, 젊은 세대를 협동조합으로 유입시킬 수 있다. SEWA의 조합원들이 거주하는 대다수 지역은 도심으로부터 멀리 떨어진 고립된 오지다. SEWA가 ICT를 협동조합 내 운영 과정과 사업에 도입하면서 새로운 기술을 빠르게 학습할 수 있는 젊은 세대의 도움이 필요했다. 젊은 세대가 협동조합에 들어오면서, 나이 많은 조합원들의 ICT 활용을 돕는 역할을 담당하게 되었다. 이 과정에서 협동조합 내 세대 간 역할이 자연스럽게 정립되었다. 그 결과, 서로 협력해 참여하게 되었다. 이는 젊은 세대가 도시로 이주하는 것을 막고, 오히려 농촌 지역으로 다시 불러들이는 역할을 하게 되었다.

셋째, 자료 전산화를 통한 협동조합 운영의 효율성과 투명성을 증대시킨다. 먼저 효율성 증대를 보자. 보험, 건강 관리 프로그램, 약국의 재고 관리, 제약 공장의 생산 관리는 SEWA가 많은 수의 조합원들에게 서비스를 제공할 수 있도록 ICT를 활용하여 효율성을 증대한 사례들이다. 조합원을 위한 휴대전화 앱도 협동조합이 조합원 관리를 효율적으로 할 수 있도록 하고, 비효율적인 서류처리 과정을 줄인 사례다. 다음으로, 투명성 제고를 보자. SEWA의 조합원 명부와 조합원과 하는 모든 거래는 전산화되고 있다. 특히, 조합원의 명부가 투명하게 관리되기 때문에 협동조합의 권역별·지역별 리더들은 조합원을 관리하고 조합원들과 좋은 관계를 맺을 수 있게 되었다. 조합원들은 이를 기반으로 협동조합 리더들을 더 신뢰하게 되었다.

2) 세계신용협동조합연합회의 ICT 활용 사례

세계신용협동조합연합회(World Council of Credit Unions: WOCCU)는 118개 국가의 약 8만 5천 개의 신용협동조합이 모인 신협연합회다. 이들은 '재무적 포용'을 목표로 많은 국제개발협력사업을 지원하고 수행한다.[9] 개발도상국의 신협을 지원하는 방법은 국가의 신용협동조합 관련법 개선과 같은 제도 지원, 재무적 포용을 위한 금융 상품을 개발하거나 신협의 관리 역량을 강화하는 사업 지원이 있다.

---

9) https://www.woccu.org/programs/approach(검색일: 2020.1.14)

개발도상국의 소농민, 자영업자, 여성들은 기존의 금융시스템에 진입할 수 없는 경우가 많고, 하나의 지점이 지리적으로 넓은 범위에 퍼져 있는 주민들에게 서비스를 효과적으로 제공하는 것은 어렵기 때문에, 농촌지역으로 갈수록 금융기관에 대한 물리적 접근성이 매우 떨어지게 된다. 그럼에도 불구하고 저축을 통한 자산 형성, 소액 대출을 통한 소득 증대는 개발도상국의 발전을 위해 중요한 이슈이며, 선진국의 신협들도 역사적으로 비슷한 문제를 해결하기 위해 시작되었다.

WOCCU는 이러한 문제를 해결하기 위해 ICT를 적극적으로 활용하고 있다.10) 모바일폰을 활용하여 오지에 금융서비스를 제공(Remote Service Delivery)하기 위해, 현지에 맞는 방법을 찾아서 사업에 활용하고 있다(WOCCU, 2012). WOCCU의 사례를 보면, 협동조합이 ICT를 도입함으로써 얻게 되는 장점은 다음과 같다.

첫째, 조합원에게 금융서비스를 더 효과적으로 전달하고 조합원의 사업 이용을 원활하게 하기 위한 신협의 접근성과 범위를 확대하고 있다. '찾아가는 신협(Field Office Banking)'은 신협 직원이 조합원이 있는 오지 마을을 찾아가서 신협서비스를 이용하도록 하는 것인데, 이때 직원은 신규 조합원 등록, 예금 저축, 현금 인출, 소액대출 지원, 상환 업무 등을 스마트폰 등을 이용해 처리한다. 신협 개발사업의 초반에는 직원들이 조합원을 직접 방문하여 수기 장부를 이용해서 처리했지만, ICT를 활용하면서 실시간으로 데이터를 처리하고, 조합원이 이를 바로 확인할 수 있게 되었고, 고액의 현금을 직접 들고 다녀야 하는 위험도 줄었다(WOCCU, 2012).

신협은 조합원들의 저축을 중요하게 생각하는데, 조합원들이 금융서비스를 이용하여 그들의 현금과 소득을 다양한 저축으로 유도하는 전략을

---

10) http://www.woccu.org/programs/approach/access(검색일: 2020.1.14)

사용한다. 찾아가는 은행서비스와 ATM 기기들을 활용하여 조합원들이 그들의 임금 등을 저축 계좌로 전환할 수 있게 해 준다.

둘째, 시장을 변화시키는 데 ICT를 활용했다. WOCCU는 2009년부터 2015년까지 USAID의 지원을 받아 개발도상국 아이티에서 재무적 포용을 위한 사업을 했다. 아이티의 다양한 사업체, 일반 은행, 신협, 소액 금융기관, 결제서비스 제공자 등과 함께 아이티의 생산자와 소규모 사업자들을 위한 사업을 진행했다.[11] 이 사업의 핵심은 다양한 지역 기관들을 통해 재무적 포용을 확장하고, 농업 가치사슬을 개발하며, ICT를 활용한 새로운 제품과 시장을 개발하는 것이었다. 총 28개의 금융기관이 39개의 ICT 도구들을 도입했는데, 농민들은 모바일폰을 통해 금융서비스를 활용하고 농업과 관련된 정보를 얻을 수 있게 되었다.[12]

셋째, 개발도상국의 신협들이 서로 ICT 시스템을 공유하도록 하는 것이다. 지점을 공유하거나, 은행의 핵심 서비스를 공유하고, 지불 플랫폼을 공유하는 방법이다. 앞서 말한 협동조합 원칙 중 제6원칙인 '협동조합 간의 협동'으로 볼 수 있으며, 신협끼리 ICT 시스템을 위한 투자와 사용료 등을 공동 부담하여 비용을 낮출 수 있다. WOCCU는 2004년 에콰도르의 12개 신협(총 92개 지점, 조합원 규모 62만 명)을 모아서 Coonecta라는 네트워크를 만들고 다양한 모바일 금융 서비스에 접근할 수 있는 중앙시스템을 만들었다. 이 네트워크는 서비스 제공자와 거래를 맺으며 서비스 개발과 이용에 드는 비용을 낮출 수 있었다. 이 네트워크는 2014년 보고서 기준으로 70개 신협과 513개의 지점, 그리고 230만 조합원들에게 서비스를 제공하고 있다(WOCCU, 2012).

---

11) http://www.woccu.org/programs/current_programs/haiti/hifive(검색일: 2020.1.14)
12) http://www.woccu.org/programs/approach/access(검색일: 2020.1.14)

신협들이 서로 협력하여 ICT를 활용하는 또 다른 사례는, 아시아 지역의 신협연합회(Association of Asia Confederation of Credit Unions: ACCU)가 인도네시아 신협연합회와 필리핀 신협연합회와 함께 디지털 결제시스템을 개발한 사업이다.[13] 양국의 신협이 조합원들에게 모바일폰을 통한 결제시스템을 제공하여 조합원들이 금융서비스를 더 쉽게 이용하고, 내부적으로는 금융서비스를 자동화하여 재무적 포용과 운영의 효율성과 투명성을 발전시키려고 시작했다. WOCCU는 각 국가의 신협연합회들과 함께 디지털 결제시스템을 개발하기 위한 조사와 연구를 진행하고, 개발 전문업체(Modusbox)와 파트너십을 맺고 결제시스템을 개발한다. 신협은 금융서비스를 이용하지 못하는 조합원들에게도 서비스를 제공해야 하기 때문에 시스템 개발 단계에서 협동조합과 디지털 기술을 모두 고려해야 했다.

신협이 ICT를 다른 유형의 협동조합들보다 적극적으로 받아들이는 이유를 다음 2가지에서 찾을 수 있다. 첫 번째, 금융기관으로서의 투명성에 대한 요구다. 신협은 국가의 금융 제도를 따르고, 회계·감사 등에 대한 기준이 다른 유형의 협동조합보다 엄격하다. 예를 들어, 케냐의 신협들은 금융기관으로서 금융 공시에 대한 압박을 받았다. 그리고 국제회계법과 WOCCU, 국가의 법률은 계속해서 케냐 신협들에게 재무 성과, 기업 거버넌스, 사회적 가치 공개를 요구해 왔다(Mathuca, 2016). 이러한 요구는 실제로 케냐의 신협들이 정보를 투명하게 관리하고, 협동조합의 거버넌스를 건강하게 유지하고 발전시키는 데 도움을 주었다.

두 번째, 재무적 포용에 대한 요구다. WOCCU는 USAID, Bill & Melinda Gates Foundation, UNCDF 등 ODA 기관이나 국제기관의 지원

---

13) http://www.woccu.org/programs/current_programs/gates_foundation(검색일: 2020.1.14)

을 받아 개발도상국의 협동조합을 지원하는 사업을 하고 있으며, 재무적 포용을 위해 신협을 통해서 경제적으로 취약한 조합원들에게 금융서비스를 제공한다. 첫 번째 이유와 마찬가지로 금전적 지원에 관한 사업을 관리하기 위해서라도 정보가 투명하게 관리되어야 함은 물론이고, 금융기관인 신협의 모든 정보가 전자화되고 안전하게 관리되어야 한다. 앞서 말한 DID가 신용협동조합들의 정보시스템을 지원하는 이유도 마찬가지다.

결론적으로, WOCCU의 사례는 개발도상국 신협들이 ICT를 통해서 협동조합의 목적인 재무적 포용을 확대하고, 정보를 전자화하여 투명성과 효율성을 증대시킬 수 있다는 것을 보여 준다.

4. 결론

지금까지 C4D, 그리고 협동조합에서 ICT4D가 일어나고 있는 사례 등을 보았다. 이들 개념과 사례는 모두 협동조합의 개념, 가치, 원칙 등을 기반으로 설명해야 한다. 결론에서는 협동조합과 ICT의 특성을 기반으로 협동조합과 ICT4D에 대한 토론한다.

ICT의 2가지 특성을 설명해 보자. 하나는 자동화(Automating)이고, 다른 하나는 정보 투명화(Informating)이다(Zuboff, 1988). 이러한 특성은 C4D에서 꼭 필요한 점을 다시 생각하게 해 준다. ICT는 조합원이 협동조합을 민주적으로 통제하는 것뿐 아니라, 조합원의 역량 개발과 협동조합의 사업체 성과 증진에도 도움을 준다.

앞서 사례에서 볼 수 있듯이, 조합원의 가입부터 사업 이용이 모바일폰을 통해 입력되면서 이전에는 수기로 작성했던 복잡한 절차들이 자동화되었다. 그리고 언제든 조합원이 요구하거나 운영 관리를 위해 필요한 정보를 열람할 수 있게 되었다. 협동조합의 투명성이 강화된 것이다. SEWA는 조합원 노동자들의 가입 정보부터 사업 이용을 ICT를 통해 정보화하면서 협동조합 전체의 운영 투명성을 강화시켰다. ICT를 통해서 GVC 내의 소득 재분배 효과를 얻게 되었다. 또한 새로운 비즈니스를 창출하여 조합원들의 지속가능한 소득 창출에 ICT를 활용했다. WOCCU는 개발도상국의 신협들이 재무적 포용을 확대하고 은행을 방문할 수 없는 조합원 주민들에게 모바일폰을 활용하여 신용서비스를 이용하게 하고, 관리시스템을 자동화하여 금융기관으로서 투명하게 운영할 수 있게 되었다.

협동조합 조합원의 자발성과 개방성, 그리고 협동조합의 가치인 자조, 자립 등은 ICT를 수용하고 활용하는 데 도움을 줄 수 있다. 협동조합의 독특한 특징이 ICT4D에 기여한다. 동시에 ICT는 협동조합 사업을 발전시키는 데 도움을 준다. 그리고 ICT는 협동조합의 자발적 공동체 가치를 지키는 힘을 보탠다. 이처럼 협동조합과 ICT는 긍정적으로 상호 작용한다. 그래서 ICT를 이용해 협동조합이 개발협력 사업을 하는 것이 의미 있다고 생각한다.

이러한 주장을 실제 사례를 통해서 보여 주었다. 농협과 신협 등 협동조합은 ICT 도입과 활용을 통해 소득 증대나 생산성 향상을 이룬다. 그뿐 아니라, 협동조합은 ICT를 도입하고 활용하여 인력 개발, 특히 여성인력 개발을 이루고 협동조합 조합원 역량의 질적 변화를 시도하고 있다.

협동조합은 ICT를 도입하여 활용하면서, 사업체와 단체로서의 양적 확장과 질적 변화를 이끌고 있다. 이 2가지 변화가 동시에 일어나고 있음을 인도 노동자협동조합인 SEWA 사례에서 볼 수 있다. ICT는 협동조합의 사업체 성과 향상에도 기여하고, 조합원의 인력 개발과 협동조합의 민주적 운영과 통제에도 영향을 주었다.

ICT를 통해서 협동조합의 민주적 운영 등 조직 변화를 볼 수 있다면, 즉

ICT 활용이 협동조합의 사회적 성과 증진도 보여 준다면, 일반적인 ICT 활용 목적인 생산성 향상과 사업체 성과 증진만이 아니라 다른 측면도 보여 주는 좋은 사례라고 할 수 있다.

이렇게 협동조합의 조직역량 강화와 투명성 증대 등이 이루어지고 있다면, 그리고 조직운영 혁신과 조직 민주주의를 동시에 이루었다면, 이것이 가능하게 된 이유를 어떻게 설명하면 좋을까?

우리는 그 이유를 ICT에서가 아니라, 협동조합의 정체성과 특징을 중심으로 설명하고자 한다. 협동조합은 사업체(Business)이며 단체라는 이중 정체성을 갖는다. 그래서 협동조합은 경제적 가치 창출을 이루는 사업체 성격에도 부합하고, 조직의 민주적 통제라는 사회적 가치 창출을 추구하는 단체 성격에도 부합해야만 한다. 이런 이유로 협동조합은 ICT를 자신에 맞게 구성하고 활용하게 된다.

주식회사와 같은 투자자 소유 기업은 생산성 증대와 경제적 가치 창출을 조직의 근본 정체성으로 삼기 때문에 ICT의 특성 중 하나인 정보를 투명하게 만들고 추적 가능하게 만드는 능력을 자신의 목적에 부합하게 구성하고 변형하려 한다. 그래서 ICT를 직원 통제에 활용하기도 한다. 이에 비해, 협동조합은 자신의 정체성, 철학, 가치, 그리고 원칙이 다르기 때문에 ICT의 특성인 정보를 투명하게 만들고 정보를 추적할 수 있는 특성을 협동조합의 가치와 원칙에 맞게 구성하여 수용한다. 인도 SEWA 사례가 이런 방향을 잘 보여 준다. 특히 이 사례는 노동자협동조합 성격을 갖고 있기에 더 그렇다고 설명할 수 있다. 민주적 거버넌스를 유지한 바탕 위에서 운영되기 때문이다.

협동조합이라는 자발적 자조 경제조직이 ICT를 적극적이며 주도적으로 도입하여 구성하고 활용하면, 협동조합 사업체의 경제적 성과와 단체의 사회적 성과를 동시에 성취할 수 있을 것이다. 인도의 SEWA와 WOCCU

의 사례는 협동조합이 ICT를 활용하여 사업체로서의 경제적 성과와 조합원의 자발적 단체로서 사회적 성과를 달성한 것을 보여 준다. SEWA는 ICT 관련 일자리 창출과 조합원의 소득 증대를 ICT와 연결시켰고, 여성 노동자 조합원들에게 필요한 사회서비스를 제공하는 데 ICT를 활용했다. 그리고 WOCCU는 누구나 금융서비스를 이용하고 조합원이 될 수 있도록 ICT를 통해 재무적 포용을 실천했다. 국제개발협력사업에서 협동조합이 ICT를 도입하고 활용하는 프로그램을 더 많이 실행한다면, 더 많은 성과를 낼 수 있을 것이다.

참고문헌

＊ 해외 문헌

Benni, N. and R. Barkataky. 2018. *The role of the Self Employed Women's Association(SEWA) in providing financial services to rural women*. Rome. Food and Agriculture Organization of the United Nations(FAO). 25 pp. Licence: CC BY-NC-SA 3.0 IGO. www.fao.org/3/CA2707EN/ca2707en.pdf(2020년 1월 2일 검색)

Birchall, J. 2011. *People-centred Businesses: Co-operatives, Mutuals and the Idea of Membership*. London: Palgrave Macmillan(존스턴 버첼. 2012. ≪사람중심 비즈니스, 협동조합≫. 장승권 외 옮김. 한울아카데미).

DID(Développement international Desjardins). 2012. *Technological Solutions: Increase the Outreach of Financial Services Through Expanded and Secure Access*. Position Paper. DID.

ICA(International Co-operative Alliance). 2015. *Guidance Notes to the Co-operative Principles*. ICA. https://www.ica.coop/en/media/library/research-and-reviews/guidance-notes-cooperative-principles(2019년 12월 10일 검색)(ICA 협동조합원칙위원회. 2017. 『ICA 협동조합원칙 안내서』, 한국협동조합협의회 옮김. 한국협동조합협의회). https://www.ica.coop/en/media/library/research-and-reviews/guidance-notes-cooperative-principles(2019년 12월 10일 검색)

Karanasios, S. and M. Slavova. 2019. "How do development actors do 'ICT for development'? A strategy-as-practice perspective on emerging practices in Ghanaian agriculture." *Information Systems Journal*, 29(4), pp.888~913.

Mathuva, D. M. 2016. "Drivers of financial and social disclosure by savings and credit cooperatives in Kenya: A managerial perspective." *Journal of Co-operative Organization and Management*, 4(2), pp.85~96.

Münkner, H. -H. 2012. Co-operation as a Remedy in Times of Crisis Agricultural Co-operatives in the World Their Roles for Rural Development and Poverty Reduction. Euricse Working Paper No.41/12. https://ssrn.com/abstract=2145317(2019년 12월 10일 검색)

Nathan, Dev. 2019. "Technology and the Future of Work: The Unorganized Sector and Global Value Chains." *Towards a Just, Dignified and Secure Future of Work: Lessons from India*. Amit Basole and Radhicka Kapoor(Ed.). Ahmedabad: Self Employed

Women's Association(SEWA).

SEWA. n.d. *SEWA's Experience with Women, Youth and Digital Enterprises*. Ahmedabad: SEWA.

World Council of Credit Unions(WOCCU). 2012. Technical Guide: Using Mobile Technology to Expand Financial Inclusion – The Credit Union Experience. https://www.woccu.org/documents/WOCCUTechnicalGuide_MobileTechnology(2019년 1월 14일 검색)

Zuboff, S. 1988. *In the Age of the Smart Machine: The Future of Work and Power*. New York: Basic Books.

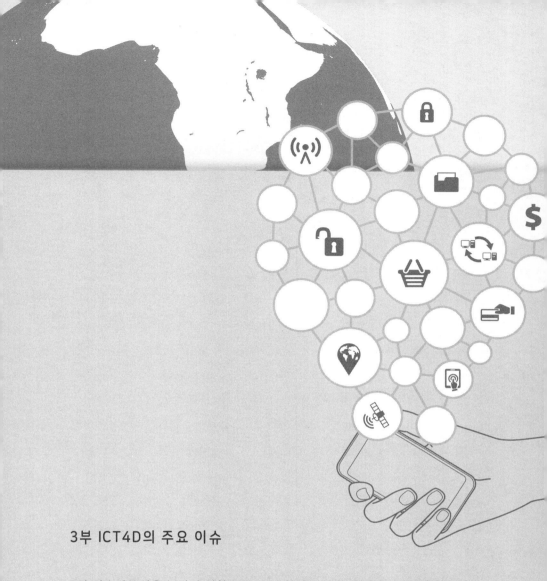

3부 ICT4D의 주요 이슈

7장 지속가능성을 높이기 위한 ICT ODA 현지 조사의 새로운 방법론 (정영찬)

8장 반부패에 효과적이지 못한 한국 ICT ODA (섭제임스)

9장 데이터와 국제개발협력 (박경렬)

지속가능성을 높이기 위한
ICT ODA 현지 조사의 새로운 방법론

정영찬(서울대학교 융합과학기술대학원 박사과정)

1. 현지 조사의 문제

일반적으로 기업에서 새로운 제품이나 서비스를 만들 때는 대부분 사용자의 입장을 조사하고 이를 기획 및 개발에 반영하는 단계를 거친다. 이른바 고객의 니즈를 파악하고 이에 적합한 결과물을 출시해야 사용자가 더 오랫동안, 더 만족하며 쓸 가능성이 높아지기 때문이다. 만약, 사용자에 대한 조사와 이해 없이 만드는 사람의 관점에만 치중해 결과물이 제작된다면 사용자에게 불필요한 제품이나 사용할수록 불편한 결과물이 만들어질 가능성이 높을 것이다. 따라서 사전에 사용자에 대해 깊이 있게 이해하고, 충분히 소통하는 과정이 필수적이다. 이러한 사전 조사는 공적개발원조(Official Development Assistance: ODA)와 ICT4D(Information and Communication Technology for Development: ICT4D) 프로젝트에서도 마찬가지로 중요하다. ICT4D 프로젝트가 긍정적 결과를 내고, 지속가능성을 높이기 위해서는 보급하려는 기술이나 제품 혹은 서비스를 실제로 사용할 현지 주민들의 생각과 행동, 그리고 그들이 살아가고 있는 현실의 문제에 대해 폭넓게 이해하는 과정이 필요하다.

현지 조사는 프로젝트의 첫인상으로서 중요성을 갖는다. ICT4D 프로젝트의 특성상 다른 나라 출신의 프로젝트 수행자가 현지 주민이 사용할 기술을 보급하는 경우가 많은데, 이때 현지 조사는 초기에 관계를 형성하는 역할을 한다. 따라서 이 시기에 현지 주민과 좋은 관계를 형성하고 많은 소통을 하는 것이 프로젝트의 질을 높이고 지속가능성을 높이는 데에 큰 영향을 준다. 아무리 좋은 솔루션이라도 현지 주민들이 필요성을 공감하지 못하고, 사용 동기가 없으면 프로젝트 수행 후에 외부 조사자가 그 지역을 떠나게 되었을 때는 솔루션이 살아남기 어려울 것이다.

그동안 ICT4D 프로젝트는 실패율이 높다는 지적을 지속적으로 받아왔다(Uimonen, 2015: 248). Dodson et al.(2012)이 2003년부터 2010년까지 59개국을 대상으로 연구된 40개의 ITID 논문을 조사한 결과, 약 70%가 일부 혹은 전체적 실패를 경험한 것으로 나타났다. 연구진들은 기술을 직접 사용할 현지 주민보다 기술을 개발하고 보급하는 프로젝트 수행자들의 입장을 중심으로, 기술 중심적이며 하향적으로 사업이 진행된 점이 불만족스러운 결과에 기여했다는 결론을 내리고 있다. 즉, 현지 주민의 관점을 반영할 만큼 충분한 현지 조사가 이루어지지 않았다는 점이 ICT4D 프로젝트 실패에 기여했을 것이라고 유추할 수 있다. 이는 Heeks(2002: 104)의 기술 설계자와 기술 사용자 사이의 간극 이론(Design-Actuality Gap)의 관점에서도 생각해 볼 수 있다. 그의 설명에 따르면 ICT4D 프로젝트에서 새로운 시스템을 설계하고 보급할 때, 이는 현재 상황을 변화시키고자 하는 특정한 목표와 의도를 갖게 된다. 따라서 이러한 디자인은 아직 존재하지 않는 미래를 지향하게 되고 그 시스템이 보급되는 지역의 현실과 격차를 갖게 된다. 따라서 충분한 현지 조사를 통해 현재의 상황에 대해 파악하고, 목표 지점을 함께 모색하려는 노력을 하지 않는다면 하향식으로 외부에서 도입되는 시스템은 현지 상황 혹은 현지 주민의 필요와 어긋날 가능성이 높을 수밖에 없다.

구체적으로, 지금까지 수행되어 온 ICT4D 프로젝트의 현지 조사는 몇 가지 한계를 내재하고 있다. 먼저, 조사자들이 조사 대상과 충분히 가깝게 소통하지 않고, 조사 결과를 적절히 활용하지 않는다는 문제가 있다 (Harris, 2015: 186). 현지 조사를 생략하고 2차문헌 위주로 조사하거나, 프로젝트 규모에 비해 간소화해서 진행하거나 혹은 조사결과를 충분히 반영하지 않는 등의 경우가 이에 해당한다. 한국의 경우, KOICA에서 '기초선조사 가이드라인'(2016)이나 '사전평가(예비조사) 어떻게 해야 하나?'(2016) 등의 자료를 통해 사전 조사의 필요성과 방법을 안내하고 있다. 그러나, 내용을 살펴보면 현지 조사의 목적을 주로 향후 프로젝트 성과 판단의 근거로 활용하는 것으로 설명하고 있다. 따라서 각 프로젝트가 시작하는 기획 단계에서 현지 주민의 문제를 선제적으로 발견하고, 이에 적합한 해결책을 모색하기 위한 현지 조사와는 거리가 있다. 또한 전체 사업예산의 0.9~1.5%를 현지 조사에 사용하도록 안내하고 있고, 조사 기간도 2~4주로 권고하고 있어서 현지 조사를 위한 예산이 상대적으로 적게 책정되어 있음을 알 수 있다. 이 외에도 ICT4D 프로젝트에서는 서비스 혹은 기술, 제품을 직접 사용할 사람보다 대표자나 정부기관 담당자에 국한해 조사를 진행하는 경우가 많아서, 프로젝트 결과물의 영향을 직접 받는 최종 사용자들의 목소리를 듣는 데에 한계가 있어 왔다. 이러한 문제로 인해 실패한 대표적 프로젝트로 2000년대 초반부터 10여 년간 진행된 텔레센터 건립 사업과 키오스크 설치 사업을 예로 들 수 있다. ICT 보급 사업 초기에 많은 기관들이 컴퓨터와 인터넷을 사용할 수 있는 인프라와 장소를 만드는 데에 집중했다. 기술적으로 낙후된 지역에 텔레센터나 키오스크를 지어서 주민이 필요에 따라 기술을 이용할 수 있도록 했다. 하지만 대부분은 오래 지속되지 못하고 버려졌다. 실패 사례로 많이 인용되는 Gyandoot 프로젝트는 인도의 농촌 지역에 키오스크를 설치했으나 대부분 저조한 사용률을 보이며 수년 내에 폐쇄되었다. 이러한 결과는 현지의 문제를 상세하게 살피고 현지 주민의 목소리를 반영해 그에 맞는 정보시스템과 기술을 디자인하려는 노력보다 단순히 기술을 보급하는 방식으로 프로젝트를 진행했기 때문에 발생했다. 이희진 등(2007: 132)은 텔레센터나 IT 인프라 구축 사업, IT 훈련센터 사업 등의 기술보급 사업이 실패한 이유가 정보기술의 사회기술시스템적 성격을 간과했기 때문이라고 설명한다. 그는 정보기술은 단순히 하드웨어와 소프트웨어의 합이 아니라 그것을 사용하는 사람들과 그들이 처한 사회문화적 조건과 복잡하게 상호 작용한다는 점을 지적했다. 이러한 토대에서 볼 때, 현지 조사는 ICT ODA가 실패하지 않기 위해 반드시 수행해야 하는 필수적 과정이라고 할 수 있다.

두 번째로, 개발도상국 조사 환경의 특수성을 고려하지 못했다는 문제가 있다. 대부분의 ICT4D 현지 조사는 개발도상국 조사에 사회과학 조사 방법 등 기존 분야의 방법을 그대로 가져와 사용해 왔다. 그러나 이들 분야에서 주로 사용하는 인터뷰, 참여 관찰, 설문 등의 조사 방법은 주로 조사자의 관점에서 하향식으로 수행된다는 한계가 있다. 연구자가 자료 수집을 전담하고, 현지 주민은 조사 대상의 역할에 제한된다. 이런 비대칭성으로 인해 조사 대상과의 적극적인 교류가 제한되고, 실제적인 정보를 얻기 어려운 문제가 발생할 수 있다. 특히 조사자는 대부분 정부 및 기관과 협약을 통해 활동하는 경우가 많은데, 이런 경우 현지 주민들의 입장에서는 조사를 일종의 감시나 검사로 여길 수 있다. 그래서 조사에서 일부러 정돈된 현장만을 보여 주거나, 보여 주기 식의 모범적이고 형식적인 대답만 하는 등의 왜곡 문제가 발생할 수 있다. 더군다나 ICT4D 현지 조사는 조사자가 자신과 다른 문화적 배경을 가진 사람들에 대해 조사하는 경우가 대부분이다. 따라서 조사자와 현지주민 사이에 가치관의 차이가 존재하고 사회, 문화 그리고 경제적 격차가 발생하기 쉽다. 조사자는 이런 차이로 인해 발생하는 문화적 편견에서 벗어나기 어렵고, 이는 특히 자료수집과 해석 과정에 큰 영향을 끼칠 수 있다. 예를 들어, Anokwa et al. (2009)은 ICT ODA 프로젝트 수행 경험자들에 대한 연구를 통해 현지인의 의견을 수집하는 과정에서 겪는 어려움을 보여 주었다. 한 연구자는 현지 주민들이 자신이 백인 여성이라는 이유로 그들의 의견을 들어 주지 않을 것이라고 생각하고 연구자가 듣고 싶어 할 것으로 생각하는 대답을 했다는 경험을 소개한다. 다른 연구자는 '공손 모드(polite mode)'에 대해 언급하고 있는데, 현지 주민끼리 있을 때는 솔직하게 의견을 나누다가 연구자가 다가가거나 질문하면 대답을 하지 않거나 긍정적인 답변만 했다고 한다.

이러한 한계를 개선하기 위한 노력의 일환으로 HCI(Human-Computer Interaction) 분야에서는 HCI4D(HCI for Development)나 HCD(Human-Centered Design) 등의 새로운 접근 방법을 제안해 오고 있다. 이는 조사자 중심의 조사에서 벗어나 현지 주민이 조사의 주체가 되어야 한다는 점을 핵심으로 하고 있다. 이 글에서는 실제 ICT4D 프로젝트에 이러한 새로운 흐름이 적용된 사례를 통해 이 접근 방법의 내용과 효과 그리고 의의와 한계에 대해 소개하고자 한다. 이 사례들은 모범 사례라기보다는 실패의 경험과 그에 대한 반성 및 개선 노력에 가깝다. 이 사례 공유를 통해 ICT4D 프로젝트의 현지 조사에서 발생할 수 있는 문제를 알리고, 이를 개선하는 과정에서 앞으로 수행될 ICT4D 프로젝트들의 지속가능성을 높이는 데에 기여하고자 한다.

2. 새로운 흐름: HCI4D와 HCD

1) HCI for Development

HCI는 인간-컴퓨터 상호작용(Human-Computer Interaction)의 약자로서 국제컴퓨터학회(Association for Computing Machinery: ACM)의 SIGCHI(Special Interest Group on Computer-Human Interaction)에 따르면, HCI는 인간의 사용을 위한 상호작용 컴퓨터 시스템의 설계와 평가, 구현 및 이와 관련된 주요 현상에 대한 연구를 하는 분야다(Hewett et al., 1992: 5). 그리고 그 '주요 현상' 중 하나로 개발도상국에서 증가하고 있는 ICT 보급과 사용에 주목하는 분야가 HCI4D(HCI for Development)라고 할 수 있다. Chetty and Grinter(2007)의 연구에서 처음 이 용어가 제안되었으며(Dell et al., 2016: 2221), 구체적으로는 개발지역 사람들의 목표나 필요 또는 구체적인 사회, 문화 및 기반 시설의 문제를 다루는 모든 HCI 연구를 의미한다(Ho et al., 2009: 2). HCI4D는 신생 분야로 아직도 그 정의나 외연에 대해 논의가 진행 중이다. 하지만 HCI4D에 대한 연구나 이를 기반으로 진행된 프로젝트에 대한 연구는 대체로 사용자 참여와 사용자 중심적 접근을 그 공통분모로 하고 있다. 따라서 이 장에서는 이론적 정의보다는 이러한 방법론적 측면의 접근에 집중해서 HCI4D의 흐름을 살펴보고자 한다.

HCI4D는 방법적인 측면에서 HCI 분야의 영상 에스노그래피(Video Ethnography) 방법과 사용자 중심 디자인 및 사용자 참여 방법을 개발도상국 조사 및 프로젝트 전반에 적용하는 것을 의미한다. 일반적 ICT4D 현지 조사에서 사용해 왔던 인터뷰나 설문 조사와 달리 이러한 방법들은 상향식, 상호작용 위주의 조사 방법이다. 예를 들어, 현지 주민과 함께하는 워크숍 등을 통해 주민을 직접 조사에 참여시켜 문제에 대해 조사자들과 토의하

도록 하거나 브레인스토밍이나
간단한 디자인 활동에 참여하게
하는 참여 디자인(Participatory Design)
방법이 있다. 또는 조사자가 직
접 자료를 수집하지 않고 현지
주민에게 일종의 느슨한 임무를
부여하고 이에 따라 그들이 직
접 조사를 수행하도록 하는 컬
처럴 프로브(Cultural Probes) 방법이
있다〈그림 7-1〉). 이는 Gaver et al.

컬처럴 프로브에서 조사 참여자들에게 배포한 조
사 도구 패키지. 임무(task)와 일회용 카메라, 엽
서, 지도 등으로 구성되어 있다.

자료: Gaver et al.(1999).

(1999)이 디자인 분야 조사에서 처음 수행한 방법으로 노인이나 아이 등 다
양한 대상에게 폭넓게 사용되고 있는 방법이다. 조사 목표에 따라 다르지
만, '집에 가는 길', '기쁠 때', '저녁식사 자리' 등 조사 임무만 느슨하게 정
하고 조사 참여자가 직접 글이나 그림 또는 사진으로 관련 정보를 수집해
조사자에게 전달하는 방법이다. 이렇게 하면 조사자의 개입으로부터 자
유로워 좀 더 현실적이고 자연스러운 정보를 얻을 수 있다는 장점이 있다.

2) 인간중심 디자인 도구 세트

방법론의 구체적 사례로 IDEO.org에서 개발한 인간중심 디자인 도구
세트(Human-Centered Design Toolkit)가 있다. IDEO.org는 세계적인 디자인 컨설
팅 업체 IDEO에서 설립한 비영리기관이다. 이 도구 세트는 사용자 중심
의 개발도상국 프로젝트를 돕는 조사 가이드로서 2009년 처음 출판되었
고, 2015년 '인간중심 디자인을 위한 현장 가이드(Field Guide to Human-Centered
Design)'라는 이름으로 개선 및 수정판이 배포되었다(IDEO.org, 2015). 이 글은

2015년 배포된 문서를 중심으로 가이드에 대해 소개하고자 한다.

이 조사 가이드는 크게 서론과 태도(Mindsets), 방법의 세 부분으로 구성되어 있다. 먼저 서론에서는 인간중심 디자이너가 된다는 것이 무엇을 의미하는지에 대해 다루면서, 일상에서 문제를 경험하고 있는 사람들 스스로가 해결책의 핵심을 갖고 있다고 말하며 현지주민 중심의 접근이 중요하다는 점을 설명하고 있다. 그리고 인간중심 디자이너를 현지 주민 공동체와 함께 해결책을 만들고, 이 사람들에 대해 깊게 이해하며 그들의 필요에 기반한 혁신적인 해결책을 만드는 일을 하는 사람으로 소개한다. 프로젝트 수행에 고려해야 할 지점은 크게 3가지로 안내한다. 먼저, 적합성(Desirable)은 프로젝트의 시작 지점으로 사람들이 무엇을 필요로 하는지를 의미한다. 지속성(Viable)은 그것이 경제적으로 지속가능성이 있는지, 자원 사용에 현실성이 있는지를 평가하는 부분이다. 마지막으로 실현 가능성(Feasible)은 제안하고자 하는 솔루션이 기술적으로 개발 및 보급이 가능한지를 따져 봐야 한다는 것을 의미한다.

구체적인 방법론에 대해 소개하기 전에, 가이드는 태도에 대해 먼저 다루고 있다. 이 부분은 다른 조사 가이드와 차별화되는 독특하고 의미 있는 부분이다. 기술적이고 기능적으로 방법들을 소개하기에 앞서 조사자가 어떤 마음가짐과 태도, 관점을 가져야 하는가에 대해 전문가들의 말을 인용해 설명하고 있다. 즉, 독자들에게 물리적 도구를 쥐어 주기 전에 적절한 생각과 가치관을 함양하고 있는지 묻고 있다. 아무리 좋은 도구라도 잘못 사용되면 효과를 얻을 수 없기 때문에 이러한 내용을 안내하는 것이 반드시 필요하다고 볼 수 있다. 간략히 내용을 살펴보면 '만들어라(Make it)', '실패로부터 배워라(Learn from failure)', '공감하라(Empathy)', '반복하라(Iterate, Iterate, Iterate)' 등의 7가지 항목으로 구성되어 있다. '만들어라'는 손에 잡히는 결과물을 만들어 보라는 것이다. 추상적인 생각에 머무르지 말고, 예쁘고

세련된 형태가 아니더라도 일단 시제품(prototype)을 만들어 아이디어를 공유하는 과정을 통해 점차 더 나은 결과물로 발전시킬 수 있다는 내용이다. '실패로부터 배워라'는 제목에서 알 수 있듯이, 실패를 두려워하지 말고 도전하라는 내용을 담고 있다. 실패는 효과적인 배움의 도구이며, 인간중심 디자이너가 풀고자 하는 문제들은 답이나 방법이 정해져 있지 않은 경우가 대부분이기 때문에 도전하고 실패하는 과정을 통해 조금씩 해결책을 찾아 나갈 수밖에 없다고 조언한다. '공감하라'는 인간중심 디자이너가 만들 해결책을 실제로 사용할 사람의 입장에서 생각하는 것이다. 그들의 삶을 이해하고, 그들의 관점에서 문제를 바라보는 것이 중요하며 사람을 언제나 작업의 중심에 두고 생각해야 한다는 내용으로 구성되어 있다. '반복하라'는 인간중심 디자인뿐만 아니라 대부분의 HCI 연구나 프로젝트에서도 중요하게 다루고 있는 개념이다. 한 번에 올바른 정답을 찾으려 하지 말고, 언제나 더 나은 생각이 있다고 믿으며 반복해서 수정 및 개선을 하라는 것이다. 현재 상황에 안주하지 않고 다시 생각해 보는 과정 속에서 혁신이 가능하다고 말한다.

방법 부분은 조사에 대한 일반 개설서와 달리 조사 방법에 대한 이론적 설명에 지면을 할애하기보다는 실제로 조사자가 방법을 어떻게 실행해야 하는가에 대해 매우 구체적으로 설명하고 있다. 특히 주의할 점이나 준비물, 소요 시간, 권장 인원 등 실무적인 내용도 포함되어 있으며 조사에서 사용할 수 있는 여러 가지 양식(워크시트)도 함께 제공한다. 또한 조사 방법을 사용한 몇 가지의 사례를 함께 소개하고 있어서 이 문서만으로도 전문적인 조사를 수행할 수 있도록 안내한다.

'방법'은 크게 3개의 영역으로 이루어져 있다. 먼저 '영감(Inspiration)' 단계는 이전 버전에서는 '듣기(Hear)'로 소개했던 내용으로 현지 조사 준비와 조사 방법으로 구성되어 있다. '아이디어 내기(Ideation)' 단계는 현지 조사 후 내용을 공유 및 분석하고 솔루션을 만들어 내는 방법에 대해 설명한다. 마지막으로 '실행(Implementation)' 단계에서는 제작된 솔루션 혹은 시제품을 현지에 보급하는 방법에 대해 설명하고 있다. 기존 현지조사의 문제점 중 하나가 조사 결과가 제대로 분석되지 않고, 결과물에 충분히 반영되지 못한다는 점이라는 것을 생각했을 때, 조사뿐만 아니라 조사 후에 그 결과를 활용하는 단계까지 안내하고 있는 부분은 매우 긍정적이다. 다음으로 몇 가지 사례를 들어서 구체적인 내용을 살펴보고자 한다.

(1) 방법: 영감

여기서는 현지 조사 준비와 조사 방법에 대해 설명한다. 전체 구조를 요약하면, 프로젝트 조사 목적 정하기와 프로젝트 계획 세우기, 팀 구성 및 2차자료 조사, 인터뷰나 카드 소팅 등의 세부적인 조사 방법들로 구성되어 있다. 한 예로 콜라주(Collage) 방법을 살펴보면, 이 방법에 대한 개관과 소요 시간, 난이도, 준비물, 참여자에 대해 설명하고 3단계로 나누어서 수행 방법을 안내한다. 이 방법은 현지 주민들에게 '공동체 보건'이나, '초등교육' 같은 주제를 주고 잡지나 신문 등의 자료를 오려 붙여서 그 주제에 대한 자신의 생각과 의견을 드러내도록 하는 것이다. 자신이 생각하는 이미지에 맞는 사진을 찾아서 오려 붙이는 단순한 활동으로 구성되기 때문에 인터뷰나 설문에 비해 수행하기가 쉽고, 문맹자에게도 시행할 수 있으며, 재미있는 분위기 속에서 창의적 아이디어를 얻을 수 있다는 장점이 있다.

(2) 방법: 아이디어 내기

여기에서는 조사 후에 조사 자료를 정리하고, 각자 조사한 내용을 공유하며, 이를 분석해 솔루션 시제품을 만들어 내는 방법에 대해 설명한다.

수집 내용 중에 주요 문제로 발견된 내용을 선정하고, 해결 아이디어를 도출해 내는 방법에 대해 25가지의 세부 내용으로 구성되어 있다. 예를 들어, '만약 우리가(How Might We)' 방법은 발견된 문제 영역에 대한 해결책을 가정해 보는 활동이다. 발견된 문제 영역이 '여성들이 화장실에 들어가고 나가는 과정에서 사적 공간을 원한다'라고 한다면, '만약 우리가 화장실을 완전히 나가기 전에 여성들을 위한 사적 공간을 만든다면?'이라는 문장을 적어 보는 것이다. 그리고 이것이 적합한 생각인지, 경제적 또는 기술적 차원에서 지속가능하고 현실적인 생각인지 논의하는 과정을 거친다. 이를 통해 이 문제를 주요 해결대상으로 다룰지에 대해 의사 결정도 할 수 있고, 해결에 대한 아이디어도 새롭게 도출할 수 있다.

(3) 방법: 실행

마지막 '실행'에서는 전 단계에서 만들어진 시제품을 현지에 가서 보급해 보고, 평가를 통해 개선하는 과정과 지속가능성을 높이기 위해 현지 주민들과 협력 관계를 구축하는 방법, 실현과 확장을 위해 투자자와 참여자를 모집하는 방법, 평가 및 모니터링을 통해 피드백을 얻고 개선하는 방법 등에 대해 안내한다.

3) 소결

2절에서는 ICT ODA 현지 조사의 문제점을 개선하기 위해 시도되고 있는 새로운 흐름의 사례로서 HCI4D와 HCD 방법론을 살펴보았다. 특히 HCD는 조사의 마음가짐부터 단계별 수행 전략에 이르기까지 구체적이고 포괄적인 내용을 담고 있어서 활용 가능성이 높다.

물론 2절에 제시된 HCI4D와 HCD가 새로운 흐름의 전부를 의미하지는 않는다. 그러나 그동안 하향식, 기술 중심적으로 진행되어 온 현지 조사와 ICT ODA 프로젝트에서 소외되어 왔던 현지 주민을 프로젝트의 중심에 세워야 한다는 방향을 제시한 점에서 논의 가치가 있다. 특히 이것은 단지 정당하고 윤리적이기 때문이 아니라, 프로젝트 자체의 지속가능성을 높이고 더 나은 해결책을 이끌어 내는 방법이라는 점에서 중요하다. 결국 현지의 문제는 그곳에서 살아온 사람들이 더 잘 알 수밖에 없고, 만약 그들이 문제 해결과 솔루션의 방향성에 충분히 공감하지 않는다면 프로젝트가 실패할 가능성이 높기 때문이다. 이것은 조사자가 현지의 문제에서 배제되어야 한다는 주장이 아니다. 현지 주민들이 오랫동안 경험해 오면서도 해결하지 못한 문제들에 대해 조사자들은 외부의 새로운 시각에서 바라보고, 새로운 해결 방향을 제안할 수 있는 가능성이 있기 때문이다. 결론적으로, 현지 조사를 통해 조사자와 현지 주민이 협력 관계를 구축하고, 이를 기반으로 적극적인 소통을 일궈 내는 것이 프로젝트 성공에 중요한 열쇠다.

3. 인간중심 디자인 프로젝트 사례

앞에서는 개발도상국을 대상으로 하는 ICT 프로젝트에서 현지 조사가 갖는 중요성을 설명하고, 지금까지 시행되어 온 현지 조사의 문제를 지적했다. 또한 이러한 문제점을 개선하기 위한 새로운 흐름으로 제시되어 온 HCI4D와 HCD 도구 세트에 대해 설명했다. 이 절에서는 필자가 직접 HCD 방법을 기반으로 인도와 베트남에서 수행했던 2가지 프로젝트를 소개하고, 이를 통해 그 적용과 실제에 대해 기술하고자 한다.

1) Shadia 프로젝트

(1) 개요

Shadia는 서울대학교를 지칭하는 '샤'와 India의 'dia'를 합쳐서 만든 프로젝트명이다. 서울대학교 융합과학기술대학원 사용자경험연구실 이중식 교수를 중심으로 만들어지고 진행되어 온 프로젝트로, 서울대학교 학부 학생과 대학원생이 참여해서 인도 저개발 지역 여학생, 청각장애 학생을 위한 교육 ICT 조사와 보급 사업을 2011년부터 진행해 왔다. 이 사업에서는 앞서 기술한 IDEO.org의 HCD 방법을 활용하는 한편, 학과 및 연구실의 전문성을 가미해 사용자경험(User Experience: UX)과 HCI 분야의 조사

〈그림 7-2〉 프로젝트 수행 지역과 협력기관 SHIS

자료: 서울대학교 Shaida 팀 촬영.

방법을 병행 및 융합해 프로젝트를 수행했다.

프로젝트는 인도 콜카타 시 인근의 저개발 지역을 대상으로 이 지역에 위치한 현지 NGO인 SHIS(Southern Health Improvement Samity, shisindia.org)와의 협력을 통해 수행했다(〈그림 7-2〉). 뭄바이나 델리 등 발달한 대도시와 달리 이 지역은 여전히 저소득 빈곤층이 많고, 인터넷이나 컴퓨터가 보급되지 않았었다. SHIS는 여학교와 청각장애 학교, 지체장애 학교, 종합병원, 안과 병원 등의 시설을 운영하며 정부 지원금과 외부로부터의 기부금을 활용해 지역사회의 교육, 보건 및 질병 문제를 해결하기 위한 다양한 비영리사업을 1980년부터 수행해 오고 있다. 일반적인 교육격차 문제에 더해서, SHIS 여학교는 여성들의 교육중단 문제와 현지 사회의 조혼문제 해결을 목표로 운영되고 있으며, 청각장애 및 지체장애 학교는 개발도상국 특성상 지원이 현저히 적은 장애 학생들의 문제를 해결하고자 운영하고 있다.

Shadia는 대규모 지원금을 받아 운영한 프로젝트가 아니고, 여기 참여하는 학생 및 교수의 자체 기부와 서울대학교에서 진행하는 교내 공모전, 서울대학교 차세대융합기술원의 연구 지원 등을 활용해 진행되었다. 해외 봉사활동 개념으로 시작한 프로젝트이다 보니 매년 예산확충의 어려움이 있었지만, 오히려 학생 프로젝트 기반의 소액 다자지원 방식으로 진행한 점이 기존의 하향식, 기술 중심적 방법에서 벗어나 당시 한국에서 비교적 생소했던 현지조사 중심, HCD 중심의 프로젝트를 수행하는 데에 큰 도움이 되었다고 볼 수 있다. 또한 많은 ODA 프로젝트가 호텔 등의 외부 숙소를 활용해 진행되는 것과 달리, Shadia는 외부 숙소가 전혀 없는 해당 지역의 특성상 기관 내 강당과 직원 숙소 등을 다양하게 활용했다. 이는 프로젝트 팀이 현지 주민들과 함께 생활하며 더 친밀해지고 적극적으로 소통할 수 있는 기회를 주었고, 지역 문화와 전통을 이해하고 프로젝트에 반영하는 데에도 기여했다. 무엇보다 밀접한 현지 조사와 반복적인 수정,

개선 작업에도 도움이 되었다.

Shadia의 전반적인 프로젝트 진행은 매년 방학 중 프로젝트 수행을 위한 인도 방문을 목표로 약 6개월 전에 시작한다. 주로 방문은 2월에 이루어졌기 때문에 8월부터 예산 확보를 위한 제안서 작업과 동시에 팀원 모집을 시작했다. 후에는 기존에 이미 진행된 현지 조사가 없었던 첫 방문을 제외하고, 2가지 트랙으로 나누어 진행되었다. 먼저 지난 현지 방문을 통해 진행된 현지조사 결과를 공유하고, 이를 기반으로 문제 발견과 디자인 콘셉트 정하기, 시제품 제작 등의 활동을 한국에서 수행했다. 그리고 인도 방문에서는 시제품 테스트 및 수정과 준비된 솔루션 보급 등 다양한 작업이 이루어졌다. 한편으로는 이번 방문에서도 현지 조사를 수행해야 다음 방문을 준비할 수 있기 때문에, 현지 조사를 위한 조사방법 탐구와 설계 그리고 2차 문헌을 통한 예비 조사, 조사도구 제작 및 리허설 등을 수행했다. 인도에서는 워크숍, 주민 참여 등이 포함된 현지 조사를 수행하고, 한국에 돌아와서는 조사 결과를 정리해 다음 팀이 참고할 수 있도록 문서화하는 작업을 수행했다. 기존 제품을 구매해서 가는 방식을 지양하고, HCD 측면에서 현지 주민과 협업해 반복 수정하는 방식을 추구했기 때문에 정해진 작업 시간 없이 늦은 밤까지 작업하는 경우가 많았다. 예를 들어, 오늘 수행한 워크숍 결과를 반영해서 내일 작업을 수정 및 개선해야 하기 때문에 힘든 순간들이 있었지만, 이러한 방식이 결국 현지 주민의 믿음을 이끌어 내고 참여 동기를 만들어 낼 수 있었다.

8년이 넘는 긴 기간 동안, Shadia는 여러 가지 세부 프로젝트를 수행했다〈그림 7-3〉. 먼저 ITbox는 인터넷은 물론 컴퓨터 사용 경험이 없는 현지 학교 교육환경을 개선하기 위해서 다양한 디지털 교구와 활용 방법, 커리큘럼 등을 보급하는 활동이었다. 스터디폴(Study Pole)은 학생들의 학습경험 개선을 위한 책상 개발 및 보급 사업이었다. 또한 청각장애 학교를 대상

〈그림 7-3〉 Shadia 세부 프로젝트 개요

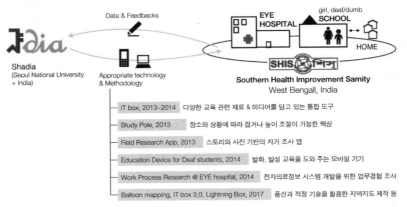

Outline of Shadia-ICT4D Project

IT box, 2013~2014	다양한 교육 관련 재료 & 미디어를 담고 있는 통합 도구	
Study Pole, 2013	장소와 상황에 따라 접거나 높이 조절이 가능한 책상	
Field Research App, 2013	스토리와 사진 기반의 자가 조사 앱	
Education Device for Deaf students, 2014	발화, 발성 교육을 도와 주는 모바일 기기	
Work Process Research @ EYE hospital, 2014	전자의료정보 시스템 개발을 위한 업무경험 조사	
Balloon mapping, IT box 3.0, Lightning Box, 2017	풍선과 적정 기술을 활용한 지역지도 제작 등	

으로는 열악한 발음 및 발성교육 현장을 개선하기 위해 디지털 디바이스를 활용해 벵갈어 발음 교육 콘텐츠 및 기기를 개발하는 사업을 진행했다.[1] 그리고 현지에서 운영 중인 병원과 협력해서 전자의료기록 시스템 도입을 위한 진료 프로세스 연구를 수행했다. 이러한 활동 가운데 이 글에서는 스터디폴과 현장 조사(Field Research) 앱 프로젝트인 마이스토리(Mystory)에 대해 설명하고자 한다.

(2) 스터디폴 프로젝트[2]

2011년 처음 Shadia 팀을 꾸려서 방문할 당시에는 ICT4D나 HCI4D, 또는 HCD에 대한 탐구가 없는 상태였다. 그래서 2차 문헌과 현지방문 경험

---

1) 자세한 프로젝트 내용은 Koh and Jeong(2017: 87~90)에 기술되어 있다.
2) 프로젝트 수행 과정 및 결과는 Jeong, Kim and Lee(2014: 346~359)에 자세히 기술되어 있다.

이 있는 전문가 인터뷰를 통해 교육 환경이 열악하고, 상대적으로 ICT 교육 환경이 갖춰져 있지 않다는 것을 파악하여 PC와 노트북 5대, 프로젝터 등을 구입해 보급했고 한국 전래동화를 기초로 한 연극 공연 등을 기획해 수행했다. 전형적인 학생 해외자원봉사활동 모델이었다. 그러나 실제 인도 방문에서 우리는 많은 문제를 경험했다. 컴퓨터를 현지에 설치하고, 기념 사진을 촬영하는 수준에서 끝나는 것이 아니었다. PC 뒤에 선을 연결하는 것도 어려워하는 현지 주민들에게 윈도우 운영 체제의 창 개념을 알려 주는 것도 난항이었고, 마우스와 키보드 사용법을 전달하는 데에도 많은 시간을 보내야 했다. 무엇보다 컴퓨터를 처음 본 현지 교사들은 칠판과 분필, 종이와 펜으로도 지금까지 학생들을 잘 가르쳐 왔는데, 왜 컴퓨터가 필요한지에 대해 공감하지 못했다. 특히 이것이 학교 당국이나 학부모들에게 자신들의 능력 부족으로 비칠까 우려하기도 했다. 연극의 경우, 대부분의 한국 공연에서 발생한 문제를 우리도 경험했다. 이야기에 공감하지 못하는 학생이 많았고, 일회성 이벤트에 끝나는 문제가 있었다. 결론적으로, 2011년의 프로젝트에서 Shadia는 큰 실패를 경험했다.

앞서 HCD의 태도 부분에서 설명한 것처럼 실패는 반드시 배움으로 이어진다. 한국에 돌아와서 2011년의 실패를 바탕으로 몇 차례의 평가 워크숍을 수행한 결과, 2012년에는 '무엇을 사서 가져다줄지'의 모델에서 벗어나 현지 조사만으로 프로젝트를 수행하기로 했다. 예산 지원을 하는 각 기관에 조사만 하고 돌아오겠다고 말하는 과정이 순탄하지는 않았으나, 2011년의 실패 사례를 들어 설득했고 결국 현지 조사 중심의 프로젝트를 실행할 수 있었다. 이때 처음 약 6개월간 HCD 도구 세트와 해외 프로젝트 및 연구 사례 등에 대해 탐구했고, 그 결과를 바탕으로 인터뷰, 참여 워크숍, 가정방문 인터뷰 등으로 구성된 현지 조사를 수행했다〈그림 7-4〉.

조사 후에는 여학교 및 청각장애학교 학생들의 학습 경험과 일상생활

〈그림 7-4〉 학습 환경 및 인식 조사를 위한 가정방문 인터뷰

자료: 서울대학교 Shaida 팀 촬영.

〈그림 7-5〉 현지 워크숍에서 공유했던 현지조사결과 도식

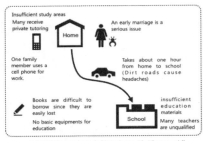

Insufficient study areas
Many receive private tutoring

Home

An early marriage is a serious issue

One family member uses a cell phone for work.

Takes about one hour from home to school (Dirt roads cause headaches).

Books are difficult to borrow since they are easily lost

No basic equipments for education

School

insufficient education materials
Many teachers are unqualified

SHIS Girl's Academy (400students, 10-15 years old)

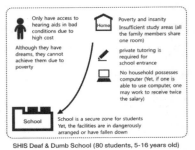

Only have access to hearing aids in bad conditions due to high cost

Home

Poverty and insanity

Insufficient study areas (all the family members share one room)

Although they have dreams, they cannot achieve them due to poverty

private tutoring is required for school entrance

No household possesses computer (Yet, if one is able to use computer, one may work to receive twice the salary)

School

School is a secure zone for students
Yet, the facilities are in dangerously arranged or have fallen down

SHIS Deaf & Dumb School (80 students, 5-16 years old)

을 도식화하고(〈그림 7-5〉) 이를 통해 현지 교육의 문제를 탐색했다. 이 도식은 현지에서 도출해서, 워크숍을 통해 학부모 및 학교 관계자와 학생들에게 공유하는 과정을 통해 피드백을 받고 추가적인 사항들에 대해 논의했다. 공통적으로 학생, 학부모 등 모든 구성원들은 빈곤문제 해결을 위해 교육이 그 무엇보다 중요하다는 인식을 갖고 있었다. Shadia 팀에서 추가적인 지원을 할 예정이라면, 어른들이 좀 불편하더라도 자식의 교육 문제를 우선적으로 해결해 달라는 의견이 많았다. 구체적으로 여학교 학생들은 조혼 문제나, 긴 통학거리 문제, 교사의 자질 문제, 교육을 도와 줄 수 있는 추가자료 부족, 교육도구 부족 등의 문제를 경험하고 있었다. 특히,

학생들이 집에서 공부를 하고 싶어도 장소가 협소하고 다른 가족 구성원들로 인해 공부에 방해를 받는다는 점과 마땅한 학습 공간이 없다는 점이 주요 문제로 제기되었다. 청각장애학교 학생들은 발음교육 관련 교구 부족과 장애로 인한 차별을 경험하고 있었다. 흥미로웠던 점은 ICT를 통해 인쇄소 등에 취직하는 것이 청각 장애를 갖고도 할 수 있는 일종의 성공적 직업이라는 점은 인지하고 있었으나, 관련 교육을 받을 수 없어서 이에 대한 수요가 있었다는 것이다. 이러한 조사 결과는 처음에 현지 조사 없이 이곳을 방문했을 때는 전혀 알 수 없었던 정보였다.

이러한 결과를 바탕으로 Shadia 팀은 학생들의 교육 문제 중에 '공부 공간'의 문제에서 기회 영역을 발견하고 이를 해결하기 위한 디자인 콘셉트와 시제품 개발에 착수했다. 제한 요소들은 작은 집 공간으로 인해 사적 공간이 보장되지 않고, 모두가 함께 한 공간에서 생활하고 있다는 점, 전기가 없어 밤에는 공부하기 어렵다는 점, 경제적 상황을 고려했을 때 학생이 성장하더라도 계속 사용할 수 있는 솔루션이 필요하다는 점 등이었다.

6개월간 수차례의 아이디어 내기 워크숍과 시제품 제작 등을 통해 다음과 같은 솔루션을 도출했다〈그림 7-6〉. 협소한 공간을 고려해서 사용하지 않을 때는 접어 놓을 수 있고, 나이와 키에 관계없이 사용할 수 있고, 공용 공간에서도 공부에 방해받지 않는 가림판 형태로 디자인해야 한다는 원칙 등을 기초로 3가지 형태의 시제품 아이디어를 도출했다.

2013년에 다시 인도를 방문하면서, 완제품 보급을 지양하고 3가지 형태의 시제품 아이디어를 현지에서 현지 재료를 사용해 제작한 후 평가 워크숍을 통해 의견을 듣기로 했다. 결국 현지에서 저렴한 가격으로 제작할 수 있어야 더 많은 학생이 이를 이용할 수 있고, 어떤 구조가 적합한지 현지 주민의 관점으로 파악하기 위해서였다. 현지 도착 후 2일간 형태별로 시제품을 만들고, 현지 학생과 학부모 20명을 대상으로 평가한 결과, B 타

〈그림 7-6〉 3가지 형태의 시제품 설계 아이디어

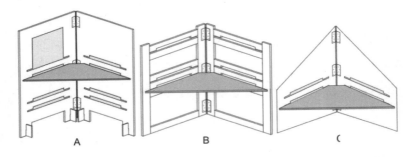

〈그림 7-7〉

보급된 책상과 사용 실제
(사용하지 않을 때는 접어
서 보관할 수 있다)

자료: 서울대학교 Shaida
팀 촬영.

입이 가장 적합하다는 결론을 내렸다. 이유는 책상판의 높이를 4단계로
조절할 수 있어서 학생이 성장해도 이용할 수 있고, 의자와 바닥 모두에서
사용할 수 있으며, 일부만 가림판 형태로 가려져서 모기 등 해충을 쫓기
편하다는 것이었다. 1차 평가결과를 바탕으로 15개 시제품을 현지에서 제
작해 가정에 보급하고, 6개월 후 방문 조사를 통해 사용 여부를 관찰했다
(〈그림 7-7〉). 그 결과 분실하거나 고장난 두 가정을 제외하고는 모든 가정이
학생의 공부를 위한 용도로 사용하고 있었다.

　이 프로젝트에서 Shadia는 초기의 실패를 계기로, 현지 조사만으로 구
성된 프로젝트를 수행했고, 조사 결과를 바탕으로 디자인 방향을 정립하
고, 시제품의 아이디어를 도출한 후 현지 주민들과 함께 시제품 제작 및

평가, 최종안 도출 등을 수행했다. 즉, 모든 단계에서 조사자의 의견보다는 현지 주민의 의견을 먼저 고려했다. 그 결과 현지 주민의 관점에 부합하는 결과물을 만들 수 있었다. 만약 현지 조사 없이 최초 방문했을 때와 마찬가지로 외부 조사자의 입장에서 '현지에서 필요할 것이라고 생각되는' 것들만 준비해서 가져갔더라면 생각지도 못했을 결과물이었다. 물론 책상이 흔들리거나 책을 보관할 장소가 없는 점, 책상 크기가 작은 점 등의 한계도 있었다. 특히, 현지 문제를 발견해야 하는 인터뷰나 워크숍 등의 현지조사 과정에서 현지 주민들이 조사자들에게 정리된 모습만 보여주고, 정제된 응답을 하려고 하는 문제가 나타났다. 이 과정에서 느낀 문제의식이 다음에 소개할 마이스토리 앱 개발 프로젝트의 토대가 되었다.

(3) 마이스토리 프로젝트

현지 조사는 ICT ODA 프로젝트에 필수적이다. 그러나 1절에서 자세히 서술한 바와 같이 인터뷰나 설문을 형식적으로 수행하는 것을 넘어서서 조사가 현지 주민의 실제 삶을 적절히 파악할 수 있도록 설계되었는지 살피는 것이 중요하다. Shadia가 수행했던 현지 조사에서 조사자의 개입으로 인한 왜곡 문제가 나타났다. 마치 학교에서 참관 수업 혹은 시범 수업을 하면 평소와 다른 것들을 준비해서 학부모나 다른 선생님들에게 선보였던 것처럼, 외부 조사자의 조사행위 자체가 현지 주민들로 하여금 더 좋은 모습을 보여야 한다는 압박을 줄 수 있었다. 또한 문화적 차이로 인해 외부인의 관점에서는 발견하고 해석하기 어려운 상황들도 존재했다.

다음 프로젝트에서 Shadia는 조사 과정에서 조사자의 개입으로 발생할 수 있는 왜곡 문제에 집중했다. 인터뷰, 설문 조사 등의 보편적인 조사 방법은 조사자가 조사 권한을 갖고 하향식으로 현지 주민으로부터 정보를 수집한다. 이 과정에서 조사자의 존재 자체가 현장 상황을 왜곡할 수 있다. 또한 이러한 조사 방법은 회상적 기억과 보편적 인식에 의존한다는 한계가 있다. 실제로 현장에서 어떤 일이 벌어졌는가를 즉각적으로 수집하기보다는 사후에 의견을 묻는 방식으로 진행되기 때문에 '평소에, 일반적으로, 평균적으로'를 전제하고 정보를 수집하는 경우가 많기 때문이다. Shadia에서 했던 조사를 예로 들면, 평소에 학교에 어떻게 통학하는지, 일반적으로 공부할 때 겪는 문제들이 무엇인지, 학교생활 중에 어떤 점이 가장 힘든지 등의 질문으로 인터뷰를 진행했는데, 이러한 질문을 통해서는 실제 상황보다는 전반적 인식이나 기억만을 수집할 수 있다. 따라서 실제 현장의 문제를 파악하기 어렵다는 한계가 존재한다.

이러한 문제를 해결하기 위한 방법으로 Shadia는 컬처럴 프로브와 영상 에스노그래피 방법을 기반으로 현지 조사 앱 시제품을 개발했다. 컬처럴 프로브는 2절에서 간략히 소개한 바와 같이 조사자가 아닌 조사 참여자가 조사를 수행하는 것을 핵심으로 한다. 초기에 Gaver et al.(1999)이 지역사회 노인 문제와 관련해 오슬로에서 수행했던 연구에서는 조사 참여자들에게 지도, 엽서, 일회용 카메라 등으로 구성된 조사 키트를 주고 몇 가지 조사 임무를 맡겼다. 이후로 이 방법이 디자인 조사나 HCI 분야에서 활발히 활용되면서 조사 키트는 포스트잇, 스크랩, 보이스 레코더, 폴라로이드 카메라 등 다양한 조사 도구를 포함하는 형태로 확장되어 왔다. 컬처럴 프로브는 조사자의 존재를 조사 현장에서 배제해 왜곡을 줄이고, 조사 참여자의 관점에서 실제 현장의 모습을 관찰할 수 있다는 장점이 있다. 그러나 조사 회수율이 낮다는 점과 사진이나 글을 수집한 후에 조사자가 그 의미와 맥락을 해석하기 어렵다는 한계가 지적되어 왔다. 따라서 우리는 영상 에스노그래피와 결합해 이러한 한계를 극복하고자 했다. 영상 에스노그래피는 동영상을 주요 기록형태로 하는 조사 방법으로, 비디오는 본래 환경에서 복잡한 행동을 객관적으로 묘사할 수 있다는 점에서 다른 기록매체가 갖지 못하는 장점을 갖는다. 특히 비디오는 맥락을 풍성하게 기록할 수 있고, 연속된 행동이나 역동적으로 변화하는 행동을 관찰할 때 유용하다. 그러나 이 방법은 촬영 장비가 상대적으로 비싸고, 카메라를 다루는 데에 전문적인 기술과 교육이 필요하다는 점이 한계로 지적되어 왔다. 이러한 한계에 대응하기 위해서 Shadia 팀은 스마트폰 앱으로 조사 참여자에게 보급할 조사 키트를 제작했다. 기존 현지조사 결과를 보면, 3G 휴대전화는 가족마다 1대 이상 보유하고 있어서 현지 주민들에게 훨씬 친숙한 매체였고, 앱 구조를 단순하게 바꿀 수 있어서 1~2번의 버튼 터치로 촬영이 가능하게 만들 수 있었다. 또한 앱을 통해 촬영된 동영상과 사진을 자동으로 분류하게 만들 수 있어서 조사 참여자나 조사자가 데이터를 정리하기에도 쉽다고 판단했다.

이런 과정을 거쳐 우리는 마이스토리 앱을 개발했다. 스마트폰에 익숙하지 않은 사용자도 쉽게 조사에 참여할 수 있도록 앱 아이콘을 제외한 모든 기타 아이콘을 스마트폰 화면에서 숨겨서 앱 진입이 쉽도록 했고, 앱 실행 후에는 임무와 촬영 버튼(〈그림 7-8〉 왼쪽)이 보이도록 설계했다. 예를 들어, 첫 번째 미션인 '집으로 가는 길(way to school)' 옆에 있는 녹화 버튼을 누르면 바로 동영상 촬영(〈그림 7-8〉 오른쪽)이 실행된다. 이 영상은 내부 저장소에 '집으로 가는 길' 폴더에 자동으로 분류 저장되어 조사 이후 분석이 용이하도록 했다. MIT의 앱 인벤터 환경에서 개발했으며, 조사에 사용한 스마트폰 스펙은 Android OS 4.1, 850Mhz CPU,

〈그림 7-8〉 마이스토리 앱의 구조와 기능

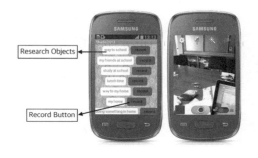

512 RAM, 내부 저장소 4GB였다. 스마트폰은 1대당 10만 원(한화) 정도에 인도 현지에서 구매했으며, 조사 이후 SHIS와 여학교 및 청각장애 학교에서 사용할 수 있도록 기증했다.

개발한 조사 앱을 실제 조사에 적용할 수 있는지, 이 앱을 사용했을 때 인터뷰나 설문 등 기존 조사방법과 어떤 차이가 있는지 알아보기 위해서 현지에서 비교 조사를 수행했다. 비교 타당성 확보를 위해 SHIS에서 운영하고 있는 여학교(연구 1)와 안과 병원(연구 2)에서 각각 조사를 수행했다. 또한 집단별로 서로 다른 2가지 종류의 현지 조사를 수행하는 과정 중 비슷한 조사 질문에 반복해서 응답함으로써 발생할 수 있는 학습 효과상의 오류를 방지하고자, 각 조사에 참여하는 사람을 다르게 선정했다.

현지 조사 후에는 2명의 HCI 전문가가 독립적으로 마이스토리 앱으로 수행된 조사 과정 및 결과와 기존 조사방법을 사용해 수행된 조사 과정 및 결과를 비교하면서 코드를 만들고, 공통되는 코드들을 모아서 카테고리

〈그림 7-9〉 앱 조사 가능성과 특성을 알아보기 위한 비교 연구 설계

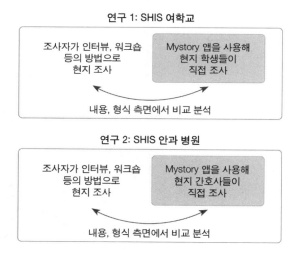

연구 1: SHIS 여학교

조사자가 인터뷰, 워크숍 등의 방법으로 현지 조사 ⟷ Mystory 앱을 사용해 현지 학생들이 직접 조사

내용, 형식 측면에서 비교 분석

연구 2: SHIS 안과 병원

조사자가 인터뷰, 워크숍 등의 방법으로 현지 조사 ⟷ Mystory 앱을 사용해 현지 간호사들이 직접 조사

내용, 형식 측면에서 비교 분석

로 만들었다. 각 전문가가 만든 코드와 카테고리에 대한 비교 및 논의를 통해서 두 조사 방법의 차이점과 공통점 혹은 논의점을 도출해 냈다. 이러한 과정을 통해 각 조사 결과의 내용적·형식적 측면의 차이를 발견하고자 했다. 또한 내용적 측면에서 마이스토리 앱을 활용한 조사와 기존 조사방법을 통한 조사 결과 사이에 상이한 내용이 있는지 또는 앱 조사를 통해 새롭게 밝혀진 내용이 있는지에 대해 주로 살펴보았다. 형식적 측면에서는 마이스토리 앱을 사용해서 현지 주민이 직접 조사를 수행하는 것이 가능한지 여부와 함께, 앱 조사가 갖는 조사 과정상의 특징에 대해 분석했다. 또한 마이스토리 앱의 기능이나 디자인에 대한 피드백도 함께 살펴보았다.

① **연구 1: 학교**

우선, 학교에서 기존의 가정방문과 인터뷰, 워크숍 등을 통해 수집된 정보와 앱을 통해 수집한 정보를 비교했다. 두 조사 모두 공통적으로 조사 내용은 학교 운영과 교수학습 내용 그리고 학생들의 학습 행동과 가족 생활이었다. 두 조사는 모두 같은 학년 학생들 중 참여 희망자를 모집해 진행했으며 학생 인터뷰 및 가정방문은 학생 8명과 교사 1명, 앱 조사는 학생 10명과 교사 3명을 모집해 진행했다. 앱 사용 조사에서는 먼저, 3시간 동안의 체험 교육을 통해서 스마트폰 앱을 사용하는 데 문제가 없는지 확인하고 '친구 얼굴 촬영하기', '내 자리 촬영하기' 등의 간단한 임무를 주고 조사 수행이 가능한지 확인했다〈그림 7-10〉. 이 과정에서 모든 학생이 처음 스마트폰을 다루어 봄에도 불구하고 빠른 시간 내 사용 방법을 습득했으며, 조사 방법에 대해 이해했다. 우리는 앱이 설치된 스마트폰과 충전기를 나누어 주고 3일에 걸쳐 조사를 진행했다. 기존 인터뷰를 통해 진행한 조사와의 비교를 위해 학교와 집에서의 학습 행동에 대해 '학교 가는

〈그림 7-10〉 현지 조사 앱 마이스토리를 사용 중인 SHIS 여학교 학생

자료: 서울대학교 Shaida 팀 촬영.

길(way to school)', '학교에서 내 친구 모습(my friends at school)', '학교에서 공부하기(study at school)', '점심시간(lunch time)', '집으로 가는 길(way to my home)', '우리 가족(my family)', '집에서 공부하는 모습(study at home)' 등의 조사 임무를 설정했다. 3일의 조사 후, 조사 참여자들과 영상 리뷰 워크숍을 수행했다. 이 워크숍에서는 조사를 수행한 여학생이 직접 스마트폰을 켜서 영상을 보여 주며 자신이 찍은 영상 가운데 기억에 남는 장면들에 대해 자유롭게 설명하도록 했다. 연구자는 설명을 들으며 이해가 가지 않는 내용에 대해서만 추가 질문을 하는 형식으로 워크숍을 진행했다. 이를 통해 연구자의 주관적 개입을 줄이고, 조사 참여자가 직접 자신의 기준에 따라 자료를 선택하고 설명하도록 했다.

앱을 사용한 조사 결과, 3일간 총 1150개의 영상이 수집되었다. 13명의 조사자가 최소 26개에서 최대 189개의 영상을 촬영했다. 각 영상은 대체로 10초 내외였으나, 10분이 넘게 촬영된 것도 있었다. 이 결과를 통해 조사 앱을 사용해 조사자가 없는 상태에서 조사 참여자가 직접 조사를 수행하는 것이 가능하다는 점을 알 수 있었다. 워크숍 등을 통해 내용을 분석한 결과 인터뷰 기반의 조사와 마이스토리 앱 기반의 조사는 다음과 같은 차이가 있었다.

(가) 실제 행동의 발견: 마이스토리 앱을 사용한 조사 방법이 기존 방법에 비해 갖는 가장 큰 차이점은 수집된 정보의 실제성이었다. 인터뷰를

통해 수집한 정보들은 대체로 회상에 의존하고 있어서, 실제 행동을 촬영한 앱 조사 결과와 차이를 보이는 내용이 발견되었다. 예를 들어, 인터뷰에서는 대부분의 학생들이 공부를 열심히 한다고 응답했다. 구체적으로, 이들은 매일 10시간 이상 공부를 하고, 집

〈그림 7-11〉 학생들이 직접 촬영한 영상 일부

빨래 중인 어머니　숙제를 베끼고 있는 친구

자료: 서울대학교 Shaida 팀 촬영.

과 학교에서 숙제를 열심히 하며, 학교 오기 전에 개인 교습을 받는다고 답했다. 그러나 앱 조사에서 한 학생은 "친구가 숙제를 안 해 와서 제 숙제를 베끼는데, 그 모습이 재미있어서 촬영했어요"라며 영상을 보여 주었다. 또한 점심시간에 밥 대신 간식을 사서 먹는 장면이 수집되었는데, 이를 통해 학생들이 실제로 어떤 분위기에서 어떤 음식을 어떻게 먹는지 알수 있었다. 조사에 참여한 학생은 "학교 앞에서 이런 간식으로 점심을 해결한다"고 응답했다. 가정방문 인터뷰에서 모든 가족은 인터뷰를 위해 연구자와 함께 앉아 대화했다. 이런 분위기에서는 가족들이 실제로 평소에 어떻게 생활하는지 관찰하기가 불가능했다. 반면 앱을 활용한 조사에서는 어머니가 빨래하는 모습 등 일상생활의 모습을 관찰할 수 있었다.

(나) 사적 정보의 발견: 기존 조사방법과 비교해서 앱 조사는 조사 참여자들의 사교 활동, 감정, 의견, 취미 등 사적 정보에 대해 파악하기가 쉬웠다. 개발도상국 현지 조사에서는 통역자와 기관 관계자가 함께 참여하는 경우가 많아서 인터뷰 중에 사적 내용에 대해 질문하고 응답하는 데 한계가 있었다. 따라서 대부분의 조사 참여자가 경직된 표정으로 주어진 질문

에만 짧게 대답하는 경우가 많았다. 반면 앱 조사에서는 자기가 좋아하는 노래를 녹음하기도 하고, 자신이 배우고 싶은 화장법을 찍어 오기도 하는 등 다양한 사적 정보가 수집되었다.

㈐ 수동적 응답자에서 능동적 조사자로: 기존 조사와 달리 앱을 활용한 조사에서 조사 참여자(여학생)들은 더 적극적으로 참여했다. 인터뷰 등 기존 조사에서는 통역으로 인한 시간 소모로 조사 피로도가 높았다. 또한 외국 인과의 인터뷰라는 점과 일방적인 의사소통 방식 자체에 공포감을 느끼고 말을 자유롭게 하지 못하는 문제도 있었다. 이에 비해 앱 조사에서는 학생들이 먼저 Shadia 팀원들을 찾아와서 자신이 찍은 영상을 자랑하고, 그에 대해 이야기하는 시도들이 많았다. 어색하고 소극적인 태도를 보였던 인터뷰와는 달리 학생들은 앱에 높은 흥미를 보이면서 자신이 먼저 촬영 결과에 관해 설명하는 모습을 보였다. 이러한 능동성은 수집된 정보의 양을 통해서도 파악할 수 있다. 이 연구에서는 3일간 1150개의 영상이 수집되었다. 사진을 제외하고도 1명당 평균 88개의 영상을 촬영했다고 볼 수 있다.

② 연구 2: 병원

두 번째 현지 조사는 안과 병원의 간호보조원들을 대상으로 수행했다. 우리는 더 전문적인 업무 환경에서 성인을 대상으로 앱을 사용한 조사를 수행함으로써 비교 평가의 타당도를 높이고자 했다. 조사 목표는 안과 병원에 전자의료정보(Electric Medical Record) 시스템을 도입하기 위해 현재의 업무 및 진료 과정을 조사하는 것이었다. 인터뷰, 관찰, 워크숍을 통해서 업무 프로세스를 조사하는 한편, 마이스토리 앱을 사용한 조사를 함께 수행해서 두 조사 결과를 비교했다.

먼저 4주간 진료 현장을 관찰하고 의사 1명과 행정직원 2명, 간호사 5명을 인터뷰했다. 인터뷰는 각각 2시간씩 진행했으며, 진료 접수, 진료, 치료, 수술, 입원 등 분과별로 하는 업무의 내용과 처리 과정을 수집했다. 이를 위해서 분과별 진료 과정을 묻고 기록했으며, 분과별 연계에 대해서도 질문했다. 또한 2주간 의료현장 관찰을 통해서 진료 프로세스를 직접 체험했다. 마지막으로 내용을 확인하기 위해 전체 직원이 참석하는 평가 워크숍을 4회 개최하여, 조사한 진료 과정을 정리해 발표하고 사실과 다른 내용을 확인하는 과정을 거쳤다. 각 워크숍은 4시간씩 진행했다.

인터뷰 및 관찰과 병행해서 마이스토리 앱을 활용한 현지 조사도 수행했다. 총 13명의 간호보조원(여성, 19~23세)을 대상으로 앱이 설치된 스마트폰을 주고, 각각 24시간씩 영상을 수집하도록 했다. 진료 과정을 영상으로 촬영하기 위해 간호보조원의 하루 일과에 맞추어 '출근길(way to work)', '병원에 도착해서 처음 하는 일(what I do first at the hospital)', '나의 주 업무(my main jobs)', '점심시간(lunch time)', '내 동료(my colleagues)', '환자에게 하는 업무(doing something to patients)', '내 업무 중 가장 힘든 일(hardest things to do in my job)', '내 업무 중 가장 좋아하는 일(favorite part of my job)', '퇴근길(way to home)', '집에서 하는 일(doing something at home)'의 임무를 부여했다. 조사 후에는 앞서 학교에서와 마찬가지로 영상에 대한 리뷰 워크숍을 진행했다.

조사 결과, 총 13명의 참여자가 24시간 동안 총 440개(1인당 평균 34개)의 영상을 수집했다. 영상 길이는 대체로 1분 미만이었으나, 업무 특성상 스마트폰을 한 장소에 세워 놓고 수술 장면 혹은 처치 장면 등을 연속해서 10분 이상 녹화한 영상이 총 26개(약 6%)였다. 병원에서도 마이스토리 앱을 사용한 조사가 문제없이 수행되었다는 것을 알 수 있다. 우리는 인터뷰 및 관찰, 워크숍 결과와 영상 리뷰 워크숍을 통해 수집된 마이스토리 앱의 조사 결과를 비교해서 다음과 같은 결과를 도출했다.

〈그림 7-12〉

왼쪽: 수술 전 스크러빙
가운데: 응급환자 이송
오른쪽: 수술 장면

자료: 서울대학교 Shaida
팀 촬영.

(개) 진료 규정과 다른 실제 현장정보: 앱 조사 결과, 간호보조사의 업무
에서 큰 차이가 발견되었다. 인터뷰에서는 간호보조사가 분과별로 배치
되어 고정된 위치에서 업무를 수행한다고 했다. 그러나 마이스토리를 통
해 수집된 영상에서는 모든 간호보조사가 서류 전달, 업무 보조, 환자 안
내 등의 이유로 끊임없이 이동하는 모습이 관찰되었다. 심지어 단지 말을
전달하기 위해서 간호보조사가 분과를 이동하는 모습도 많았다. 또한 인
터뷰에 따르면 분과별로 동등한 인원 수의 간호보조사가 배치되어 있다
고 했으나, 영상조사 결과 검사 분과의 업무량이 많아서 대부분의 간호보
조사가 이 분과의 업무를 돕기 위해 이동하는 모습이 관찰되었다. 의사
진료에서도 차이가 발견되었다. 인터뷰에서는 의사 2명이 진료하며 수술
을 진행한다고 했으나 실제 영상촬영 결과 의사 개인사정으로 진료실을
비우거나 조기 퇴근하는 경우가 관찰되었다. 마지막으로 수술 과정에서
도 차이가 발견되었다. 수술도구 소독과 수술 중 소독 스크러빙에 대한
규칙이 있음에도 불구하고, 앱 영상촬영 결과 수술 도구를 환자마다 소독
하지 않는 문제가 발견되었고, 수술 중 스크러빙을 생략하는 경우도 관찰
되었다.

(내) 예외적이고 돌발적인 상황에 대한 정보: 인터뷰와 워크숍을 통해 수

집되는 정보가 주로 정규적인 진료 과정에 대한 것이 대부분이었던 반면, 앱 조사를 통해서는 진료 규정에 없는 돌발적 상황에 대한 정보를 수집할 수 있었다. 먼저, 환자 이송 등 돌발 상황에 대한 영상이 수집되었다. 한 환자의 안과 수술 후에 렌즈 이탈이 발생해서 도시의 큰 병원으로 긴급 이송 해야하는 경우가 있었다. 이때 기존에 담당하던 업무를 중지하고 간호 보조사와 행정직원이 동행했다. 또한 병원까지 오기 힘든 환자에 대한 진료 지원으로 SHIS에서 소외 지역을 순회하며 환자를 모집해서 한 번에 50명 이상의 많은 환자를 이송해 왔을 경우(병원에서는 이를 비전 캠프라고 부른다), 기존의 진료 과정과 상관없이 모든 인원이 진료 접수부터 입원까지 동일한 업무를 수행하며 보조하는 상황도 관찰되었다. 이러한 진료 방식은 인터뷰나 워크숍에서는 조사되지 않았다. 모든 환자 기록을 수기로 작성한 문서로 관리하기 때문에, 환자 기록이 없어져서 창고에 가서 찾는 경우가 관찰되었다. 또한 환자 이름이 잘못 작성되어서 다시 진료 첫 단계로 와서 이름을 수정한 후 진료를 시작하는 경우도 관찰되었다.

(다) 외부 접근이 통제된 영역에 대한 정보: 업무 내용에 관한 조사에서, 외국인 조사자이기 때문에 혹은 의료인이 아니라서 접근이 통제된 영역에 대한 내용이 수집되었다. 병원의 특성상 수술 과정과 장면에 대한 정보가 필요함에도 불구하고 외부인으로서 촬영 장비를 들고 수술장 안에 들어가는 것은 어려운 일이다. 인터뷰를 통해서 수술 과정과 장면에 대한 묘사를 수집했으나 이러한 정보를 말로 전해 듣고 이해하는 데에는 한계가 있었다. 반면 영상 조사를 통해서 의료 행위에 참여하는 사람들로부터 직접 수술실, 회복실의 모습이나 수술 장면이 수집되었다.

(라) 사적 정보의 발견: 질문에 대한 응답 형식의 인터뷰에서는 수집하기

어려웠던 개인 정보와 사적 공간에 대한 정보가 수집되었다. 간호보조사들은 쉬는 시간과 취침 전 시간을 이용해서 간호사 시험과 검안사 시험을 공부했다. 이해가 가지 않는 부분은 진료 시간 중 환자가 없는 틈을 타서 의사와 검안사에게 질문했다. 오전 시간을 이용해서 컴퓨터 자판을 공부하는 영상도 수집되었다. 또한 간호보조사들 간의 친교 관계에 대해서도 앱 영상을 통해 파악할 수 있었으며, 업무가 바빠서 보통 점심 식사와 저녁 식사는 15분 정도로 빠르게 진행된다는 것과 새벽까지 야근한 이후에도 정상 출근을 하는 등 근로 환경에 대한 정보도 수집할 수 있었다.

(4) 소결

이 프로젝트에서는 컬처럴 프로브와 영상 에스노그래피를 기반으로 스마트폰 앱 형태의 조사 키트를 개발했다. 그리고 조사자가 조사를 주도하지 않고 현장에서 배제된 상황에서 조사 참여자가 앱을 사용해 자료를 수집하고, 이에 대해 설명하는 방식의 조사가 가능한지 살펴보았고 그 과정에서 기존 인터뷰 등과 어떤 차이가 나타나는지 살펴보았다.

무엇보다도, 앱을 사용한 조사는 제한적인 역할로만 참여해 왔던 현지 주민을 적극적이고 동등한 조사자의 위치로 격상시켰다는 의의가 있다. 이전까지의 조사 모델에서 현지 주민은 주로 수동적 응답자에 머물렀다. 그러나 자신이 직접 앱으로 조사 자료를 수집하고, 이 자료를 스스로 설명하는 과정에서 현지 주민들은 조사에 더 적극적으로 참여했다. 또한 자신들의 일상을 돌아보고, 문제가 있는 부분을 스스로 발견하고 해결책의 필요성에 대해 공감할 수 있었다. 이러한 과정을 거친다면, ICT4D 프로젝트를 통해 보급되는 솔루션이 기존에는 잘 드러나지 않던 실질적인 문제에 더 적합하게 개발될 수 있고, 현지 주민들의 이용 동기도 배가시킬 수 있을 것으로 예상된다.

내용적 측면에서 앱을 사용한 조사는 실제 현장의 문제를 수집하는 데 용이했다. 인터뷰나 워크숍을 통해 수집된 정보가 거시적이고, 일반적인 정보에 치중해 있었던 것에 비해 앱은 행동이나 사건이 벌어진 순간을 포착할 수 있어서 실제로 어떤 일이 벌어지고 있는지 파악할 수 있었다. 또한 앱 조사를 통해 주기적으로 일어나는 상황이 아니라, 돌발적이고 갑작스럽게 일어나는 일을 파악할 수 있었다. 추가로 친구들과 노래를 부르며 집으로 가는 모습이나, 집안일을 하는 가족의 모습, 기숙사에서 자신의 미래에 대해 고민하는 모습, 규칙을 생략하고 우회적 방법으로 업무를 처리하는 모습 등 외부인의 개입이 전제된 상황에서는 수집하기 어려운 일상적 정보에 대한 수집이 가능했다. 이러한 점에서 볼 때 앱 조사는 실제 현장의 문제를 발견할 가능성을 높여 준다는 의의가 있다.

그러나 한계도 있었다. 평가 회의를 통해 앱 조사의 임무 설정에 문제가 있음을 파악했다. 즉, 조사자가 이미 임무를 정해서 조사를 부탁했기 때문에 조사자의 영향이 완전히 배제되지 않았다는 측면이 있다. 따라서 조사자와 조사 참여자가 조사 이전에 조사 목표에 대해 공감하고, 함께 조사 임무를 설정하는 과정이 필요하다. 또한 영상 자료는 사진이나 글에 비해 조사자가 현지 맥락을 이해할 수 있는 가능성을 높여 주었으나, 영상 촬영을 위해 스마트폰을 켜는 행위 자체가 관찰하는 환경을 왜곡시키는 효과를 줄 수 있다. 게다가 현지 주민이 의도적으로 특정 영상만 촬영하거나 연출된 영상을 촬영할 수 있다는 가능성이 존재한다. 이러한 한계 및 제안점들은 향후 다른 ICTD와 HCI4D 연구자가 이와 비슷한 참여 중심적인 자료 조사를 시도하고자 할 때 반드시 고려해야 할 점이다.

2) 베트남 초등학교 수업교구 개발 프로젝트[3)]

(1) 개요

이 프로젝트는 2015년에 서울대학교 학생해외봉사활동의 일환으로 서울대학교 글로벌사회공헌단과 한국수자원공사가 협력해 추진한 베트남 자원봉사활동 내용의 일부다. 필자는 ICT ODA 전문가 자격으로 해당 프로젝트에 참여해서 교육 관련 활동을 기획하고 지도하는 역할을 맡았다. 프로젝트 초기 준비단계에서부터 기존 학생해외봉사활동의 문제에 대해서 서울대학교 글로벌사회공헌단에서도 깊이 공감하고 있었고, 이에 따라 HCD를 기반으로 한 새로운 방향의 활동계획을 수립했다. 학생 봉사는 그 특성상 비전문가가 많이 참여하고, 방문 기간이 짧으며, 일회적인 경우가 많아서 현지에 미치는 긍정적 효과가 적거나 오히려 부정적 효과를 끼치는 경우들이 있다는 반성이 많았다. 따라서 이 프로젝트에서 2절에서 상술한 HCD 방법에 따라 '영감-아이디어 내기-실행' 3단계로 해당 연도의 베트남 교육지원 사업을 수행하기로 협의했다. 1차 현지조사를 통해 방문할 교육기관의 교사와 학생을 인터뷰하고 교육 현장을 조사했다. 그리고 이를 바탕으로 두 달간의 시제품 제작 과정을 거쳐서 교육 교구를 개발해 현지에 보급했다. 방문 대상은 베트남 퀴넌 지역의 Phouc An 3 초등학교였으며, 프로젝트에는 서울대학교 학생 21명과 전문가 1명, 베트남 현지 협력업체 직원 4명, 서울대학교 글로벌사회공헌단 직원 4명이 참여했다.

---

3) 해당 프로젝트의 자세한 내용은 Jeong and Kang(2017: 844~850)에 기술되어 있다.

(2) 현지 조사

일반적으로 대학생 해외봉사활동은 1차 조사 없이 본 방문만으로 이루어지는데, 이러한 방식은 현지에서 필요로 하지 않거나 사용하기 불편한 혹은 현지 문화에 맞지 않는 물건을 일방적으로 보급하게 될 가능성이 높다. 따라서 프로젝트 결과물의 지속가능성을 높이고 현지 주민들의 필요와 문화에 맞는 결과물을 디자인하기 위해서 학교 당국에 현지 조사의 필요성을 설득했고, 공감을 얻어 1차 조사를 수행할 수 있었다.

현지 조사는 인터뷰와 참여관찰 방법으로 수행했다. 현지 조사의 난관은 베트남 당국이었다. 정치 체제 특성상 모든 외국인 활동에는 당 인원이 함께했으며, 모든 질문 내용과 조사 방법은 정부의 허가를 받아야 했다. 따라서 가장 일반적이고, 납득이 가능한 방법을 선택해야 했고 그에 따라 인터뷰와 참여관찰 방법을 택했다. 우리는 교사와 학생을 각각 인터뷰했는데, 주로 교과 과정과 수업 방식, 가르치기 혹은 배우기 어려운 과목, 학생들의 진로 희망 등 학생 및 학교생활과 관련된 내용을 물어 보았다. 또한 참여 관찰을 통해 수업 방식과 수업에 쓰이는 교구, 학교 시설 등

〈그림 7-13〉

왼쪽: 교사 및 학생 인터뷰
오른쪽: 학교에서 주로 사용하는 교육 자재

자료: 서울대학교 글로벌사회공헌단 촬영.

을 관찰했다(〈그림 7-13〉). 인터뷰 결과 가장 주된 교육 도구가 '교과서'라는 점에 착안해서 현지 교과서를 구매해서 한국으로 돌아왔다.

(3) 조사결과 분석 및 교구 시제품 설계

조사 결과를 바탕으로 베트남에 솔루션을 만들어서 가져갈 때까지 한국에서 주어진 준비 기간은 2달 정도로 짧았다. 그래서 세 번의 워크숍과 주간 회의, 그리고 주간 회의를 준비하기 위한 또 다른 준비 회의 등 많은 만남을 가졌고 그만큼 다양한 논의를 거쳤다. 워크숍은 공유 워크숍, 아이디어 워크숍, 디자인 워크숍으로 이루어졌다. 공유 워크숍은 현지 조사결과를 리뷰하고, 조사내용 분석을 통해 솔루션의 기회 영역을 논의하는 자리였다. 이 과정에서 우리는 현지 학교에 가장 시급한 문제로 교육 자재를 선정했다. 특히 학생 인터뷰가 주요한 영향을 주었는데, 가장 어려운 과목을 묻는 질문에서 학생들에게 '칠판에 있는 동그라미가 지구와 행성이라는 게 이해가 안 간다', '칠판에 동물을 그려 주서도, 한 번도 본 적이 없어서 모르겠다', '인간의 장기에 대해서 배우는데, 몸속을 볼 수 없어서 이해가 안 간다'는 응답을 들었다. 어릴 때부터 많은 디지털 자료와 잘 만들어진 학습서에 둘러싸여 살아온 한국 학생들과 큰 격차가 있는 부분이자, 학교 교육의 가장 토대가 되는 부분이었기에 교구 개발을 목표로 정했다.

두 번째로 이어진 아이디어 워크숍에서는 '교구 개발'이라는 목표를 달성하기 위해서 어떤 구체적인 솔루션이 가능할지에 대해 논의했다. 논의 과정에서 1차 조사를 통해 구입해 온 베트남 초등학교 교과서를 살펴보았고, 그 내용을 더 잘 이해하도록 도와 줄 수 있는 과학 교구를 만들기로 정했다. 언어나 사회, 역사 등의 과목은 외국인의 입장에서 접근하기에 한계가 있어서 제외했고, 그에 비해 과학은 한국 초등학교에서 배우는 원리와 큰 차이가 없어서 문제가 없었다. 또한 과학 개념은 동일하기에 외부의 잘못된 개입으로 인한 오교육 문제도 방지할 수 있었다. 마지막으로, 이미 학교에서 가르치고 있는 내용을 적절히 도울 수 있는 교구를 만드는 것이 새로운 커리큘럼이나 내용을 전달하는 것보다 지속가능성이 높은 방법이었다.

아이디어 워크숍 결과에 따라 학생들은 몇 개의 팀으로 나뉘어서 2~4

〈그림 7-14〉 공유 워크숍에 참여해 활동하고 있는 학생들

자료: 서울대학교 글로벌사회공헌단 촬영.

〈그림 7-15〉

교구 개발에 토대가 된 과학 교과서 일부   개발된 교구 예시

자료: 서울대학교 글로벌사회공헌단 촬영.

학년 과학 교과서의 실험 중 교구로 구현할 수 있는 것을 정해 시제품을 만들었다. 디자인 워크숍을 통해 몇 가지 원칙을 세웠다. 우선, 교구 자체를 완제품으로 만들어 가는 것이 아니라 아이디어를 만들어 가기로 했다. SHIS의 스터디폴 프로젝트 사례와 마찬가지로, 완제품을 보급하면 추가 보급이 어렵기 때문에 지속가능성이 현저히 떨어진다고 생각했다. 따라서 현지에서 현지의 재료를 사용해 현지 교사나 학생이 쉽게 만들 수 있는 교구를 디자인하되, 그것이 교과서에서 알려 주고자 하는 과학 원리를 충분히 설명할 수 있어야 한다는 원칙을 세웠다. 이러한 과정에 따라서 다음과 같은 5가지 교구 아이디어(① 빨대와 실을 이용한 손의 움직임 원리, ② 비닐봉지와 양파망, 빨대와 아이스크림 막대를 이용한 근육의 수축 및 팽창 원리, ③ 종이와 빨대를 이용한 태양계의 공전과 자전 원리, ④ 페트병과 풍선, 빨대를 이용한 호흡기 원리, ⑤ 페트병과 스타킹을 이용한 물의 응집력)를 도출했다. 각 아이디어에 사용된 재료를 현지에서 쉽게 구할 수 있는지는 베트남 현지 협력업체를 통해 미리 확인했다.

(4) 소결

보급 과정에서 가장 중요하게 생각한 것은 이 활동이 끝난 후에도 계속해서 현지 교사가 이 사업에서 보급한 교구 아이디어를 활용하는가에 대한 문제였다. 따라서 한국 방문자들이 학생들에게 교구를 만들어 보급하는 활동을 하지 않고, 교사와 함께 교구를 만드는 워크숍을 진행했다. 수업 진행의 권한은 교사에게 있기 때문에, 교사가 교구의 장점을 이해하고, 스스로 제작할 수 있어야 지속가능성이 높아진다고 생각했다. 교사들도 이미 1차 조사를 통해 교구 부족의 문제를 인식하고 있었고, 적극적으로 워크숍에 참여했다. 이 과정에서 교사의 아이디어로 재료가 일부 바뀌기도 하고, 교구의 제작 방식이 바뀌기도 했다. 특히 태양계의 행성은 구 형태를 초등학생들이 종이로 접기에 어려워서, 2차원 평면 형태로 수정되었다. 이런 현지화(localization) 과정은 현지 교사들이 교구 제작 아이디어를 더 깊이 있게 수용하는 과정이었다고 볼 수 있다.

평가는 2단계로 진행했다. 먼저, 교사 워크숍이 끝난 후 교사가 진행하는 시범 수업을 통해서 교사와 학생들이 교구를 손쉽

〈그림 7-16〉 교구를 사용해 현지 교사들이 직접 수업을 진행하고 있는 모습

자료: 서울대학교 글로벌사회공헌단 촬영.

게 제작할 수 있는지, 이를 통해 충분히 지식이 전달되는지, 그 효과는 어떤지에 대해 살펴보았다. 일반적인 글자 중심의 수업보다 교구를 활용한 수업이 학생 입장에서 이해하기 좋았고, 교사도 가르치기 좋았다는 평가가 많았다. 그리고 두 번째 평가는 6개월 후에, 다음 학기에도 이러한 교구가 사용되고 있는지 방문해서 조사했다. 그 결과, 직접 방문했던 학교뿐만 아니라 주변의 다른 학교에도 전파되어 교구 아이디어가 사용되고 있다는 긍정적 결과를 얻을 수 있었다.

이 프로젝트는 제한적일 수 있는 단기 학생해외자원활동에 HCD를 적용해서 결과물의 지속가능성을 높이고, 현지화를 이끌어 냈다. 무엇보다 현지 조사를 바탕으로 한국에서는 아이디어만 도출하고, 현지 주민이 직접 그곳의 재료를 사용해 만들 수 있도록 했다는 점이 중요하다. 또한 현지 교사가 직접 교구를 수정 및 개선하도록 해서 현지화를 하고, 결과물에 대한 사용 동기를 높였다는 점이 긍정적으로 볼 수 있는 부분이다. 물론 제한적인 과목 내에서 1개 학교만을 대상으로 진행했기 때문에 다른 지역이나 연령대에서도 이러한 방법이 유효한가에 대해서는 한계가 있다. 그

러나 이 프로젝트에서 지속가능성을 높이기 위해 시도한 내용은 향후 다른 ICT4D 프로젝트에서도 시도해 볼 가치가 있는 점들이라고 생각한다.

4. 결론 및 제언

ICT ODA에서 현지 조사를 통해 사회, 문화적 맥락을 파악하고 현지 주민의 관점을 이해하는 것은 프로젝트의 지속가능성을 높이는 데 중요하다. 보급될 기술이 실제 사용자의 입장에 근거해서 프로젝트가 진행되지 않으면, 팀이 떠났을 때 사람들이 계속해서 그 기술을 사용할 가능성이 낮기 때문이다. 보급하는 사람의 관점에서만 좋고, 현지 사람들의 입장에서 불편하고 불필요한 기술을 써야 할 의무가 그들에게는 없다. 이러한 관점에서 이 글은 기존 ICT4D 프로젝트에서 수행되어 온 많은 현지 조사들의 한계를 지적했다. 현지 조사를 간소화 혹은 생략해서 진행하거나 또는 현지 조사결과를 충분히 반영하지 않는 현실에 문제를 제기했고, 외부인과 현지 주민 사이에 문화적 격차가 존재할 수밖에 없는 물리적 한계에 대해 이야기했다.

이러한 상황에 대한 개선 움직임으로서 새로운 조사 방법을 적용하려 시도해 온 분야가 HCI4D이며, 그 구체적 방법 중 하나가 IDEO의 인간중심 디자인 도구 세트이다. 이 장에서는 인도 콜카타와 베트남 꿔년에서 진행된 프로젝트를 통해 HCD가 어떻게 적용될 수 있고, 그것이 어떤 효과와 한계가 있는지에 대해 자세하게 논의했다. 인도에서는 처음의 실패를 통해 기존 조사방법의 한계를 느끼고 HCD를 적용한 조사를 통해 현지 학생들의 환경에 적합한 책상을 개발해 보급했다. 또한 조사자가 아닌 현지 주민이 직접 영상을 촬영해 조사할 수 있도록 돕는 스마트폰 앱 개발 사례를 소개했다. 베트남에서는 보급되는 과학 교구의 지속가능성을 높이기 위해 현지 재료로 현지에서 제작할 수 있는 아이디어를 찾아 전달했으며, 현지 교사가 직접 그 아이디어를 개선해서 수업에 활용할 수 있도록 도왔다. 이 프로젝트들의 핵심에는 수많은 회의와 워크숍을 통해 만들어 낸 현지 주민과의 지속적 소통과 논의가 있고, 이를 통해 지속가능한 해결책을 찾으려는 반복적인 노력이 있었다.

물론 HCD에는 여전히 한계가 존재한다. 특히 성과나 지표와 같은 현실적인 부분 때문에 조사에 많은 역량을 투자하는 것이 쉽지 않은 상황들이 여전하다. 하지만 한계에도 불구하고, 조사자는 프로젝트의 주인이 아닌 보조자 역할을 해야 한다는 생각에는 변함이 없다. 현지 조사는 단순히 많은 시간과 자원을 잡아먹는 비효율적인 단계가 아니다. 오히려 이 단계를 거쳐야 우리가 지원하는 시간과 자원이 더 효율적이고 효과적으로 사용될 수 있다. 아무리 좋아 보이는 성과라도 1년도 지나지 않아 현지에서 잊힌다면 아무 의미가 없을 것이다. 앞서 말했듯이 이 글에서 소개한 사례들이 성공한 사례나 모범 사례라고 말할 수는 없다. 하지만 적어도 현지 주민의 관점을 반영하기 위해 다양한 시도들을 했던 것은 분명하다. 그래서 이 부분에 대해 자세히 기술하고자 노력했고, 이 내용이 앞으로 ICT4D 프로젝트를 진행하고자 하는 독자들에게 도움이 될 것이라 생각한다. 마지막으로, 이 글에서 소개한 HCD 도구 세트는 전문가들이 많은 프로젝트 경험을 녹여 만든 약 200페이지가량의 자세한 가이드북이다. 현재 관련 프로젝트를 진행하고 있거나, 혹은 진행할 예정인 분이라면 IDEO.org에서 꼭 살펴볼 것을 다시 한 번 권한다.

참고문헌

※ 국내 문헌

이희진·장승권·고경민. 2007. 「정보통신기술은 개발도상국 발전을 가져올까?: 한국의 ICT4D
　　프로그램 수립을 위한 고찰」. ≪국제지역연구≫, 16(4).

한국국제협력단. 2016a. 『기초선 조사 가이드라인』. 한국국제협력단.

한국국제협력단. 2016b. 『사전평가(예비조사) 어떻게 해야 하나?』. 한국국제협력단.

※ 해외 문헌

Anokwa, Y., T. N. Smyth, D. Ramachandran, J. Sherwani, Y. Schwartzman, R. Luk, M. Ho,
　　N. Moraveji and B. DeRenzi. 2009. "Stories from the field: Reflections on HCI4D
　　experiences." *Information Technologies & International Development*, 5(4), pp.101~
　　115.

Banks, M. 2018. *Using visual data in qualitative research*. London: Sage.

Braun, V. and V. Clarke. 2006. "Using thematic analysis in psychology." *Qualitative re-
　　search in psychology*, 3(2), pp.77~101.

Burrell, J. and K. Toyama. 2009. "What constitutes good ICTD research?" *Information Tech-
　　nologies & International Development*, 5(3), pp.82~94.

Chetty, M. and R. E. Grinter. 2007. *HCI4D: HCI Challenges in the Global South*. San
　　Jose: CHI '07 Extended Abstracts on Human Factors in Computing Systems(CHI EA
　　'07). pp.2327~2332.

Dell, N. and N. Kumar. 2016. *The ins and outs of HCI for development*. San Jose: In
　　Proceedings of the SIGCHI conference on human factors in computing systems(CHI
　　2016). pp.2220~2232.

Dell, N., V. Vaidyanathan, I. Medhi, E. Cutrell and W. Thies. 2012. *"Yours is better!"
　　participant response bias in HCI*. Texas: In Proceedings of the SIGCHI conference
　　on human factors in computing systems(CHI 2012). pp.1321~1330.

Dong, W. and W. T. Fu. 2012. *One piece at a time: why video-based communication is
　　better for negotiation and conflict resolution*. Seattle: In Proceedings of the ACM
　　2012 conference on Computer Supported Cooperative Work(CSCW 2012). pp.167~176.

Dodson, L. L., S. R. Sterling and J. K. Bennett. 2012(March). *Considering failure: eight years of ITID research.* Atlanta: In Proceedings of the fifth international conference on information and communication technologies and development. pp.56~64.

Fahim, M., I. Fatima, S. Lee and Y. K. Lee. 2012. *Daily life activity tracking application for smart homes using android smartphone.* Pyeongchang: In 14th International conference on advanced communication technology(ICACT 2012). pp.241~245.

García, B., J. Welford and B. Smith. 2016. "Using a smartphone app in qualitative research: The good, the bad and the ugly." *Qualitative Research*, 16(5). pp.508~525.

Gaver, B., T. Dunne and E. Pacenti. 1999. "Design: cultural probes." *Interactions*, 6(1), pp.21~29.

Giesteira, B. 2015. "HCI4D Guideline Systematization: Creation, Documentation and Evaluation with Partners from Developing Countries." *International Journal of Multimedia and User Design & User Experience*, 26(1), pp.1114~1128.

Guttentag, D. A. 2009. "The possible negative impacts of volunteer tourism." *International journal of tourism research*, 11(6), pp.537~551.

Han, K., P. C. Shih, M. B. Rosson and J. M. Carroll. 2014. *Enhancing community awareness of and participation in local heritage with a mobile application.* Baltimore: In Proceedings of the 17th ACM conference on Computer supported cooperative work (CSCW 2014). pp.1144~1155.

Hansson, H., P. Mozelius, J. Suhonen, E. Sutinen, M. Vesisenaho and G. Wettegren. 2009. *ICT4D with a Nordic flavor –A stepwise and multithreaded approach.* Uganda: In IST-Africa 2009 conference proceedings. IIMC International Information Management Corporation. pp.1~9.

Harris, R. W. 2016. "How ICT4D research fails the poor." *Information Technology for Development*, 22(1), pp.177~192.

He, J. and F. van de Vijver. 2012. "Bias and equivalence in cross-cultural research." *Online readings in psychology and culture*, 2(2). pp.1~9.

Heeks, R. 2009. "The ICT4D 2.0 manifesto: Where next for ICTs and international development?" *Development Informatics Working Paper*, 42, pp.1~33.

Heeks, R. 2008. "ICT4D 2.0: The next phase of applying ICT for international development." *Computer*, 41(6), pp.26~33.

Heeks, R. 2002. "Information systems and developing countries: Failure, success, and local improvisations." *The information society*, 18(2), pp.101~112.

Ho, M. R., T. N. Smyth, M. Kam and A. Dearden. 2009. "Human-computer interaction for development: The past, present, and future." *Information Technologies & International Development*, 5(4), pp.1~18.

Hulkko, S., T. Mattelmäki, K. Virtanen and T. Keinonen. 2004. *Mobile probes*. Tampere: In Proceedings of the third Nordic conference on Human-computer interaction. pp.43~51.

Jeong, Y. and N. Kang. 2017. "Designing Localized Teaching Aids for Sustainable Use through Human-Centered Design in Rural Vietnam." *International Journal of Information and Education Technology*, 7(11), pp.844~850.

Jeong, Y., S. Kim and J. Lee. 2014. *A Design Process based on Field Research: An Adjustable Desk for Children in Rural India*. Proceedings of Design Research Society, Umea, pp.346~359

Krauss, K. 2012. *You can only interpret that which you are able to perceive: Demonstrating critical reflexivity in ICT4D work*. Barcelona: In Proceedings of the first Pre-ECIS Special Interest Group for ICT in Global Development(SIG GlobDev) Workshop on ICT and Sustainable Development, 10.

Koh, Y. and Y. Jeong. 2017. "Development of Bengali Alphabet Self-Learning Device for Hearing-impaired Children based on Teaching Method in India." 대한인간공학회 학술대회논문집, pp.87~90.

Le Dantec, C. A. and S. Fox. 2015. *Strangers at the gate: Gaining access, building rapport, and co-constructing community-based research*. Vancouver: In Proceedings of the 18th ACM conference on computer supported cooperative work & social computing. pp.1348~1358.

Luusua, A., J. Ylipulli, M. Jurmu, H. Pihlajaniemi, P. Markkanen and T. Ojala. 2015(April). *Evaluation probes*. Seoul: In Proceedings of the 33rd Annual ACM Conference on Human Factors in Computing Systems(CHI 2015). pp.85~94.

Marcus, A. 2006. *Cross-cultural user-experience design*. Stanford: In International Conference on Theory and Application of Diagrams. pp.16~24.

McGehee, N. G. and K. Andereck. 2009. "Volunteer tourism and the 'voluntoured': the case of Tijuana, Mexico." *Journal of Sustainable tourism*, 17(1), pp.39~51.

McIntosh, A. J. and A. Zahra. 2007. "A cultural encounter through volunteer tourism: Towards the ideals of sustainable tourism?" *Journal of sustainable tourism,* 15(5), pp.541~556.

Noldus, L. P., B. Loke, M. Kelia and A. J. Spink. 2014. *Automated mobile user experience measurement: Combining movement tracking with app usage logging.* Hague: Creating the Difference: Proceedings of the Chi Sparks 2014. Conference. pp.31~34.

Pink, S. 2013. *Doing visual ethnography.* London: Sage.

Qureshi, S. 2015. "Are we making a Better World with Information and Communication Technology for Development(ICT4D) Research? Findings from the Field and Theory Building." *Information Technology for Development,* 21(4), pp.511~522.

Raiti, G. C. 2006. "The lost sheep of ICT4D literature." *Information Technologies & International Development,* 3(4), pp.1~7.

Rodil, K. 2014. *A Participatory Perspective on Cross-Cultural Design.* Lisbon: In Building Bridges: HCI, Visualization, and Non-formal Modeling. pp.30~46.

Rogers, P. C., C. R. Graham and C. T. Mayes. 2007. "Cultural competence and instructional design: Exploration research into the delivery of online instruction cross-culturally." *Educational Technology Research and Development,* 55(2), pp.197~217.

Shrinivasan, Y. B., M. Jain, D. P. Seetharam, A. Choudhary, E. M. Huang, T. Dillahunt and J. Mankoff. 2013. *Deep conservation in urban India and its implications for the design of conservation technologies.* Paris: In Proceedings of the SIGCHI Conference on Human Factors in Computing Systems(CHI 2013). pp.1969~1978.

Sperber, A. D. 2004. "Translation and validation of study instruments for cross-cultural research." *Gastroenterology,* 126, pp.124~128.

Spinney, J. 2011. "A chance to catch a breath: Using mobile video ethnography in cycling research." *Mobilities,* 6(2), pp.161~182.

Sterling, S. R. and N. Rangaswamy. 2010. *Constructing informed consent in ICT4D research.* London: In Proceedings of the 4th ACM/IEEE International Conference on Information and Communication Technologies and Development. pp.1~9.

Swendeman, D., N. Ramanathan, L. Baetscher, M. Medich, A. Scheffler, W. S. Comulada and D. Estrin. 2015. Smartphone self-monitoring to support self-management among people living with HIV: perceived benefits and theory of change from a mixed-methods, randomized pilot study. JAIDS Journal of Acquired. Immune Deficiency Syndromes. 69. pp.80~91.

Thomas T., Hewett, Ronald Baecker, Stuart Card, Tom Carey, Jean Gasen, Marilyn Mantei, Gary Perlman, Gary Strong and William Verplank. 1992. *ACM SIGCHI Curricula for Human-Computer Interaction. Technical Report*. New York: Association for Computing Machinery.

Uimonen, P. 2015. "Beyond failure: Rethinking research and evaluation in ICT4D." K. Andreasson(ed.). *Digital divides: The new challenges and opportunities of ein-clusion*. Boca Raton. FL: CRC Press. pp.247~264.

Ventres, W., S. Kooienga, R. Marlin, N. Vuckovic and V. Stewart. 2005. "Clinician style and examination room computers: a video ethnography." *Family Medicine*, 37(4), pp.276~281.

Wyche, S. P., E. Oreglia, M. G. Ames, C. Hoadley, A. Johri, P. Sengers and C. Steinfield. 2012. *Learning from marginalized users: reciprocity in HCI4D*. Seattle: In Proceedings of the ACM 2012 conference on Computer Supported Cooperative Work Companion(CSCW 2012). pp.27~28.

Wyeth, S. P. and C. Diercke. 2006. *Designing cultural probes for children*. Sydney: In Proceedings of the 18th Australia conference on Computer-Human Interaction: Design: Activities, Artefacts and Environments. pp.385~388.

＊ 인터넷 사이트

IDEO 홈페이지, Human-Centered Design Toolkit(former version of 'The Field Guide to Human-Centered Design). Retrieved February, 2012, from http://www.designkit.org/resources/1(검색일: 2020.8.13)

IDEO 홈페이지, The Field Guide to Human-Centered Design. Retrieved November, 2015 from http://www.designkit.org/resources/1(검색일: 2020.8.13)

반부패에 효과적이지 못한 한국 ICT ODA*

셉제임스(계명대학교 정치외교학과 교수)

1. 서론

한국은 지난 10년 사이 전자정부 분야에서 세계를 선도하는 국가이자 개발도상국에 대한 전자정부 공적개발원조(ODA)를 가장 많이 제공하는 국가로 부상했다. 전자정부는 2000년대 초반 한국의 부패 억제에 도움을 주었고, 한국의 ICT ODA 프로그램은 빈곤국들에게 이와 유사한 기회를 제공한다. 그러나 일반화적률법(Generalized Method of Moments: GMM) 동적 패널 데이터 분석에 따르면 한국의 ICT ODA 프로그램은 수원국의 부패 수준을 완화하기보다는 오히려 악화시킨 것으로 나타났다. 한국은 부패에 맞서

---

* 이 장은 논문 「개선의 여지: 한국의 선도적 ICT ODA 프로그램이 부패와의 싸움에서 실패한 이유」(James Schopf, "Room for improvement: Why Korea's leading ICT ODA program has failed to combat corruption", *Telecommunications Policy*, vol.43(6), pp.501~519)를 축약한 것이다.

기 위해 ICT와 전자정부를 효과적으로 활용할 수 있는 환경이 제대로 갖춰지지 않은 가난하고 권위주의적인 체제에 ICT ODA를 지원하는 경향이 있다. 한국 ODA 프로그램이 양호한 거버넌스를 핵심 목표로 삼지 않고, 투명성과 효과적인 결과기반관리(Results Based Management: RBM)를 갖추지 못한 것 또한 부패에 대해 효과적이지 못한 것에 일조했다. 부패에 맞서 전자정부를 효과적으로 이용하기 위해서는 한국의 원조 프로그램이 거버넌스를 핵심 목표로 격상시키고, 독립 평가 및 투명성 개선을 통해 결과기반관리 개혁을 앞당기고, ICT ODA의 방향을 시민들이 전자정부 도구를 활용해 공무원들에게 효과적으로 책임을 물을 수 있도록 시민 자유가 보장되는 국가로 돌려야 한다.

Elbahnasawy(2014)는 동적 모형 GMM 회귀분석 및 패널 자료 Granger 분석을 통해 전자정부가 부패를 감소시키는 인과 변인으로 작동한다는 점을 보여 주었다. ICT는 시민들이 정치 지도자의 공적 비행을 신고할 수 있도록 함으로써 관료주의적 정보 비대칭의 이점을 감소시키는 한편 외부 기관의 감독 능력을 향상시킨다. 한국의 경우 2000년대 초반 전자정부의 도입과 확대가 인지된 부패율과 조사를 통해 확인된 뇌물사건 발생의 급격한 감소와 맞물려 일어났다. 한국은 세계에서 가장 많은 ICT 및 전자정부 관련 원조를 제공하는 국가로 부상했지만, 한국의 원조를 받는 국가들은 부패에 맞서 싸우는 데 있어 한국의 성공적인 ICT 활용에 필적하지 못하고 있다. 부패의 내생성(endogeneity)을 통제하는 GMM 분석에 따르면 캐나다와 영국의 ICT ODA가 수원국의 인지된 부패율을 낮추는 결과를 가져온 반면 한국의 ICT ODA는 이를 높이는 결과를 초래했을 가능성이 있다.

수원국의 특성이 한국 ICT ODA의 부패에 대한 효과에 미치는 영향을 살펴보기 위해, 이 글에서는 엘바나쏘이(Elbahnasawy)의 확장 데이터세트에 대한 고정 효과 및 무작위 효과 회귀분석을 실시하여 1인당 소득과 양호한 거버넌스가 전자정부의 부패척결 능력에 커다란 영향을 미친다는 점을 확인했다. 시민, 정치인, 사법기관이 부패를 척결하는 데 효과적으로 기능하기 위해서는 반드시 ICT에 대해 충분한 대비와 동기 부여가 되어 있어야 한다. 민주적 선거와 법치는 정치인들이 깨끗한 정부를 만들라는 요구를 충족하기 위해 전자정부를 이용하도록 하는 동기가 되고, 전자정부의 선례를 따라 사법기관의 독립성을 담보하는 역할을 한다. 경제 발전과 시민 자유는 시민들이 전자정부를 통해 목소리를 낼 수 있는 힘을 제공한다. 토빗(Tobit)회귀분석은 ICT ODA 수원국들의 핵심 특성을 파악함으로써 한국의 ICT ODA가 부패에 효과를 발휘하지 못하는 이유 중 하나를 보여 주었다. 수원국의 양호한 거버넌스보다 경제적 안정성을 우선시함으로써 한국 ICA ODA의 효과가 저해된 것이다. 다른 DAC 국가 대부분의 ICT ODA와는 달리, 한국의 ICT ODA는 자원이 풍부한 국가에 편중되어 있었고, 일본의 ICT ODA와 마찬가지로 법치, 시민 참여, 책임성의 수준이 낮은 권위주의적 체제를 선호하는 경향이 있었다. 이들 수원국 정부는 깨끗한 정부 관료제를 원하는 대중의 요구로부터 구속되지 않았고, 사법기관은 부패 수사에 ICT를 활용할 수 있는 독립성을 갖지 못했으며, 시민들은 전자정부를 통해 우려의 목소리를 낼 수 없었다. 또한 한국 ICT ODA 수원국 시민들은 가난하기 때문에 전자정부서비스를 활용하는 데 필요한 도구를 갖지 못할 가능성이 더 높다.

한국 ODA 프로그램의 미션과 관리 체계도 한국 ICT ODA의 부패척결 능력에 영향을 미쳤다. 한국의 원조에는 부패 또는 민주적 거버넌스가 핵심 목표로 포함되어 있지 않았다. 포함되어 있다 하더라도 한국 ICT ODA가 급증하는 지난 10년간 한국 ODA 프로그램은 결과를 극대화하도록 관리가 이루어지지 않았다. 프로그램에 정량화할 수 있는 성과 목표, 주기적 보고, 신뢰할 수 있는 독립적 평가가 부재하여 관리가 제대로 이루어지지 않고 자원이 낭비되는 경우가 많았다. 이에 반해 캐나다와 영국의 ICT ODA 프로그램은 엄정한 결과기반관리 체계를 가지고 양호한 거버넌스에 초점을 맞춰 효과적으로 부패를 감소시키는 역할을 했다. 캐나다 국제개발단(Canadian International Development Agency: CIDA)과 영국 국제개발부(Department for International Development: DFID)의 RBM 개혁에서는 결과를 투명하게 보고함으로써 정량적 지표, 주기적이고 독립적으로 평가되는 결과, 강화된 책임성과 연결된 프로그램 목표를 분명하게 정의했다.

전자정부 및 ICT ODA 분야에서 세계를 선도하는 한국은 반드시 자신만이 가진 기회를 활용하여 부패를 척결함으로써 발전을 촉진해야 한다. 부패에 맞서 전자정부를 보다 효과적으로 활용하기 위해서는 민주적 거버넌스를 갖춘 수원국에서 보다 많은 ICT ODA가 이루어져야 한다. 한국의 ODA 프로그램은 양호한 거버넌스, 부패와의 싸움을 원조 목표의 핵심에 두고 투명성 강화와 ODA 성과의 보고, 독립적 평가 개선을 위해 RBM을 개선할 필요가 있다.

2. 전자정부 부패척결 능력의 배경과 한국의 경험

관료주의의 부패를 감소시킬 수 있는 전자정부의 능력은 주인-대리인 모형을 통해 설명할 수 있다. 이 모형에 따르면, 주인은 원하는 정책을 수행하기 위해 관료인 대리인에게 권한을 위임한다. 부패는 관료인 대리인들이 개인의 이익을 추구하기 위해 자신의 주인인 국민을 배신하는 것에서 비롯된다(Klitgaard, 1988). 전자정부는 부패의 구조적 원인을 최소화함으로써 부패를 줄이는데, 클리트가드는 이러한 원인들을 시민에 대한 무책임,

<그림 8-1> 한국의 부패 인식

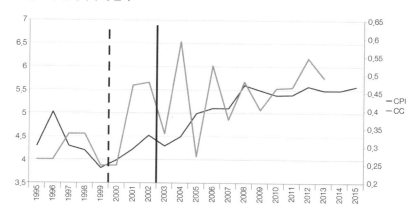

자료: 국제투명성기구 CPI는 0(가장 부패)부터 10(가장 덜 부패)까지.
　　　세계은행 CC는 0(가장 부패)부터 1(가장 덜 부패)까지.

<그림 8-2> 한국의 뇌물 경험과 청렴성 지표

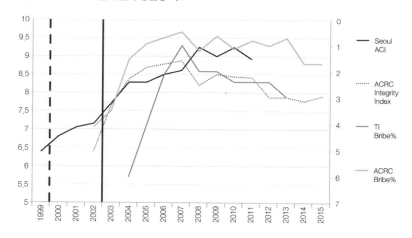

부패 청렴성 지표 인식 자료:
• ACRC Integrity Index: 대한민국 정부 국민권익위원회 청렴성 지수
• Seoul ACI: 서울시 반부패 지수

부패 경험 설문조사 자료:
• ACRC Bribe(%): 대한민국 정부 국민권익위원회 뇌물 지수(정부와 사업 거래를 하는 시민 중
　뇌물을 신고한 비율)
• TI Bribe(%): 국제투명성기구 국제부패 바로미터 뇌물 지수

결정에 대한 과도한 재량, 관료주의적 독점으로 파악했다. 전자정부의 투명성은 비합리적인 규칙을 표준화하고, 의사소통을 기록하며, 관련된 규칙에 대해 설명하고, 위반 신고를 독려함으로써 감시력 증대를 촉진한다. 최근 Elbahnasawy(2014)를 비롯한 여러 학자들은 전자정부의 증가가 부패를 현저히 감소시켰다는 것을 밝혀 냈다.

한국의 경우도 마찬가지다. 2000년경부터 전자정부 프로그램을 도입, 이것이 확산되는 동안 세계은행이 집계하는 CC(Control of Corruption, 부패통제 지수)가 1997년부터 2005년까지 123% 개선되었다. 또한 Schopf(2017)의 연구에서는 시민들이 온라인 국세청 서비스를 이용하는 것과 국제투명성기구 CPI(Corruption Perceptions Index, 부패인식 지수)의 개선 사이에 강력한 상관관계(조정 R2 0.82)가 있는 것으로 드러났다. 〈그림 8-1〉에서 수직선은 서울(점선)과 중앙정부(실선)의 전자정부 프로그램 도입 시작을 나타낸다. 전자정부 프로그램이 도입된 시점부터 CPI와 CC가 높아지는 경향성을 볼 수 있다.

〈그림 8-2〉도 비슷한 경향성을 보여 준다. 프로그램이 본 궤도에 오를 때까지는 수년이 소요되었다. 청렴성 지수는 중앙정부와 서울 시정부 공공기관의 청렴성 평가에 있어 시민들의 경험에 상당한 가중치를 부여한다. 따라서 뇌물경험 설문 조사와 청렴성 지표는 정치적 부패보다는 관료주의적 부패 측정을 주된 목적으로 한다.

한국은 개발도상국에 대한 ICT ODA 제공에서 세계를 선도함으로써 국내 부패에 맞서 전자정부를 성공적으로 사용한 경험을 재현하고자 했다. 2006년부터 2016년까지 한국은 총 ICT ODA 지출과 연간 ICT ODA 지출 측면에서 모든 국가 및 다자 공여기관 중 선두 자리를 유지했는데, 이는 전체 ICT ODA의 34%, DAC 회원국 ICT ODA의 55%에 해당하며 한국 ODA 사업 전체의 4.6%에 해당되는 것으로 DAC 회원국 평균인 0.1%를 훨씬 상회하는 수치다(OECD QWIDS, 〈표 8-1〉).

<표 8-1> ICT ODA 지출 상위 공여기관

(단위: 미화 백만 달러)

공여기관	2006	2007	2008	2009	2010	2011	2012	2013	2014	2015	2016	합계
한국	25.94	32.46	49.32	73.29	60.22	35.49	29.00	29.46	28.37	32.65	35.66	431.86
세계은행	9.32	9.46	11.28	19.78	13.42	50.42	41.44	59.81	40.75	35.82	106.82	398.31
EU기구	-	0.74	7.75	27.85	21.39	23.04	23.20	22.37	8.99	26.34	4.17	165.84
캐나다	9.70	14.53	13.33	13.11	11.15	8.91	7.48	5.08	3.37	4.68	3.58	94.93
영국	-	-	-	2.29	42.73	16.67	20.85	6.25	4.89	0.09	0.19	93.96
핀란드	1.05	1.23	2.36	1.76	17.39	9.95	13.54	4.80	4.49	3.12	3.81	63.51
일본	0.75	10.68	7.53	3.14	1.55	0.52	2.36	15.99	7.21	5.00	1.86	56.58
스웨덴	5.48	5.66	4.99	1.73	2.90	0.12	5.10	5.36	8.81	7.62	6.43	54.20
독일	0.72	1.22	2.81	4.65	4.44	4.23	4.60	5.18	3.08	1.86	4.05	36.85
스위스	2.43	2.15	2.41	3.00	1.07	0.20	0.21	4.19	4.58	7.23	7.20	34.68
스페인	1.42	5.00	1.24	2.74	6.76	4.29	0.33	0.60	0.14	0.27	0.13	22.93
미국	2.63	2.99	2.66	3.38	2.07	1.79	0.58	1.80	1.69	1.78	1.24	22.63

자료: OECD QWIDS(2016년 불변).

전자정부가 부패에 맞서 싸우는 데 상당한 효과를 발휘함에도 불구하고 GMM 분석은 세계에서 가장 앞선 한국의 ICT ODA가 부패에 효과적이지 못했다는 것을 보여 준다. 이는 2, 3위에 해당하는 공여국 캐나다와 영국의 ICT 원조를 통해 부패가 줄어든 것과는 대조적이다.

3. 한국 ICT ODA가 수원국 국가 부패에 미치는 영향에 대한 GMM 회귀분석

이 연구에서는 2005~2016년에 대해 154개국으로 구성된 대규모 패널 데이터세트를 활용한다. ICT ODA가 부패에 미치는 영향을 추산하는 데는 GMM 분석(Arellano and Bover, 1995)이 선호되는데, 이를 통해 특히 부패에서 흔히 발생하는, 과거의 부패 수준이 현재의 수준에 영향을 주는 내생성 문제를 제거할 수 있기 때문이다. 검증을 위해 GMM 분석 방법은 제약 사항의 과식별에 대한 Hansen J 테스트, Difference-in Hansen 테스트, AR (1), AR (2), AR (3) 자기상관 테스트를 거친다.

이 연구의 독립변수는 한국, 타 DAC 회원국 및 다자기구의 ICT ODA (OECD QWIDS), 세계은행의 발전 지표인 1인당 GDP, 인플레이션, 도시화, 인터넷 인프라, 법치와 시민 참여를 측정하는 세계은행의 WGI(Worldwide Governance Indicator, 세계 거버넌스 지표)이다. 부패 평가를 위해 세계은행 WGI 중 CC를 사용했다. Berthelemy and Tichit(2004)의 예를 따라 인구가 많은 국가가 보다 많은 ODA를 수혜받는 경향을 통제하기 위해 1인당 ICT ODA 측정치를 활용했다. GMM 분석에서는 내생성에 의해 유발되는 편향을 정정하기 위해 종속변수에 대해 독립변수보다 1년 늦은 시차를 적용했다. 가장 가능성 있는 관측을 위해 데이터베이스의 첫해인 2005년에는 모형의 복귀자(regressor)로 사용되는 CC 값만이 포함되었다.

자기상관과 잔차 및 회귀자 간의 계열상관을 제거하기 위해 3개의 종속변수 시차가 분석에 포함되었다. 이에 따라 AR (3) 테스트의 값이 0.15를 넘는 것은 2차 계열상관의 부재를 기각하지 않는다. 유의하거나 과도하게 높은 p 값의 부재는 Hansen J 과식별 테스트와 Difference-in Hansen 테스트의 귀무가설을 기각하지 않으며, 따라서 수준방정식의 도구와 추가 도구는 유효하다. 요컨대, 설정 테스트(specification tests)에 따르면 이것은 제대로 설정된 모형이다.

결과는 영국의 ICT ODA가 설정(specifications)의 4분의 3에서 인지된 부패를 낮췄으며 1% 수준에서 통계적으로 유의함을 보여 주었다. 캐나다의 ICT ODA는 경제, 사회, 정치적 요인을 통제하기 전 5% 수준에서 통계적

<표 8-2> 한국, 다자기구 및 타 DAC 회원국의 ICT ODA가 수원국의 국가 부패에 미치는 영향

	1	2	3	4
부패 T-1	0.62***	0.80***	0.78***	0.78***
	0.12	0.11	0.11	0.10
부패 T-2	0.37***	0.17.	0.11	0.07
	0.12	0.12	0.12	0.11
부패 T-3	-0.04	-0.07	-0.1*	-0.12**
	0.03	0.05	0.05	0.05
1인당 PPP GDP		0.000005.	-0.0000003	-0.0000008
		0.000003	0.000001	0.000002
농촌		0.000007	-0.0006*	-0.0008**
		0.0005	0.0004	0.0004
관세(tariff)		-0.0003	0.0016	0.003*
		0.0012	0.0013	0.0016
인플레이션		-0.0006	0.0004	0.0003
		0.0005	0.0004	0.0004
법치			0.18***	0.23***
			0.05	0.05
시민 참여			0.018	0.03
			0.019	0.02
전화				0.002**
				0.001
인터넷				-0.0005
				0.0004
캐나다	0.68**	0.71	0.36	0.23
	0.28	0.56	0.43	0.43
핀란드	-0.17*	-0.07	-0.11*	-0.07
	0.1	0.09	0.05	0.06
독일	-0.79	-2.28	-2.46	-1.18
	2.81	2.35	2.98	2.67
일본	0.11	-0.46	-0.33	-0.4.
	0.28	0.34	0.29	0.25
한국	-0.06**	-0.05*	-0.05**	-0.05**
	0.03	0.03	0.02	0.02

스페인	0.03	0.24	0.18	0.26
	0.19	0.42	0.39	0.39
스웨덴	-0.13	-0.04	-0.11	-0.11
	0.53	0.58	0.58	0.66
스위스	0.34.	0.57	0.19	0.04
	0.21	0.71	0.63	0.62
영국	0.43	1.01***	0.7***	0.72***
	0.46	0.33	0.24	0.21
미국	-0.03	0.31	0.28	0.22
	0.38	0.25	0.22	0.18
세계은행	0.0001	0.015*	0.0085	0.008
	0.004	0.009	0.01	0.01
EU 기구	0.0006	0.003*	0.0006	-0.0005
	0.002	0.002	0.001	0.002
상수	-0.02	-0.08	0.009	0.001
	0.01	0.06	0.03	0.03
Hansen J Test	0.36	0.37	0.29	0.36
Diff. in Hansen Test	0.48	0.43	0.62	0.41
AR 1(P-Value)	0.02	0.00	0.00	0.00
AR 2(P-Value)	0.14	0.46	0.74	0.90
AR 3(P-Value)	0.36	0.59	0.52	0.51
관측 수	1322	914	914	898
국가 수	148	131	131	130
집단별 관측 수	9	9	9	9
도구	66	70	72	74

주 1: 독립변수 오른쪽의 통계는 계수이며, 해당되는 표준오차는 아래 표시되어 있음.
주 2: . 15%에서 유의/ * 10%에서 유의/ ** 5%에서 유의/ *** 1%에서 유의.
자료: 세계은행 WGI, WDI, OECD QWIDS.

으로 유의했다. 이에 반해 한국의 ICT ODA는 부패를 증가시켰고 제1, 3, 4설정에서 5% 수준에서 유의했으며 제2설정에서 10% 수준의 유의성을 보였다. 법치는 1% 수준에서 일관되게 긍정적인 유의성을 나타냈으며, 전화 가입자 수는 5% 수준에서 긍정적으로 유의성을 보였다. 관세(tariff) 계수는 제4설정에서 10% 수준의 유의성을 나타냈다. 농촌 인구는 제3, 4설정에서 각각 5%, 10% 수준의 부정적 유의성을 보였다⟨표 8-2⟩.

4. 한국의 ICT ODA가 부패에 효과를 발휘하지 못하는 이유 에 대한 설명

한국과 영국, 캐나다의 차이는 ICT ODA가 수원국의 국가 부패에 맞서 싸울 수 있는 능력에 영향을 미치는 2가지 요인으로 설명할 수 있다. 첫째 는 수원국의 생활수준과 민주적 거버넌스다. 이는 부패에 대응하여 ICT를 효과적으로 활용하는지 여부에 영향을 준다. 둘째는 공여국 ODA 프로그 램의 양호한 거버넌스와 전체적인 효과성에 대한 강조 여부다.

한국의 수원국은 생활수준과 민주적 거버넌스 수준이 낮은 경향이 있 었다. 이러한 국가에서 전자정부는 부패를 막는 효과를 거의 발휘하지 못 했고, 부패 또는 거버넌스는 ODA의 핵심 목표로 선택되지 않았다. 한국 의 프로그램은 투명성을 증진하고 RBM을 도입하기 위한 조치의 시행 측 면에서 뒤처져 있었다. 이에 반해 영국과 캐나다는 양호한 거버넌스를 ODA의 핵심 목표로 삼았다. 영국 DFID는 RBM 시행을 선도했고 국제원 조투명성기구(International Aid Transparency Initiative: IATI)를 주도했으며 투명성 측면 에서 DAC 국가 중 지속적으로 수위를 차지하고 있다.

주인-대리인 모형에 따르면 충분한 생활수준을 갖춘 참여적 시민, 공공 선을 실현하고자 하는 동기를 지닌 정치 지도자라는 2가지 요인이 부패를 감소시킨다는 결론으로 이어진다(Elbahnasawy and Revier, 2012; Elbahnasawy, 2014). 2가지 요인 모두 전자정부의 반부패 효과를 높여 준다. Schopf(2019)는 1인 당 PPP GDP로 측정한 경제 발전과 법치 및 시민 참여로 측정한 양호한 거버넌스가 부패척결 도구로서 전자정부의 효과성을 향상시킨다는 것을

<표 8-3> 공여국별 ICT ODA 수원국 주요 특성

ICT ODA	한국	일본	캐나다	영국	핀란드	스웨덴
1인당 PPP GDP						
계수	-0.000009***	-0.000002***	-0.000001***	-0.0000003	-0.000005***	-0.00002
표준오차	0.000002	0.0000007	0.0000003	0.0000004	0.000002	0.000008
좌중도절단 관측 값/ 관측 값	1000/1570	1482/1570	1315/1570	1516/1570	1482/1570	1557/1570
경제성장						
계수	0.007***	0.002***	0.001***	0.000300	0.003**	0.002000
표준오차	0.002	0.000600	0.0003	0.000400	0.001	0.005000
좌중도절단 관측 값/ 관측 값	1023/1594	1504/1594	1337/1594	1540/1594	1506/1594	1581/1594
ICT 수입						
계수	0.012***	0.003***	0.001***	0.002***	0.005***	-0.01
표준오차	0.002	0.001	0.0003	0.0004	0.001	0.01
좌중도절단 관측 값/ 관측 값	784/1276	1199/1276	1044/1276	1225/1276	1192/1276	1263/1276
시민 참여						
계수	-0.06***	-0.02***	0.005*	-0.004	-0.01	-0.01
표준오차	0.01	0.005	0.003	0.003	0.01	0.04
좌중도절단 관측 값/ 관측 값	1048/1620	1530/1620	1363/1620	1566/1620	1532/1620	1607/1620
법치						
계수	-0.06***	-0.02***	0.004	-0.003	-0.004	0.04
표준오차	0.018	0.006	0.003	0.004	0.01	0.05
좌중도절단 관측 값/ 관측 값	1050/1622	1532/1622	1365/1622	1568/1622	1534/1622	1609/1622
광물						
계수	0.009***	0.0001	0.001***	0.0003	0.0007	-0.006
표준오차	0.002	0.0008	0.0004	0.0005	0.002	0.01
좌중도절단 관측 값/ 관측 값	1036/1607	1517/1607	1350/1607	1553/1607	1519/1607	1594/1607
광석						
계수	0.001	-0.0001	0.0004***	0.00002	0.001**	0.0009
표준오차	0.0008	0.0003	0.0001	0.0002	0.0004	0.002
좌중도절단 관측 값/ 관측 값	732/1227	1150/1227	995/1227	1177/1227	1142/1227	1214/1227

석탄

계수	0.06***	0.005*	0.008***	0.002	0.02***	-0.2
표준오차	0.009	0.003	0.001	0.002	0.004	0.3
좌중도절단 관측 값/ 관측 값	969/1531	1446/1531	1274/1531	1477/1531	1443/1531	1518/1531

공여국과의 지리적 근접성

계수	0.00001***	0.000008***	-0.0000003	-0.0000002	0.0000004	0.000008
표준오차	0.000003	0.000001	0.000001	0.000001	0.000002	0.000010
좌중도절단 관측 값/ 관측 값	1122/1694	1604/1694	1437/1694	1640/1694	1606/1694	1681/1694

ICT ODA	독일	스위스	스페인	미국	세계은행	유럽연합

1인당 PPP GDP

계수	-0.0000003**	-0.000002	-0.0000002	0.0000002	-0.004***	0.00003
표준오차	0.0000001	0.000002	0.0000003	0.0000004	0.001	0.00003
좌중도절단 관측 값/ 관측 값	1467/1570	1539/1570	1380/1570	1522/1570	1516/1570	1562/1570

경제성장

계수	0.0002*	-0.000300	0.0004	0.000700	0.21	-0.043000
표준오차	0.0001	0.002000	0.0004	0.000400	0.68	0.040000
좌중도절단 관측 값/ 관측 값	1489/1594	1562/1594	1396/1594	1546/1594	1540/1594	1586/1594

ICT 수입

계수	0.0002	0.0005	0.0013***	0.0007	-4.1*	-0.10
표준오차	0.0001	0.003	0.0005	0.0006	2.2	0.10
좌중도절단 관측 값/ 관측 값	1172/1276	1247/1276	1098/1276	1232/1276	1237/1276	1268/1276

시민 참여

계수	-0.002	-0.008	0.005*	-0.002	2.3	0.76
표준오차	0.001	0.010	0.003	0.004	4.9	0.47
좌중도절단 관측 값/ 관측 값	1515/1620	1586/1620	1421/1620	1572/1620	1566/1620	1612/1620

법치

계수	0.0004	-0.02	-0.002	0.005	-1	0.8*
표준오차	0.001	0.02	0.004	0.005	6	0.5
좌중도절단 관측 값/ 관측 값	1517/1622	1588/1622	1423/1622	1574/1622	1568/1622	1614/1622

광물

계수	-0.0003	-0.007	-0.00001	-0.0006	0.63	-0.11
표준오차	0.0002	0.005	0.0005	0.0008	0.72	0.16
좌중도절단 관측 값/ 관측 값	1502/1607	1574/1607	1409/1607	1559/1607	1553/1607	1599/1607

광석

계수	0.00006	-0.0006	0.0001	0.0001	-0.08	-0.07
표준오차	0.00005	0.0009	0.0001	0.0002	0.10	0.08
좌중도절단 관측 값/ 관측 값	1123/1227	1198/1227	1050/1227	1182/1227	1191/1227	1221/1227

석탄

계수	0.0009*	-0.02	-0.01**	0.003	0.2	-0.2
표준오차	0.0005	0.03	0.006	0.002	0.9	0.6
좌중도절단 관측 값/ 관측 값	1426/1531	1498/1531	1333/1531	1483/1531	1478/1531	1523/1531

공여국과의 지리적 근접성

계수	0.000001***	0.00001***	0.000001	-0.0000005		
표준오차	0.0000002	0.000004	0.000001	0.000001		
좌중도절단 관측 값/ 관측 값	1589/1694	1660/1694	1495/1694	1646/1694		

주 1: 154개국 대상 표본 토빗회귀분석, 2006~2016년.
주 2: 정규분포, 0에서 검열.
주 3: * 10%에서 유의/ ** 5%에서 유의/ *** 1%에서 유의.
자료: 세계은행 통계_ 1인당 PPP GDP, 총 수입 대비 ICT 수입 %, 연간 1인당 GDP 성장률, 광물
지대(GDP %), 광석지대(GDP %), 석탄지대(GDP %).
세계은행 WGI_ 법치 및 시민참여 지수.
지리적 근접성_Mayer and Zignago(2011).

밝혔다.

154개 개발도상국에서 국가 수준의 ICT ODA 자료가 존재하는 기간인 2006년부터 2016년까지 10대 ICT ODA DAC 공여국으로부터 받은 1인당 ICT ODA에 대해 토빗회귀분석을 실시한 결과 한국은 ICT ODA를 1인당 PPP GDP가 낮고 법치와 시민 참여, 책무성(accountability) 수준이 낮은 수원국에 치중한 것으로 나타났다(Schopf, 2019). 이러한 요인이 부패에 미치는 효과를 저해했을 수 있다. 이에 반해 캐나다는 시민 참여와 책무성 점수가 높은 개발도상국들을 선호했다(〈표 8-3〉).

한국의 ICT ODA 프로그램은 부패에 중점을 두지 않고, 목표달성 역량이 낮다는 측면에서도 다른 DAC 국가들과 달랐다. 2가지 요인 모두 한국 ICT ODA의 부패척결 능력을 약화시켰다. 영국이나 캐나다처럼 ICT ODA를 통해 부패에 성공적으로 맞서 싸운 사례에서는 우수한 거버넌스가 ODA의 핵심 목표로 명시되고 ODA 정책에 대해 집중화된 통제 권한을 가진 단일 기관(영국 DFID와 캐나다 CIDA)이 RBM을 구현하기 위한 전면적인 개혁을 수행했다. 투명한 정보의 공유는 외적 책무성을 높임으로써 원조기관이 성과 목표를 달성하도록 동기를 부여했다.

캐나다, 영국과 달리 한국의 프로그램은 거버넌스를 ODA의 핵심 목표로 지정하지 않았다. 2006년부터 2016년까지 한국은 반부패 단체와 기관에 제공되는 ODA, 민주적 참여 및 시민사회 촉진을 위해 제공되는 ODA 측면에서 DAC 회원국 중 최하위권에 머물렀다.

또한 한국은 독립 평가기관의 양적 지표를 통해 측정되는 목표를 명확히 규정함으로써 효과를 발휘하는 RBM 개혁추진 측면에서도 뒤처졌다. 프로그램 시행의 결과를 분석해야 프로그램을 목표에 맞도록 유지하기 위한 조정이 가능하다. 한국은 2015년까지 RBM 개혁을 도입하지 않았다. 국가 파트너십 전략에서 개발목표가 명확히 정의되지 않아 평가가 불가능했으며, 프로그램 평가 업무를 맡은 국제개발협력위원회는 공통 평가 기준을 따르지 않은 기관들의 자체 평가를 검토하는 데 있어서 적절한 도구와 권한, 독립성을 갖지 못했다(OECD Korea Peer Review, 2012). 새로운 사업 제안에는 수많은 층위의 공무원들의 승인이 필요해 1년 이상 걸리는 것으로 알려졌으며, 이러한 점은 세계개발센터(Center for Global Development)의 2012년 행정비용 순위에서 10대 ICT ODA 공여국 중 한국의 순위가 가장 높았다는 사실에 반영되어 있다(Center for Global Development).

한국의 국가 ODA 프로그램은 외부 이익단체와 일반 대중에 대한 책무성을 높이기 위한 투명성 강화 조치에서도 DAC 국가 중 최하위권에 속했다. 한국이 원조 관련 정보의 가용성과 접근성을 향상시키기 위해 IATI에 가입하는 데 8년이 걸렸고, ODA 관련 정보의 공개를 평가하는 국제원조 투명성 캠페인의 원조투명성 지수에서 DAC 국가들 중 최하위권에 속했다(Aid Transparency).

〈그림 8-3〉은 2010년부터 2017년까지 한국국제협력단(KOICA)과 정부 평균의 연간 청렴성 지수를 비교한 것이다. 투명성, 특히 예산정보의 투명성은 내부 청렴성 점수의 57%를 차지하며, 나머지 43%는 뇌물 방지 시스템과 문화에 의해 결정된다. 박근혜 정부를 거치면서 KOICA의 점수는 정부기관 중 '평균' 수준에서 최하 수준인 '매우 불만족'까지 곤두박질쳤다.

한국 ODA 프로그램의 거버넌스에 대한 낮은 우선순위, 결과 기반 경영이나 투명성의 부족, 책무성 없는 불투명한 권위주의 정권에 대한 선호 등은 수많은 부실관리 사례를 초래했다. 감사원의 2017년 감사보고서에는

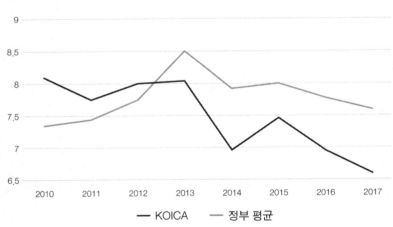

〈그림 8-3〉 한국 정부 내부 청렴성 지수: KOICA와 정부 평균 비교

자료: 국민권익위원회, 공공기관 청렴성 지수 측정결과, 각 연도.

소비자 수요가 없고 훈련받은 인력이 없는 지역에 EDCF가 자금을 지원하는 병원을 건설한 사례, 초기 타당성 조사 없이 KOICA가 자금을 제공한 식수 시설을 건설해 급수 용량의 5%만 사용된 사례를 포함하여 수많은 원조정책 계획과 관리부실 사례가 기록되어 있다(감사원, 2017). ODA Watch, 국제개발협력시민사회포럼(KoFID)과 같은 한국의 시민단체들은 박근혜 정부 첫해인 2013년 초부터 한국의 ODA 조달과 관련한 부패에 대해 우려를 표시하며 한국의 계약업체들이 캄보디아 사업에서 정부 관료들에게 뒷돈을 제공하고, 카메룬 사업을 위한 한국 업체 선정에서 고위층의 정치적 개입이 있었다는 의혹을 제기했다(PSPD, 2013). 한국의 시민단체들은 원조의 투명성 결여는 부패를 조장할 수 있다고 경고하고 각 수원국의 ODA 지원금과 대여금, 사업예산 지출, 낙찰자 선정 기준, 중점 협력국 지위, 사업승인에 관한 내용 등이 공개되지 않고 있다는 점을 지적했다(PSPD, 2011, 2013; KCOC, 2017). 한국 정부가 2016년 IATI에 가입했음에도, 박근혜 정부는 ODA의 투명성이 국익을 저해하고 외교적 마찰을 유발하거나 개인 정보를 침해할 가능성이 있다는 이유로 시민단체의 민원을 무시했다.

5. 결론

Elbahnasawy(2014)는 전자정부가 공무원과 시민 사이의 정보 장벽을 줄임으로써 부패를 억제한다는 것을 보여 주었다. 한국은 2000년대 초 부패에 맞서기 위한 정부 개혁에 발맞추어 세계에서 손꼽히는 전자정부 프로그램을 도입하는 데는 성공했으나, 이 글의 분석 결과에 따르면 한국의 전자정부 원조 프로그램은 수원국의 국가부패 수준을 낮추는 데 기여하지 못했다. 이에 반해 캐나다와 영국의 프로그램은 매우 긍정적인 효과를 낳

왔다. 이러한 차이가 발생한 원인은 무엇인가? 한국이 부패를 막지 못한 반면 영국과 캐나다가 성공을 거둔 것은 수원국의 정치, 경제적 특성, 양호한 거버넌스에 우선순위에 둔 ODA 프로그램, 관리 원칙과 투명성으로 설명할 수 있다. 전자정부의 부패방지 효과는 적극적인 시민, 독립적인 사법기관, 책임 있는 정치인들이 있는 경제적으로 발전된 민주주의 국가에서 가장 강하게 발휘된다. 그러나 한국의 ICT ODA 프로그램은 공공선을 위한 대중의 요구와는 단절되고 독립적인 법 집행 또는 시민 자유의 보호가 취약한 권위주의 체제에서 집행되는 경향이 있었다. 이런 나라에서는 부패에 맞설 수 있는 전자정부 프로그램이 제대로 활용되지 못한다.

핵심 목표, 관리에 대한 접근 방식, 국가 ODA 프로그램의 투명성 측면의 차이도 ICT ODA의 부패방지 능력에 영향을 미쳤다. 영국 DFID와 캐나다 CIDA는 거버넌스를 핵심 목표로 설정했고 이러한 사명을 추구하는데 있어 각각 RBM의 선구자와 개척자 역할을 했다. 각각의 프로그램은 정량적 지표, 독립적으로 평가되는 성과, 국민에게 투명하게 보고되는 결과와 연계된 프로그램 목표를 분명하게 정의하고 있었다. 이에 반해 한국 프로그램은 거버넌스를 ODA의 핵심 목표로 설정하지 않았고, RBM 도입에서 뒤처졌으며, 목표와 지표를 분명하게 정의하지 않거나 신뢰할 수 있고 독립적인 평가기관이 없다.

그러나 한국이 투명하고 독립적인 평가 요구를 받아들이고 보다 결과 지향적인 관리 접근방식을 채택하기 시작했다는 것을 보여 주는 희망적인 징후들이 있다. 2015년 기본법 개정으로 국제개발협력위원회 평가소위원회의 권한과 투명성이 한층 강화되었고, DAC 지침을 바탕으로 하는 지표에 비추어 사업의 결과를 측정하고 매년 보고하도록 요구했다. 소위원회에 외부 구성원이 참여하고, 평가 결과는 공개된다.

KOICA에서는 개혁이 이루어졌다. 국제개발협력민간협의회, ODA Watch,

YMCA, KoFID를 비롯해 학계와 주요 시민단체 전문가 15인으로 구성된 '혁신위원회'가 제안한 개혁을 추진했다. 이후 KOICA는 주요 발전목표로 평화, 인권, 민주주의, 거버넌스에 초점을 맞추는 것을 포함하는 혁신위원회의 10대 개혁목표를 시행하고 있다. 혁신위원회는 각종 프로그램, 정책, 사업에 대해 외부 전문가를 통한 믿을 수 있고 독립적인 평가를 강화함으로써 RBM 개혁을 제도화할 것을 요구했다. 외부 전문가들은 최고 감사책임자 역할을 할 수 있고, 고위 직원들은 엄격한 성과 평가와 부패에 대한 보다 엄격한 처벌에 직면하게 된다. KOICA는 투명성 증대를 위해 개인 정보가 아닌 모든 자료를 공개하고 ODA 프로그램 정보를 다른 기관과 공유하기 위한 온라인 플랫폼을 만들 계획이다.

세계 최대의 ICT 및 전자정부 원조 프로그램은 개발도상국의 부패를 줄이고 양호한 거버넌스를 촉진하기 위하여 더 많은 일들을 할 수 있다. ICT가 한국의 ODA 프로그램에서 두드러진 입지를 갖고 있는 가운데, 부패 감소, 양호한 거버넌스 등 전자정부를 통해 달성할 수 있는 발전 목표는 KOICA뿐만 아니라 전체적인 ODA의 목표 내에서 핵심 가치로 격상되어야 한다. 양호한 거버넌스와 연계된 RBM 원칙과 지표들을 한국의 ICT ODA 프로그램 전체에 걸쳐 확고하게 실현해야 한다. 전자정부 ODA의 효과는 수원국 내에서 생산성, 서비스 제공의 속도와 전문성, 시민과 공무원의 부패 인식 및 뇌물 경험에 미치는 영향 등을 통해 측정해야 한다. 또한 KOICA와 EDCF는 분명한 입찰평가 기준을 수립하고, 입찰을 공개적으로 평가하며, 적시성 있는 이의제기 절차를 제공하는 투명하고 공정한 유럽집행위의 조달 체계를 참고할 필요가 있다.

더불어 한국의 원조기관들은 반드시 수원국 국가 조달의 투명성을 요구해야 한다. 한국의 계약업체들은 수원국 정부와 계약을 할 때 주기적인 외부 감사를 허용하는 청렴성 서약서에 서명해야 한다. ICT ODA의 경우 잠재적 수원국은 원조 조건으로 전자정부 성과 자료의 투명한 공개에 동의해야 한다. 전자정부 ODA를 성공적으로 시행하여 생산성과 부패감소 목표를 충족하는 국가에는 향후 프로그램을 통한 보상이 이루어져야 하며, 전자정부에는 부패 방지 청렴성 지수, 옴부즈맨 시스템, 청렴 서약 계약 시스템, 내부 고발자 보호, 결과 지향 관리, 예산 투명성 등과 같이 보완적인 부패방지 행정개혁 원조 프로그램이 동반되어야 한다.

마지막으로, KOICA의 혁신위원회에 참여한 학계와 시민단체를 ICT ODA 정책 결정과정에 체계적으로 참여시켜 양호한 거버넌스 및 발전을 강조하는 기조를 유지하고 기업의 영향력에 대응하여 균형을 유지해야 한다. ODA 수원국에서 주요 공여국이 된 최초의 국가이자 전 세계 전자정부의 선두 주자, 최대 규모의 ICT ODA를 제공하는 나라인 한국은 ICT와 전자정부를 활용해 개발도상국의 부패를 줄일 수 있는 엄청난 잠재력을 가지고 있다. 양호한 거버넌스에 중점을 두고 결과 기반 관리를 제도화하는 개혁을 시행하며 투명성을 증진함으로써 이러한 비전을 현실로 만들 수 있다.

참고문헌

* 해외 문헌

Aid Transparency. Aid Transparency Index. Available at: http://www.publishwhatyoufund. org/the-index/index-archive(accessed 21 October 2018).

Arellano, M. and O. Bover. 1995. "Another look at the instrumental variable estimation of error-components models." *Journal of Econometrics*, 68(1), pp.29~51.

Berthélemy, J. and A. Tichit. 2004. "'Bilateral donors' aid allocation decisions – a three-dimensional panel analysis." *International Review of Economics & Finance*, 13, pp.253~274.

Board of Audit and Inspection. 2017. Report on the Current State of ODA. Available at: https://www.bai.go.kr/bai/cop/bbs/detailBoardArticle.do?mdex=bai20&bbsId=BBSMS TR_100000000009&nttId=117463(accessed 21 October 2018).

Center for Global Development. Quality of Official Development Assistance. Available at: https://www.cgdev.org/topics/quoda(accessed 21 October 2018).

Elbahnasawy, N. 2014. "E-government, internet adoption, and corruption: An empirical investigation." *World Development*, 57.

Elbahnasawy, N. and C. Revier. 2012. "The determinants of corruption: Cross-country-panel-data analysis." *The Developing Economies*, 50(4), pp.311~333.

KCOC. 2017. *Korean Civil Society Report for the OECD DAC Peer Review 2017*. Korea NGO Council for Overseas Development Cooperation, Seoul.

Klitgaard, R. 1988. *Controlling Corruption*. Berkeley and Los Angeles: University of California Press.

Mayer, T. and S. Zignago. 2011. Notes on CEPII's Distances Measures: the GeorgiaDist Database. CEPII Working Paper, 2011-25.

OECD Development Co-operation Peer Reviews: Korea 2012. Available at: https://www.oecd-ilibrary.org/development/oecd-development-co-operation-peer-reviews_23097132?pag e=2(accessed 21 October 2018).

OECD Query Wizard for International Development Statistics. Available at: https://stats. oecd.org/qwids(accessed 21 October 2018).

People's Solidarity for Participatory. 2011. *Korea's Aid Transparency: Evaluation and Po-*

licy Recommendations. PSPD Issue Report, PSPD, Seoul.

People's Solidarity for Participatory. 2013. *Press Interview. In Pursuit of Transparent Implementation of ODA and Systematic Improvement*. Available at: http://www.peoplepower21.org/International/1065758(accessed 29 October 2018).

Schopf, J. C. 2017. "The Governance Effects of Korea's Leading E-Government Websites." *Journal of Cases on Information Technology*, 19(2), pp.1~16.

Schopf, J. C. 2019. "Room for improvement: Why Korea's leading ICT ODA program has failed to combat corruption." *Telecommunications Policy*, 43, pp.501~519.

Shin, S. 2018. "Choi Soon-sil Found Guilty of Extortion and Influence-Peddling." *Chosun Ilbo*, 14 February. Available at: http://english.chosun.com/site/data/html_dir/2018/02/14/2018021400840.html(accessed 23 October 2018)

Transparency International. Available at: www.transparency.org(accessed 20 February 2017)

UN E-government Survey. Available at: https://publicadministration.un.org/egovkb/en-us/reports/un-E-government-survey-2016(accessed 20 February 2017)

World Bank World Development Indicators Available at: http://data.worldbank.org(accessed 20 February 2017)

World Bank Worldwide Governance Indicators. Available at: http://info.worldbank.org/governance/wgi/#home(accessed 20 February 2017)

데이터와 국제개발협력*

박경렬(KAIST 과학기술정책대학원 조교수)

1. 서론

1) 데이터 혁명은 일어나고 있는가?

다니엘 벨, 앨빈 토플러, 마누엘 카스텔, 존 페리 발로 등 일찍이 정보의 시대를 말하고 이로 인한 네트워크와 정보사회의 중요성에 대해 많은 학자들이 언급했지만, 최근은 가히 데이터의 시대라 불릴 만하다. 디지털 기술의 융합이 근본적으로 새로운 기술문명의 시대를 열어 '4차 산업혁명'을 거치고 있다는 주장은 많은 주목을 받았다(Schwab, 2016). 산업혁명은 후

---

* 이 장은 박경렬, 「개발협력 관점에서 본 '데이터 혁명': 비판적 소고」, ≪국제개발협력연구≫, 제12권 2호(2020)의 주요 이론적 내용을 바탕으로 필자의 현장 경험을 추가 보완하여 작성했다.

에 결정적인 순간으로 기록되었지만 그 당시에는 누구도 목격하지 못했듯이 우리가 살고 있는 지금 이 순간도 그에 비견할 만큼 혁명적이라는 것이다. 현재 세계가 겪고 있는 변화가 과연 '혁명'적인 것인지, 이 기술 중심주의적 용어는 왜 한국의 맥락에서 더 많이 언급이 되는지 여러 논란이 존재한다. 하지만 폭발적으로 늘어나는 데이터의 양과, 그것을 분석하는 다양한 기계 학습의 가능성이 열리고 있음은 부인할 수 없다. 빅데이터, 인공지능(Artificial Intelligence: AI), 블록체인과 같은 디지털 전환(digital transformation)의 화두들이 기술의 영역을 넘어, 산업 전략, 공공 영역, 국제 거버넌스 등 다양한 영역에서 전방위적으로 논의되고 있는 것은 분명하다. 그 변화의 속도 또한 매우 빨라 2020년 쓰고 있는 지금의 글이 불과 몇 년 후에 진부한 이야기가 될 것도 확실하다.

지난 몇 년 간 생산된 전체 데이터의 양이 인류가 그동안 생산해 낸 데이터 전체의 90%에 가깝다는 것은 이제 그리 놀랄 만한 이야기가 아니다.[1] 데이터 관련 시장조사 회사인 IDS(International Data Corporation)에 따르면 2016년에 생성된 데이터의 양은 16제타바이트(ZB)로 초당 56만 기가바이트의 데이터가 생성되었고, 2025년경에는 175제타바이트에 이를 것으로 전망하며 이 중 30% 정도가 실시간으로 생성될 것이라 예측했다(International Data Corporation, 2020). 이렇게 기하급수적으로 증가하는 데이터는 초연결성의 사회에서 국경을 넘어 이동하고 있다. 디지털 전환에 있어 데이터의 폭발적인 증가는 새로운 기회와 도전 과제를 동시에 제공하며 기술사회적 변화를 견인하고 있다.

카이스트(2020: 53)의 '기술과 인간의 만남'이라는 미래전략보고서는 디지털 전환의 핵심을 〈그림 9-1〉과 같이 AI, 블록체인, 클라우드 컴퓨팅, 데

---

1) IBM Big Data Analytics, https://www.ibm.com/analytics/hadoop/big-data-analytics

<그림 9-1> 디지털 전환의 4가지 핵심 기술 및 데이터의 역할

AI	블록체인	클라우드 컴퓨팅	데이터
뇌신경	근육	골격	혈액
모든 구성 요소에 동작, 판단 등 명령을 내리고 조종	구성 요소 간 유기적 결합 및 안정적 연계를 지원	전체 시스템 형태를 구성하고 연결	구성 요소 간 상호 연결, 영향을 공급하는 원천
개발협력의 거버넌스	원조투명성과 개발협력의 보안	개발협력의 파트너십 및 제도	개발협력 지식 창출의 원천

자료: 카이스트 미래전략연구센터(2020: 53) 재구성.

이터 4가지로 보면서, 인간의 신체 구조에 빗대어 각각을 '뇌신경', '근육', '골격', '혈액'으로 비유하며 네 요소 간의 관계를 설명했다. 모든 비유는 불완전한 면이 있지만, AI가 인간의 '뇌신경'망을 바탕으로 발전해 왔고, 클라우드 및 네트워크의 '골격'을 따라 '혈액'처럼 이동하는 데이터는 정보 제공의 원천 등이라고 볼 때 직관적으로 와 닿는 비유다. 중요한 것은 데이터가 다른 디지털 기술의 개발, 운용에 가장 핵심적인 요소라는 점이다. 특히 웹 플랫폼, 사물인터넷, 웨어러블 장치, 스마트시티에 설치된 여러 가지 센서 등 데이터 표집에 관한 다양한 하드웨어의 발전을 통해 수집되고 있다. 이러한 디지털 데이터는 신경망 처리 장치(Neural Processing Unit: NPU)에서 학습, 처리되고 분석을 통해 새롭게 수치화, 구성되어 다시 네트워크를 통해 유통이 가능해진다. 이로 인해 많은 분야에서 새로운 기회를 창출하고 있다.

≪와이어드≫ 편집장인 크리스 앤더슨은 2008년 "이론의 종언, 데이터의 기하급수적 증가가 과학적 방법을 더 이상 쓸모없게 만들어 버릴 것이

다"라는 매우 도발적인 글을 발표했다(Anderson, 2008). 개인의 행동, 사회현상을 설명하는 모든 이론적 체계도 전례가 없는 데이터의 양에 기반한 '사실' 분석에 무용지물이 될 것이라는 말이다. 2013년 옥스퍼드의 빅토르 마이어 쇤버거와 기술전문 기자 케네스 쿠키어는 '출판시장 친화적' 제목으로 출간된 『데이터는 알고 있다』(한국판)에서, 빅데이터 혁명이 근복적으로 사회의 작동 원리를 뒤흔들 것으로 내다보았다(Mayer-Schönberger and Cukier, 2013). 이들은 책의 8장에서 개인정보 보호 및 데이터기반 분석의 편향성에 대해 언급했지만 전반적으로 데이터 혁명이 가져올 세상에 대해 기술 낙관주의적인 관점을 견지했다.

이렇게 소위 '데이터 혁명(data revolution)'을 바라보는 관점에 대해 비판적인 논의들도 전개되었다. 데이터가 과연 실재를 얼마만큼 반영하는지에 대한 인식론적인 문제 제기부터(Boyd and Crawford, 2012), 데이터가 사회적으로 구성되는 과정에서 정치성에 대한 논의(Kitchin, 2014), 인과성과 상관성의 차이를 비롯한 통계학적 도전 과제(Fan et al., 2014)에 이르기까지 많은 논쟁이 있었다. 이런 논의에도 불구하고, 이론적 연구와 전통적인 가설 기반의 경험 연구에 비해 데이터기반의 연구와 의사 결정이 어떠한 상대적 우위를 가지고 있는지에 대한 논의를 시작하게 된 것은 함의가 크다. 데이터를 바탕으로 그 뒤에 숨겨진 관계성, 규칙성, 특이성을 파악해 보다 효율적이고, 정확하며, 투명한 정책적·산업 전략적 의사 결정을 할 수 있다고 기대되고 있다. 이러한 기대 속에는 공공 데이터(open data), 빅데이터(big data)와 같은 새로운 '연료'와 AI 기반의 혁신적인 분석 '엔진'을 통해 문제 해결의 최적화를 이룰 수 있다는 기술 결정론적인 믿음이 기반이 되고 있다.

2) 국제개발협력 맥락에서의 데이터

개발협력 현장도 앞서 언급한 변화에서 자유롭지 않다. 특히 기존에 연결되지 않았던 사하라 사막 이남 지역조차도 정보통신기술의 보급으로 글로벌 네트워크에 빠르게 연결되고 있다. 이러한 초연결성(hyper connectivity)은 글로벌 가치사슬(global value chain)을 재구성하며 개발협력 분야에서도 핵심 의제로 떠올랐다(UNDP, 2017). 2015년에 채택된 지속가능발전목표(Sustainable Development Goals: SDGs)의 준비 과정에서 소위 '데이터 혁명'은 이러한 개발협력의 패러다임 전환에서 가장 중요하게 다루어진 주제 중 하나다. 2014년 8월 당시 UN 사무총장이었던 반기문은 '데이터 혁명을 위한 독립 전문가그룹(Independent Expert Advisory Group on Data Revolution for Sustainable Development: IEAG)'을 설립했다. 2015년 출범한 SDGs에서는 데이터를 SDGs의 모니터링과 평가에 핵심적인 요소로, 또 개발도상국의 경쟁력과 생산성을 향상시킬 수 있는 가장 핵심적인 자원으로 인식했다. 국제개발협력에서 정보통신기술과 데이터는 협력의 수단인 독립변수가 아니라, 상수로 인식되어야 하며, 이를 위한 데이터기반 협력, 디지털 전환의 화두는 거스를 수 없는 요구가 되었다.

하지만 데이터의 폭발적 증가와 이를 분석할 수 있는 기술혁신만으로 개발도상국의 발전을 담보하고, 국제개발협력의 진전을 기대하기는 어렵다. 발전이란 그 자체로 사회 맥락적이고 정치적이기 때문이다. 국가 혹은 사회의 맥락에 따라 정보통신기술의 발전은 기존의 '디지털 격차(digital divide)'를 '데이터 불평등'으로 심화시키는 결과를 가져올 수도 있다. 넘쳐나는 여러 데이터 이니셔티브에서 발생하는 도전 과제들에 대해 그 맥락성을 심도 있게 이해할 때 비로소 데이터가 국제개발협력에 미치는 긍정적 영향은 확대될 것이다.

이 글에서는 최근의 데이터기반(data-driven) 개발협력 프로그램 및 학술
연구의 국제개발협력적 함의에 대해서 살펴보고자 한다. 먼저, 발전 담론
이 근대화, 경제성장, 빈곤 퇴치, 지속가능발전 등으로 진화하면서, 데이
터와 발전에 관한 정책은 데이터를 경제 발전의 주요 생산요소로 보는 관
점과, 데이터를 바탕으로 개발협력의 거버넌스를 확립하는 2가지 관점으
로 발전했다는 점을 정리했다. 둘째, 기술합리성(technical-rational)에 근거한
여러 데이터기반 개발협력 이니셔티브와 새로운 디지털 기술을 바라보는
정책적 수사들이 범람하고 있는 현상에 비해, 학술 연구에서의 이론적·실
증적 논의는 아직 부족하다는 점을 지적하고자 한다. 셋째, 기술적·인식
론적으로 상이한 여러 데이터 이니셔티브를 분류해서 생각할 필요가 있
는데, 특히 개발협력적 관점에서 주목할 수 있는 데이터는 공공 데이터,
빅데이터, 시민참여 데이터로 분류하여 생각해 볼 수 있다. 데이터 간의
연결성이 강화되며 그 경계가 갈수록 모호해지고 있는 것이 사실이지만
이 글에서는 이 3가지를 중심으로 ICT4D라는 큰 틀에서 현장 적용의 사
례를 파악하고 국제개발협력에서의 함의를 논의하고자 한다.

2. '데이터 혁명'과 발전: 이론적·정책적 기원

1) 기술혁신과 발전: 이론적 논의

기술혁신과 발전의 관계에 관한 이론적 논의는 개발경제학과 개발학의
끊이지 않는 화두였다. 최근의 디지털 전환과 관련하여 2011년 독일의
'인더스트리 4.0', 2016년 다보스포럼의 '4차 산업혁명' 등의 논의는 기존
발전담론과 비교했을 때 다음의 3가지 진화된 내재 논리를 바탕으로 하고

있다. 첫째, 자본, 노동의 다른 생산요소보다 과학기술, 그중에서도 디지털 기술의 활용을 경제 발전의 가장 핵심으로 본다(Schwab, 2016). 둘째, 이러한 기술 영역에서의 전환이 정치, 사회, 산업, 문화의 모든 영역으로 파급되어 작용하며, 기존 구조에 파괴적 변화(disruptive change)를 일으킨다는 기술 결정론적인 시각을 기반으로 하고 있다. 셋째, 데이터는 물질성(materiality)이 있는 투입 요소로 가장 중요한 '자원'으로 여겨지며 계량화되고 발전에 관한 지식으로 개념화되고 있는 점이다. 디지털 전환의 화두가 국제개발협력 어젠다에도 전면에 등장하고 있음은 정책적·학술적으로도 모두 시사하는 바가 크다. 레토릭으로서 '데이터 혁명'은 개발협력의 장에서 등장하고 사라졌던 다양한 기술 중심적 발전 담론과 많은 논리를 공유하고 있다. 특히 1980년대부터 시작되어 온 '정보통신기술과 발전(ICT4D)' 분야의 이론적 체계는 이러한 기저 논리를 파악하는 데 유용한 분석틀을 제공해 왔다.

사실 기술혁신이 한 국가의 경제성장에 어떠한 영향을 미치는지는 오래된 연구 주제 중 하나다. 신고전주의 경제학 분석틀에 기반한 '근대화 이론(modernization)'의 시기에, 경제성장은 생산요소인 자본과 노동이 증가하거나 기술이 발전하는 것으로 파악되었다(Solow, 1956). 개발도상국의 발전은 기술이전, 추격(catch-up), 도약(leapfrogging) 등의 관점에서 연구되었고, 내생적 성장론(endogenous growth theory)(Romer, 1990)과 국가혁신체계(national innovation systems) 논의로 확장되었다. 1980년대 들어 당시에는 정보기술(information technology: IT)로 불리던 컴퓨터의 보급, 전산화, 사무자동화가 개발도상국으로 확산되고 정보처리기술이 비약적으로 발전하면서 IT는 개발도상국 발전 연구의 의제로 자주 등장했다. 특히 IT 분야의 투자나 기술혁신이 국가 단위 혹은 개별 산업 수준의 생산성 향상으로 연결되지 않는다는 정보기술의 '생산성 역설(productivity paradox)'은 IT와 경제성장 간의 이론적·경험적 연구를 촉발하게 된다(Brynjolfsson, 1993; Ives, 1994).

이러한 논의의 진화 과정 속에 학술 연구로서 ICT4D 분야는 연결성 및 기술과 사회의 공진화(coevolution)에 주목해 왔다. 정보통신기술과 발전을 단선적이지 않은 관계로 보며, 선행 연구로서 데이터 혁명의 함의에 대한 이론적 토대를 제공해 준다. 국제개발협력은 탈냉전 이후 급격한 세계화 과정을 거치며 개발협력의 장에서도 전통 공여국 외에 새로운 행위자들이 나타났고, 발전에 대한 철학적 논쟁과 국제개발협력의 레짐도 변화의 과정을 거쳤다. 전 지구적 통신 연결망과 정보통신기술은 세계화를 가속화하는 동력으로 여겨지며 개발도상국의 발전을 견인하는 요소로, 때로는 국가의 맥락에 따라 세계 체제에 대해 의존성이 강화되는 원인으로 이해되었다.

1980년대 이후 ICT4D 학계의 연구에서는 크게 2가지 상반되는 흐름을 발견할 수 있는데, 첫째는 기술 도입과 혁신의 확산은 대체로 긍정적이라는 관점에서, 개발도상국의 어떠한 사회경제적 조건들이 기술혁신의 도입에서 성공적인 요소로 작동하는지에 대해 주목하는 연구다(Davis, 1985; Rogers, 1995). 둘째는 수원국에서 기술과 사회가 상호 작용하는 맥락화(situated) 과정을 중심으로 보며 고유한 정치, 사회, 문화적 특성에 주목한 연구들이다(Avgerou, 2002; Heeks, 2010). 전자의 관점으로는 주로 기술합리성(technical-rationality)에 근거한 실증적 연구가 많이 진행되어 왔고 후자는 사회적 배태성(social-embeddedness)에 기반한 해석적 연구가 많다고 정리할 수 있겠다. 특히 크리산티 아브게로우는 개발도상국에서 행위자들의 각기 다른 이해관계와 발전에 대한 가치 충돌로 인해 정보통신기술의 도입이 맥락화되는 과정을 선구적으로 연구했다(Avgerou, 2002).

최근에는 다음과 같은 3가지 연구의 흐름이 눈에 띄는데, 첫째 기술 기반 개발협력 프로그램이 그것의 기저에 존재하는 개발협력의 정치적 의제들과 어떻게 상호 작용하는지를 탐구하는 연구들이다(Masiero, 2016; Park,

2017). 둘째, 사회정치적 발전에 주목한 센의 다차원적 역량개발 접근(capa-bility approach)이 빈곤, 불평등, 지속가능발전의 척도와 평가에 많은 영향을 주었다(Sen, 1999). 이후 기술혁신을 생산성이나 효과성의 증가, 거래비용 감소를 통해 경제성장의 수단으로만 인식하는 것에서, 정보통신기술의 발전이 광범위한 사회정치적 발전을 위해 쓰일 수 있다는 것에 주목하게 되었다는 점이다. 셋째, 아직 상대적으로 많은 연구가 이루어지고 있지는 않지만, 디지털 기술의 알고리즘, 시스템 디자인 등 기술의 '블랙박스'를 여는 데 있어 기술과 사회의 관계를 이론화하는 정보시스템학(Information Systems)과 과학기술사회학(Science and Technology Studies) 등의 개념적 분석틀이 다양하게 쓰이고 있다는 점이다.

기술이 어디서 왔고, 누구에 의해서 확산되며, 각기 다른 맥락에 따라 어떠한 사회정치적 논리를 가졌는지 질문하는 것은 개발협력 분야에도 큰 시사점을 준다. 이러한 관점에서 빅데이터, 인공지능, 클라우드 등으로 대표되는 디지털 기술의 선도에 개발도상국의 역할은 일차적으로 제한적일 수밖에 없어 보인다. 그러므로 개발도상국의 상이한 산업구조와 글로벌 가치사슬에서의 현재 위치를 분석하면서, 추격이 가능한 부문, 기술이전 대상의 분야, 기술 수용 및 소비 부문으로 나눈 전략이 필요하다. 현재 개발협력에서 논의되고 있는 대부분의 디지털 기술은 그것의 디자인, 개발의 과정은 선진국에서 이루어지고 수원국의 사용자 환경을 고려하지 않은 방식으로 현장 적용이 진행되어 왔다. 따라서 어떻게 디지털 전환 및 데이터 혁명이 개발협력의 주요 어젠다로 등장했는지에 대해 역사적으로 구성해 보는 것은 기술과 발전의 담론과 이와 관련한 정책적 진화를 이해하는 데 큰 역할을 할 것이다.

2) 데이터와 발전: 정책적 진화

국제개발협력에서 데이터 혁명을 바라보는 시각은 다음의 2가지 관점에서 진화해 왔다. 첫째는 한 국가의 경제적·사회적 발전에 직접적인 데이터 및 관련 기술의 영향에 주목하는 것이고, 둘째는 국제개발협력의 거버넌스 관점에서 발전 지표를 모니터링하고 평가 체계를 구성하는 데 데이터의 역할을 살펴보는 관점이다. 사회현상을 기록하고 해석하는 수단으로서의 계량화, 정보화의 역사는 무척 길다. 통계, 지표, 지수 등이 '수치화된 사회적 사실'로 만들어지고, 이것이 정책적 실천의 도구로 경제, 교육, 보건, 환경 등 여러 분야의 공공 지식을 형성해 나가는 과정은 철학, 인식론부터 경제학, 정책학에 이르기까지 많은 연구의 대상이었다(Porter, 1995). 초창기 개발협력의 지식 체계를 구성해 온 것에는 경제적 지표가 크게 영향을 주었다. 특히, 21세기 들어 발전에 관련된 양적·질적 지표, 통계와 데이터의 산출은 정보통신기술의 급격한 발전을 통해 보다 체계화·자동화·다양화되어 왔는데, 한 나라의 발전에 있어 통계시스템의 역량 강화와 정보의 빠르고 효과적인 처리를 위한 정보시스템의 통합, 표준화, 데이터 거버넌스는 매우 중요한 정책으로 자리 잡았다.

해마다 출간되어 국제개발협력의 동향을 가장 잘 파악할 수 있는 세계은행(World Bank)의 세계발전보고서(World Development Report)의 1998년 주제는 '발전을 위한 지식(knowledge for development)'이었다. "기술적 노하우의 지식 격차(technical know-how knowledge gaps)"와 "정보 문제(information problem)"가 개발도상국 발전에 가장 큰 장애라는 문제의식을 공식적으로 처음 제기했다(World Bank, 1999: 3). 1995년부터 2005년까지 세계은행의 총재를 지낸 제임스 울펀슨(James Wolfensohn)은 조직 강령(mission statement)의 변경을 통해 전통적인 '원조은행'에서 '지식은행'으로 탈바꿈을 시도했고 정보 공유와 이를 위한

ICT의 중요성을 강조했다.

UN에서 데이터의 중요성을 전면에 내세운 것은 지속가능발전목표를 수립해 나가는 과정에서였다. 2012년 당시 반기문 UN 사무총장은 포스트-2015 논의를 위해 포스트-2015 고위급 패널(High Level Panel of Eminent Persons)을 설립했다. 이곳에서 발간한 '새로운 글로벌 파트너십: 지속가능발전에 기반한 빈곤 퇴치와 경제 전환(A New Global Partnership: Eradicate poverty and transform economies through sustainable development)' 보고서에서 '데이터 혁명'이 처음으로 언급된다. 요지는 데이터 혁명이 개발도상국의 발전에 매우 중요한 요소이며 발전을 모니터링하고 평가하는 데 있어 데이터 공유와 품질 제고가 핵심적이라는 것이다. 이를 위한 디지털 기술의 발전이 충분히 축적되었다는 점을 물론 전제로 했다.

이러한 가정은 거래비용(transaction cost) 감소를 위한 정보 공유의 확대, 이를 통해 투명성과 책임성을 제고시킬 수 있다는 1990년대부터 지속되어 왔던 원조효과성의 논의와 궤를 같이하는 것으로 '혁명'이라 불릴 만한 인식의 새로운 전환은 아니다. 다만, 다음과 같은 2가지 점에서 개발협력적 의미를 평가할 수 있다. 첫째, 디지털 기술의 속도감 있는 발전에 의해 기존에 수집되지 않았던, 접근하지 못했던 다양한 데이터의 양적 증가는 가히 혁명적이라 불릴 만하며 이를 바탕으로 산업뿐 아니라 보건, 교육 등 사회경제적 발전에 관한 데이터기반 개발협력 프로젝트에 많은 투자와 적용이 실질적으로 이루어지고 있다. 둘째, 데이터가 국제개발협력의 혁신, 거버넌스의 화두에 전면적으로 등장하며, 〈표 9-1〉과 같은 일련의 제도화 과정을 거쳐 '발전을 위한 데이터(data for development)'가 국제개발협력의 장에서 새로운 규범적 지위를 확실히 획득했다는 점이다.

2014년 출범한 '데이터 혁명을 위한 독립전문가그룹(IEAG)'은 기존 '디지털 격차'의 개념을 확장한 '데이터 격차'의 완화, 기술혁신과 데이터 활용

<표 9-1> 데이터와 국제개발협력의 전개

1998	세계은행 세계발전보고서 '발전을 위한 지식' 편찬
2005	원조효과성을 위한 파리선언에서 정보 공개의 중요성을 강조
2006	하둡(Hadoop)[2]
2008	아크라선언에서 정보시스템과 정보 공유의 중요성을 강조
	국제원조투명성이니셔티브(IATI) 출범
2009	반기문 UN 사무총장 UN Global Purse 이니셔티브 출범
	미국, 영국 공공 데이터 포털 발족
2010	세계은행 국제기구 최초로 전사적 공공 데이터 이니셔티브 추진 오픈거버먼트파트너십 출범
2011	세계은행 Mapping for Result 플랫폼 출범
2014	데이터 혁명을 위한 독립전문가그룹(IEAG) 출범
2015	아프리카연합 '아프리카 데이터 컨센서스' 선언(3월)
	'발전을 위한 파이낸싱' 컨퍼런스에서 아디스아바바 행동계획 채택(7월)
	제70차 UN 지속발전 정상회의에서 SDGs 채택 및 데이터 지표 구성(9월)
	지속가능발전 데이터를 위한 글로벌 파트너십 출범(9월)
2016	'발전을 위한 빅데이터(Big data for Development)' 출범
	47차 UN 통계위원회에서 SDGs 지표 및 데이터 구조 리뷰 및 구성
2017	첫 UN 데이터 포럼 개최

을 통한 지속가능발전의 중요성을 역설했다. IEAG에서 발표한 "셀 수 있는 세상(A World That Counts)"이라는 제목의 보고서에서는, 지속가능발전을 위한 데이터에 대한 논의를 국제기구의 역할을 중심으로 처음 정리했다. 보고서는 데이터 혁명의 경향을 ① 폭발적인 데이터의 양적 증가를 비롯하여, ② 데이터가 생산되는 속도, ③ 데이터 생산 주체의 증가, ④ 데이터의 확산 속도, ⑤ 데이터 생산에서 새로운 기술의 출현으로 설명하며 국제개발협력에서 데이터가 갖는 함의에 대한 포괄적인 논의를 본격적으로 시작했다(UN IEAG, 2014).

SDGs의 출범 이후 데이터와 정보통신기술은 개발협력의 핵심 화두로 자리 잡으며 실제 SDGs의 모니터링과 평가 체계에 활용된다. 사회정치적 발전에 주목한 센의 다차원적 역량개발 접근은 MDGs의 논의 형성과정에 서부터 빈곤, 불평등, 지속가능발전의 척도와 평가에 많은 영향을 주었는데(Sen, 1999; Zheng and Walsham, 2008), 정보통신기술을 생산성 및 효과성의 증가, 거래비용 감소를 통한 경제성장의 수단으로만 인식하는 것에서, 디지털 기술의 발전으로 인해 정보의 흐름이 자유로워지고, 공공서비스의 투명성 및 책임성이 비약적으로 증가하며, 광범위한 사회적 발전을 위해 이것들이 활용될 수 있음에 주목하게 된다(Kuriyan et al. 2012; World Bank, 2014b). 그중 빅데이터, 공공 데이터와 시민참여 데이터는 가장 많이 개발협력 프로그램에서 활용되고 있으며, 다음 절에서는 이 3가지를 중심으로 개발 현장에서의 적용과 학술 연구에 대해 살펴보겠다.

3. 공공 데이터와 국제개발협력

앞서 언급한 공공 데이터, 빅데이터, 크라우드소싱 데이터 중 가장 먼저 국제개발협력계의 주목을 받은 것은 공공 데이터의 역할이었다. 상대적으로 많은 연구와 프로젝트들이 2000년대 후반부터 국제기구와 공여기관, 개발도상국 자체적으로 진행되어 왔다. 개발협력 관점에서 공공 데이터 이용에 대한 학술적 연구와 정책에 있어 자주 논의되고 있는 것은 다음의 3가지 부문이다. 먼저, 공공 데이터와 정부의 역량에 대한 논의로 기존 전자정부 연구와 이론적·방법론적 유사성이 있다(Heeks, 2003; Madon, 2004). 개

---

2) 2011년 12월 아파치(Apache)에서 출시한 자바(Java) 기반 오픈소스 소프트웨어로 대용량 데이터를 빠르게 저비용으로 분산 처리할 수 있다. 빅데이터 분석의 혁신을 가져왔으며 여러 확장성을 바탕으로 광범위하게 활용되어 오고 있다.

발도상국의 사례로 공공 데이터가 수원국 정부의 투명성, 책임성, 시민의 정책적 참여에 어떻게 기여하는지에 대한 일련의 연구들을 확인할 수 있다(Bentley and Chib, 2016). 둘째는 공공 데이터의 사회경제적 파급효과에 대한 연구들이다. 데이비스와 에드워즈는 공공 데이터와 거버넌스, 경제성장에 대해 연구했고(Davies and Edwards, 2012), 반 샬크윅 등은 공공 데이터의 수요, 공급의 생태계와 고등교육 부문에서의 시사점에 대해 논했다(Van Schalkwyk et al, 2016). 마지막으로는 공공 데이터가 국제개발 전반에서 원조투명성을 향상시키고 공여국 간 원조 조화(aid harmonization)에 어떻게 기여하는지에 대한 연구들이 진행되고 있다.

정책적으로 공공 데이터를 개발협력에 선도적으로 적용해 온 것은 국제개발에 대한 광범위한 데이터 제공의 오래된 경험을 가지고 있었던 세계은행이었다. 세계은행은 해마다 세계발전보고서를 통해 국제개발협력의 '어젠다 세팅'을 주도해 오고 있다. 1978년부터 세계개발지표(World Development Indicators: WDI)를 정리하여 발간해 왔고 현재는 2000여 개의 개발협력 관련 데이터를 제공하고 있다. 이러한 흐름에 가장 큰 전환점이 된 것은 지난 2010년 로버트 졸릭(Robert Zoellick) 총재 시기에 공공 데이터 이니셔티브(open data initiative)를 최우선 과제로 추진하며 정보공유 정책을 전면적으로 개정하고, 당시 진행하고 있던 모든 개발협력 프로젝트에 대한 데이터를 공개한 것이었다.

상상해 보라! 노트북이나 모바일 기계를 든 외딴 마을의 부모가 매핑(mapping) 플랫폼을 이용해 개발협력의 지식에 실시간적으로 접근하는 것을. 그녀는 20년 이상 축적된 유아 사망률 등 보건 데이터와 비교해 마을의 보건 상황이 어떤지 파악하고, 어떤 학교가 좋은 영양 프로그램을 제공하는지 다른 마을의 경우와 비교하며 찾아본다. 그녀는 자신의 데이터나 피드백을 직접 올릴 수도 있으며 새롭게 진행될 보건 프로젝트가 더 잘 운용될 수 있도록 요구할 수 있다[Zoellick(2010)을 필자가 내용에 맞게 의역].

이는 2010년 워싱턴 DC 세계은행 본부에서 있었던 졸릭의 연설문 중 일부다. 세계은행은 정보공유 정책을 전면적으로 개정하고, 당시 진행하고 있던 모든 개발협력 프로젝트에 대한 데이터를 공개했다. 각종 문서와 정보에 대해 기계 판독이 가능한(machine-readable) 형태로 전환해 API(Application Programming Interface)3)를 통해 UN 공식 언어로 제공, 정보 접근성을 높이는 것을 목표로 했다. 대부분의 데이터는 http URI4)를 사용하는 링크드 공공 데이터(linked open data)의 형태로 충분한 시맨틱웹을 위해 세계은행의 자체 발간지표인 'Doing Business Review'부터 글로벌 경제 모니터(Global Economic Monitor), 아프리카 개발 지표(Africa Development Indicators) 등 외부 공공 데이터와의 연결성을 강화했다.

필자가 근무했던 세계은행 이노베이션 랩(Innovation Lab)은 이렇게 공개된 개발협력 데이터를 전면적으로 지리정보 플랫폼에 지도화하는 'Mapping for Result'를 시작했다. 처음으로 세계은행의 모든 협력 프로젝트를 위도·경도 단위로 지도화하여 자세한 개발협력 정보를 제공했는데 여러 학술연구와 정책 결정과정의 참고 자료로 활용되었다. 10여 년이 지난 2020년, 공공 데이터는 개발도상국을 포함하여 대부분 나라의 정부 혁신에 화두가 되었지만, 관료주의와 비효율성에 대한 많은 비판에 직면해 왔던 세계은행이 영국·미국 정부 등과 함께 공공 데이터를 거버넌스에 전방위적

---

3) 운영 체제와 응용 프로그램을 연결해 사용자가 사용할 수 있는 인터페이스를 일컫는다. 무료로 오픈 API를 통해 개발협력 공공 데이터를 공개한 것은 세계은행이 처음이었다.

4) Uniform Resource Identifier(통합 자원 식별자)를 지칭하며 링크드 데이터는 URI 중에서도 http를 통합으로써 접근성을 강화한다.

으로 활용하는 선도적인 역할을 한 것은 흥미롭다. 국제개발협력의 장에서 '지식은행(knowledge bank)'으로서 위치를 재설정하고 공공 데이터의 정책의제를 선점하는 규범가(norm entrepreneur)의 역할을 세계은행이 추진해 온 것으로 분석해 볼 수 있다.

사실, 공공 데이터의 역사적 뿌리는 매우 오래된 정보자유권(Freedom of Information), 정보접근권(Access to Information) 논의에 있다. 이는 개발협력에서 여러 투명성 관련 이니셔티브의 등장으로 진화해 왔다. 1980년대 미국과 영국 등 신자유주의적 정부가 주도한 소위 '잃어버린 원조의 10년'을 거치며, 정부 역할을 최소화하며 투명성과 효율성을 높이고자 하는 '굿거버넌스'가 국제사회에 규범으로 자리 잡았고, 이는 2000년대 '원조효과성을 위한 고위급 회담(High Level Forum on Aid Effectiveness)'의 이론적 근간이 되었다.

이후 공공영역 정보(public sector information), 오픈이노베이션(Chesbrough, 2003), 오픈소스 등의 논의와 맞물려 정보 공유의 개발협력적 역할에 대한 논의가 더욱 활발해졌다. 2007년 말, 오라일리 미디어(O'Reilly Media)의 팀 오라일리와 퍼블릭리 소스(Public Resource)의 칼 말라무드가 주도한 '공공 데이터의 8가지 원칙' — 완결성(complete), 원천성(primary), 시의적절성(timely), 접근성(accessible), 기계 판독성(machine processable), 비차별성(non-discriminatory), 비소유성(non-proprietary), 비라이센스성(license-free)은 국제개발협력에서 공공 데이터 역할을 논의하는 데도 중요한 영향을 미치게 되었다. 여기에 팀 버너스리의 웹파운데이션(Web Foundation), 영국의 공공 데이터 인스티튜트(Open Data Institute), 투명성이니셔티브(Transparency International), Publish What You Fund 등의 민간 조직도 개발도상국 시민사회에 공공 데이터에 대한 인식을 제고하며 공공 데이터를 이용한 개발협력 프로젝트 및 정책 형성을 선도해 오고 있는 주요한 이해 당사자들로 파악할 수 있다. 공공 데이터의 원칙과 원조효과성의 관련성을 〈표 9-2〉에 정리했다.

〈표 9-2〉 공공 데이터의 원칙과 원조효과성의 관련성

원칙	내용	관련 개발협력의 원칙
완결성	• 모든 공공 데이터는 공개되어야 함 • 공공 데이터라 함은 프라이버시, 안보, 사적 제한의 대상이 아닌 것으로 함	• 원조투명성 • 주인의식
원천성	• 집계되거나 수정된 것이 아닌 로(raw) 데이터로부터 수집된 데이터를 제공	• 주인의식 • 성과 지향적 관리
시의적절성	• 데이터의 가치를 극대화하기 위해 빠르게 제공	• 원조효과성 • 성과 중심적 관리
접근성	• 다양한 사용자가 다양한 목적으로 접근 가능해야 함	• 원조투명성 • 원조 일치 • 모두를 위한 개발
기계 판독성	• 데이터가 합리적으로 구조화되어(reasonably structured) 있어 기계에 의해 자동화된 처리가 가능하게 함	• 원조효과성 • 성과 지향적 관리
비차별성	• 별도의 등록 과정이 없이도 사용 가능함	• 원조투명성 • 모두를 위한 개발
비소유성	• 어떠한 배타적 소유권도 없도록 함	• 원조 조화 • 원조 일치 • 모두를 위한 개발
비라이센스성	• 어떠한 판권(copyright), 특허(pa- tent), 상표(trademark), 기업 비밀 (trade secret) 규정도 없어야 함	• 모두를 위한 개발 • 원조 조화

자료: 공공 데이터 8원칙을 바탕으로 필자 재구성.

개발도상국의 공공 데이터 관련 사례를 분석한 데이비스와 페리니는 3가지 긍정적인 변화에 주목했는데, 정부의 투명성과 책임성의 증가, 혁신과 경제활동에의 기여, 보다 많은 시민의 참여가 그것이다(Davies and Perini, 2016). 하지만 개발협력의 현장에서 항상 성과가 있었던 것은 아니다. 여기서 주목해야 할 것은 공공 데이터의 가장 중요한 공급자인 정부의 통계적·기술적 역량, 사회문화적 요소 등에 의해 정책적 시사점과 실효성도 매우 다르다는 사실이다(Lassinantti et al., 2014). 위에서 언급한 민간기구와 국제기구 등의 규범가에 의해 공공 데이터의 개념과 관련 기술, 평가 프레임워크 등이 확산되어 왔다. 하지만 개발도상국의 기술적 격차, 개방을 대하는 문화적 차이 등에 대한 다양성을 고려하기보다는 공공 데이터의 도

입 자체에 목적을 둔 경우가 빈번했다.

앞서 소개한 세계은행의 'Mapping for Result' 사례를 다른 공여기관과의 정보공유 체계로 확장한 오픈원조파트너십(Open Aid Partnership)이 2012년 출범했다. 공공 데이터를 기반으로 파리선언의 다섯 원칙 중 하나인 원조 조화를 위해 데이터 공개를 통한 공여기관들의 협업을 촉진시키는 것을 목표로 했다. 필자가 속해 있던 오픈원조 팀은 먼저 일곱 국가와의 협업을 바탕으로 Open Aid Map을 구축했는데, 2012년 말라위에서의 파일럿 프로젝트는 대부분 공여기관의 개발협력 정보를 한 플랫폼에 담는 성과를 거두기도 했다. 이러한 원조 데이터의 공유는 중복되는 개발협력 프로젝트를 방지하고, 공동 협의 등 개발협력의 조정을 강화하는 긍정적인 영향을 미쳤다. 또한 유아 사망률 등 지역적으로 세분화된 세계개발지표와의 비교를 통해 새로운 개발협력 프로젝트의 발굴에 이용할 수 있었다 (Weaver et al., 2014).

하지만 언급한 것처럼 모든 프로젝트들이 성공적이었던 것은 아니다. 필자가 현장에서 참여했던 케냐의 경우 기술적으로도 통계 역량적으로도 말라위의 파일럿 프로젝트보다 더 큰 역량이 있었음에도 불구하고 공여기관의 적극적이지 않은 정보 공개, 수원국의 리더십 부재, 기존 아날로그 시스템에 대한 수원국 공무원의 의존성, 그것에 기인한 새로운 혁신 기술의 도입에 저항 등 기술 외적인 정치사회적·제도적 문제로 지속적인 어려움을 겪었다. 이는 지난 20년간 비슷한 정보 공유 플랫폼이 초기의 기대와 다르게 실패했다는 점에서 재확인된다(Park, 2017). 이는 공공 데이터의 특성이 정부의 포괄적인 발전 전략을 세우고 정책 목표를 평가 및 모니터링 하는 데 핵심적인 역할을 하기 때문에 광범위한 개혁 과제와의 연계성을 고려하는 것이 중요하다는 사실을 보여 준다. 대중교통, 토지 사용, 주거 정보, 보건 정보 등을 이용한 개발도상국의 여러 공공 데이터기반 프로젝트를 보면, 시민들에게 기존 문제에 대한 새로운 문제해결 방식을 찾고 정부서비스의 혁신을 이루는 데 기여할 다양한 기회를 주고 있음을 알 수 있다.

하지만 데이터의 공유와 제공에 있어 언제(시의적절성), 어떠한 정보(명확성)를, 어떠한 방법으로(사용자 중심) 제공하는지에 따라 효과성은 매우 달라질 수 있다(Ritter, 2014; Smith and Reilly, 2013). 지금까지 대부분의 공공 데이터 실패 사례는 데이터의 공급에만 초점을 맞춘 나머지 개발협력의 실질적인 수요를 파악하여 사용자 중심의 체계를 구축하지 못했던 점에 기인한 것으로 보이며 비판적 학술 연구의 역할이 여기에 있다. 맨체스터 대학교의 힉스는 정보통신기술과 데이터가 시민의 역량을 강화시킬 수 있는 방향으로 전개되려면 다음과 같은 가정이 있어야 한다고 주장한다(Heeks, 2002). 첫째, 데이터 자체가 공개되어야 하고, 둘째, 공개된 데이터가 다양한 행위자들에게 접근 가능하고 그들이 이 데이터를 가치 있는 정보로 전환시켜야 하며, 셋째, 이렇게 구성된 정보가 활용되어야 하고, 넷째 그것이 시민과 정부 혹은 시민들 간의 대화로 이어져, 다섯째, 정부가 요구되는 정책을 실행해야 한다는 점이다. 즉, 디지털 기술을 사용한 데이터의 공개는 그 자체로 개발협력의 투명성을 제고할 수는 있겠지만 자동으로 개발협력 주체들의 책임성을 신장시키거나 개발협력의 수혜자인 시민의 참여를 담보하지는 않는다는 것을 여러 사례에서 확인할 수 있다(World Bank, 2014b). 나아가 공공 데이터 제공 및 활용은, 기술의 문제를 넘어 국가별로 '정보자유법(Freedom of Information Act)' 등의 제정 여부, 정보산업의 지형, 정치적 리더십, 정보 공개를 향한 시민의 요구 정도에 따라 달라질 수 있다. 이는 개발도상국에서의 공공 데이터 사용과 정책에서 제도적·문화적 요소의 중요성을 설명해 주며, 여러 사례에 대한 현장 중심적 연구가 계속되어야 함을 보여 준다.

4. 빅데이터와 국제개발협력

빅데이터를 학술적으로 정의하는 것은 기술적·관념적으로 다양하게 이루어져 왔지만, 일반적으로는 2001년 가트너의 래니가 "3D Data Management: Controlling Data Volume, Velocity, and Variety"에서 언급한 이른바 속도(Velocity), 크기(Volume), 다양성(Variety)의 '3V'로 그 특징을 이야기 한다(Laney, 2001). 스프랫과 베이커는 발전의 관점으로 빅데이터를 개념화 하면서 "경제적·환경적·인권적 인간 개발(human development)의 가치를 새롭 게 창출해 내고 파괴할 수도 있는 데이터를 생성해 내고 관리하고 분석하 고 종합하는 일련의 역량"으로 파악했다(Spratt and Baker, 2015).

빅데이터를 통해 기존에 파악하지 못했던 문제를 인식하고, 그것의 원 인을 분석하여 앞으로의 예측과 정책 결정을 혁신적으로 수행할 수 있는 다양한 사례들이 개발협력의 현장에서 주목받아 왔다(World Bank, 2014a). 폭 발적으로 늘어나는 데이터의 양, 다양화되고 있는 생산 주체와 생산방식, 이를 통해 얻어진 데이터를 전례 없이 빠른 속도로 처리하는 기술 등 3가 지 관점의 논의가 주를 이룬다. 하지만 무엇보다 빅데이터의 가장 중요한 본질은 수집, 분석, 예측에 관한 디지털 기술과의 연결성이다. 보이드와 크로포드는 양적인 크기에 빅데이터의 중요성이 있는 것이 아니라 다른 데이터와의 관계성(relationality)에 더 큰 의미가 있다고 주장한다(Boyd and Crawford, 2012). 데이터마이닝, 사물인터넷, 원격감지(remote-sensing)를 통해 새 로운 데이터의 수집이 가능해지고 있고, 지도(supervised) 및 비지도(unsuper-vised), 강화 학습(reinforcement learning) 등 다양한 기계 학습을 이용한 분석에 빅 데이터의 실천적 확장성이 존재한다(Ali et al., 2016).

그중에서도 위성 데이터는 현재 개발협력 분야에서 가장 많이 사용되 고 있는 것 중 하나다. 지속가능발전에서 빈곤 및 지리생태적 정보는 필수다. 갈수록 이용 가능한 범위가 넓어지고 있는 고해상도 위성 데이터는 빈곤 지도(poverty mapping)의 생성, 재난 관리, 조기 경보 등에 지속적으로 사용되어 왔다. 지표 온도(land surface temperature), 정규식생지수(normalized difference vegetation index: NDVI)와 공공 데이터 등의 분석을 통해 태풍, 가뭄 등 자연재해를 모니터링하고, 농업 생산성 예측, 화재 지역 모니터링 등의 효과성을 높일 수 있는 연구들이 과학기술 저널을 중심으로 발표되어 왔다(Doll et al., 2006; Holloway and Mengersen, 2018).

위성 데이터가 개발정책적 관점에서 특히 중요한 것은, 빈곤과 발전 현황을 측정하는 데 유용하게 활용할 수 있기 때문이다. 전통적으로는 정부나 국제기구에서 행하는 가계조사(household survey)로 빈곤, 환경, 발전의 관계를 파악했으나 방법적으로 과도하게 노동 집약적이라는 것이 개발협력계의 가장 큰 숙제로 지적되어 왔다(Deaton, 1997). 이에 위성 데이터를 이용해 기존 가계조사의 고비용을 혁신적으로 낮추고 정확도까지 향상시킬 수 있음을 최근의 연구들은 증명하고 있다. 와트머 등은 원격감지 데이터를 이용한 케냐의 극빈층 파악에서 62% 이상의 정확도를 구현했는데, 한 지역을 4가지 층위(한 가구의 거주 위치, 가구와 가구가 연결되고 가구들을 둘러싸고 있는 농경 영역, 마을을 둘러싼 시장과 학교 등의 공공재원 영역, 광범위한 인프라와 연결된 넓은 범위)로 세분화한 위성 데이터를 이용했다(Watmough et al., 2019). 기계 학습을 통해 이러한 위성 데이터와 기존의 공공 데이터를 분석하여 가계들이 생태적 조건과 어떻게 상호 작용하는지 파악하는 연구가 이루어지고 있다(Holloway and Mengersen, 2018).

빅데이터가 이미 많이 사용되고 있는 또 다른 영역은 보건·의료 분야다. 위솔로브스키 등은 케냐의 기존 말라리아 발병률에 관한 보건 데이터와 익명화된 모바일 데이터를 연관 분석하여 사용자의 이동 패턴이 말라리아 발병과 어떠한 관계가 있는지 연구했다(Wesolowski et al., 2013). 말라리아 대처에서 그동안 말라리아의 퇴치 방법으로 모기장을 보급하는 것이 많이 사용되어 왔는데 이런 일차적 대처의 결과가 기대보다 크게 효과적이지 못했음이 여러 실증적 연구로 나타나고 있다. 이 같은 관점에서 모바일 기반 빅데이터와 후술할 공공 데이터의 결합은 질병의 예방과 처방에 있어 시기적·공간적 '타겟팅'을 최적화할 수 있다는 점에서 개발협력에 시사점을 준다.

이는 다른 질병의 사례로도 확장이 가능함을 보여 준다. 2020년 많은 희생자를 내고 있는 코로나바이러스 확산을 먼저 예측한 곳은 세계보건기구나 각국의 질병관리본부(Center for Disease Control)가 아니라 자연어 처리 기술과 기계 학습을 기반으로 하는 블루닷(BlueDot)이라는 회사였다. 이미 연구진은 지난 2015년 여행자 정보 빅데이터를 이용하여 지카바이러스의 전파를 예측하여 란셋(Lancet)에 연구 결과를 발표했다(Bogoch et al., 2016). 보건 정보시스템(Health Information Management System)을 ICT4D 관점에서 가장 활발하게 연구하고 있는 연구자 중 한 사람인 오슬로 대학교의 선딥 사헤이(Sundeep Sahay)는 모바일, 탑승권, 플랫폼, 애플리케이션 사용 기록 등의 빅데이터를 질병 관리에 이용하는 것은 개발도상국의 보건협력에 혁신적인 기회를 제공하고 있다고 역설한다(Sahay, 2016). 세계보건기구의 DHIS2(District Health Information System)는 그중 가장 광범위한 보건 관련 데이터를 공유하는 오픈소스 플랫폼으로 보건정책 전반을 분석하고 질병이 발생하는 지역과 확산 속도를 실시간으로 파악하여 적절한 대응 체계를 수립하기 위해 사용되고 있다.

모바일 데이터 역시 중요한 학술 연구의 자료로 활용되고 있다. 샤니카와 이야무는 구조화 이론에 기반한 질적 연구에 모바일 데이터를 활용하여 나미비아의 보건 상황을 연구했다(Shaanika and Iyamu, 2020). 보건·의료 분야 외에도 소셜 미디어와 모바일 데이터는 교통(Silva et al., 2016), 젠더(Fatehkia et al., 2018), 정치 참여(Hussain and Mostafa, 2016) 등에 다양하게 사용되고 있다. COVID-19의 대응 과정에서 데이터기반의 많은 대응 사례들이 시도되었기 때문에 다른 질병의 사례로도 확장성이 크다.

많은 연구자들이 주지하고 있듯이, 빅데이터는 기회와 위험을 동시에 가져다주고 있다. 힐버트는 빅데이터와 개발협력의 주제를 다룬 180개의 연구를 분석하면서, 기술적 관점뿐 아니라 정치사회적·정책적 분석틀을 사용하여 비용 편익, 의사결정 향상 등의 새로운 기회와 정보 보호, 인권 등의 위험 요인에 대해 분석했다(Hilbert, 2016). ICT4D 학계의 연구자들은 데이터기반 정책 결정의 확산, 정보통신기술과 불평등의 관계에 관한 연구를 축적해 왔다(Avgerou, 2002; Mendonça et al, 2015).

개인정보 보호, 프라이버시 등의 문제들이 개발도상국에서 통계 역량, 인프라, 인적자원 부족과 같은 오랜 구조적 문제로 인해 악화되고 있어 새로운 종류의 디지털 격차가 필연적으로 생겨날 수 있음에 주목해야 한다. 시나몬은 데이터 격차를 데이터 접근의 격차, 데이터 관리의 차이, 대표성의 격차라는 3가지로 나누어 설명했다(Cinnamon, 2020). 특히 대표성의 격차는 정보통신기술에 대한 투자가 높은 나라일수록 데이터 과학자, 고급 컴퓨터 기술인력 등이 많고, 개발도상국의 경우 데이터 분석 전문인력 및 교육 부족의 문제와 연결된다. 다시 이러한 조건은 빅데이터로 분석되는 여러 정책적 논의가 선진국 또는 특정 계층이 과다하게 대표될 수 있는 문제로 나타난다(Hilbert, 2016). 알고리즘은 본질적으로 과거와 현재에 대한 경로의존성이 크다. 미래가 지금까지와 같은 패턴에 의해 이루어질 것이라는 경험론적 가정은, 발전이라는 개념이 과거의 경로와 다른 미래를 추구한다는 철학적인 방향성과 상호 모순된다. 따라서 데이터기반 개발협력 정책의 분석에서, 경로에 없었던 우연성, 특수성, 맥락적 이해에 보다 주목해야 한다. 이러한 고려가 데이터 생성의 프로세스, 데이터 구조, 데이터 분석 및 해석에서 발생하는 제도적·기술적 문제들을 연구하는 데 기여할 수 있다. 이는 최적화된 데이터 채널과 사용자 분석을 위한 API 등을 직접 개발·디자인하는 데도 기술적·실천적 함의를 줄 수 있다(Fisher et al. 2012).

빅데이터를 개발협력에 적용하는 데에 또 하나의 과제는 데이터 거버넌스의 문제다. 전술한 공공 데이터와 빅데이터가 본질적으로 다른 점은 기업이 빅데이터의 가장 큰 생산과 소비의 주체라는 점이다. 데이터센터와 같은 인프라와 빅데이터 관련 특허출원은 미국과 중국에 매우 편중되어 있다. 데이터와 그것의 자유로운 공유를 가능하게 하는 클라우드는 '코스모폴리탄'의 성격을 가질 것으로 기대되지만 실제로는 새로운 데이터 주권의 각축장이 되고 있다. 데이터 협력을 위해 유럽은 연합 데이터 인프라(Federated Data Infrastructure: Project GAIA-X)를 구상하고 있고, 2019년 G20에서는 데이터 유통을 관리하는 국제 거버넌스에 대해 논의했다.

마찬가지로 국제개발협력의 장에서 빅데이터 거버넌스를 누가 주도할 것인가는 첨예한 사안이다(United Nations Global Purse, 2012). 기업, 정부, 국제기구, 데이터 과학자, 개발협력 전문가 등 여러 행위자들이 빅데이터의 법적·제도적·정치적 문제 등 기술 외적요소에 대해 협업하는 거버넌스의 확립은 현재의 SDGs, '발전을 위한 데이터' 등의 의제에서 그 논의가 활발하지는 않다. 특히 빅데이터의 생산, 수집, 처리의 행위자와 유통, 분석에서의 이해 당사자, 관리, 규제의 주체가 각기 다른 복잡한 이해관계를 가지고 있어 기술적·인적·법적 요소를 포함한 거버넌스의 논의 및 확립은 향후 국제개발의 중요한 과제로 남아 있다.

5. 시민참여 데이터와 국제개발협력

크라우드소싱을 통한 시민참여 데이터(citizen-generated data) 역시 개발협력 현장에서 사용되도록 많은 시도가 있어 왔다. 시민참여 데이터는 사회 구성원들이 공공서비스의 모니터링에 직접 참여하고 데이터의 수집, 공개, 이용과 관련하여 시민사회의 다양한 수요를 적극적으로 개진하는 일련의 과정에 활용된다. 시민참여 데이터는 앞서 논의한 빅데이터와는 기본적으로 데이터 수집에 있어 기계생성적(machine-generated) 과정을 거치지 않는 다는 차이점이 있고, 비정형 데이터의 비중 역시 크다. 시민참여 데이터의 중요성은 공공 데이터 제공의 주체인 정부, 빅데이터 생산자인 기업 및 여타 행위자들을 보완하는 역할에 있다. 그것의 효과성과 영향에 대해서는 긍정적·부정적 연구 결과들이 존재하지만, 기본적으로 시민참여 데이터의 기저 논리는 사회 구성원들의 역량을 강화하고, 공공서비스, 정책 결정과정, 원조의 민주화 과정에 보다 적극적인 참여와 개입을 기대하는 데 있다.

그중에서도 2008년에 처음 만들어진 우샤히디(Ushahidi)는 개발협력에서 가장 널리 이용되어 온 인터랙티브 매핑(interactive mapping) 플랫폼이다. 2007년 케냐 대통령 선거 후 폭력 사태에 관한 시민들의 자발적 리포트를 위해 사용된 이후, 크라우드소싱을 통해 다양한 위기 및 재난 정보의 공유를 목적으로 플랫폼을 제공하고 발전시켜 왔다. 데이터는 주로 다양한 커뮤니케이션 채널을 통한 시민의 SMS 문자, 이메일, 웹을 통해 얻어지며 시각화가 가능한 지도와 타임라인을 통해 공유된다. 국내·외의 전통 미디어에 의존하기보다 휴대전화를 가진 현지 시민들이 직접 폭력의 파괴성에 대해 자발적인 보고를 한 다음 매시업(mash-up)[5]을 통해 정보를 제공하도록 하는 것이었다. 이는 재난, 자연재해, 정치적 위기의 직접적인 영향을 받는 사람들과 긴급 구호, 원조, 보도, 문제 해결을 할 수 있는 행위자들 사이의 정보 매개자 역할을 하는 것으로 평가되어 왔다(Okolloh, 2009).

효과성에 대해서는 이론(異論)의 여지가 있었으나, 필자가 세계은행 이노베이션 랩에서 근무하는 동안 수단, 멕시코, 필리핀, 부룬디, 레바논, 아프가니스탄 등에서 부정투표 행위를 감시하는 데 사용되었다. 수단의 '투표 모니터(Sudan Vote Monitor)', 멕시코의 '쿠이데모스 엘 보토(Cuidemos el Voto)', '투표 리포트 필리핀(Vote Report PH)', 부룬디의 '평화투표(Amatora mu Mahoro)' 등 인터랙티브 매핑 플랫폼 기반 프로젝트들은 시민과 선거 감시원으로부터 받은 데이터로 지도와 일정에 대한 시각화 자료를 공유했다. 선거폭력 감시센터와 연계하여 관련 폭력과 투표에서 부정 행위를 보고하며 연관된 후보나 정당의 이름을 공개하기도 했다. 여기에 보완적인 미디어로 오디오 팟캐스트, 블로그 게시물을 사용하여 인지도를 높이고, 토론을 개최하기도 했다(Wittemyer et al., 2014).

2010년 아이티 지진과 2013년 필리핀 욜란다(Yolanda) 태풍 때 사용된 오픈 스트리트 맵(Open Street Map)도 다양한 사례에 응용되었다(Soden and Palen, 2014). 2010년대 초 세계은행에서 지원했던 인도의 'I paid a bribe' 프로젝트, 이집트의 'HarrassMap' 플랫폼, 필리핀의 'Check My School' 프로젝트 등도 정보 플랫폼을 이용해 기존의 권력 구조를 깨고자 하고 민주적 의사 결정을 위한 시민 참여를 독려하는 프로젝트로 적지 않은 기대를 받고 발전해 왔다. 특히 개발도상국에서 공공서비스의 투명성과 책임성을 높이고 시민의 정치 참여를 가능하게 하는 플랫폼으로 주목을 받아 왔다.

---

5) 각기 다른 데이터셋을 조합해 새로운 데이터나 서비스를 만들어 내는 것을 의미한다. 초기 우샤히디 사례에서는 SMS와 웹을 통해 얻어진 시민참여 데이터셋의 레이어링 및 계층화를 통해 구글 지도(Google Map)와 매시업을 시도했다.

하지만 이런 시민참여 데이터에 대해 정치 참여, 사회 발전, 경제 발전 등 세부적인 영향 평가를 진행하기에는 어려움이 많이 따른다. 그나마 시간이 경과함에 따라 변화하는 추세(time-trend)를 분석한 연구들이 학술적 함의가 있는데 현재까지의 연구는 매우 제한적이다. 가장 중요한 정책적·학술적 질문은 이러한 시민참여적 데이터와 플랫폼이 개발도상국 맥락에서 얼마만큼 개방성에 기여했으며 이후에도 지속적인 변화를 견인했는지다.

　탄자니아에서 시골 상수도 개선 사업으로 진행되어 필자가 평가에 직접 참여했던 다라자(Daraja) 프로젝트의 실패 경험은 여러 시사점을 준다. 개발도상국 농촌에서 깨끗한 물에 대한 접근성을 향상시키기 위한 많은 노력이 행해지고 있다. 지리적으로 먼 거리, 분산된 인구, 농촌의 물 공급에 관한 정보 부족은 난제다(Thomson et al., 2012). 모바일기반(Mobile-enhanced technologies) 모니터링은 비용이 많이 드는 전통적인 방법에 효과적인 대체자로 인식되었다. 2009년 탄자니아의 시민사회 단체인 다라자는 탄자니아에서의 모바일 보급률이 증대하고 있는 기회를 포착하여, 시민들이 휴대전화를 이용해 농촌 지역의 물 접근에 대한 피드백을 제공하도록 유도했다. 처음 진행한 'Raising the Water(Maji Matone)' 프로젝트는 시민들이 자신의 지역의 워터포인트 기능 현황을 자발적으로 보고할 수 있는 단문 메시지 서비스(SMS) 도구를 개발했다. 구체적인 목표는 먼저 워터포인트 기능에 관한 정보를 접근 가능한 형식으로 대중과 공유하고, 시민이 SMS를 통해 실시간으로 기능 정보를 업데이트할 수 있도록 하며, 시민 통지에 대한 정부의 대응성을 분석하고 알리는 것이었다. 2010년에는 탄자니아 남부 3개 지구로 확장되어 시범 프로젝트가 운영되었고, 여기에서 시민으로부터 수집된 데이터가 워터포인트 맵으로 통합되었다. 워터포인트에 대한 초기의 정비에 기여했으나, 데이터 제공에 대한 시민 참여가 지속적으로 늘어나지 않는 어려움에 봉착했다. 세계은행 팀의 평가에서는 물에 접근하는 1차 가구 구성원인 농촌지역 여성들의 부족한 모바일 접근성에 대한 고려가 초기 ICT4D 프로젝트 설계에 부족했다는 점, 개인 상수도의 사회경제적 상황 변화, 자발적 데이터 제공자에 대한 인센티브 구조 등이 주요한 문제로 지적되었다. 이 사례에서 보듯이 사용자 피드백 시스템에 대한 이용과 영향은 기술적인 진보와 새로운 기술의 도입이 있더라도 순수하게 기술적인 문제가 아니며 기존의 사회 및 정치 구조에 배태되어 있음을 기억해야 한다. 마찬가지로 크라우드소싱이나 빅데이터의 이용 등 중립적으로 보일 수 있는 기술은 기존의 사회 권력구조와 사회문화적 규범 등에 의해 재정의될 수 있으며 기술이 개발되고 적용된 의도와 상관없이 부적절하게 사용될 수 있다.

　아울러 개발협력 관점에서 가장 중요한 문제 중 하나가 신뢰의 문제다. 정부와 공여기관에 대한 데이터 생산자, 사용자들의 신뢰가 평균적으로 낮다면 시민들은 아무리 많은 데이터가 제공되고 기술적으로 우월한 시스템을 가지고 있다 하더라도 데이터 플랫폼이나 피드백 메커니즘을 이용하지 않는다(Smith, 2010). 데이터가 무엇을 위해, 누구를 위해 사용될 것인지 신뢰가 없다면 기술적 수준에 관계없이 이용 가치는 떨어질 수밖에 없다. 따라서 데이터, 정보에 대한 기술적 접근성 외에 제도적 장치, 정보 수집 및 정보 이용자에 대한 공적 신뢰, 데이터 리터러시(data literacy) 등 사회문화적 요소들의 복합적인 상호작용이 개발협력의 현장에서는 더욱 중요하다.

6. 국제개발협력 정책에의 함의

1) 데이터와 글로벌 SDGs 거버넌스

이 절에서는 SDGs 모니터링과 효과성 평가를 위한 거버넌스의 관점에서 '데이터 혁명'의 시사점을 살펴보고자 한다. SDGs의 169개 세부 목표 모두 데이터기반 개발협력과 밀접한 연관이 있겠지만, 데이터의 중요성에 관한 직접적인 언급은 17번 목표인 "SDGs의 이행수단 강화와 지속가능발전을 위한 글로벌 파트너십의 활성화"에서 가장 잘 드러나 있다. 덧붙여 "데이터와 모니터링 그리고 개발협력 체계의 책임성"과 연결되는 세부 과제로 2가지를 제시하고 있다. 그중 17.18 세부 목표는 2020년까지 모든 회원국에 있어 질적으로 높은 수준의(high-quality), 시의적절한(timely), 신뢰할 수 있는(reliable) 데이터를 얻을 수 있는 역량을 강화하는 것을 목표로 하고 있다(UN SDGs Knowledge Platform, 2015). 특히 소득, 젠더, 나이, 인종, 민족, 이주 상태, 장애, 지리 등 나라별 상황에 따라 세분화된 데이터를 확보하고 그것의 사용을 늘리는 것을 골자로 하고 있다. 이러한 방향에서 각 SDGs 세부 지표와 관련 있는 데이터 수집을 대폭 향상시키기 위한 노력들이 전개되어 왔다.

하지만 앞서 언급한 것처럼 데이터의 양적 증가가 반드시 SDGs의 이행을 담보하는 것은 아니다. 데이터 공개 이후 여러 혁신적 기술에 기반한 데이터 분석과 시각화를 통해 정보를 가공하고 이것이 다시 개발협력의 지식으로 구성되는 선순환 구조를 체계화하는 것이 중요하다. 이를 위한 개발도상국의 통계적 역량 강화를 위한 재정적·기술적·교육적 협력의 중요성이 강조되어 왔다. 이는 SDGs의 세부 목표 17.19에서 더욱 구체화되었으며, 개발도상국의 통계적 역량 강화가 SDGs 달성의 모니터링에 핵심이라는 점을 의미한다. 특히 기존 GDP 중심의 발전에 대한 척도를 보완하면서, 한 국가의 발전과 SDGs 이행을 측정함에 있어 사회, 환경, 제도적인 부문을 반영해야 함을 명시했다. 이를 위해 UN 경제사회이사회(UN ECOSOC) 통계위원회는 국가통계발전전략(National Strategy for the Development of Statistics)의 수립과 장기적인 로드맵 발전을 지원하고 있다.

중요한 것은 앞서 살펴보았던 다양한 데이터 이니셔티브들은 그 자체만으로는 지속가능발전에 중요한 효과를 내기 어렵다는 것이다. 공공 데이터의 사례를 살펴보더라도 정부나 국제기구에서 우선적으로 데이터가 공개되어야 하지만 공개된 데이터를 실행 가능한 정보로 바꾸는 것은 현장의 다양한 데이터 중개자(data intermediaries)의 몫이다. 이는 연구자, 기업, 혹은 시민사회가 될 수도 있다. 그러한 의미에서 중개자의 정보 역량(information capability)은 매우 중요하다. 이러한 데이터의 정보로의 전환은 정보통신기술을 통해 그 정보를 직접적으로 사용할 수 있는 정책 결정자와 시민들에 의해서 다시 지식화되는 새로운 거버넌스의 과정을 거친다(Wittemyer et al. 2014). 이 모든 과정이 대부분 디지털 플랫폼을 통해 구현되기 때문에 지속가능한 플랫폼 생태계와 데이터의 가치사슬을 형성하는 것이 가장 중요하다(Tiwana et al., 2010).

UNDP(2017)는 데이터 생태계 구축에 관해 몽고, 방글라데시, 몰도바, 세네갈, 스와질랜드, 트리니다드 토바고 여섯 국가를 파일럿 국가로 선정하여 연구했다. 대한민국 외교부가 지원한 이 연구는 나라별로 데이터와 개발협력의 현황, 관련 프로젝트, 추진 체계 등을 파악하고 수요 공급 간의 불일치, 기술적·통계적·제도적·문화적 도전 과제들을 진단하여 이 분야의 장기적 발전 전략을 제시했다(UNDP, 2017). 여기에서 데이터 생태계의 가치사슬을 수집, 사용, 가공, 분석, 공유의 다섯 단계로 제언했다. 하지만 여기에는 매우 중요한 단계가 간과되어 있는데, 그것은 바로 데이터 수집의 전 단계, 필요한 데이터의 수요를 파악하고, 데이터의 기준과 분류 체계 등을 만드는 단계다. 어찌 보면 개발도상국의 대부분 데이터 관련 이니셔티브에서 여전히 공급자 중심의 결정론적 사고를 벗어나지 못하고 있는 점을 드러내는 것이기도 하다.

완전한 데이터 생태계를 구축하기 위해서는 개발협력 현장에서의 데이터에 대한 수요를 파악하고 데이터 거버넌스를 구축하는 데 있어 다양한 행위자들이 참여하는 것이 중요하다. 또한 데이터의 수집과 분석은 결국 시간, 노동, 재정 등 정부의 많은 재원을 소비하는 일이기 때문에 필요한 지속가능발전목표 달성을 위해 국가별 상황과 수요에 맞추어 데이터를 집중하여 선정하고 수집하는 전략이 마련되어야 한다. UNDP의 연구에서 국가별 정책 제언들이 기존의 ICT4D 전략을 벗어나지 못하고 있는 점과 포괄적인 진단을 중심으로 기술하고 있어 구체적인 정책 제언이 부족하다는 점은 한계로 볼 수 있다. 하지만 SDGs 이행에 있어 데이터 생태계의 중요성을 알리고 향후 정책연구의 분석틀을 제공했다는 점에서는 의미가 있다.

결국 데이터 혁명이 주는 기회를 극대화하고 위험을 최소화하려면 다양한 행위자들을 포함하는 국가 데이터 거버넌스 체계와 통계시스템을 어떻게 강화할 것인지의 문제와 연결된다. 앞서 살펴본 것과 같이 SDGs 모니터링에는 공공 데이터, 빅데이터, 시민참여적 데이터 등 여러 종류의 데이터를 활용할 수 있다. 먼저 정부가 발간하는 인구조사 및 센서스 등의 공공 데이터는 가장 광범위한 표본에 대해 체계적인 데이터를 제공해 준다. 많은 개발협력의 프로젝트와 연구에서 얻어지는 가계조사 데이터 역시 무작위 선택에 의한 인구학적·사회경제학적 데이터를 제공하고 있다. 또한 사회경제적 요소를 파악할 수 있는 행정 데이터 역시 공공 데이터로 이용할 수 있다. 성별, 나이, 결혼, 생애주기 등 기본적인 정보를 제공하는 거주민 등록 데이터, 정부의 예산, 지출, 세제 데이터 등이 그것이다. 앞서 언급한 모바일 데이터, 위성 데이터 등의 빅데이터, 시민들의 자발적 참여를 통한 크라우드소싱 데이터, 지리정보 데이터들 역시 각기 다른 데이터 생성 주체들로부터 확보할 수 있다. 문제는 이들 간의 연결성을 강화하고 데이터 생성의 여러 주체, 정부, 기업, 국제기구, 시민사회의 협업을 통해, 데이터 세분화, 수집, 처리, 시각화, 이용에 관한 표준화, 법적 제도 등의 거버넌스를 구축하는 것이 중요하다는 점이다.

2) 한국 개발협력 정책에의 함의

데이터 거버넌스 관점에서 국제사회에 신흥 공여국으로 등장한 한국은 개발협력의 전 영역에서 적극적인 리더십을 발휘할 필요가 있다. 한국은 2009년 선진 공여국을 상징하는 OECD 개발원조위원회에 가입을 하며 2011년 부산에서 세계원조총회를 개최했다. 이후 개발협력 전반에 있어 양적으로 많은 팽창을 해 온 것이 사실이다. 특히, 2014년 3월 제18차 국무총리 산하 국제개발협력위원회에서 국제원조투명성기구(International Aid Transparency Initiative: IATI) 가입 추진을 확정하고, 2015년 12월 14번째 공여국으로 IATI 운영위원회에서 정식 가입을 승인받았다. 이는 국제표준에 참여함으로써 선진 공여국으로 국제사회에서 정당성을 확보할 수 있다는 정부의 외적 동기와, 동시에 공적개발원조의 투명성 제고를 위한 시민사회의 지속적인 내부적 요구가 있었기 때문에 가능했다.

하지만 IATI TAG(Technical Advisory Group) 미팅과 국제 공공 데이터(International Open Data Conference)의 조직 위원으로 참여해 왔던 필자의 경험에 비추어 볼 때, 데이터 관련 국제 이니셔티브의 형성 과정과 IATI 가입 후 국제적인 데이터 거버넌스 논의에 한국이 얼마만큼 적극적으로 참여해 왔는지는 미지수다. 박경렬(2018)은 원조정보 국제표준의 형성 과정을 SDGs와 IATI를 중심으로 설명하며 이 부분을 지적했다. 데이터화(datification)를 통한 원조 거버넌스의 사회정치적 양상을 제도주의적 관점에서 분석하며, 데이터를 바탕으로 한 개발협력 거버넌스에 있어 개별 국의 이해 당사자들의 사회경제적 요소, 권력관계, 새로운 기술과 표준에 대한 수용 및 저항 등의 사회제도적 문제를 중심으로 연구했다. 한국이 IATI의 가입과 K-SDGs의 제정을 통해 개발협력 데이터를 어떻게 축적했는지, 정책 결정 과정, SDGs 이행의 모니터링에 직접적으로 역할을 해 왔는지, 어떠한 실증적 성과들이 있었는지는 아직 불분명하다. 대국민 원조책임성 제고에 관한 측면을 보았을 때도 이제는 국제 이니셔티브의 가입만이 능사가 아니라 공개된 데이터를 통해 어떠한 정책적 가치를 창출할 것인지가 더 중요하다는 것을 이 연구에서 강조하고자 한다. 한국의 개발협력 전략 수립에 있어 나라별 국가협력전략(Country Partnership Strategy: CPS)에서도 데이터를 바탕으로 한 협력 분야, 중점 지역의 결정 과정이 필요하고, 협력국에서 개발협력의 평가와 모니터링에 활용할 데이터 생태계 구축을 위한 계획들을 CPS에 담을 필요가 있다.

개발협력 정책에서 ICT와 데이터는 협력의 수단인 독립변수가 아니라, 상수로 인식되어야 하며, 이를 위한 디지털 전환은 정책의 화두가 되어야 한다. 스웨덴을 처음 시작으로 미국, 영국 등에서 이미 디지털 전략을 수년 전부터 발표하고 디지털 시대의 새로운 개발협력 전략에 대해 논의했다. 개발협력에 있어 디지털 전환은 다음과 같이 3가지 층위로 볼 수 있으며 이 중심에서 데이터가 가장 큰 역할을 할 것이다. 첫째, 내부적으로는 공여기관의 전사적인 디지털 혁신, 둘째, 분절화되어 있는 ICT 분야의 개발협력 활동에 대한 거버넌스를 구축하는 것, 이를 통해 다른 공여기관과의 데이터 공유를 통한 협업의 체계 구축, 셋째, 현장에서 수집·분석한 데이터를 통한 정책 의사결정의 선순환 구조 확립, 넷째, 신흥 공여국으로 관련 국제논의에 대한 적극적인 참여가 바로 그것이다.

한국국제협력단은 지난 2018년 2월 발표한 혁신 로드맵에서 10대 주요 과제 중 하나로 "개인 정보를 제외한 모든 데이터의 공개"를 선정했다. '공공 데이터의 제공 및 이용 활성화에 관한 법률'이 2017년 시행되면서 준공공기관도 기존의 데이터 관리 정책의 변화를 맞이했다. 원조투명성 지수 정보공개 항목을 13개에서 31개로 확대하고, 46개 해외 사무소의 현장 지식정보를 수집하여 개발협력의 지식을 공유하는 정보시스템을 구축한 것은 늦었지만 작은 성과로 평가할 수 있다. 하지만 앞서 사례에서도 살펴보았듯이 데이터의 공개는 최소한의 시작일 뿐이며 다른 공여기관과 비교해 보았을 때 데이터의 개방성, 연결성, 적절성에 있어 한계점이 많다. 앞서 언급한 세계은행은 2011년부터 지리정보시스템(Geographic Information System: GIS) 기반의 정보 공유 플랫폼을 운영했고, 영국 국제개발부(Department of International Development: DFID)도 '디지털 전략(Digital Strategy)'을 통해 개발협력 지식의 공유, 조정, 통합을 위한 원조정보 플랫폼을 운영하며 이해 당사자들로부터 수집한 링크드 데이터와의 연계를 통해 정책 조정 및 평가에 활용하고 있으며 지속적으로 실패 사례에 대한 정책 연구를 시행하고 있다.

결국 수집하고, 공개한 데이터로 무엇을 하고 어떠한 가치를 창출해 낼 것인지가 중요하다. 데이터 산출과 공개에는 많은 시간과 노동력이 투입되기에, 전략이 부재한 비효율적인 공개는 오히려 '투명성 피로'의 함정에 빠질 수 있다. 확보한 데이터를 현황 파악의 수준을 넘어, 정책 평가, 의사결정의 전체적인 지식관리 체계에 이용할 수 있어야 한다. 더구나 분절화가 심한 한국 개발협력의 환경에서 정부기관 내 정보 공유는 가장 기본적인 출발점이다. 이에 개발협력 데이터에 관한 거버넌스의 확립과 정보 공유의 제도적·문화적 확산이 요구된다. 무엇보다 공여기관이 개발협력 전반에 대한 지식 플랫폼으로서 역할을 강화한다면 분절화의 근본적인 해결책이 될 수는 없지만, 실질적으로 분절화가 고착화되고 있는 현재 한국 개발협력 정책에서 보다 현실성 있는 접근 방식이 될 수 있을 것이다.

7. 결론: 데이터와 ICT4D

폭발적으로 증가하는 데이터의 양과 그것에 대한 수집과 분석을 가능하게 하는 디지털 기술의 급격한 발전은 개발협력에 전례 없는 기회와 도전 과제들을 안겨 주고 있다. 글로벌 개발협력에서 시민사회, 기업, 학계 등 다양한 주체들의 중요성이 대두되고 빈곤에 초점을 맞춘 기존의 개발협력 의제를 넘어 기후변화, 혁신, 산업, 노동 등 포괄적인 발전 목표가 제시된 지 오래이나, 데이터 혁명이 주는 기회들을 어떻게 이용하고 위험은 최소화할지에 대한 논의는 아직 걸음마 수준이다.

이 절에서는 '발전을 위한 데이터'라는 의제의 등장에 대해 ICT4D의 관점에서 살펴본다. 그중에서도 공공 데이터, 빅데이터, 시민참여 데이터를 중심적인 의제로 파악하여 다양한 데이터기반 개발협력 사례를 바탕으로 개발협력적 함의와 정책적·인식론적·이론적 도전 과제들을 탐색했다. 발전 담론이 근대화, 경제성장, 빈곤 퇴치, 지속가능발전 등으로 진화하면서 기술혁신과 발전에 대한 연구도 기술이전, 정보통신기술, 데이터 등으로 진화했으며, 데이터와 발전에 관한 정책은 데이터를 경제 발전의 주요 생산요소로 보는 관점과, 데이터를 통한 개발협력 거버넌스의 확립 2가지 관점으로 발전되어 왔다.

이러한 정책적 진화에서 최근의 '지속가능발전 데이터를 위한 글로벌 파트너십(Global Partnership for Sustainable Development Data)'과 국제 공공 데이터 헌장(International Open Data Charter)' 등은 데이터 혁명이 개발협력에의 시사점을 찾아 가며 정보 보호와 프라이버시를 위한 기술적·제도적 장치를 마련해 나가는 국제사회의 노력으로 이해할 수 있다. 지속가능발전을 위한 디지털 기술, 데이터의 역할에 있어 국가별 통계, 데이터 거버넌스의 구축은 가장 중요한 요소로 논의되고 있다. 넘쳐나는 여러 데이터 이니셔티브에서 발생하는 도전 과제들을 공유하고, 개발도상국에 있어 기술과 데이터의 사회적 배태성과 정치적·문화적 특수성을 고려하는 것이 중요하다. 이를 바탕으로 개별 국가가 데이터 활용 역량을 최대화한다면 개발협력에 데이터가 미치는 긍정적 영향을 확대할 수 있을 것이다. 또 하나, 데이터가 주도하는 개발협력의 전반적 혁신의 과정과 국제적 논의에 한국은 소외되고 있지 않은지, 과연 어떤 선도적인 역할을 어떻게 해야 할지 질문해야 할 때다.

ICT4D 학술 연구의 테두리에서 볼 때, 소위 '데이터 혁명'에 대한 기술 낙관론적 기대에 비해 이론적·실증적 학술 연구는 아직 부족하다고 평가된다. 하지만 그동안 ICT4D의 이론적 체계를 바탕으로 비판 연구의 충분한 가능성이 존재한다. 특히, 기술 결정론을 넘어 상이한 사회문화적 맥락성(contextuality)을 반영하는 방향으로 비판적 학술 연구가 진행되어야 하겠다. 모든 데이터는 온전히 객관적이거나 비정치적이지 않으며, 데이터의 이동 역시 자유롭지 않다. 데이터는 수집, 분류, 저장, 분석, 해석의 과정에서 사회적으로 구성되며, 데이터 불평등은 기존의 기술 격차와 힘의 불균형과 같은 구조적인 문제를 반영한다는 점을 간과해서는 안 된다.

기존의 ICT4D 연구와 비교해서는, 앞으로 데이터 간 연결성이 강화되며 그 경계가 갈수록 모호해지고 있기 때문에 기존의 기술 중심, 정보시스템 중심의 연구에서 데이터, 연결성, 사회 전반의 디지털 전환의 영향으로 연구의 폭이 확대되어야 한다. 특히 COVID-19로 개발협력에 새로운 도전

과제가 논의되고 있는 만큼, 데이터기반 개발협력 분야의 연구가 향후 핵심적인 연구 과제로 자리 잡을 것이다. 이에 ICT4D 분야의 축적된 연구가 방법론적·이론적 분석틀을 제공하는 데 크게 기여할 것으로 전망한다.

참고문헌

✳ 국내 문헌

박경렬. 2018. 「원조정보 국제표준의 형성과 유엔지속가능발전목표 이행을 위한 표준의 역할」. ≪국제개발협력연구≫, 제10권 제3호, 199~227쪽.

박영실·박효민·이영미·김월화. 2016. 『지속가능발전목표(SDGs) 데이터 세분화와 항목 표준화 연구』. 통계개발원 2016년 하반기 보고서.

진재현. 2017. 「유엔지속가능발전목표(SDGs) 이행을 위한 데이터 세분화 방향」. ≪보건복지포럼≫, 244권, 99~109쪽.

카이스트 미래전략연구센터. 2020. 『카이스트 미래전략 2020』. 서울: 김영사.

✳ 해외 문헌

Ali, A., J.Qadir, R. Rasool, A. ur, Sathiaseelan, A. Zwitter and J. Crowcroft. 2016. "Big data for development: applications and techniques." *Big Data Analytics*. https://doi.org/10.1186/s41044-016-0002-4

Anderson, C. 2008. "The End of Theory: The Data Deluge Makes the Scientific Method Obsolete." *WIRED*.

Avgerou, C. 2002. *Information Systems and Global Diversity*. Oxford University Press. https://doi.org/10.1093/acprof:oso/9780199263424.001.0001

Bentley, C. M. and A. Chib. 2016. "The impact of open development initiatives in lower-and middle income countries: A review of the literature." *Electronic Journal of Information Systems in Developing Countries*, 74(1), pp.1~20. https://doi.org/10.1002/j.1681-4835.2016.tb00540.x

Bogoch, I. I., O. J. Brady, M. U. G. Kraemer, M. German, M. I. Creatore, M. A. v, J. S. Brownstein, S. R. Mekaru, S. I. Hay, E. Groot, A. Watts and K. Khan. 2016. "Anticipating the international spread of Zika virus from Brazil." *The Lancet*. https://doi.org/10.1016/S0140-6736(16)00080-5

Boyd, D. and K. Crawford. 2012. "Critical Questions for Big Data." *Information, Communication & Society*, 15(5), pp.662~679. https://doi.org/10.1080/1369118X.2012.678878

Brynjolfsson, E. 1993. "The Productivity Paradox of Information Technology." *Computing*,

36(12), p.77. https://doi.org/10.1145/163298.163309

Cinnamon, J. 2020. "Data inequalities and why they matter for development." *Information Technology for Development*, 26(2), pp.214~233. https://doi.org/10.1080/02681102.2019.1650244

Davies, T. and D. Edwards. 2012. "Emerging implications of open and linked data for knowledge sharing in development." *IDS Bulletin*, 43(5), pp.117~127. https://doi.org/10.1111/j.1759-5436.2012.00372.x

Davies, T. and F. Perini. 2016. "Researching the Emerging Impacts of Open Data: Revisiting the ODDC Conceptual Framework." *The Journal of Community Informatics*, 12(2).

Davis, F. D. 1985. "A technology acceptance model for empirically testing new end-user information systems: Theory and results." *Management, Ph.D.*, 291. https://doi.org/oclc/56932490

Deaton, A. 1997. *The Analysis of Household Survey*. World Bank.

Doll, C. N. H., J. P. Muller and J. G. Morley. 2006. "Mapping regional economic activity from night-time light satellite imagery." *Ecological Economics*. https://doi.org/10.1016/j.ecolecon.2005.03.007

Fan, J., F. Han and H. Liu. 2014. "Challenges of Big Data analysis." *In National Science Review*. https://doi.org/10.1093/nsr/nwt032

Fatehkia, M., R. Kashyap and I. Weber. 2018. "Using Facebook ad data to track the global digital gender gap." *World Development*, 107, pp.189~209. https://doi.org/10.1016/j.worlddev.2018.03.007

Fisher, D., R. DeLine, M. Czerwinski and S. Drucker. 2012. "Interactions with big data analytics." *Interactions*. https://doi.org/10.1145/2168931.2168943

Heeks, Richard. 2002. "Information Systems and Developing Countries: Failure, Success and Local Improvisations." *The Information Society*, 18(2), pp.101~112. https://doi.org/10.1080/01972240290075039

Heeks, Richard. 2003. *Most eGovernment-for-development projects fail: how can risks be reduced?*(IGovernment Working Paper Series. Manchester, Institute for Development Policy and Management).

Heeks, Richard. 2010. "Do Information and Communication Technologies(ICTs) Contribute to Devleopment?" *Journal of International Development*, 640(22), pp.625~640. https://

doi.org/10.1002/jid

Hilbert, M. 2016. "Big Data for Development: A Review of Promises and Challenges." *Development Policy Review*, 34(1), pp.135~174. https://doi.org/10.1111/dpr.12142

Holloway, J. and K. Mengersen. 2018. "Statistical machine learning methods and remote sensing for sustainable development goals: A review." *Remote Sensing*. https://doi. org/10.3390/rs10091365

Hussain, F. and M. Mostafa. 2016. "Digital contradictions in Bangladesh: encouragement and deterrence of citizen engagement via ICTs." *Information Technologies & Internatio- nal Development*, 12(2), pp.47~61.

International Data Corporation. 2020. *Global ICT Spending IDS Forecast 2020-2023*.

Ives, B. 1994. "Probing the productivity paradox." *MIS Quarterly*, Vol.18, Issue 2, p.XXI.

Kitchin, R. 2014. *The Data Revolution*. In SAGE Publications Ltd.

Kuriyan, R., S. Bailur, B.-S. Gigler and K. R. Park. 2012. *Technologies for Transparency and Accountability: Implications for ICT policy and Implementation*. 67.

Laney, D. 2001. "3D Data Management: Controlling Data Volume, Velocity, and Variety." *Application Delivery Strategy*.

Lassinantti, J., B. Bergvall-Kåreborn and A. Ståhlbröst. 2014. "Shaping local open data initiatives: Politics and implications." *Journal of Theoretical and Applied Electronic Commerce Research*, 9(2), pp.17~33. https://doi.org/10.4067/S0718-18762014000200 003

Madon, S. 2004. "Evaluating the developmental impact of e-governance initiatives: An explo- ratory framework." *Electronic Journal of Information System in Developing Coun- tries*, 20(5), pp.1~13.

Masiero, S. 2016. "Digital governance and the reconstruction of the Indian anti-poverty system." *Oxford Development Studies*, 0818(November), pp.1~16. https://doi.org/ 10.1080/13600818.2016.1258050

Mayer-Schönberger, V. and K. Cukier. 2013. *Big Data: A Revolution That Will Trans- form How We Live, Work and Think*. John Murray.

Mendonça, S., N. Crespo and N. Simões. 2015. "Inequality in the network society: An integrated approach to ICT access, basic skills, and complex capabilities." *Tele- communications Policy*. https://doi.org/10.1016/j.telpol.2014.12.010

Okolloh, O. 2009. "Ushahidi or 'testimony': Web 2.0 tools for crowdsourcing crisis information." *Participatory Learning and Action*, 59(Change at Hand: Web 2.0 for Development), pp.65~70.

Open Data in Asia. 2014.

Park, K. R. 2017. "An Analysis of Aid Information Management Systems(AIMS) in Developing Countries: Explaining the Last Two Decades." *Proceedings of the 50th Hawaii International Conference on System Sciences*.

Park, K. R. 2018. "Social Shaping of Aid Information Standard: The Role of International Aid Transparency Initiative in the UN Sustainable Development Goals(SDGs)." *International Development and Cooperation Review*, 10(3), pp.199~227.

Porter, T. M. 1995. *Trust in Numbers: The Pursuit of Objectivity in Science and Public Life*. Princeton University Press.

Rogers, E. M. 1995. "Diffusion of innovations." *Macmillian Publishing Co.* https://doi.org/citeulike-article-id:126680

Romer, P. M. 1990. "Endogenous technological change." *Journal of Political Economy*. https://doi.org/10.3386/w3210

Sahay, S. 2016. "Big Data and Public Health: Challenges and Opportunities for Low and Middle Income Countries A I S ssociation for nformation ystems Big Data and Public Health: Challenges and Opportunities for Low and Middle Income Countries." *Communications of the Association for Information Systems*, 39.

Schwab, K. 2016. "The Fourth Industrial Revolution: what it means and how to respond." *World Economic Forum*.

Sen, A. 1999. *Development as Freedom*. Oxford University Press.

Shaanika, I. and T. Iyamu. 2020. "The use of mobile systems to access health care big data in the Namibian environment." *Electronic Journal of Information Systems in Developing Countries*, 86(2), pp.1~15. https://doi.org/10.1002/isd2.12120

Silva, N. De, Lokanathan, S. and G. E. Kreindler. 2016. "The Potential of Mobile Network Big Data as a Tool in Colombo's Transportation and Urban Planning." *Information Technologies & International Development*, 12(2), pp.63~73.

Smith, M. and K. Reilly. 2013. *Open Development: Networked Innovations in International Development*. https://doi.org/10.1596/1020-797X_13_2_14

Smith, M. L. 2010. "Building institutional trust through e-government trustworthiness cues." *Information Technology & People*, 23(3), pp.222~246. https://doi.org/10.1108/0959 3841011069149

Soden, R. and L. Palen. 2014. "From Crowdsourced Mapping to Community Mapping: The Post-earthquake Work of OpenStreetMap Haiti." *COOP 2014 - Proceedings of the 11th International Conference on the Design of Cooperative Systems, 27-30 May 2014, Nice(France)*. https://doi.org/10.1007/978-3-319-06498-7_19

Solow, R. M. 1956. "A contribution to the theory of economic growth." *The Quarterly Journal of Economics*, 70(1), pp.65~94. https://doi.org/10.2307/1884513

Spratt, S. and J. Baker. 2015. "Big Data and International Development: Impacts, Scenarios and Policy Options." *Evidence Report, No.163.*

Thomson, P., R. Hope and T. Foster. 2012. "GSM-enabled remote monitoring of rural hand-pumps: a proof-of-concept study." *Journal of Hydroinformatics*, 14(4).

Tiwana, A., B. Konsynski and A. Bush. 2010. "Research Commentary – Platform Evolution: Coevolution of Platform Architecture, Governance, and Environmental Dynamics." *Information Systems Research*, 21(4), pp.675~687. https://doi.org/10.1287/isre.1100. 0323

UN IEAG. 2014. "A World that Counts: Mobilising the data revolution for sustainable development." *United Nations Secretary General, by the Independent Expert Advisory Group on a Data Revolution for Sustainable Development*. www. undatarevolution.org

UN SDGs Knowledge Platform. 2015. *UN Sustainable Development Goals.*

UNDP. 2017. *Data Ecosystems for Sustainable Development: An assessment of six pilot countries.*

United Nations Global Purse. 2012. *Big Data for Development: Challenges and Opportunities.*

van Schalkwyk, F., M. Willmers and M. McNaughton. 2016. "Viscous Open Data: The Roles of Intermediaries in an Open Data Ecosystem." *Information Technology for Development*, 22, pp.68~83. https://doi.org/10.1080/02681102.2015.1081868

Watmough, G. R., C. L. J. Marcinko, C. Sullivan, K. Tschirhart, P. K. Mutuo, C. A. Palm and J. C. Svenning. 2019. "Socioecologically informed use of remote sensing data to predict rural household poverty." *Proceedings of the National Academy of Sciences of the United States of America.* https://doi.org/10.1073/pnas.1812969116

Weaver, C., S. Davenport and J. Baker. 2014. *Malawi's Open Aid Map.*

Wesolowski, A., C. O. Buckee, D. K. Pindolia, N. Eagle, D. L. Smith, A. J. Garcia and A. J. Tatem. 2013. "The Use of Census Migration Data to Approximate Human Movement Patterns across Temporal Scales." *PLoS ONE.* https://doi.org/10.1371/journal.pone.0052971

Wittemyer, R., S. Bailur, N. Anand, K. R. Park and S. Gigler. 2014. "New Routes to Governance: A Review of Cases in Participation, Transparency, and Accountability." *Closing the Feedback Loop: Can Technology Bridge the Accountability Gap?* World Bank.

World Bank. 1999. "Knowledge for Development." *World Development Report.* https://doi.org/10.1596/978-0-1952-1118-4

World Bank. 2014a. *Big Data in Action for Development.* https://doi.org/10.1109/MCSE.2011.99

World Bank. 2014b. *Closing the Feedback Loop.* S. Gigler and S. Bailur(eds.). World Bank.

Zheng, Y. and G. Walsham. 2008. "Inequality of what? Social exclusion in the e-society as capability deprivation." *Information Technology & People*, 21(3), pp.222~243. https://doi.org/10.1108/09593840810896000

Zoellick, R. B. 2010. *Democratizing Development Economics, Presidential Speech.* World Bank Group. Washington D.C.

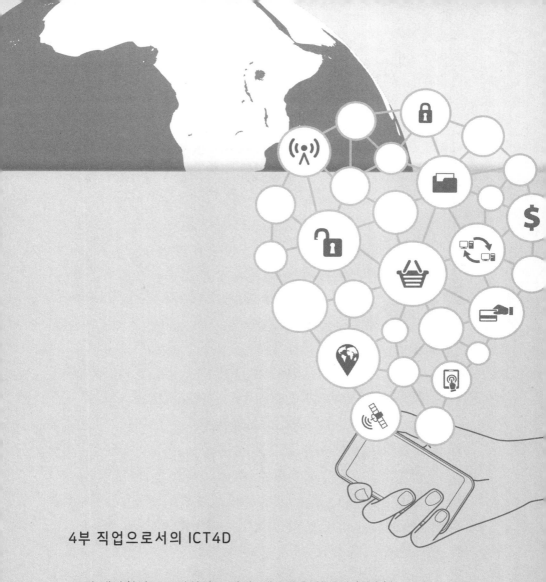

4부 직업으로서의 ICT4D

10장 개발협력 ICT 컨설턴트 되기: 새로움을 찾아서 (권호)

11장 ICT4D를 공부한다는 것: 끊임없는 도전과 고민, 그리고 관점의 정립
　　(임문정)

개발협력 ICT 컨설턴트 되기
새로움을 찾아서

권호(KODAC 수석컨설턴트)

1. 개발협력 ICT 컨설턴트가 되기까지

사람에게는 인생에 적어도 세 번의 기회가 찾아온다고 한다. "세상일에 정신을 빼앗겨 판단을 흐리는 일이 없다"는 불혹(不惑)의 나이를 지나고 "하늘의 명을 알았다"는 지천명(知天命)을 바라보고 있는 필자도 돌이켜 보면 세 번이 아니라 수많은 인생의 기회가 있었다. 다양한 인생의 기회를 만난 순간에는 알지 못했고 지난 후에 그때가 기회였다는 것을 깨닫게 된 경우도 많았다. 지금 필자가 개발협력 ICT 컨설턴트 및 개발협력 전문가로 일정 수준 자리를 잡아 가고 있는 것은 이러한 기회를 잘 활용했기 때문일 것이다.

첫 번째 기회는 학업을 마치고 개인적 관심으로 전공 분야가 아닌 ICT (Information and Communication Technologies) 분야에서 사회생활을 시작한 것이었다. 오랜 유학 생활을 마치고 2000년대 중반 8년 만에 한국에 돌아와서 가장 놀란 것 가운데 하나가 ICT 분야의 발전이었다. 빠른 인터넷을 기반으로 정부 및 기업의 서비스가 효율적이고 편리하게 제공되고 있는 것은 새로운 경험이었다. 이렇게 발전된 우리나라의 ICT를 해외에도 널리 퍼뜨리고자 하는 마음에서 개인적으로는 생소했던 ICT 분야에서 기회를 찾았고, 우리나라 ICT 서비스 분야에서 대표 기업 중 하나였던 LG CNS에 입사할 수 있었다. 물론 ICT 비전공자였던 필자에게 처음부터 해외 관련업무를 담당할 기회는 오지 않았다. 우선 회사에서 진행한 교육과 자기 학습을 통해 ICT 지식을 습득하고 자격증도 획득한 후 행정안전부·관세청 등 국내 공공기관에서 활용하는 전자정부시스템 컨설턴트로서 경력을 쌓았다.[1]

국내 공공기관을 대상으로 전자정부 컨설턴트로 활동하면서도 꾸준히 해외 관련업무에 대한 기회를 찾던 중, 두 번째 기회를 얻었다. 2000년 말 포화 상태가 된 국내 ICT 시장을 벗어나 회사 차원에서 해외시장을 개척하기 시작했고, 해외시장 개척의 일환으로 공적개발원조(Official Development Assistance: ODA)를 활용한 사업을 개발하는 업무를 담당하게 된 것이다.[2] 특히 무상원조 주관기관인 한국국제협력단(Korea International Cooperation Agency: KOICA)을 대상으로 신규 사업을 개발 및 수행하는 책임을 맡게 된 것이다.[3] KOICA

---

1) 비전공자로서 처음에 업무에 적응하는 것이 쉽지 않았지만, 행정정보공유시스템 등 10개가 넘는 전자정부시스템 구축을 위한 컨설팅 프로젝트의 성공적인 수행을 통해 ICT, 특히 전자정부에 대한 다양한 지식을 획득할 수 있었다.

2) 공적개발협력 또는 공적개발원조는 크게 무상과 유상으로 구분되며, 한국의 무상원조 주관기관은 외교부 산하의 한국국제협력단이고 유상원조 주관기관은 기획재정부 산하의 한국수출입은행이다. 한국 공적개발원조 체계에 대해서는 대한민국 ODA 통합 홈페이지(www.odakorea.go.kr)에서 자세히 설명하고 있다.

3) 2010년부터 2013년까지 LG CNS에서 한국국제협력단 사업개발(Business Development: BD) 담당자로 모로코 전자정부 정보화전략계획 수립, 파라과이 ICT 마스터플랜 수립 등 다수의 사업을 수행 및 발굴했다.

사업을 발굴 및 수행하면서 프로젝트 사업을 직접적으로 경험하고 개발협력 사업에 대한 노하우도 습득할 수 있었으며, 간접적으로나마 국제개발협력에 대해서도 알게 되었다. 새롭게 알게 된 국제개발협력은 기업의 입장에서만 생각하던 내게 큰 충격이었다. 우리나라뿐만 아니라 범지구적인 입장에서 수원국과 협력하여 빈곤을 퇴치하고 경제적·사회적으로 발전하기 위해 노력하는 국제개발협력은 큰 감명을 주었다.

이에 국제개발협력에 일부 참여하는 기업의 일원으로서가 아니라 직접 필자가 개발협력을 주도할 수 있는 기회를 찾았고, 2013년에 다니던 회사를 퇴직하고 ODA 전문가로 KOICA 아제르바이잔 사무소에서 근무하면서 개발협력 컨설턴트의 길을 걷게 되었다. 1년간 개발도상국에서 현지 경험을 한 후에는 보다 넓은 개발협력 지식을 쌓기 위해 경희대학교 국제개발협력학과에서 박사 과정을 수료했고, 지금은 ICT를 중심으로 교육, 농업 등 다양한 개발협력 분야에서 컨설턴트로 활동하고 있다.[4]

필자가 처음으로 개발협력에 발을 들여놓은 2010년 이후 약 10여 년간 우리나라의 개발협력은 규모 면에서 괄목할 만한 성장을 했다. 2010년 우리나라가 경제협력개발기구(Organization for Economic Cooperation and Development: OECD)의 개발원조위원회(Development Assistance Committee: DAC)에 가입한 이후 ODA 예산은 급증하여 2020년에는 3조 4270억 원으로 2010년 대비 2.5배 증가한 것이다.[5] 국제적으로 ICT 분야의 선진국으로 인정받고 있는 우리나라는 비교 우위적 관점에서 ICT 분야에서 국제개발협력을 강화하고 있으며, 다른 선진국에 비해 ICT 분야가 전체 ODA에서 차지하는 비중도 상당히

---

4) 초창기에는 개발협력 ICT 컨설턴트로 100% 활동했고, 최근에는 개발협력에 대한 전반적인 지식과 경험이 축적되면서 교육, 농업, 성과 관리 등 타 분야에서 개발협력 컨설턴트 역할을 담당하는 비중이 증가했다(30~40% 수준).
5) 관계부처 합동(2020), 2020년 국제개발협력 종합시행계획(확정액 기준) 1.

높은 편이다.[6] 우리나라의 수출 의존적인 경제구조에서 중요한 위치를 차지하고 있는 ICT 역할을 고려하면, ICT 분야 개발협력은 개발도상국의 발전뿐만 아니라 우리나라의 이미지 제고를 통한 국내 ICT 기업의 해외 진출을 지원한다는 측면에서도 중요성을 가지고 있다.[7]

이렇게 우리나라 ICT 개발협력의 확대와 중요성에도 불구하고 개발협력 분야에서 ICT 컨설턴트로 활동하는 전문가는 상대적으로 매우 적은 편이다.[8] 개발협력 ICT 컨설턴트가 적은 이유로는 상대적으로 소규모인 개발협력 ICT 컨설팅 시장, 개발도상국의 열악한 업무 환경에 비해 낮은 보수, 익숙하지 않은 개발도상국 환경에 적합한 컨설팅 업무 수행의 어려움 등 여러 가지가 있으며, 많은 국내 ICT 컨설턴트들이 국제개발협력에서도 ICT 컨설팅 서비스에 대한 수요가 있다는 점을 모른다는 것도 이유 중 하나일 것이다.

따라서 이 글에서는 국제개발협력에서 ICT 분야 컨설팅이 어떠한 형태로 수행되고 있는지에 대해 대략적으로 소개하여 보다 많은 국내 ICT 컨설턴트들이 개발협력에 참여하는 데 조금이나마 도움이 되고자 한다. 이를 위해 2절에서는 국제개발협력에서 구분하고 있는 개발 컨설팅과 일반적인 ICT 컨설팅에서 대해 간략하게 설명할 것이다. 그리고 3절에서는 다

---

6) 강인수 외(2015)의 분석에 따르면 2009년 기준 한국 ICT ODA 비중은 약 8%로 일본 0.3%, 미국 0.1%에 비해 상당히 높은 편이다. 2010년부터 ICT는 범분야로 간주되어 별도 분야로 통계적으로 집계되지 않고 있어 최근의 비중을 정확하게 파악하기는 쉽지 않지만 대략 10% 내외를 차지하고 있는 것으로 평가된다.

7) 류제명(2014)의 연구에 따르면 한국은 ODA 지원 국가 및 규모를 결정함에 있어서 경제적인 이해관계를 중요하게 고려하고 있으며, 정보통신 관련 시장규모가 큰 지역에 ICT ODA를 더 많이 진행하고 있는 것으로 분석되었다.

8) 정확한 수치를 파악하는 것은 불가능하지만 개발협력 ICT 컨설턴트를 전업으로 활동하는 전문가는 많아야 100여 명 수준에 불과한 것으로 필자는 판단한다.

양한 공공기관에서 수행하고 있는 우리나라의 일반적인 개발협력 ICT 컨설팅의 형태에 대해 살펴보고, 구체적으로 대표적인 국제개발협력기관인 한국국제협력단을 중심으로 어떤 형태로 개발협력 ICT 컨설팅이 진행되고 있는지 알아보고자 한다. 특히 다양한 개발협력 ICT 컨설팅 가운데 실제 시스템을 구축하는 프로젝트 수행에 필요한 여러 컨설팅 서비스를 중심으로 살펴볼 것이다.

2. 개발 컨설팅과 ICT 컨설팅

1) 개발 컨설팅

국내·외적으로 개발 컨설팅은 유사하지만 다양하게 정의되고 있다.[9] 예를 들어, 우리나라 국제개발협력위원회에서는 개발 컨설팅을 "개도국 등의 경제·사회 발전을 도모하기 위한 원조 사업의 한 형태로서, 전문 인력을 활용하여 경제·사회·과학기술 각 분야에 대한 정책·제도 자문 및 기술 컨설팅 지원 사업 등을 의미"하는 것으로 정의하고 있다.[10] 전승훈 외 (2012)는 개발 컨설팅을 "개도국의 개발 과제에 대한 기획, 집행, 평가에 전문적 자문을 제공하는 서비스"로 정의했으며, 곽재성(2016)은 개발 컨설팅을 "기술협력 사업의 수행 방식 또는 체계로 이해하며, 개발도상국의 발전, 그리고 역량 개발을 목적으로 하는 기술협력 사업에 있어 전문적인 기

---

9) 아시아개발은행(Asia Development Bank: ADB), 컬럼비아 대학교, 런던정경대학, 외교부 등 보다 다양한 개발 컨설팅에 대한 정의는 곽재성(2016) 참조.
10) 국제개발협력위원회(2012), 2011년 국제개발협력 소위평가 결과.

〈표 10-1〉 개발협력 컨설팅의 형태 및 분류

구분	형태 및 분류		
김현주 (2013)	외교부의 개발 컨설팅 구분		

외교부의 개발 컨설팅 구분

개발 컨설팅 사업	개발 컨설팅 서비스
정책자문 사업 • 분야별 정책 및 전략 수립 등	프로젝트 수행을 위한 사전 활동 • 사업 심사, 발굴, 프로젝트 수행 전 타당성 조사
기술자문 사업 • 마스터플랜 수립, 타당성 조사, 사업 설계 등	프로젝트 실행 및 사후 활동 • 사업관리 및 감리 • 중간 및 종료 평가 • 프로젝트 내 교육 훈련 등

박수영 (2012)

구분		단독 기술협력 사업	투자 관련 기술협력
무상 원조		[정책자문 사업] • 기획재정부의 KSP 사업 • KOICA의 중장기 자문단 사업 등 [전문가 파견] • 의료 등 분야별 전문가 파견 등 [다국가 연수/국별 연수] • 정책·기술 전수, 역량 강화 등 [개발 조사] • 마스터플랜 수립 • 타당성 조사(F/S)	• 프로젝트 관련 타당성 조사 • 사업 설계, 심사 등 사전 컨설팅 • 사업관리 및 감리(PMC, ISP, CM) • 중간 및 종료 평가 • 프로젝트 내 교육 훈련 등
유상 원조		• 마스터플랜 수립 • 타당성 조사(F/S)	

곽재성 (2016)

구분	사업 형태	섹터
사회·경제 분야 서비스	• 정책자문 및 개발경험 공유 • 프로그램 및 프로젝트의 형성 및 수행 • 사업 모니터링 및 평가	• 경제산업 개발 • 빈곤 극복 • 공공 행정 • 농업 및 자원분야 개발 • 보건 의료 • 금융 및 비즈니스 서비스 • 재해·재난 예방 및 복구 • 민간부문 지원
기술 분야 서비스	• 타당성 조사(기술 분야) • 실행, 계획, 조사(기술 분야) • 사업 모니터링 및 평가(기술 분야)	

자료: 김현주(2013), 박수영 (2012), 곽재성 (2016), 필자 재정리.

획, 수행 및 자문을 제공하는 지식 기반 서비스"로 정의하고 있다. 한편, 세계은행은 개발 컨설팅 서비스를 "컨설턴트가 프로젝트를 연구/기획/조직/관리하거나, 자금을 대출받는 기관에게 자문을 제공하거나, 필요에 따라 해당 기관의 역량을 형성하기 위해 기술을 활용하여 전문적인 서비스를 제공"하는 것으로 정의하고 있다(Wold Bank, 2006: 1).

이와 같이 개발 컨설팅이 다양한 내용으로 정의되면서, 그 형태 또한 다양하게 분류되고 있다. 김현주(2013)는 개발 컨설팅을 '개발 컨설팅 사업'과 '개발 컨설팅 서비스'로 구분하고 있으며, 박수영(2012)은 OECD/DAC의 기술협력(Technical Cooperation)[11]의 관점에서 '단독 기술협력 사업'과 '투자 관련 기술협력'으로 구분했으며, 곽재성(2016)은 개발 컨설팅을 내용상 '사회·경제 분야 서비스'와 '기술 분야 서비스'로 구분하면서 사업 형태와 섹터로 분류하고 있다〈표 10-1〉 참고).

위와 같은 개발 컨설팅의 분류가 국제개발협력의 주요 이해관계자인 공여국과 협력국을 포괄적으로 고려했다면, 세계은행은 자신들이 직접 조달하거나 협력국이 사업 수행을 위해 활용 가능한 서비스 관점에서 컨설팅을 '정책자문서비스'와 '프로젝트 자문 서비스'로 구분했다.[12] 정책자문서비스는 개발도상국의 경제 및 사회적 발전에 필요한 정책 수립 및 집행을 위한 지식을 전수하고 자문을 제공하는 것이며, 프로젝트 자문 서비스는 교통, 에너지, 교육, 정보통신 등 개별 분야에서 각종 시설의 구축과 관리 등에 필요한 기술적인 자문을 제공하는 것이다.[13] 세계은행의 컨설

---

11) 기술협력은 인적 협력, 교육, 연구의 형태로 무형의 지식과 기술을 제공하는 것을 의미한다.

12) 국제개발협력위원회(2012)도 세계은행과 동일한 분류 체계로 한국의 원조사업 형태를 고려하여 개발 컨설팅을 분류하고 있다.

13) 대표적인 정책자문서비스는 개발경험 공유, 금융·무역·행정 등 정부정책 수립 자문, 정책 집행을 위한 프로그램이나 프로젝트 개발 등이 있으며, 프로젝트 자문 서비스는 프로

〈표 10-2〉 세계은행의 컨설팅 서비스 형태 및 분류

| 자문서비스
(advisory service) | 프로젝트 서비스(project service) | |
	준비 서비스 (preparation service)	실행 서비스 (implementation service)
• 전략 및 정책 • 규제 • 제도 개혁 • 역량 강화 • 관리 및 리더십 • 정보통신기술	• 부문별 조사 • 마스터플랜 수립 • 타당성 조사 • 설계 • 전문가 연구	• 입찰서류 준비 • 조달 지원 • 공사 감독 • 사업관리 • 통합 서비스 • 교육 훈련

팅 서비스 분류에서 특이한 점은 자문서비스에 정보통신기술을 별도의 분야로 명시적으로 구분하고 있다는 것이다〈표 10-2〉 참고).

2) ICT 컨설팅

개발 컨설팅이 개발도상국의 지속가능한 사회경제적 발전을 궁극적인 목표로 하는 국제개발협력의 형태 중 하나의 서비스로 다양하게 정의 및 분류되고 있는 것과 유사하게, ICT 컨설팅도 여러 가지 방식으로 정의 및 분류되고 있다. 박준기 외(2013)는 ICT 컨설팅을 "경영 컨설팅의 한 종류로서 고객의 요구에 대응하여 고객이 갖고 있는 문제점을 해결할 수 있도록 가장 합리적인 IT시스템의 구축 및 관리시스템을 제시하고, 고객의 비전과 사업 목표를 달성할 수 있도록 도와주는 전문적인 서비스"로 정의하고 있으며, 박소현·이국희(2009)도 유사하게 "IT 컨설팅은 고객사의 의뢰에 의해 해당 조직의 현재 정보화 상태를 진단하고, 문제점 및 요구 사항을 발견하며, 미래 경영환경에 대응하거나 새로운 사업 성과를 창출할 수 있는 정보화 방안을 제시하는 전문지식 서비스"로 정의하고 있다. 학술적 연구

제트 수행에 필요한 사전 타당성 조사, 설계, 사업관리, 감리 등이 있다.

<표 10-3> ICT 컨설팅의 정의

구분	IT 컨설팅의 정의
한국IT서비스산업협회	조직의 업무, 프로세스, 비전과 목표 등을 진단·분석하여 정보화 계획을 수립하며, 전사적 또는 해당 업무의 아키텍처를 설계하여 정보기술 중심의 조직 변화, 생산성 제고, 프로세스 개선, 정보 자원의 최적화를 실행하거나 지원하는 것
IDC (International Data Corporation)	정보기술 전반에 걸친 조언 서비스로서, 시스템 구축 및 개발에 평가 및 측정, 프로세스의 기술적 충족 조건을 운영하는 것으로 제품과 패키지 서비스 전략, 거버넌스, 아키텍처 등이 주된 ICT 컨설팅의 분야임
가트너 그룹 (Gartner Group)	ICT에 의해 기존 사업의 효율화와 개혁을 추구하거나 기업의 신규사업 창출을 이끄는 서비스로 기술전략 평가, 고객의 수요 파악, 시스템 구현/기획/운영, 인프라 자문 등 전방에 대한 서비스를 제공하는 것
경제협력개발기구 (OECD)	ICT 분야를 활용한 산업에 조언을 주거나 전문적인 일을 수행하고 보수를 받는 것으로 고도의 기술적인 능력을 지니고 고객이 필요한 능력을 기반으로 신뢰 있고 능숙하게 조언을 해 주고 보수를 받는 것

자료: 한국IT서비스산업협회(2008), 필자 재정리.

뿐만 아니라 한국IT서비스산업협회를 비롯한 여러 기관에서도 ICT 컨설팅을 정의하고 있다(<표 10-3> 참고).

이렇게 다양하게 정의될 수 있는 ICT 컨설팅은 산업적인 관점에서는 하드웨어나 소프트웨어와 같은 IT 제품을 제외하고 정보시스템의 도입, 운영, 관리를 포괄하는 일련의 활동에 대한 서비스 전반을 의미하는 IT 서비스에 포함된다. 산업적인 측면에서 IT 서비스는 크게 컨설팅/SI/NI[14], 아웃소싱, 지원 및 교육의 3개 부분으로 분류되고 있으며, ICT 컨설팅은 이러한 IT 서비스의 가장 기본적인 분야다(소프트웨어정책연구소, 2019). 2017년 기준 한국의 ICT 컨설팅 시장은 약 1900억 원 수준으로 약 88조 원이 넘는 전체 IT 서비스 시장에서 단지 2.3% 수준에 불과하나, ICT 컨설팅을 기반으로 시스템 통합, 아웃소싱 등 다양한 IT 서비스가 수행된다는 점에서 IT 서비스 시장에서 차지하는 중요도는 상대적으로 높다고 할 수 있다

---

14) SI와 NI는 각각 시스템 통합(system integration)과 네트워크 통합(network integration)을 의미한다.

(단위: 억 원)

구분		2016		2017		성장률 (2016~2017)
		시장 규모	비중	시장 규모	비중	
컨설팅/ SI/NI	ICT 컨설팅	1,877	2.3%	1,898	2.3%	1.2%
	시스템 통합	2,7325	34.1%	28,389	33.8%	3.9%
	네트워크 컨설팅 및 통합	2,392	3.0%	2,407	2.9%	0.6%
	주문형 어플리케이션 개발	2,818	3.5%	2,775	3.3%	-1.5%
	소계	34,412	42.9%	3,5470	42.2%	3.1%
아웃소싱	애플리케이션 관리	827	1.0%	852	1.0%	3.0%
	정보시스템 아웃소싱	22,923	28.6%	25,159	29.9%	9.8%
	네트워크 및 데스크탑 아웃소싱	1,927	2.4%	2,011	2.4%	4.4%
	호스팅된 애플리케이션 관리	2,832	3.5%	2,935	3.5%	3.6%
	호스팅 인프라 서비스	4,887	6.1%	5,134	6.1%	5.0%
	소개	33,397	41.7%	36,091	42.9%	8.1%
지원 및 교육	하드웨어 배치 및 지원	8,173	10.2%	8,272	9.8%	1.2%
	소프트웨어 배치 및 지원	3,039	3.8%	3,080	3.7%	1.4%
	IT 교육 및 훈련	1,128	1.4%	1,163	1.4%	3.1%
	소계	12,340	15.4%	12,515	14.9%	1.4%
합계		80,419	100%	884,076	100%	4.9%

자료: 소프트웨어정책연구소(2019).

(〈표 10-4〉 참고).

ICT 컨설팅에 대한 유형적 분류는 학술적으로는 정리되지 않은 상황이나, ICT 컨설팅을 수행하고 있는 대부분의 회사나 기관은 자체적으로 분류 체계를 활용하고 있다. 가장 일반적인 분류 방식으로는 ICT 컨설팅이 수행되는 산업/업종에 따른 분류, 수행되는 ICT 컨설팅 업무/프로젝트에 따른 분류, 정보화에 활용되는 솔루션(Solution)별 분류가 있다〈표 10-5〉 참고).

산업/업종별 분류는 ICT 컨설팅의 대상이 되는 고객의 활동 분야에 따

〈표 10-5〉 ICT 컨설팅의 유형

구분	내용	분류 유형(예시)
산업/업종별 분류	ICT 컨설팅의 대상이 되는 고객의 활동 분야에 따른 분류	• 공공 부문 • 제조업 • 금융업 • 일반 서비스업 • 건설업
업무/프로젝트별 분류	ICT 컨설팅을 통해 제공하는 가치 또는 수행하는 업무에 따른 분류	• ICT 전략 컨설팅(BPR/ISP) • ICT 진단 컨설팅 • ICT 사업관리 • ICT 변화 관리
솔루션별 분류	특정한 분야에 특화된 솔루션에 기반해 수행되는 IT컨설팅에 대한 분류	• ERP • CRM • SCM • KMS

자료: 백재호 외(2002), 필자 재구성.

른 것으로 공공 부문, 제조업, 금융업, 일반 서비스업(통신, 물류 등) 등으로 구분된다. 예를 들어 공공 부문의 ICT 컨설팅은 정부나 공공기관의 운영 절차를 이해하고 정보통신기술을 통해 업무의 효율화를 추진하기 위한 전자정부(e-government) 컨설팅이 대표적이다. ICT 컨설팅 업무/프로젝트에 따른 분류는 ICT 컨설팅을 통해 어떠한 가치를 제공하는지 또는 어떠한 컨설팅 업무를 수행하는지에 따른 분류로 ICT 전략 컨설팅, ICT 진단 컨설팅, ICT 프로젝트 사업관리 컨설팅 등으로 구분하는 것이다. 예를 들어 고객의 업무 절차에 대한 개선 및 정보화 전략을 수립하는 BPR/ISP(Business Process Reengineering/Information Strategy Planning)가 대표적인 ICT 전략 컨설팅이다. 정보화에 활용되는 솔루션에 따른 분류는 특정한 분야에 특화된 솔루션을 중심으로 분류하는 것으로 ERP(Enterprise Resource Planning), CRM(Customer Relationship Management), SCM(Supply Chain Management) 등으로 구분될 수 있다. 예를 들어 ERP 컨설팅은 특정기업 내부의 인사, 재무, 총무를 포함한 모든 내부업무 프로세스를 통합적으로 관리하기 위한 ERP 솔루션을 도입하기 위한 컨설팅이다.

3. 한국 개발협력 ICT 컨설팅의 형태 및 특징

1) 한국 개발협력 ICT 컨설팅의 일반적 형태

한국 개발협력을 주관하고 있는 양대 기관인 한국국제협력단과 한국수출입은행을 비롯한 여러 정부기관에서 ICT 분야의 개발협력 컨설팅을 앞서 설명했던 개발협력 컨설팅의 유형에 따라 진행하고 있다. 특히 유상원조는 한국수출입은행이 전담하고 있으나, 무상원조의 경우 주관기관인 한국국제협력단뿐만 아니라 국토교통부, 고용노동부, 과학기술정보통신부, 관세청, 서울특별시 등 많은 중앙행정기관과 지방자치단체가 진행하고 있는 상황이다.[15]

예를 들어, 한국의 대표적인 정책자문서비스인 KSP(Knowledge Sharing Program)에서는 꾸준히 개도국을 대상으로 ICT 분야의 정책 자문을 진행하고 있으며,[16] KSP에는 기본적인 정책 자문뿐만 아니라 프로젝트에 대한 사전 준비와 관련된 ICT 컨설팅도 포함되어 있다. 우리나라 정보통신 분야의 정책연구기관인 정보통신정책연구원(Korea Information Society Development Institute: KISDI)에서도 '개도국 정보통신방송 정책자문'을 매년 진행하고 있으며, 행정안전부도 전자정부에 대한 개발협력 프로그램인 '전자정부 협력센터'를 운영하면서 정책 자문과 사전 준비 컨설팅을 추진하고 있다. 국토

---

15) 여러 기관에서 무상원조를 추진하는 현상을 '원조의 분절화'라고 하며, 한국 개발협력에서는 매우 논쟁적인 문제로 고려되고 있다.

16) 기획재정부에서 주관하는 KSP의 경우 실제 시행은 한국개발연구원(Korea Development Institute: KDI), 한국수출입은행, 대한무역투자진흥공사(Korea Trade-Investment Promotion Agency: KOTRA)에서 각각 개별적으로 시행하고 있으며, KSP에 대한 자세한 내용은 KSP 홈페이지(http://www.ksp.go.kr/)에서 소개하고 있다.

교통부는 스마트시티 또는 지능형 교통 체계(Intelligent Transport Systems: ITS)와 관련된 마스터플랜 수립을 꾸준히 진행하고 있으며, 관세청에서도 '관세 행정 현대화 업무 재설계를 위한 컨설팅'을 매년 진행하고 있다. 무상원조 주관기관인 한국국제협력단도 여러 형태의 ICT 분야 컨설팅 사업을 진행하고 있다. 즉, 〈별첨 10-1〉에서 알 수 있듯이 다양한 정부기관에서 다양한 형태로 개발협력 ICT 컨설팅을 추진하고 있는 것이다.

이렇게 다양한 형태의 개발협력 ICT 컨설팅 중 많은 수를 차지하는 정책, 제도, 역량 강화 등의 자문서비스 유형의 경우, 일부는 시행을 담당하는 정부기관에서 직접 수행하고 있으며, 일부는 공개 입찰을 통해 사업 수행을 위한 외부 기관을 선정하고 사업을 수행하고 있다. 예를 들어 KSP를 시행하고 있는 한국개발연구원은 일부 사업의 경우 자체 연구진을 활용하여 직접 자문 컨설팅을 수행하고 있으며, 과학기술정보통신부의 개도국 정보통신방송 정책자문도 시행을 담당하는 정보통신정책연구원의 연구원이 직접 컨설팅 및 정책 자문을 수행한다. 물론 이렇게 사업의 시행을 담당하는 정부기관에서 직접 컨설팅을 수행하는 경우에도 필요에 따라 민간 기업 또는 학교 등 외부 기관의 전문가나 컨설턴트를 섭외하여 프로젝트 팀을 구성하는 방식으로 사업을 수행하는 경우도 있다. 그러나 이 경우 전문가를 공개적으로 섭외하는 방식이 아닌 사업 담당자가 개별적으로 외부 컨설턴트나 전문가를 접촉하여 팀을 구성하는 형태로 진행되고 있기 때문에 민간 컨설팅 회사의 개별 컨설턴트가 적극적으로 사업에 참여하는 것은 쉽지 않다.

자문서비스 형태의 개발협력 ICT 컨설팅 중에서 사업 시행기관이 직접 컨설팅을 수행하지 않고 입찰을 통해 외부 기관을 선정하는 경우에도, 컨설팅의 성격이 정책, 제도 등에 대한 자문이나 개발도상국의 공무원에 대한 역량 강화가 중심이 되기 때문에 대부분 외부 연구 및 교육 관련 기관에서 사업을 수주하여 컨설팅을 수행하게 된다. 즉, 우리나라에서 일반적으로 ICT 컨설팅을 수행하고 있는 민간 컨설팅 기업 또는 컨설턴트가 이러한 자문서비스 형태의 개발협력 ICT 컨설팅 사업의 입찰에 참여하여 사업을 수주하고 컨설팅을 수행하는 것은 쉽지 않은 것이 현실이다.

반면 프로젝트를 진행하기 위해 필요한 직접적인 서비스로 분류될 수 있는 개발협력 ICT 컨설팅의 경우 대부분 사업을 시행하는 정부기관에서 직접 수행하지 않고 공개 입찰을 통해 사업을 수행할 외부 기관을 선정하고 있다. 예를 들어 KSP 사업 중 하나로 대한무역투자진흥공사가 시행기관인 "브라질 산업재산권 자동화시스템 개선 지원방안" 사업의 경우 외부 컨설팅 수행기관을 선정하기 위한 입찰이 2019년 9월 한국의 종합전자조달시스템인 나라장터에 공고되었다. 즉, 다양한 형태의 시스템을 구축하거나 ICT 기술을 적용하는 프로젝트와 관련된 서비스를 제공하는 개발협력 ICT 컨설팅은 전문성과 기술적 역량이 필요하기 때문에 대부분 외부의 전문 컨설팅 회사를 활용하고 있는 것이다.

프로젝트 수행에 필요한 서비스 형태의 개발협력 ICT 컨설팅은 우리나라에서 일반적으로 수행되고 있는 ICT 컨설팅과 매우 유사하다. 'ICT 컨설팅의 대상이 되는 고객의 활동 분야'에 따라 분류하면 공공 분야의 컨설팅으로 'ICT 컨설팅을 통해 제공하는 가치 또는 수행하는 업무'에 따라 분류하면 ICT 전략 또는 ICT 사업관리 컨설팅으로 볼 수 있는 것이다. 단, 우리나라의 정부 또는 공공기관뿐만 아니라 개발도상국의 정부기관과 협력하여 사업을 추진함에 따라 개발협력적 요소가 컨설팅에 포함된다는 점이 일반적인 ICT 컨설팅과 다르다.

2) 한국국제협력단의 개발협력 ICT 컨설팅 형태 및 특징

(1) 한국국제협력단 개발협력 컨설팅의 형태

세계은행에서 컨설팅 분류에 활용하고 있는 개발협력 프로젝트 서비스 형태를 기준으로 우리나라 무상원조 주관기관인 한국국제협력단의 개발협력 ICT 컨설팅을 구분하면 〈그림 10-1〉과 같이 나눌 수 있다.[17] 한국국제협력단의 프로젝트 서비스 관련 개발협력 컨설팅은 프로젝트의 사전 단계에서 진행되고 있는 예비조사가 있으며, 사전 단계와 실행 단계를 모두 포함하는 기획조사와 마스터플랜, 실행 단계에서 진행되는 프로젝트 관리 컨설팅(Project Management)과 실제 ICT를 활용한 시스템 구축에 포함되어 구축을 위한 준비로 진행되는 컨설팅이 있다.

〈그림 10-1〉 한국국제협력단의 ICT 컨설팅 형태

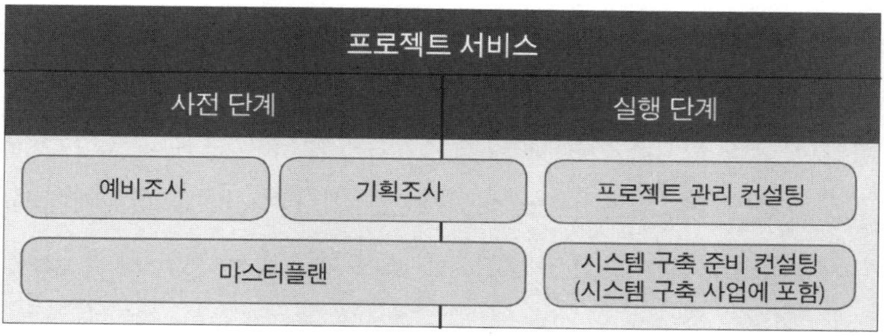

프로젝트 서비스		
사전 단계		실행 단계
예비조사	기획조사	프로젝트 관리 컨설팅
마스터플랜		시스템 구축 준비 컨설팅 (시스템 구축 사업에 포함)

(2) 예비조사와 기획조사

한국국제협력단은 국별 협력 사업, 글로벌 연수 사업, 인도적 지원 사

---

17) 이러한 분류는 ICT뿐만 아니라 한국국제협력단에서 수행하고 있는 교육, 보건, 농업 등 다른 분야에도 동일하게 적용될 수 있다.

업 등 다양한 형태의 개발협력 사업을 추진하고 있으며, 그중에서도 협력의 대상이 되는 개발도상국의 경제·사회적인 발전 및 복지 향상과 관련된 특정 목표를 달성하기 위해 물적·인적 수단을 포괄적으로 구성하여 다년간 지원하는 사업을 국별 협력 사업으로 정의하고 있다.[18] 국별 협력 사업은 다시 건축, 시설 구축, 기자재 제공 등 물적(hardware) 지원과 한국 전문가 파견, 개발도상국 연수생 초청 등 인적(software) 지원이 결합된 프로젝트 사업과 건축 등 물적인 지원이 배제되고 인적 지원을 중심으로 구성된 기술협력 형태의 DEEP(Development Experience Exchange Partnership Program) 사업으로 구분될 수 있다.[19] 프로젝트 사업은 가장 일반적인 형태의 사업으로 ICT를 활용한 시스템 구축 프로젝트가 대표적이며, 후자인 DEEP의 대표적인 사례가 다음에 설명할 전자정부 마스터플랜 컨설팅이라고 할 수 있다.

프로젝트 사업 또는 Deep 사업을 추진하기 위해 한국국제협력단은 ① 사업의 발굴[20], ② 사업의 기획, ③ 사업의 시행, ④ 사업의 종료 및 사후관리로 구성된 자체적인 절차를 보유하고 있으며, 예비조사와 기획조사는 사업이 발굴된 후 사업기획 단계에서 수행되는 것으로 프로젝트의 실질적인 시행을 준비하기 위해 필수적으로 수행되는 사전 타당성 조사의 성격을 가진다. 즉, 대략적으로 어떠한 프로젝트를 진행할 것인지에 대해 협력의 대상이 되는 개발도상국으로부터 요청을 받아 사업을 발굴한 후에, 프로젝트의 필요성을 확인하고 구체적인 프로젝트의 내용과 효과 등

---

18) 한국국제협력단의 사업 형태별 유형과 유형별 사업추진 절차는 홈페이지(www.koica.go.kr)에서 자세하게 설명하고 있다.

19) 한국국제협력단은 DEEP 사업을 개발 컨설팅으로 명명하고 있으나, 본문에서 논의하고 있는 일반적인 개발 컨설팅과 달리 인적 지원을 중심으로 구성된 일종의 기술협력 프로젝트로 좁은 의미의 개발 컨설팅으로 볼 수 있다.

20) 협력의 대상이 되는 개발도상국으로부터 프로젝트형 사업을 요청받기 위해 활용되는 공식적인 문서를 프로젝트 제안서 또는 PCP(Project Concept Paper)라고 한다.

에 대해 살펴보기 위해 사업기획 단계에서 진행하는 사전 타당성 조사가 예비조사와 기획조사라고 볼 수 있는 것이다.

구체적으로 예비조사는 사업이 발굴된 후 바로 진행되며, 기획조사는 예비조사 결과를 기반으로 사업에 대한 심사 및 국회 예산승인이 확정된 후 진행된다는 점에서 가장 큰 차이가 있다. 예비조사는 개발도상국에서 요청한 사업에 대해 필요성을 확인하고 대략적인 범위 및 예산을 확정하며 기대 효과를 파악하여 우리나라 정부의 공적개발협력 예산을 확보하기 위한 사전 타당성 조사로 볼 수 있다. 반면 기획조사는 우리나라 정부에서 승인한 사업에 대해 실제 사업을 시행하기 위해 세부적이고 구체적인 집행 계획을 수립하고 사업 수행자를 선정하기 위한 입찰 문서를 작성하는 것까지 포함하고 있다. 따라서 예비조사가 프로젝트의 수행을 준비하는 사전 단계의 일반적인 사전 타당성 조사라면, 기획조사는 프로젝트의 타당성에 대해 전반적으로 재검토하는 사전 타당성 조사뿐만 아니라 실제 프로젝트 시행을 위해 구매 및 조달을 준비하는 실행 단계까지 포함하고 있는 것이다. 이렇게 한국국제협력단의 사전 타당성 조사가 예비조사와 기획조사로 구분되어 진행되는 가장 큰 이유 중 하나는 우리나라 정부의 사업에 대한 심사 및 국회의 예산 승인에 약 6~9개월 이상이 소요되기 때문이다. 한국국제협력단은 예비조사 이후 시간의 경과에 따라 변화된 사업 환경 및 정부 승인과정에서 변경된 예산 등을 반영하여 기획조사의 형태로 사전 타당성 조사를 재실시한 후 최종적으로 사업의 시행 준비를 마무리하는 것이다.[21]

---

[21] 한국 정부의 심사 및 국회 예산승인이 완료된 후 협력의 대상이 되는 개발도상국과 구체적인 사업 수행에 대한 협의를 완료하고 양 국가 간에 협의한 내용을 명시하는 문서인 협의의사록(Record of Discussion: RD)을 체결하는 절차도 존재한다. 따라서 실질적으로 처음 사업이 발굴된 이후 예비조사와 기획조사를 마치고 사업을 시행하기까지는 2년 정

이렇게 예비조사와 기획조사로 구분되는 한국국제협력단의 프로젝트에 대한 사전 타당성 조사 및 준비는 일반적으로 외부 전문가 또는 컨설턴트를 활용하여 진행된다. ICT뿐만 아니라 교육, 보건, 농업 등 다양한 분야의 프로젝트형 사업을 진행하고 있는 한국국제협력단이 자체적으로 모든 분야별 전문가를 보유하는 것은 물리적으로 불가능하기 때문에 발굴

〈그림 10-2〉 한국국제협력단의 예비조사 전문가 모집공고(예시)

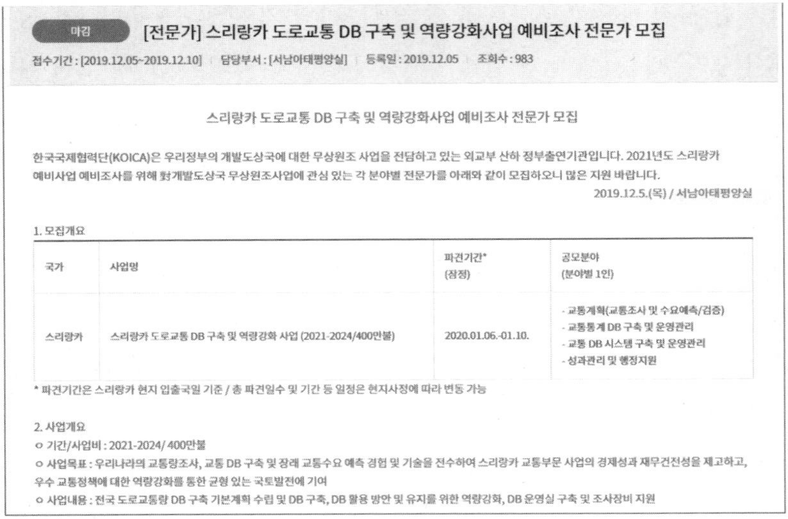

마감 [전문가] 스리랑카 도로교통 DB 구축 및 역량강화사업 예비조사 전문가 모집

접수기간 : [2019.12.05~2019.12.10] | 담당부서 : [서남아태평양실] | 등록일 : 2019.12.05 | 조회수 : 983

스리랑카 도로교통 DB 구축 및 역량강화사업 예비조사 전문가 모집

한국국제협력단(KOICA)은 우리정부의 개발도상국에 대한 무상원조 사업을 전담하고 있는 외교부 산하 정부출연기관입니다. 2021년도 스리랑카 예비사업 예비조사를 위해 對개발도상국 무상원조사업에 관심 있는 각 분야별 전문가를 아래와 같이 모집하오니 많은 지원 바랍니다.

2019.12.5.(목) / 서남아태평양실

1. 모집개요

국가	사업명	파견기간* (잠정)	공모분야 (분야별 1인)
스리랑카	스리랑카 도로교통 DB 구축 및 역량강화 사업 (2021-2024/400만불)	2020.01.06.-01.10.	- 교통계획(교통조사 및 수요예측/검증) - 교통통계 DB 구축 및 운영관리 - 교통 DB 시스템 구축 및 운영관리 - 성과관리 및 행정지원

* 파견기간은 스리랑카 현지 입출국일 기준 / 총 파견일수 및 기간 등 일정은 현지사정에 따라 변동 가능

2. 사업개요

ㅇ 기간/사업비 : 2021-2024/ 400만불

ㅇ 사업목표 : 우리나라의 교통량조사, 교통 DB 구축 및 장래 교통수요 예측 경험 및 기술을 전수하여 스리랑카 교통부문 사업의 경제성과 재무건전성을 제고하고, 우수 교통정책에 대한 역량강화를 통한 균형 있는 국토발전에 기여

ㅇ 사업내용 : 전국 도로교통량 DB 구축 기본계획 수립 및 DB 구축, DB 활용 방안 및 유지를 위한 역량강화, DB 운영실 구축 및 조사장비 지원

자료: 한국국제협력단 홈페이지.

도 소요되는 것이 일반적이다. 예를 들어 예비조사가 2019년 12월~2020년 1월에 진행된다면, 한국 정부 심사 및 국회 예산승인은 통상 2020년 12월에 완료되고, 기획조사는 2021년 상반기에, 협의의사록이 2021년 하반기에 진행되는 것이다. 협의의사록이 체결된 후 사업 시행자 선정을 위한 입찰 절차에도 2~3개월이 소요되는 점을 고려하면 실질적인 사업 시행 또는 사업 착수는 2021년 말에 시작하는 경우가 대다수다. 즉, 2019년 하반기에 발굴되어 예비조사를 수행한 사업이 2년 후인 2021년 말 시작되는 것이 통상적이며, 사업기획 과정에서 개발도상국의 정치환경 변화 등 외부적인 요인으로 인해 추가적인 조사가 필요하게 되면 사업 시행이 2022년까지 지연되는 경우도 자주 발생한다.

된 사업의 특성을 고려하여 외부 인력을 사전 타당성 조사에 활용하는 것이다. 구체적으로 예비조사와 기획조사에 필요한 외부 인력은 필요에 따라 한국국제협력단 홈페이지에서 공개모집 형태로 개인별로 진행된다.[22] 〈그림 10-2〉는 2019년 12월 홈페이지에 공고된 '스리랑카 도로교통 DB 구축 및 역량강화사업 예비조사'의 일부다.

예비조사와 기획조사 모두 전문가 또는 컨설턴트 모집을 위한 공모 내용은 동일하며, 공모에서 안내하는 주요 내용으로는 ① 모집 개요, ② 사업 개요, ③ 공모 분야 및 자격 요건, ④ 파견 전문가 주요 업무 및 제출 결과물, ⑤ 파견 경비, ⑥ 전형 방법 및 심사 기준이 있으며, 일반적으로 ① 지원서(기본 양식), ② 전문가 심사표, ③ 사업 참고자료, ④ 단계적 산출물 양식, ⑤ 기타 참고자료를 별첨으로 제공한다.

공모의 주요 내용 및 핵심 고려사항은 〈표 10-6〉과 같으며, 특히 한국국제협력단은 경력 연수에 따라 자체적으로 전문가 자격 기준을 관리하고 있기 때문에 동 규정을 확인해 공모에 지원하고자 하는 전문가 또는 컨설턴트가 자신의 전문가 등급이 자격 요건을 충족하는지 확인하는 것이 중요하다. 일반적으로 예비조사 및 기획조사에서는 한국국제협력단의 자체 규정인 '전문인력파견사업 기준'에 따라 '해당분야 경력 10년 이상'을 보유한 3급 이상의 전문가를 공모하고 있다. 공모 내용에는 예비조사 또는 기획조사에 참여하게 되면 수행해야 되는 업무 및 작성해야 되는 산출물(결과보고서)에 대해서도 대략 소개하고 있으며, 별첨으로 제공되는 산출물 양식을 확인하면 대략 필요한 업무에 대해 파악이 가능하다. 또한, 한국

---

22) 한국국제협력단 홈페이지를 통한 공모 외에도 사업 담당자가 자체적으로 전문가를 섭외하여 조사를 진행하는 경우도 있으나, 한국국제협력단과 컨설팅을 수행한 이력이 없는 컨설턴트의 경우 이러한 방식으로 참여하기가 쉽지 않은 것이 현실이다.

〈표 10-6〉 한국국제협력단 예비조사 및 기획조사 공모의 주요 내용

구분	주요 내용	핵심 고려사항
모집 개요	• 사업 대상국가 • 사업명 • 파견 기간(잠정) • 공모 분야 및 인원	• 잠정 파견기간 동안 대상 국가에 현지 출장이 필요하며, 동 기간의 변경은 어려움
사업 개요	• 기간 및 사업비 • 사업 목표 • 사업 내용	• 사업을 요청한 개발도상국에서 제출한 PCP를 기반으로 잠정적으로 결정된 내용으로, 예비조사의 경우 변경이 용이함
공모 분야 및 자격 요건	• 분야 • 인원 • 자격 요건	• 한국국제협력단에서 자체적으로 규정한 전문가 등급을 충족해야 함 • 해외에서 진행되는 업무의 특성상 영어를 필수적으로 요구함
파견 전문가 주요 업무 및 제출 결과물	• 회의 참석, 문헌 조사, 체크 리스트 작성 등 파견 전 활동 내역과 산출물 • 대상국가 현황분석, 사업 수행여건 분석, 출장 인터뷰, 사업 구성요소 규정, 예산 수립 등 파견 중 활동 내역과 산출물 • 국내 협의, 결과보고서 작성 등 파견 후 활동 내역과 산출물	• 컨설팅인 예비조사 또는 기획조사의 최종 결과물인 산출물에 대한 양식을 확인하면 필요한 업무에 대한 파악이 가능함 • 한국국제협력단의 도서관 홈페이지에서 기존 유사사업의 예비조사 또는 기획조사 결과보고서를 온라인으로 제공하고 있기 때문에 산출물 내용에 대해서도 확인이 가능함
파견 경비	• 항공료, 체제비, 보험료, 인건비 등 경비 지급	• 한국국제협력단의 '전문인력파견사업 기준'에 따라 각종 비용 및 인건비를 지급하기 때문에, 동 규정에 대한 면밀한 검토가 중요함
전형 방법 및 심사 기준	• 지원 방법 • 제출 서류 • 전형 절차	• 별첨된 전문가 심사표를 고려하여 조사 시 업무 활동에 대한 계획서 작성이 필요함

자료: 한국국제협력단 홈페이지, 필자 재구성.

국제협력단에서 별도로 운영하고 있는 ODA 도서관(lib.koica.go.kr)에서 과거 수행된 예비조사 및 기획조사의 결과보고서를 무료로 제공하고 있기 때문에, 과거 유사사업의 결과보고서를 확인한다면 내용적으로도 필요한 업무와 작성해야 할 산출물에 대해 사전 확인이 가능하다.

예비조사 및 기획조사에 참여한 경우 비용 및 보수는 공고문에서는 간략하게 '전문인력파견사업 기준'을 활용한다고만 언급하고 있기 때문에 참여하려는 지원자가 동 규정을 확실하게 이해하는 것이 필요하다. 현지

출장에 따른 각종 기본비용인 항공료, 보험료, 숙박료 등은 기본적으로 한국국제협력단에서 부담하며, 파견 국가 및 전문가의 등급에 따라 현지 출장비용에 차이가 있다.23) 조사에 참여하는 전문가 또는 컨설턴트의 입장에서 가장 중요한 비용 항목은 인건비인데, 인건비의 경우 참여한 전문가의 등급에 따라 투입되는 일수를 고려해서 지급한다.

마지막으로 전형 방법 및 심사 기준에서는 지원 방법 및 기간, 공모 시제출할 서류, 전형 절차 등을 소개하고 있다. 공모에 참여한 전문가 또는 컨설턴트에 대한 심사 기준(배점)은 ① 해당분야 경력(40점), ② 유사사업 수행실적(40점), ③ 과업 이해도(20점), ④ 가감점(최대 2점)으로 구성되는데, 해당분야에 대한 경력과 유사사업 수행실적이 가장 많은 배점을 차지한다. 즉, 공모된 사업과 관련되어 얼마나 오랫동안, 많은 유사 사업을 수행했는지를 가장 중요하게 고려하고 있는 것이다. 따라서 공모에 참여하는 지원자는 지원서에 최대한 많은 경력 사항을 포함시키는 것이 핵심이다.

공고문에서는 명시적으로 언급하지 않고 있지만 예비조사 또는 기획조사에 참여하는 전문가가 추가로 고려해야 하는 중요한 사항은 어떤 전문가와 함께 조사를 수행하는지에 대한 파악이다. 대부분의 경우 전문 분야별로 다수의 전문가를 공모하고 있으며, 선발된 전문가들이 어떻게 협력하여 하나의 팀으로 조사를 수행하는지가 실제 업무를 수행할 때 중요한 요소가 된다.24) 또한, 예비조사 또는 기획조사에 참여한 전문가는 이해상

---

23) 항공료, 보험료, 비자 비용 등 직접적으로 소요되는 비용은 한국국제협력단에서 직접 지불하며, 숙박료 및 식비는 규정에 따라 정액으로 조사에 참여한 전문가에게 지급한다.
24) 공모를 통해 참여한 전문가 또는 컨설턴트의 각각 업무적 역량은 충분하더라도, 하나의 팀으로 협력이 부족하여 어렵게 진행된 사전조사도 많다. 사전조사 팀이 개별적으로 구성되는 것에 따른 위험을 줄이기 위해, 필자의 경우 주변의 전문가 또는 컨설턴트 등과 팀을 구성하여 팀 단위로 전문가 공모에 참여하기도 한다.

충방지 제도에 따라 향후 본 사업 참여에 불이익이 발생할 수 있다는 점을 인지하고 있어야 한다.

한국국제협력단의 예비조사 및 기획조사는 ICT 분야뿐만 아니라 교육, 보건, 농업 등 다른 분야에도 동일하게 적용되고 있으며, 개발협력에 처음으로 도전하는 전문가 또는 컨설턴트에게는 좋은 기회다. 일반적인 ICT 컨설팅 프로젝트에 비해 상당히 짧은 2~3주의 투입으로 개발협력 ICT 컨설팅의 핵심을 습득할 수 있는 기회인 것이다.[25] 물론, 성과 모형에 따른 성과 관리, 사업 수혜기관의 역량 및 여건 분석과 같이 개발협력 ICT 컨설팅에만 있는 특수한 내용을 이해하여 컨설팅을 성공적으로 완료하는 것은 쉽지 않지만, 새로운 업무 분야에 대한 빠른 이해와 습득이 핵심 역량인 ICT 컨설턴트들은 비교적 빠른 시간 내에 개발협력만의 특성을 파악하여 일반적인 ICT 컨설팅과 융합·적용할 수 있다. 〈별첨 10-2〉에서 알 수 있듯이 한국국제협력단에서는 다양한 ICT 분야 프로젝트를 기획하기 위하여 지속적으로 예비조사 및 기획조사에 참여할 전문가를 공모하고 있다. 관심 있는 ICT 컨설턴트 또는 전문가는 한국국제협력단의 홈페이지를 자주 방문하여 자신의 전문 분야에 대한 프로젝트가 공모되는지 확인하는 것이 필요하다.

지금까지 살펴보았듯이 한국국제협력단은 프로젝트나 DEEP 사업의 사전 준비단계에서 필요한 컨설팅 서비스를 외부 전문가나 컨설턴트를 통해 활용하고 있으며, 주로 공모나 사업 담당자의 개별적인 섭외를 통한 방식으로 필요한 외부 인력을 확보하고 있다. 회사나 학교 등 법인 또는 기관 차원에서 필요한 컨설팅 서비스를 공개 입찰을 통해 조달하는 방식

---

25) 필자의 지인 중에는 개발협력 ICT 컨설팅에 대한 관심으로 소속된 회사에 휴가를 제출하고 예비조사를 수행한 경우도 있었다.

도 가능하나, 한국국제협력단에서는 사전 준비단계에 필요한 컨설팅 서비스를 수행할 기관을 공공 조달을 통해 선정하는 경우가 많지 않다.[26]

(3) ICT 마스터플랜 컨설팅

한국국제협력단에서 진행하고 있는 예비조사 및 기획조사가 프로젝트 또는 DEEP 사업을 시행하기 위한 사전 준비적 성격의 컨설팅이었다면, 마스터플랜은 특정 국가 또는 분야에 대해 향후 전략적 방향성을 제시하고 발전 로드맵을 수립하기 위한 별도의 컨설팅 프로젝트로 볼 수 있다. 한국국제협력단의 현재 사업구분에 따르면 기술협력을 중심으로 하는 DEEP 사업으로 구분될 수 있으나, 기존 사례를 보면 시범시스템 구축 또는 교육을 통한 역량 강화가 사업의 일부분으로 포함되는 경우가 있다.

예를 들어, 파라과이 ICT 마스터플랜 수립 사업과 방글라데시 전자정부 마스터플랜 수립 사업에서는 컨설팅 이후 관련된 시범시스템을 구축하는 것이 포함되어 있었다. 또한, 캄보디아, 카메룬, 방글라데시 마스터플랜 사업처럼 마스터플랜 수립의 결과를 기반으로 후속 사업을 추진하기 위해 사전조사 성격을 가진 컨설팅 보고서로 액션플랜 또는 사전 타당성 조사가 추가적으로 포함된 경우도 있다.[27] 나이지리아 전자정부 역량

---

26) 공개 입찰을 통해 사전조사를 수행할 기관을 선정하는 형식을 한국국제협력단은 '사업기본계획수립(Basic Degisn Study: BDS) 용역'으로 구분하고 있다. ICT 분야에서 BDS 형식으로 컨설팅 서비스를 수행할 기관을 선정한 경우는 2012년에 진행된 '서아프리카 전자정부 3개 사업 기본계획수립(BDS) 용역'이 유일하다. 이 컨설팅 서비스에 대한 용역에서는 ① 나이지리아 전자정부센터 건립사업, ② 나이지리아 CCTV 시스템을 이용한 치안 강화 시범사업, ③ 카메룬 전자조달 마스터플랜 수립사업의 3개 후보사업에 대하여 사전 타당성 조사를 수행하여 사업기본계획을 수립하고 협의의사록 작성까지 하는 것을 과업의 범위로 포함했다.

27) 방글라데시 마스터플랜 사업은 마스터플랜, 후속사업 발굴을 위한 사전 타당성 조사, 시범시스템 구축을 모두 포함했으며, 따라서 사업 예산도 320만 달러로 가장 규모가 크다.

<표 10-7> 한국국제협력단의 ICT 마스터플랜 사업

연도	사업명	사업 예산	주요 범위	사업 수행사
2010~2012	파라과이 ICT 마스터플랜 수립 사업	200만 달러	• ICT 분야 국가 마스터플랜 수립 (전자정부, ICT 인프라, 인력 양성, ICT 산업 등) • 전자정부 시범시스템 구축	건국대학교
2012~2014	캄보디아 ICT 마스터플랜 수립 사업	200만 달러	• ICT 분야 국가 마스터플랜 수립 (인프라, 산업, 활용 분야 중심) • 우선순위에 따른 5개 사업 추진 액션플랜 수립	정보통신 정책연구원
2013~2017	나이지리아 전자정부 역량 강화	856만 달러	• 전자정부 마스터플랜 수립 • 전자정부 교육센터 설립 및 운영 (건축 포함)	한국개발 전략연구소
2015~2017	카메룬 전자정부 마스터플랜 수립 사업	200만 달러	• 전자정부 마스터플랜 수립 • 마스터플랜에 따른 후속사업 추진을 위한 사업 타당성 조사 • 전자정부 교육과정 개발 및 교육 실시	대영유비텍
2015~2018	방글라데시 전자정부 발전을 위한 마스터플랜 수립 사업	320만 달러	• 전자정부 마스터플랜 수립 • 후속사업 추진을 위한 액션플랜 수립 및 타당성 조사(5개 우선순위 사업) • 전자정부 시범시스템 구축	한국아이티 컨설팅

강화 사업의 경우에는 전자정부 마스터플랜 수립과 함께 공무원 대상 교육을 위한 전자정부 교육센터를 설립하고 운영하는 것을 포함하고 있으며, 유사하게 카메룬 전자정부 마스터플랜도 전자정부 관련 교육과정 개발 및 교육 실시를 사업 범위로 포함하고 있다(<표 10-7> 참고).

이렇게 한국국제협력단에서 추진하고 있는 ICT 마스터플랜 사업은 향후 정책 추진을 위한 전략 수립이라는 마스터플랜 수립 컨설팅 서비스를 중심으로, 여러 요소가 복합적으로 구성되는 것이 특징이다. 즉, 단순히 컨설팅을 통해 문서 형태의 보고서를 완성할 뿐만 아니라 실질적으로 후속 사업을 연계하기 위한 사전 컨설팅을 수행하거나 가시적인 시스템(시범)을 구축하는 것이 추가되는 것이다. 2010년대 초반부터 중반까지 많은 수는 아니지만 꾸준히 진행되었던 ICT 마스터플랜 사업은 2015년 이후 새롭게 추진되지 않고 있다는 점에서 아쉬움이 있으며, 이러한 현상은 개발 협력에서 ICT에 대한 관심이 낮아진 것과도 연관이 있을 것이다.[28]

(4) 시스템 구축 준비 컨설팅

ICT 마스터플랜 사업이 전략 수립 컨설팅 서비스를 중심으로 여러 요소가 복합적으로 구성되었다면, 반대로 실제 ICT 관련 기술을 기반으로 시스템을 구축하는 사업의 세부 범위로 일부 컨설팅 서비스가 포함되는 형태도 있다. 예를 들어, 2020년에 발주된 '필리핀 조세분야 전자정부 구축사업 수행'에서는 부가세 통합정보시스템 구축이 핵심 사업범위지만, 시스템 구축을 위한 준비 과정으로 별도로 BPR/ISP를 수행하도록 사업이 구성되어 있다. 이렇게 한국국제협력단에서 추진하는 ICT 관련 시스템 구축 사업에 시스템 구축을 위한 사전준비 성격의 컨설팅이 포함되는 경우가 상당히 많다〈표 10-8〉 참고).

〈표 10-8〉 시스템 구축 사업에 포함된 구축 준비 컨설팅 내역(2019년 신규 사업)

사업명	예산 (백만 원)	주요 사업범위	사업 수행사
필리핀 조세분야 전자정부 구축사업 수행	7,000	• BPR/ISP 컨설팅(5인, 34MM*) • 부가세 통합정보시스템 구축(시스템 및 기자재)	더존비즈온
카메룬 전자조달시스템 구축 2차사업	5,527	• 전자조달 법제도 및 표준화 컨설팅(5인, 31MM) • 전자조달시스템 구축(시스템 및 기자재)	소프트 아이텍
아제르바이잔 교사역량 강화 및 교육정보화 지원 사업	3,863	• 교원연수정보화전략 수립(6인, 20MM) • 교원연수시스템 및 콘텐츠 개발	케이씨에이

* MM(Man Month): 업무량을 표기하는 단위의 하나로 1인이 1달 동안에 할 수 있는 업무의 양.
자료: 한국국제협력단 전자조달시스템 홈페이지, 필자 재구성.

---

28) 한국국제협력단에서 ICT는 교육, 보건, 농촌처럼 독립된 분야였다가 성평등, 환경 등과 함께 범주류(cross-section) 분야로 분류되었으며, 최근에는 별도의 분야가 아닌 과학기술의 하위 내용으로 간주되고 있다.

시스템 구축 전 사전 준비를 위한 컨설팅을 한국국제협력단의 제안 요청서에서는 일반적으로 BPR/ISP로 명명하고 있으나, 시스템 구축과 직접적으로 연계되어 하나의 프로젝트로 진행된다는 점에서 한국 공공부문에서 시스템 구축과 별도로 진행되는 BPR/ISP 프로젝트와는 차이가 존재한다. 한국 공공기관에서 진행되는 대부분의 BPR/ISP는 차년도 시스템 구축을 위한 계획 수립 및 예산 산정이 주요한 목적인 데 반해, 한국국제협

〈표 10-9〉 시스템 구축 사업에 포함된 구축 준비 컨설팅의 다양성

사업명	주요 컨설팅 요청 사항	투입 인력 및 기간
필리핀 조세분야 전자정부 구축사업 수행	• 필리핀 부가세 정책 및 법제, 기존 운영현황 등을 체계적으로 조사 • 필리핀 정부 및 유관기관 등과 긴밀한 협조체계 구축으로 적극적 자료제공 유도 • 조사된 내용을 토대로 업무 및 기술환경 반영, 전국 확산방안 및 조직 개선(안) 수립 • 전자세금계산서 시스템 및 부가세 통합시스템 구축을 위한 상세 업무절차 파악 • 전체 세목에 대한 기능별 통합 데이터베이스 구축방안 수립 • 모든 조세와 관련된 내·외부 업무를 하나의 플랫폼에서 처리가 가능하도록 유연성 및 확장성을 고려한 조세통합플랫폼 구축방안 수립	• 수석컨설턴트 1인 (4MM*) • 책임컨설턴트 1인 (4MM) • 컨설턴트 3~5인 (16MM)
우즈베키스탄 타슈켄트 정보통신대학교 통합교육 정보화 시스템 구축 및 보급 사업	• 학점제 기반 업무 재설계, 시스템 개발 및 안정화, 인프라 환경을 조성하기 위한 정보전략계획(ISP)을 포함한 사업수행 마스터플랜 수립 • 개별 업무 프로세스, 시스템 분석 및 설계, 인프라 환경의 최적화 모델 및 향후 확장성을 고려한 기본설계 실시 • 학점제 도입에 따른 상위 기관의 규정 및 절차 확인 • 국내 통합교육정보시스템과 교육서비스 사례 분석	• 학사관리시스템 1인 (2.5MM) • 정보시스템 1인 (2.5MM)
아제르바이잔 교사역량 강화 및 교육정보화 지원 사업	• 추진 중인 연수 현황를 비롯한 교원역량 강화를 위한 제반 제도와 요구를 분석하여 교원역량 강화를 위한 장단기 전략들을 도출하고 ICT 기반의 교원연수 정보화전략(ISP)을 수립 • 성공적인 교육정보화 서비스 제공을 위한 교육행정 업무, 법제도, 조직 등 부문별 정비 방안 및 데이터센터 지원 기자재 품목 및 사양을 도출 • 교원연수 정보화전략 수립을 통해 교육정보화 발전 전략 방향 및 단계별 실행 계획을 구체화하고, 중장기 조직 발전의 토대로 활용 • 사업 결과물은 교육정보시스템 구축 시 계획 대비 구현 점검을 위한 기본 설계서 및 향후 추가적인 정보화 사업 발굴 우선순위 선정을 위한 가이드라인으로 활용	• 교수설계 1인 (3.6MM) • 교육과정 개발 1인 (3MM) • 교육정보시스템 1인 (3MM) • 교육 효과성 분석 1인(3MM) • 네트워크 및 기자재 1인(4MM) • 법제도 조직 분석 1인(3MM)

* MM(Man Month): 업무량을 표기하는 단위의 하나로 1인이 1달 동안에 할 수 있는 업무의 양.
자료: 개별 사업별 제안 요청서, 필자 재구성.

력단의 시스템 구축 사업에 포함된 BPR/ISP는 시스템 구축 전에 체계적인 사전 분석을 통해 성공적으로 시스템을 구축하려는 목적이 더 크다.

따라서 사업 예산, 사전조사의 충실성, 사전 준비의 필요성 등 다양한 요인을 고려하여 시스템 구축에 포함되는 컨설팅 서비스의 규모 및 내용에 사업별로 큰 차이가 있다. 예를 들어, '필리핀 조세분야 전자정부 구축 사업'에서는 일반적인 ICT 컨설턴트 5~7명이 4개월 이상 투입되어 BPR/ISP를 수행하는 데 반해, '우즈베키스탄 타슈켄트 정보통신대학교 통합교육 정보화 시스템 구축 및 보급 사업'에서는 기술적으로 엔지니어의 특성이 더 많은 컨설턴트 2명을 2.5개월 투입하여 BPR/ISP를 수행하도록 하고 있다. 내용적인 측면에서도 '아제르바이잔 교사역량 강화 및 교육정보화 지원 사업'에 포함되어 있는 교원연수정보화전략 수립(ISP)에서는 ICT를 기반으로 시스템 구축과 관련된 전략뿐만 아니라 교수 설계, 교육과정 개발, 교육 효과성을 통합적으로 고려한 정보화 전략을 수립하고 있다(〈표 10-9〉 참고).

즉, 한국국제협력단은 시스템 구축 사업에 필요에 따라 다양한 형태의 컨설팅 서비스를 포함하고 있으며, 이러한 사업에 참여하기 위해서 개인 컨설턴트나 컨설팅 회사는 시스템 구축을 담당하는 소프트웨어 회사 또는 시스템 통합(SI) 회사와 긴밀히 협력하는 것이 중요하다. 실제로 시스템 구축을 담당하는 회사와 컨설팅 서비스를 제공하는 회사가 공동 수급체(컨소시엄)를 구성하여 사업에 참여하는 것이 일반적이며, 개인 컨설턴트도 시스템 구축 회사와 협의를 통해 회사의 구성원으로 입사하지 않고 사업에 참여가 가능하다. 29)

---

29) 일반적으로 국내 공공분야의 ICT 컨설팅 또는 시스템 구축 사업에 참여하는 인원은 사업을 수행하는 회사에 정식으로 고용되어야 하는 것이 필수지만, 한국국제협력단의 경우

(5) 프로젝트 관리 컨설팅

일반적으로 모든 프로젝트에는 사업을 관리하기 위한 별도의 조직이 운영되며, 이러한 조직을 프로젝트 관리 조직(Project Management Office: PMO)이라고 한다. 특히, 우리나라 공공 부문의 ICT 사업이라고 할 수 있는 전자정부사업에서는 시스템 구축에 따른 위험을 감소시키고 시스템 품질의 향상을 위해 사업의 관리 및 감독 업무를 외부에 위탁하는 것을 일반적으로 PMO라고 한다(한국정보화진흥원, 2018). 우리나라 전자정부 사업에 대한 PMO 제도는 2013년에 도입되었으며, 2019년 PMO 사업 추진계획에 따르면 총 16개의 전자정부사업이 PMO를 통해 위탁 관리되고 있다(한국정보화진흥원, 2019).

한국국제협력단도 유사하게 프로젝트 사업의 관리를 외부에 위탁하는 제도를 활용하고 있으며, 통상 이러한 사업을 사업관리(Project Management: PM) 사업으로 정의하고 있다.30) 전 세계에 있는 개발도상국과 협력하여 다양한 분야에 여러 형태의 개발협력 사업을 진행하고 있는 한국국제협력단에서 자체적으로 모든 분야에 대한 전문가를 보유하여 사업을 추진하는 것은 현실적으로 불가능하다. 또한, 기술적인 전문성이 필요한 분야는 기관에서 직접 관리를 담당하는 것보다 외부 전문가나 전문 회사를 활

정식 고용이 아닌 전문가 자문 형태로 외부 인력이 사업에 참여할 수 있다. 통상 한국국제협력단은 사업 수행에 필요한 핵심 인력(프로젝트 관리자)만 사업 수행사에 공식적으로 소속된 인력이면 된다.

30) 한국국제협력단은 일반적으로 사업의 총괄적인 관리를 외부에 위탁하는 사업을 사업관리(PM) 사업으로, 사업관리가 위탁된 경우 실제 사업을 수행하는 시행 주체가 진행하는 사업을 PC(Project Contractor) 사업으로, 사업관리를 별도로 위탁하지 않고 사업시행 주체가 관리 및 시행을 모두 담당하는 경우의 사업을 PMC(Project Management Consulting) 사업으로 구분하고 있다. 이러한 구분에 따라 ICT 관련 사업뿐만 아니라 교육, 보건 등 다른 분야의 사업도 PM과 PC를 구분하여 사업을 시행하는 경우가 있다.

〈표 10-10〉 ICT 사업관리 사업(2019년 신규 사업)

사업명	예산 (백만 원)	주요 사업범위	사업 수행사
튀니지 전자조달시스템 확대·개선 사업관리(PM)	1,505	• 사업 총괄관리 • 시스템 설계 및 품질 관리 • 시스템 구축 사업자 선정 입찰지원 • 교육 및 역량 강화	한국아이티 컨설팅
필리핀 조세분야 전자정부 구축사업 사업관리(PM)	787	• 사업 총괄관리 • BPR/ISP 자문 • 시스템 개발 및 장비구축 자문	한국조세재정 연구원
인도네시아 자카르타 광역권 ITS 마스터플랜 수립 및 시범시스템 구축 사업관리 (PM)	758	• 사업 총괄관리 • ITS 시범시스템 감리	국토연구원
필리핀 팜팡가강 유역 수자원 통합관리시스템 구축 2차 사업관리(PM)	1,963	• 사업 총괄관리 • 통합 수자원관리정보화계획 수립 • 시스템 구축 업체 선정지원 • 초청 연수를 통한 역량 강화	동부엔지니어링

자료: 한국국제협력단 전자조달시스템 홈페이지, 필자 재구성.

용하는 것이 관리도 용이하고 효율적이다.[31] 따라서 한국국제협력단은
사업의 유형이나 필요성에 따라 전반적인 사업관리를 외부에 위탁하고
있으며, 특히 기술적 난이도가 높고 전문성이 필요한 ICT 사업의 경우에
도 〈표 10-10〉에서 볼 수 있듯이 사업 시행자와 별도로 사업관리를 위한
회사를 선정하고 있는 것이다.

한국국제협력단의 사업관리 컨설팅에서 특이한 점은 필요에 따라 앞서
설명했던, 마스터플랜 컨설팅이나 시스템 구축 준비 컨설팅을 사업관리
사업의 일부 구성요소로 포함하는 경우도 있다는 것이다. 예를 들어, '필
리핀 팜팡가강 유역 수자원 통합관리시스템 구축 2차 사업관리'의 경우
통합 수자원관리정보화계획을 수립하고, 이 기본 계획을 기반으로 실제

---

31) 기술적인 전문성에 대한 필요성이 높은 건축의 경우에도, 개발도상국에 있는 현지 사무
소에 외부 건축 전문가가 상주하면서 컨설팅 서비스를 제공하고 있다.

<표 10-11> 필리핀 팜팡가강 유역 수자원 통합관리시스템 구축 2차 사업관리 과업 범위

구분	주요 과업	투입 인력
사업 총괄관리	• 사업 시행사의 공정 모니터링 및 산출물 관리 • 의사 소통 및 위험관리체계 확립 • 사업 홍보 • 사업 성과관리	• 사업 관리자 1인(14.4MM*) • 수자원 정보화 기본계획 총괄 1인(15.7MM) • 수자원 정보화 2인(12.7MM) • 수자원 물수지 분석 3인 (23.5MM) • 법제도(5.2MM) • ICT 1인(10.0MM) • GIS 1인(3.3MM) • 통신 1인(5.7MM) • 기자재 1인 (5.1MM)
통합 수자원관리 정보화계획 수립	• 통합 수자원관리정보화계획 수립 • 기본계획 수립결과에 따른 단기 실행과제 추진 지원 • 기본계획에 따른 사업 수행사 선정을 위한 제안 요청서 및 과업 지시서 수립 • 사업 수행사 선정을 위한 입찰 시 기술적 지원	
수자원 역량 강화	• 공무원 대상 초청연수 실시(2개 과정 총 20명) • 현지 워크숍 실시(3회)	

* MM(Man Month): 업무량을 표기하는 단위의 하나로 1인이 1달 동안에 할 수 있는 업무의 양.
자료: 필리핀 팜팡가강 유역 수자원 통합관리시스템 구축 2차 사업관리 제안 요청서, 필자 재구성.

사업 수행자를 선정하기 위한 제안 요청서 및 과업 지시서를 작성하는 것을 사업관리를 담당한 회사의 과업으로 명시적으로 포함하고 있다(〈표 10-11〉 참고).

한국국제협력단은 사업관리 컨설팅을 수행하기 위한 기관을 공개 입찰을 통해 선정하고 있기 때문에, 이러한 사업에 참여하기 위해서는 관련된 분야의 전문성을 가진 회사에 소속되어 있거나, 개인 자격으로 협력 체계 또는 수행 조직에 포함되어야 한다.

4. 개발협력 ICT 컨설턴트의 '새로움'을 꿈꾸며

지금까지 우리나라 무상원조 사업의 주관 시행기관인 한국국제협력단을 중심으로 개발협력 ICT 컨설팅의 형태에 대해 살펴보았다. 특히, 우리나라에서 진행되고 있는 공공 분야 ICT 컨설팅 형태와 가장 유사한 프로젝트 서비스 관점에서 사전 단계의 컨설팅인 예비조사, 사전 및 실행 단계의 컨설팅인 기획조사와 마스터플랜, 실행 단계의 컨설팅인 시스템 구축 준비 컨설팅과 프로젝트 관리 컨설팅으로 구분하여 개발협력 ICT 컨설팅을 소개했다. 일반적으로 컨설팅을 수행하기 위해서는 고객이 어떠한 문제점을 가지고 있고, 이 문제를 어떻게 해결하고자 하며, 이를 위해 어떻게 행동하는지를 파악하는 것이 기본이다. 본문에서 살펴본 개발협력 ICT 컨설팅의 형태는 이 중에서 우리나라의 개발협력을 시행하는 대표기관인 한국국제협력단이 필요한 컨설팅 서비스를 어떤 형태로 수행하는지, 즉 어떻게 행동하는지를 설명한 것이라고 할 수 있을 것이다.

물론 고객이 어떻게 행동하는지에 대한 파악이 되었다고만 해서 실제 고객과 함께 그 문제를 분석하여 해결책을 제시하는 컨설팅을 수행할 수는 없다. 먼저 고객에게 문제에 대한 파악과 해결책을 제시할 수 있다는 믿음과 신뢰를 주어, 적절한 보수를 받고 컨설팅 서비스를 제공하기 위한 계약을 체결해야 하는 어렵고 힘든 과정이 필요하다. 공공 부문에서는 일반적으로 이러한 과정이 공개 입찰을 통해 진행되며, 공공 분야에 포함되는 개발협력 분야도 마찬가지다. 본문에서 살펴본 한국국제협력단의 ICT 컨설팅을 기준으로 보면 사전조사 및 기획조사의 경우에는 개인 컨설턴트가 공모에 지원하여 선정되는 것이 필요하며, 다른 컨설팅의 경우에는 기관 차원에서 공개 입찰을 통해 사업을 수주한다.

이렇게 공모에서 선정되거나 컨설팅 사업을 수주하기 위해서는 한국국제협력단의 조달 체계에 대한 이해, 경쟁사에 대한 파악, 해당 사업에 대한 분석, 제안서 작성 등 다양한 요인을 복합적으로 고려하여 체계적으로 접근하는 것이 필요하다. 하지만 보다 근본적으로 개발협력 ICT 컨설팅을 지속적으로 수행하기 위해서는, 컨설팅에 필요한 역량을 보유하고 고객이 필요한 컨설팅 서비스를 성공적으로 제공해야 한다. 즉, 개인 또는 기관 차원에서 개발협력 ICT 컨설팅을 수행할 수 있는 충분한 역량을 보유

〈표 10-12〉 ICT 컨설팅 역량과 개발협력 역량 비교

IT 컨설팅 역량	개발협력 필요 역량
해당 분야 전문지식(IT 전문지식, 경영 지식, 고객사 이해 등)	개발 환경(개발도상국 지리, 기후, 언어 등) 및 국제개발협력의 이해(국제 정치경제, 빈곤 감축과 개발협력의 역할, 개발협력의 역사 등)
문제해결 능력(정확한 상황 파악, 문제 발견, 창의적 해결방안 제시 등)	기초 기술역량(언어 추리, 자료 해석, 상황 판단, 문제해결 능력 등)
프로젝트 수행 역량(프로젝트 관리, 정보 수집, 고객 관계 등)	사업관리 능력(기술, 운영, 재무)
커뮤니케이션 능력(대화, 글쓰기, 프리젠테이션 등)	기초 기술역량(글쓰기, 정보 가공, 사회조사방법, 문서 작성 및 시각화 등)
대인관계(리더십, 팀워크, 인적 네트워크)	기초 기술역량(의사소통, 네트워킹)
자세 및 가치관(성실 및 헌신, 책임의식, 도전 및 발전)	태도 및 정서(문화 간 이해, 개발협력 감수성, 연대 의식과 공동체성, 회복 탄력성 등)

자료: 박소현·이국희(2009), KODAC(2019), 필자 재구성.

하는 것이 핵심인 것이다.

　필자는 우리나라 ICT 컨설팅 업계에서 3년 이상 컨설팅 업무를 수행한 컨설턴트라면 이미 개발협력 ICT 컨설팅에 필요한 역량의 80% 이상을 보유하고 있다고 생각한다. 실제로 ICT 컨설팅에 필요한 역량과 개발협력에 필요한 역량을 비교해 보면 내용상 차이가 거의 없다(〈표 10-12〉 참고). 우리나라에서 ICT 컨설팅을 성공적으로 수행하고 있다면, 이미 개발협력 ICT 컨설팅에 필요한 역량을 보유하고 있다는 의미다.[32] 단지 개발협력에 대해 학습하는 것이 필요한데, 컨설턴트의 중요한 역량 중 하나가 새로운 사업 분야 또는 업무에 대한 빠른 이해임을 고려하면 개발협력에 대한 이해와 지식은 쉽게 습득할 수 있을 것이다.[33] 반면, 개인적 경험과 관찰로 볼

---

[32] 개발협력에 필요한 자세한 역량은 '〈별첨 10-3〉 참조.
[33] 한국국제협력단은 개발협력에 대한 이해를 증진시키기 위해 교육원을 자체적으로 운영하면서 일반인을 대상으로 교육을 진행하고 있다. 또한, 각종 개발협력 관련 기관에서 책, 보고서 등 개발협력에 대해 학습할 수 있는 다양한 자료를 제공하고 있다.

때, 일반적인 ICT 컨설턴트가 개발협력에서 활동하는 데 가장 부족하면서 단시간에 확보하기가 어려운 역량은 외국어(영어) 능력이 유일하다.

앞에 설명한 ICT 컨설팅과 개발협력 역량에는 포함되어 있지 않지만, 두 분야에서 지속적으로 컨설턴트 또는 전문가로 활동하는 분들의 공통적인 성격으로는 새로운 것에 대한 관심(호기심)이 있다. 급격하게 발전하고 있는 ICT 컨설팅에서 활동하기 위해서는 계속해서 새로운 지식을 축적하는 것은 필수이며, 이제는 모든 영역에서 활용되고 있는 ICT의 특성으로 인해 ICT 컨설턴트는 단순히 ICT에 대한 지식뿐만 아니라 경제·사회·문화적 측면에 대한 내용도 새롭게 파악하여 문제를 해결해야 한다. 개발협력도 마찬가지로 모든 개발도상국이 처한 상황과 문제점이 다르며, 해결하는 방식도 동일하지 않다.

즉, 새로운 ICT 기술에 대한 관심과 개별 개발도상국에 대한 관심은 모두 새로운 것에 대한 호기심이라는 측면에서 동일하며, 개발협력은 이러한 '새로움'이라는 측면에서는 ICT보다 훨씬 높은 수준의 '새로움'을 경험하게 해 준다. 필자도 처음으로 특정 개발도상국을 방문할 때마다, 아니 기존에 방문했던 개발도상국을 다시 방문할 때도 과거에 경험하지 못했던 '새로움'을 만끽하고 있다. 이 글을 읽은 모든 독자들도 과거에 알지 못했던 이러한 '새로움'을 일부라도 알게 되기를 바라며, 특히 이 글이 아직까지 개발협력 ICT 컨설팅을 경험하지 못한 많은 컨설턴트들에게 '새로움'을 찾는 계기를 제공했으면 한다.

<별첨 10-1> 2019년 한국의 개발협력 ICT 컨설팅 신규 사업

주관기관 (예산 기준)	세부 사업명	예산 (억 원)	사업 기간 (연도)	컨설팅 서비스 유형 (세계은행 기준)	비고
기획재정부	가나 효과적인 세제·세정 개혁과 국내세수 동원을 위한 ICT 활용방안	3.2	2019~2020	자문서비스	KSP
기획재정부	세르비아 전자정부 구축을 위한 3개년 개발계획 수립 지원	4.8	2019~2020	자문서비스	KSP
기획재정부	캄보디아 2020년 국가 디지털 방송 전환 준비를 위한 주파수 관리 강화방안 수립	3.0	2019~2020	자문서비스	KSP
기획재정부	페루 교육분야 ICT 활용방안	3.8	2019~2020	자문서비스	KSP
기획재정부	볼리비아 스마트시티 구축 지원	4.8	2019~2020	자문서비스	KSP
기획재정부	브라질 산업재산권 자동화시스템 개선 지원	4.0	2019~2020	준비서비스	KSP
기획재정부	이란 전자정부 솔루션 개발 방안	4.0	2019~2020	준비서비스	KSP
기획재정부	모로코 중소기업 전자입찰 및 전자결제 교육 프로그램 개발 및 역량강화 지원	3.34	2019~2021	자문서비스	KSP
기획재정부	튀니지 중소기업 전자상거래 및 전자결제 부문 역량강화를 위한 심화교육 지원	3.34	2019~2021	자문서비스	KSP
기획재정부	코스타리카 기반 인프라 보안을 위한 '국가보안센터' 구축 지원	3.39	2019~2020	준비서비스	KSP
기획재정부	볼리비아 버스정보시스템 구축 (또는 개선) 전략 수립	4.52	2019~2020	준비서비스	KSP
기획재정부	중남미 2개국 블록체인 (분산원장) 기술을 활용한 국가 ICT 시범시스템 구축 지원	3.39	2019~2020	준비서비스	KSP
기획재정부	요르단 전자조달시스템 온라인 헬프데스크 구축 지원	2.4	2019~2020	준비서비스	KSP(수출입 은행 발주)
기획재정부	아르헨티나 부에노스아이레스 시정부 데이터센터 구축 마스터플랜 수립 지원	2.26	2019~2020	준비서비스	KSP(수출입 은행 발주)
기획재정부	도미니카 도로자산관리시스템 전략 수립	4.52	2019~2020	준비서비스	KSP(수출입 은행 발주)
기획재정부	콜롬비아 클라우드 컴퓨팅 및 빅데이터 관리시스템 지원	3.4	2019~2020	준비서비스	KSP(수출입 은행 발주)

주관기관 (예산 기준)	세부 사업명	예산 (억 원)	사업 기간 (연도)	컨설팅 서비스 유형 (세계은행 기준)	비고
기획재정부	캄보디아 도로교통 및 안전관리 시스템 개선방안 수립 지원 (시하누크빌 & 타케오 지역)	3.2	2019~ 2020	준비서비스	KSP(수출입 은행 발주)
기획재정부	스리랑카 토지정보시스템 구축사업 F/S(타당성 조사) 용역	5.84	2019	준비서비스	EDCF 사전 타당성 조사
기획재정부	앙골라 치안강화 2차사업 타당성 조사(F/S)	6.61	2019	준비서비스	EDCF 사전 타당성 조사
기획재정부	인도 나그뿌르-뭄바이 고속도로 ITS 구축사업 타당성 조사(F/S)	6.82	2019~ 2020	준비서비스	EDCF 사전 타당성 조사
기획재정부	인도네시아 정부통합데이터센터 구축사업 타당성 조사(F/S)	6.94	2019~ 2020	준비서비스	EDCF 사전 타당성 조사
기획재정부	탄자니아 주민증 데이터센터 건립사업 2차 타당성 조사(F/S) 용역	6.24	2019	준비서비스	EDCF 사전 타당성조사
기획재정부	탄자니아 토지정보 인프라 개선사업 타당성 조사(F/S) 용역	5.49	2019	준비서비스	EDCF 사전 타당성 조사
과학기술 정보통신부	개도국 정보통신방송 정책자문 (르완다)	2.2	2019	자문서비스	시행기관 KISDI
과학기술 정보통신부	개도국 정보통신방송 정책자문 (몽골)	2.2	2019	자문서비스	시행기관 KISDI
과학기술 정보통신부	개도국 정보통신방송 정책자문 (미얀마)	2.13	2019	자문서비스	시행기관 KISDI
과학기술 정보통신부	개도국 정보통신방송 정책자문 (베트남)	2.13	2019	자문서비스	시행기관 KISDI
과학기술 정보통신부	개도국 정보통신방송 정책자문 (우간다)	2.2	2019	자문서비스	시행기관 KISDI
과학기술 정보통신부	개도국 정보통신방송 정책자문 (우즈베키스탄)	2.14	2019	자문서비스	시행기관 KISDI
과학기술 정보통신부	개도국 정보통신방송 정책자문 (캄보디아)	2.2	2019	자문서비스	시행기관 KISDI
행정안전부	전자정부 협력센터 운영 (인도네시아)	29.8	2019~ 2021	자문 및 준비 서비스	시행기관 한국지능정보 사회진흥원
환경부	SI 개도국 시범사업(베트남 띠엔장성 수질 측정망 구축 타당성 조사)	1.2	2019	준비서비스	시행기관 환경산업 기술원
국토교통부	볼리비아 주요 도시 스마트시티 구축을 위한 마스터플랜	15	2019~ 2020	준비서비스	-

주관기관 (예산 기준)	세부 사업명	예산 (억 원)	사업 기간 (연도)	컨설팅 서비스 유형 (세계은행 기준)	비고
국토교통부	인도네시아 지적정보 인프라 통합 활용을 위한 마스터플랜 수립	10	2019~ 2020	준비서비스	-
국토교통부	콜롬비아 국가지능형 교통체계(ITS) 마스터플랜	15	2019~ 2020	준비서비스	-
관세청	개도국 관세행정 현대화 업무 재설계(나이지리아)	6.6	2019	준비서비스	-
관세청	개도국 관세행정 현대화 업무 재설계(세르비아)	7.53	2019	준비서비스	-
관세청	개도국 관세행정 현대화 업무 재설계(모리셔스)	6.18	2019	준비서비스	-
관세청	개도국 관세행정 현대화 업무 재설계(몽골)	6.69	2019	준비서비스	-
관세청	개도국 관세행정 현대화 업무 재설계(수단)	8.81	2019	준비서비스	-
관세청	타지키스탄 위험관리시스템 개발사업 정보화 프로젝트 관리 서비스	3.66	2019~ 2021	실행서비스	PMO 서비스
고용노동부	몽골 고용서비스 전산망 구축을 위한 정보화전략계획(ISP) 수립사업	1.82	2019	준비서비스	시행기관 고용정보원
한국국제 협력단	필리핀 팜팡가강 유역 수자원 통합관리시스템 구축 2차사업	56.5	2019~ 2021	실행서비스	사업관리 컨설팅
한국국제 협력단	튀니지 전자조달시스템 확대·개선 사업	28.25	2019~ 2022	실행서비스	사업관리 컨설팅
한국국제 협력단	인도네시아 자카르타 광역권 ITS 마스터플랜 수립 및 시범시스템 구축 사업관리	67.8	2019~ 2022	실행서비스	사업관리 컨설팅
한국국제 협력단	필리핀 조세분야 전자정부 구축사업	82.38	2019~ 2020	실행서비스	사업관리 및 구축 준비 컨설팅
한국국제 협력단	카메룬 전자조달시스템 구축 2차사업	63.28	2019~ 2020	실행서비스	구축 준비 컨설팅
한국국제 협력단	아제르바이잔 교사역량 강화 및 교육정보화 지원사업	67.2	2019~ 2021	실행서비스	구축 준비 컨설팅

자료: 대한민국 ODA 통합 홈페이지 및 주관기관별 홈페이지, 필자 재정리.

〈별첨 10-2〉 2019년 한국국제협력단 예비조사 및 기획조사 공모 내역

구분	사업명	사업예산	파견기간	ICT 컨설턴트 공모분야(인원)
예비조사	스리랑카 도로교통 DB 구축 및 역량강화사업	400만 달러	20.1.6~ 20.1.10	• 교통통계 DB 구축 및 운영 관리(1인) • 교통 DB 시스템 구축 및 운영 관리(1인)
예비조사	아제르바이잔 지속가능한 홍수위험저감 및 하천관리사업	미정	20.1.8~ 20.1.17	• 수자원 ICT 분야 전문가 (1인)
예비조사	튀니지 국가 의약품 디지털 정보시스템 구축사업	500만 달러	20.1.6~ 20.1.10	• 의약품시스템 관리 전문가 (1인)
예비조사	베트남 후에시 문화관광 스마트시티 조성 지원사업	1300만 달러	20.1.6~ 20.1.11	• 스마트시티 정책/계획/ 시스템 전문가(1인)
기획조사	미얀마 ICT를 활용한 개발소외지역 참여적 농촌개발사업	2000만 달러	19.12.15~ 19.12.22	• ICT/정보시스템 전문가(1인)
예비조사	페루 취약계층 의료보험 보장 강화를 위한 진료기록 디지털화 프로그램	400만 달러	19.11.21~ 19.12.4	• 의료정보시스템 전문가(1인)
예비조사	과테말라 수도권 교통 마스터플랜 수립사업	180만 달러	19.12.15~ 19.12.23	• 지능형 교통시스템(ITS) 전문가(1인)
예비조사	탄자니아 무역 증진을 위한 싱글윈도우 시스템 구축	600만 달러	19.11.23~ 19.12.10	• IT 아키텍처/프레임(1인) • IT 기자재(1인)
예비조사	세네갈 대국민 소통증진을 위한 국회의정활동 시스템 현대화 사업	600만 달러	19.12.7~ 19.12.15	• 의정활동시스템 구축 제도 및 정책(1인)
예비조사	베트남 금융분야 조기경보 및 위기관리체계 개발 및 구축사업	278만 달러	19.12.1~ 19.12.7	• 금융 및 경제 시계열 데이터베이스(1인)
예비조사	베트남 교육정보 운영 및 활용체제 구축 지원사업	미정	19.12.2~ 19.12.10	• 교육통계시스템(2인)
예비조사	르완다 전파관리 역량강화사업	815만 달러	20.1.13~ 20.1.24	• 전파관리 기자재(1인)
예비조사	엘살바도르 산살바도르 도시교통 마스터플랜 수립 및 교통신호체계 개선사업	500만 달러	20.1.13~ 20.1.24	• 교통신호제어 하드웨어 및 소프트웨어(1인) • 지능형 교통시스템(ITS) 전문가(1인)

구분	사업명	사업예산	파견기간	ICT 컨설턴트 공모분야(인원)

예비
조사
	필리핀 재해경감을 위한
	마닐라 통합 조기
	홍수예·경보시스템
	구축사업
		1270만 달러	19.12.2~
			19.12.8
				• 홍수예·경보시스템 관리
				  BPR/ISP(1인)
				• 홍수예·경보시스템 구축
				  (1인)
				• 홍수예·경보시스템 설치 및
				  운영 관리(1인)

예비 조사	우즈베키스탄 2021년 토지 DB 분야 신규 후보사업 예비조사	1500만 달러	19.11.27~ 19.12.6	• DB 및 응용시스템 구축(1인)
예비 조사	네팔 경찰 역량강화를 위한 사이버안전국 설립사업	800만 달러	19.12.2~ 19.12.7	• 사이버 보안/범죄수사 시스템/기자재 구축(1인)

예비
조사
	스리랑카 기후변화 대응
	과 스마트농업 인프라
	구축을 위한 스마트팜
	기술단지 건립사업
		1500만 달러	19.12.1~
			19.12.8
				• 생육환경제어시스템 구축
				  및 자문(1인)
				• 스마트 온실 및 유통 관련
				  기자재(1인)

기획 조사	스리랑카 콜롬보시 ICT 기반 세무행정 통합시스템 구축사업	700만 달러	19.11.27~ 19.12.6	• 세무정보시스템 기획(1인) • 세무정보시스템 구축 및 기자재 설치 운영(1인)
예비 조사	모잠비크 리쿵고강 유역 홍수예·경보시스템 구축	750만 달러	11월 중	• 홍수예·경보시스템 개발 (1인)
기획 조사	몽골 국가등록업무 시스템 운영 지원사업	800만 달러	19.11.10~ 19.11.16	• ICT 시스템 아키텍처 설계 및 분석(1인) • ICT 기자재(1인)
예비 조사	도미니카공화국 사이버 관제센터 설립을 통한 사이버안보 강화사업	550만 달러	19.11.10~ 19.11.17	• 사이버보안시스템(1인) • 사이버보안기자재(1인)
예비 조사	알제리 전자무역을 위한 싱글윈도우 구축사업	850만 달러	19.11.1~ 19.11.16	• 싱글윈도우시스템(1인)
예비 조사	파라과이 아순시온 국립대학 ICT 센터 설립 지원사업	850만 달러	19.10.19~ 19.11.2	• ICT 교육센터 소프트웨어 및 기자재(1인)
기획 조사	카메룬 2개 주 주민등록 전산화시스템 구축 시범사업	485만 달러	19.11.24~ 19.12.8	• 전자정부 정책 및 제도(1인) • 시스템 및 ICT 장비(1인)
기획 조사	우즈베키스탄 타슈켄트시 비즈니스 인큐베이팅을 통한 기업성장 촉진사업	550만 달러	19.10.30~ 19.11.8	• 포털 및 온라인 교육 플랫폼 (1인)

기획
조사
	나이지리아 전자정부
	역량강화 2차사업
		850만 달러	19.10.19~
			19.11.2
				• 전자정부 제도 및 정책(1인)
				• BPR/ISP 및 전자정부 EA
				  (1인)
				• 전자정부 교육 등 역량 강화
				  (1인)

구분	사업명	사업예산	파견기간	ICT 컨설턴트 공모분야(인원)
예비 조사	페루 기후변화 대응을 위한 자연재해 조기경보 시스템 구축사업	400만 달러	10월 3~4주	• IT 기반 조기경보시스템 개발(1인) • 홍수예·경보 수자원관리 시스템(1인)
기획 조사	라오스 남능강 유역의 효율적 물관리시스템 구축 및 재해대응 역량강화 사업	1100만 달러	19.10.19~ 19.11.2	• 수자원관리시스템 구축(1인) • 수문관측시설 설치 및 통신 (1인)
예비 조사	캄보디아 ICT 교육 역량강화 사업	698만 달러	19.9.15~ 19.9.21	• 교육분야 IT 기자재(1인)
예비 조사	방글라데시 지능형 교통 체계(ITS) 활용 국가간선 도로망 안정성 강화사업	850만 달러	19.10.26~ 19.11.2	• ITS 시스템 설계 • ITS 시스템 구축 및 운영 관리
기획 조사	방글라데시 동부 지역 돌발홍수 취약 유역에 대한 홍수예보 및 조기경보시스템 구축사업	1149만 달러	19.10.19~ 19.11.2	• 홍수예·경보시스템 구축 (1인) • 홍수예·경보설비 구축(1인)
예비 조사	몽골 철도교통 인프라 현대화 마스터플랜 수립 및 통합 통제시스템 구축사업	미정	19.9.15~ 19.9.21	• 철도관세(신호/통신)시스템 구축(1인)
기획 조사	에티오피아 기술창업 기반 조성을 통한 기술 상용화 지원사업	1000만 달러	19.9.21~ 19.10.13	• IT 시스템 개발(1인) • IT 시스템 기자재 및 인프라 (1인)
기획 조사	인도네시아 자카르타 찌따룸강 홍수예·경보 시스템 구축사업	1280만 달러	19.8.23~ 19.9.1	• 홍수예·경보시스템(1인) • 홍수(기상) 관측/통신 설비 (1인)
기획 조사	파라과이 관세청 전자통관시스템 구축사업	850만 달러	19.10.19~ 19.11.2	• 전자통관시스템 마스터플랜 수립(1인) • 전자통관시스템 구축(2인) • ICT 기자재(1인)
기획 조사	파라과이 아순시온 도시교통 혼잡완화를 위한 대중교통 개선사업	1192만 달러	19.9.21~ 19.10.5	• 지능형 교통시스템 계획 (1인) • 지능형 교통시스템 설계 (1인) • 지능형 교통시스템 하드 웨어 구축 및 운영 관리(1인)
기획 조사	베트남 탱화성 마강 수자원관리시스템 구축 지원사업	900만 달러	19.9.22~ 19.9.27	• 수자원 관리 BPR/ISP(1인) • 수자원 관리 공간정보 DB (1인) • 수자원관리시스템 구축(1인) • 수문 기자재 설치 및 운영 관리(1인)

구분	사업명	사업예산	파견기간	ICT 컨설턴트 공모분야(인원)
예비 조사	베트남 도시정보관리 시스템 구축 지원사업	900만 달러	19.8.19~ 19.8.24	• 도시정보시스템 소프트웨어 (1인) • 도시정보시스템 하드웨어 (1인)
기획 조사	피지 기후변화 대응 보건역량 강화사업	600만 달러	19.3.24~ 19.4.1	• 의료정보시스템 구축(1인)

자료: 한국국제협력단 홈페이지, 필자 재정리.

〈별첨 10-3〉 KAS 분류에 따른 개발협력 역량과 정의

대분류	중분류	소분류	정의
지식/인지 (know-ledge)	개발환경 이해	수원국 지리, 기후	수원국 지리, 기후
		수원국 언어, 문화, 역사	수원국 언어, 문화, 역사
	국제개발 협력의 이해	수원국 정치, 사회	수원국 정치, 사회
		수원국 경제 및 기업 환경	수원국 경제 및 기업 환경
		국제 정치경제	국제 정치경제 환경의 이해
		빈곤 감축과 개발협력의 역할	빈곤 감축과 개발협력의 역할
		개발협력의 역사	개발협력의 역사
		개발협력의 주체/ 이해관계자	개발협력의 주체/이해관계자
		한국경제 발전경험	한국경제 발전경험
		개발 섹터의 이해	개별협력의 분야/섹터의 속성과 특징에 대한 이해
태도/정서 (attitude)		문화 간 이해 (세계시민의식)	서로 다른 문화적/인종적 배경을 가지고 있거나 몇 개의 문화가 공존하는 현장에서 효과적으로 활동할 수 있는 능력
		개발협력 감수성	협력국 이해관계자와의 공감 능력과 배려
		연대 의식과 공동체성	국제적 감각과 자세를 갖추고 전 세계 사람들과 함께 목표 달성을 위해 책임 의식을 가지고 활동 하는 능력
		회복 탄력성	크고 작은 다양한 역경과 시련과 실패를 오히려 도약의 발판으로 삼아 더 높이 튀어 오르는 마음의 근력
기술 (skill)	기초 역량	언어 추리	문장 구성과 이해력, 표현력, 논리적 사고력
		자료 해석	수치자료 처리와 분석, 기초적 통계 및 해석
		상황 판단	기획 분석, 추론, 판단 및 의사 결정

대분류	중분류	소분류	정의
기술 (skill)	기초 역량	글쓰기	분석과 판단, 그리고 생각을 유려한 문체로 표현
		의사소통	업무를 수행함에 있어 글과 말을 읽고 들음으로써 다른 사람이 뜻한 바를 파악하고, 자기가 뜻한 바를 글과 말을 통해 정확하게 쓰거나 말하는 능력
		네트워킹	원활한 임무 완수 및 문제 해결을 위해 필요한 국내·외 인적 자원의 관리 및 동원 능력
		시간관리 능력	합리적으로 업무와 시간을 배분하고 주어진 시간에 업무를 완수할 수 있는 능력
		문제해결 능력	업무를 수행함에 있어 문제를 발굴, 분석, 재구조화 등 통합적 사고를 통해 합리적인 해결책을 도출해 내는 능력
	정보가공 능력	정보가공 능력	주어진 자료와 정보를 해석하여 활용할 수 있는 능력
		사회조사방법 능력	정보 수집에서 분석, 통계 분석에 이르는 전반적인 조사방법 능력
		지역분석 능력	해외 지역에 대한 정보를 바탕으로 목적에 맞게 개발 환경을 분석하여 판단의 근거로 활용
		문서 작성 및 시각화	글쓰기 능력을 바탕으로 목적에 맞게 학술적/전문적인 문서 작성, 편집 및 시각화 능력
	사업관리 능력	기술 관리	사업의 기술적 측면 및 제반 섹터의 이해
		운영 관리	자원, 인사, 공정 등 제반 관리
		재무 관리	기본적인 재무회계 업무 수행능력

자료: KODAC(2019).

참고문헌

✳ 국내 문헌

강인수·김태은·정아영·심수민·유성훈·김세원·김종일·김정민·김진기. 2015. 『ICT 개발협력 패러다임 변화에 대응한 ODA 사업 추진 전략 (1)』. 정보통신정책연구원 정책자료 15-15.

곽재성. 2016. 「국제개발컨설팅의 현황과 과제」. ≪한국의 개발협력≫, 2016년 제1호, 93~126쪽, 한국수출입은행.

관계부처 합동. 2020. 2020년 국제개발협력 종합시행계획(확정액 기준) 1.

국제개발협력위원회. 2012. 2011년 국제개발협력 소위평가 결과.

김현주. 2013. 「한국 개발컨설팅 ODA 사업 발전방안」. ≪KOICA 국제개발협력지≫, 2013, No.2., 한국국제협력단.

류제명. 2014. 「우리나라 ICT 국제개발협력사업 (ODA) 의 결정요인에 관한 연구」. ≪사회과학연구≫, 40(3), 1~24쪽.

박소현·이국희. 2009. 「IT 컨설턴트의 컨설팅 역량: 컨설턴트와 고객의 인식 차이를 중심으로」. ≪Information systems review≫, 11(1), 107~132쪽.

박준기·조철현·김한별·이정우. 2013. 「IT 컨설팅에서 인지적 신뢰와 정서적 신뢰에 관한 연구」. ≪한국IT서비스학회지≫, 12(3), 39~54쪽.

백재호·서현석·홍성완·조동길·성민정. 2002. 「IT 컨설팅의 변천 및 발전과정에 대한 연구-산업별, 솔루션별, 프로젝트 유형별 IT 컨설팅 프로젝트를 바탕으로」. 한국경영과학회 학술대회논문집, 73~76쪽.

소프트웨어정책연구소. 2019. 『2018 소프트웨어산업 연간보고서』. 과학기술정보통신부.

전승훈 외. 2011. 국제개발컨설팅 산업기반 조성방안. 기획재정부.

한국IT서비스산업협회. 2008. 국내 IT 컨설팅산업 현황 및 발전과제.

한국국제협력단. 2019. 필리핀 팜팡가강 유역 수자원 통합관리시스템 구축 2차 사업관리 제안요청서.

한국정보화진흥원. 2018. 전자정부사업관리 위탁(PMO) 도입·운영가이드.

한국정보화진흥원. 2019. 2019년도 PMO 사업 추진계획(안).

KODAC. 2019. KOICA 개발협력 인재양성 및 취창업 지원 교육 STEP-up 프로그램 설명자료.

World bank. 2006. *Consulting Services Manual 2006.*

11장

ICT4D를 공부한다는 것
끊임없는 도전과 고민, 그리고 관점의 정립

임문정(KAIST 한국4차산업혁명정책센터 연수연구원)

1. 들어가며

2019년 여름 'ICT4D 프로그램 평가의 현황, 한계점과 향후 발전방향'에 관해 논문을 쓰고 박사학위를 받았다. 대학교 4학년 무렵부터 마음에 두었던 주제였기 때문에 학위 논문을 제출하며 감회가 남달랐지만 마침내 무언가를 이루고 완성했다는 느낌보다 '뼈대를 세웠으니 이제부터 살을 붙여야 하겠다'는 각오를 다지게 되었다. 호기심과 열정으로 시작한 공부를 하면 할수록 점차 '개발/발전(development)'이라는 단어에서 오는 중압감과 책임감의 무게가 더해져 고민하는 나날을 보내기도 했다. 한편 필자와 다른 시각으로 ICT4D를 바라보는 여러 사람들과의 대화를 통해 생각이 다듬어지는 과정을 반복해 거쳤으며, 학교와 현장에서 이상과 다른 상황에 맞닥뜨렸을 때는 경험이 많지 않은 연구자로서 당황하고 실망하기도 했다.

사실 필자에게 이러한 고민, 생각의 변화, 내적 갈등은 현재 진행 중이다. 왜 이러한 고민, 갈등이 지속되는 것인지 곰곰이 생각한 결과, ICT4D, 더 나아가 개발협력이 '가치'에 대한 담론이 중심을 이루는 분야여서 그런 것 같다는 나름대로의 결론을 내렸다. 여러 연구자와 이해관계자들이 개발현장에서의 기술의 활용 가치 및 ICT4D를 통한 개발의 궁극적 가치에 대해 오랜 논의를 거치면서 ICT4D의 초점이 '기술'에서 '인간'으로, '단기적 성과 창출'에서 '장기적 지속성'으로, '양적인 결과물'에서 '질적인 영향'으로 옮겨졌음을 배웠다. 더불어, 가치에 대한 담론이 개발협력의 복잡한 정치적 역사, 당위성, 관계자들 간의 이해 충돌과 맞물려 아주 민감한 대화로 이어지는 것도 목격했다. 이러한 '가치'를 둘러싼 ICT4D 관련 논의를 접하면서 필자는 'ICT4D가 추구하는 방향은 이러이러해야 하지 않을까?'라는 규범적 기대를 품게 된 반면 그 이상이 철저히 무너지는 경험을 통해 'ICT4D는 과연 누구를 위한 것인가?'라는 근본적인 고민을 하게 되었다.

그렇다면 공부를 통해 필자에게는 고민만 남고, 그 외에 얻은 것은 아무것도 없을까? 그렇지 않다. ICT4D를 공부하면서 왜 이 분야에 관심을 갖게 되었는지, 그 동기가 '옳은'지를 보다 깊이 생각하게 되었고, 이 분야에 대한 필자의 관점을 대략 정립하게 되었다(이 관점이 정확히 무엇인지는 이후 내용에서 조금씩 풀어 쓰도록 하겠다). 물론 앞으로 겪을 무수히 많은 사건들과 만남들을 통해 필자의 생각이 달라질 수는 있겠지만, 우선 관점의 기초(즉, 앞서 언급했던 '뼈대')를 다짐으로써 거대한 학문과 현상의 물결에 휩쓸리지 않고 다른 사람들과 서로 존중하며 의견을 나눌 수 있는 바탕을 마련했다고 여긴다.

이 글은 필자가 ICT4D에 대한 관점을 정립해 나가는 과정 중에 겪었던 일들, 만났던 사람들, 필자 나름의 노력, 그리고 세부 관심사의 변화 등에 대해서 정리한 것이다. 이 분야에 대한 개념이 확실히 잡히지 않아서 조금 두렵기는 하더라도 도전하고 싶은 열정을 지닌 ICT4D 관련 분야 (예비) 대학원생들에게 도움이 되었으면 하는 마음이다. 필자 또한 성장하는 과정 중에 있는 연구자이므로 이들에게 '권유'가 아닌, 이 분야에의 도전을 함께 포기하지 말자는 '청유'의 심정으로 집필했다.

먼저 10년 정도 거슬러 올라가 필자가 ICT4D 분야를 공부하게 된 계기를 설명하고('도전의 시작'), 이론적 틀을 선택하게 된 과정과 연구 패러다임을 정리한 경험을 나누며('만남과 배움, 그리고 자신에 대한 이해'), 짧았지만 강렬했던 현장연구 경험과 학위논문 연구를 통해 관점을 정립해 나가고 있는 현시점까지 짚어 보고자 한다('짧았지만 강렬했던 현장에서의 경험 그리고 학위 논문').

2. 도전의 시작

대학교 3학년 무렵, 전공으로 공부하던 경제학에 의문이 들었다. 흥미로운 이론들을 접하고 뉴스나 신문의 경제 면 내용이 점차 이해되면서 공부 자체는 재미있었지만, 한편으로는 '이 수많은 가정 중에 하나라도 성립되지 않으면 모델은 이론처럼 작동하지 않을 텐데'라는 고민이 생긴 것이다. 현상을 분석하고 예측하는 명확한 틀을 제시하는 경제학은 꽤 매력적이었지만, 그 틀을 벗어난 혼란스럽고도 예측 불가능한 사회는 어떤 곳인지 궁금해지기 시작했고, 더 나아가 세계는 어떻게 이해해야 하는지 배우고 싶어졌다. 그래서 당시 필자가 속해 있던 단과 대학에서 제공하는 국제학 관련 강의를 찾아 듣게 되었고, 3학년 2학기 때 '개발협력과 해외 원조'라는 수업을 만났다.

수업에서는 개발협력 및 원조의 대략적인 역사, 주요 이해관계자, 성공 및 실패 사례 등에 대해서 공부했고, 필자는 마침내 가슴이 뛸 만큼 관심이 가는 분야를 만났다. 개발협력 쪽에 관심을 갖기 시작하는 많은 이들이 그렇듯이, 국제 무대에서 '누군가를 위해' '좋은 일'을 하고 싶은 막연한 마음을 품게 된 것이 주요 이유였다. 이후 4학년 여름 방학 때 한국국제협력단(KOICA)에서 약 두 달간 국제협력인턴으로 일하면서 개발협력 사업의 효과성 평가에 흥미를 갖게 되어 구체적으로 개발협력에 대해 공부하고자 국제학대학원 석사과정에 지원했다. 입학 후 대학원 수업과 매주 참여한 국제개발협력 스터디 '4U'[1]를 통해 개발협력 분야의 범위가 교육, 보건의료, 농업, 환경 등에 걸쳐 상당히 방대하다는 것을 깨달았고, 그 모든 분야와 관련 있는 'ICT와 개발'이라는 이슈에 주목하게 되었다. 또한 석사과정 재학 중에 교육 분야 국제개발협력 NGO인 '국경없는교육가회'에서 단기 인턴을 하면서 아이티(Haiti) 교육재건사업 업무를 보조하고, 차세대 교육개발협력 전문가 양성을 위한 '국경없는청년교육가캠프' 기획 및 인솔 스태프로도 참여했다. 이러한 과정을 거치면서 석사학위 논문의 주제는 자연스럽게 '교육 분야에서의 ICT4D 효과성 평가'로 결정되었다.

ICT4D 중 '4D'에 대한 부분은 국제학대학원에서의 수업과 스터디, 단기 인턴활동을 통해 어느 정도 배웠으나, 정작 'ICT'에 대한 배경지식은 경제학과 국제학을 공부한 필자에게 전무했다. '당장 컴퓨터 공학자가 될 수는 없어도 최소한 ICT 관련 용어와 기본적인 프로그래밍 정도는 알아야 훗날 ICT4D 분야에서 협업하게 될 개발자들과 대화가 통하지 않을까?'라는 생각이 들었다. 그러나 당장 이런 지식을 어디서 어떻게 얻어야 할지 막막했다. 졸업 무렵에 어느 대기업 IT 계열사에 대해 알게 되었고, 입사하면 전문적인 연수 과정을 통해 기본적인 프로그래밍 지식을 단기간에

---

1) 현재는 스터디 커뮤니티 명칭이 4MUTH로 변경되었다.

압축적으로 배울 수 있다는 것을 알게 되었다. 필자는 주저하지 않고 지원서를 냈고, 방학 동안의 인턴 기간을 거쳐 정직원으로 입사했으며 바라던 대로 Java, HTML, Servlet, JSP, SQL, CSS 등의 기초적인 프로그래밍을 배울 수 있었다.

그러나 고백하건대, 순수하게 ICT4D에 대한 열정으로만 IT 기업에 입사했다고는 할 수 없다. 개발협력 현장연구 경험이 없는 상태에서 석사과정을 졸업했기에, 거칠고 위험해 보이는 현장보다는 비교적 안정적인 IT 기업의 근무 환경에서 일하고 싶은 마음도 있었기 때문이다. 당시 IT 업계에서 주목을 받기 시작한 사용자 인터페이스 분석 전문가로 일하는 것도 필자에게는 좋은 진로 선택으로 생각되었다. 처음에는 회사 내에서 ICT4D 분야와 비슷한 일을 하고 싶어서 해외사업부를 1지망으로 지원했지만, 그 대신 해외 고객들과 교신이 잦은 부서에 배치되었다. 업무가 국제개발협력과 무관한 방향으로 흘러가자 필자는 가슴이 뛰었던 순간을 더 늦기 전에 다시 느껴 보고 싶었다. 결국 28세 가을에 박사과정 지원서를 열심히 작성했고 다시 국제개발협력의 길로 되돌아가게 되었다.

3. 만남과 배움, 그리고 자신에 대한 이해

박사과정에 입학하면 연구해 보고 싶은 주제로 석사학위 논문의 연장선인 'ICT4D 평가 프레임워크 정립'을 염두에 두었는데, (다시 생각해도) 원대하고 무모한 꿈이었다. ICT4D 분야가 소위 '전통적'인 학문이 아니었기에 당장 어느 대학원에 지원해야 할지 막막했다. 먼저 석사과정 때 읽었던 학술지 논문들을 다시 뒤적이면서 ICT4D 평가를 연구하는 교수진이 어느 분야의 대학원에 소속되어 있는지 유심히 살펴본 결과, 주로 경영학 일반

대학원(정보시스템 분야 관련) 혹은 정보대학원에 소속되어 있음을 알게 되었다.[2] 다음 단계는 구체적으로 지원대상 학교 목록을 정하는 것이었는데, 늦가을에 박사과정에 지원하기로 결정한 터라 대부분의 영미권 학교에서 서류 제출이 마감되는 12월 초까지는 준비 기간이 상당히 촉박했고 많은 학교에 지원할 형편이 못 되어 다섯 곳에만 집중하기로 했다. 우선은 지원 당시를 기준으로 5년 이내에 필자가 관심을 둔 연구 분야와 정확히 일치하는 주제에 대해서 학술지에 논문을 게재한 교수들이 소속되어 있는 대학원 네 곳과, 어느 정도 유사한 주제를 연구하는 교수가 소속되어 있는 대학원 한 곳을 선택해 지원했다. 박사과정 입학 후 깨달았지만, 지도교수를 선택할 때 세부 관심분야의 일치 여부뿐만 아니라, 어떠한 방식으로 ICT4D를 이해하는지 파악하는 것도 상당히 중요하다. 예를 들어, 어떠한 이론적 틀로 ICT4D를 분석하는지, 주로 어떠한 연구 방법론을 사용하는지도 눈여겨보고, 이것이 ICT4D에 대한 본인의 해석 및 연구 방향과 부합하는지도 잘 생각해 볼 필요가 있다.

그런 의미에서 미국 워싱턴 대학교 정보대학원(University of Washington Information School)의 리카르도 고메즈(Ricardo Gomez) 교수를 박사과정의 지도교수로 만난 것은 필자가 ICT4D와 그 평가를 해석하는 이론적 틀을 정하고 향후 연구방향을 보다 구체적으로 세우는 데 매우 중요한 계기가 되었다. 석사과정을 졸업할 즈음에 개개인이 추구하는 가치에 따라 삶을 영위해 갈 수 있는 '자유(freedom)'로서 '발전(development)'을 정의하고, 이에 따라 '특정한 형태의 발전 결과'가 아닌 개인의 '역량강화 과정'을 강조하는 아마르티아 센(Amartya Sen)의 역량중심접근법(capability approach)에 관심을 갖게 되었지

---

2) 어느 대학교에 정보대학원이 있는지에 대해서는 국제정보대학원 연합 조직인 iSchools, Inc.의 웹사이트(https://ischools.org/)를 통해 대략적인 정보를 얻을 수 있었다.

만, 이 이론이 ICT4D 평가 연구에 어떻게 적용될 수 있을지에 대해서는 아직 불확실했다. 필자가 박사과정에 지원할 무렵에 고메즈 교수는 ICT의 사용이 개인의 자기효능감(self-efficacy) 혹은 자존감(self-esteem), 삶에 대한 열망(aspirations), 인간관계(personal relations), 사회 참여도(civic engagement)에 미치는 영향을 측정하는 혼합적 조사 방법을 도출하는 연구['CWO(Community Wellness Outcomes) Toolkit' 연구]를 진행했는데(Gomez·Reed and Chae, 2013: 37~40), 역량중심접근법을 ICT4D 평가 방법에 반영하는 연구가 매우 흥미로웠다. 또한, 고메즈 교수는 'ICT 평가: 우리는 과연 옳은 질문들을 하고 있는가?'(Gomez·Pather, 2012: 1~14)라는 논문을 통해 ICT4D 평가는 (집필 당시인 2012년을 기준으로) 유형(tangible)의 산출물(output) 및 결과(outcome)를 중시하는 양적 측정 방식에서 벗어나, 무형(intangible)의 영향(impact)을 발견하는 질적 평가 방식으로 나아가야 함을 주장했다. 필자는 개발/발전의 여러 측면 중 GDP 및 소득의 증가 등 양적 지표가 중심이 되는 경제적 성장보다 개인의 역량 강화라는 질적 측면을 강조하는 인간 중심의 발전에 관심을 갖고 있었던 터라, 질적인 영향 평가가 중요하다는 고메즈 교수의 주장에 동의했다. ICT4D를 해석하는 큰 틀에서의 동의를 바탕으로 박사과정 입학 직후부터 연구할 대주제를 정하기 위해 지도교수와 많은 대화를 나누었고, 그 결과 필자는 '어떻게 하면 역량중심접근법을 반영하여 ICT4D 평가를 할 수 있을까?'라는 질문에 대한 답을 찾아 가는 것으로 연구 방향을 정하게 되었다.

답을 찾기 위한 노력의 하나로 필자는 앞서 언급했던 4가지 측면과 더불어 지도교수와 함께 CWO Toolkit 연구를 발전시켜 개인의 ICT 활용이 자율성(autonomy), 이동성(mobility), 사회자본(social capital) 형성, 소통(communication) 등에 미치는 영향을 측정할 수 있는 설문 및 인터뷰 질문들을 만들었다.3)

---

3) 보다 자세한 내용은 https://sites.uw.edu/rgomez/cwo/를 참고.

이후 시험적으로 핸드폰의 사용이 개인에게 어떤 영향을 미치는지를 CWO Toolkit의 질문들을 활용해 알아보았다. 그러나 응답자들은 설문하기 훨씬 전부터 핸드폰을 사용하고 있었기 때문에 사용 전과 후의 변화를 측정하는 것에는 한계가 있었고, 리커트 척도 형식의 설문조사 방식으로 질적인 삶의 변화를 응답자가 스스로 평가하게 하는 것도 쉽지 않았다.

CWO Toolkit의 시험적 활용을 통해 연구 주제(ICT4D가 참여자에게 미치는 질적 영향)를 해석하는 이론적 틀(역량중심접근법)에 대한 고민뿐만 아니라 연구자가 연구 대상(ICT4D 참여자)과 어떠한 관계를 맺어야 하는지에 대한 고찰이 필요하다는 교훈을 얻었다. 이러한 고찰 없이 섣불리 주제와 조사 방법을 정하고 연구를 진행하게 되면, 정작 연구대상으로부터 연구 질문에 대한 충분한 답을 듣지 못한 채 마무리될 수도 있다는 것을 깨달았다. 다시 말해서, 연구자에게 질문이 있고, 연구 대상에게 그 질문에 대한 답이 있어도, 연구자가 연구 대상과 적절한 관계를 형성하지 못하면 그 답을 충분히 이끌어 내기가 어렵다는 것을 알게 된 것이다. CWO Toolkit은 연구자가 일방적으로 정해 놓은 설문 및 인터뷰 질문의 상당히 정형화된 틀 안에서 연구 대상이 답하는 형식이었기 때문에 연구 대상이 체감하는 복잡하고도 미묘한 변화를 연구자가 파악하는 데는 한계가 있을 수밖에 없었다.

연구자-연구 대상 간 관계 형성에 대한 고민이 깊어지던 박사 1년차 겨울 학기에 '정보학의 이론적 기초(Theoretical Foundations for Information Science)'라는 필수과목을 듣게 되었다. 강의명에서 느껴지는 것처럼 내용은 정말 심오했다. 수업의 궁극적인 목표는 정보학의 역사와 이론에 대한 이해를 바탕으로 수강생이 정보학 관련 연구를 진행할 때 어떠한 철학적·방법론적 입장(stance)을 취할 것인지에 대해 정리하는 것이었다. 수업은 대부분 철학적 내용이었는데 3분의 1 정도는 이해하지 못했다. 그럼에도 불구하고 이 수업이 필자에게 중요했던 이유는, 한 학기 내내 교수, 동료 학생들과 토론하며 필자가 왜 ICT4D 연구에 관심이 생겼고, 그 동기가 ICT4D를 바라보는 관점을 형성하는 데 어떠한 영향을 끼쳤으며, 이를 바탕으로 필자가 추구하는 ICT4D 연구 설계 및 진행 방향은 어떠해야 할지에 대해 깊이 생각해 볼 수 있는 기회가 되었기 때문이다. 무엇보다 정보학이라는 큰 테두리 내에서 다양한 연구를 하는 학생들이 모여 진지하게 각자의 학문적 관점에 대해 토론하며 다듬어 가는 과정에 참여한 것 자체가 흥미롭고 귀한 경험이었다.

수업의 학기말 과제는 각자 연구를 진행함에 있어 존재론적(ontological)·인식론적(epistemological)·방법론적 측면에서 자신의 입장을 정리하여 15분 동안 발표하고, 3천 단어의 페이퍼를 작성하여 제출하는 것이었다. 박사과정 과제 중에서 가장 어려웠지만 가장 흥미로웠다. 과제를 할 때 필자가 주로 참고한 문헌 중 하나는 에곤 구바(Egon Guba)의 "여러 패러다임에 대한 대화(The alternative paradigm dialog)"라는 한 챕터(Guba, 1990: 17~30)였다. '패러다임'은 여러 가지로 정의될 수 있지만, 여기서는 연구를 계획하고 수행할 때 연구자가 사고하고 관찰하는 틀로 해석할 수 있다(Song·Kim and Bhattacherjee, 2014). 이러한 패러다임은 곧 연구자의 존재론, 인식론, 방법론으로 설명될 수 있는데, 각각의 핵심적인 질문은 다음과 같다(Guba, 1990: 18).

- 존재론적 측면: 우리가 알고자 하는 실재(reality)의 특성은 무엇인가?
- 인식론적 측면: 연구자(the inquirer)와 연구 대상(known or knowable) 간의 관계의 특성은 무엇인가?
- 방법론적 측면: 연구자는 지식을 어떠한 방식으로 추구해야 하는가?

여러 가지 패러다임이 있을 수 있지만, 구바(1990)에 따르면 패러다임은 크게 실증주의(positivism), 후기실증주의(post-positivism), 비판이론(critical theory),

패러다임	존재론적·인식론적·방법론적 입장
실증주의	• 존재론: 절대적인 실재가 어딘가에 존재하며, 불변하는 자연적 법칙과 메커니즘에 따라 작동함 • 인식론: 연구자는 연구 대상과 어느 정도 거리를 유지하고 상호작용을 하지 않으며 객관적인 방식으로 연구 대상을 인식함 • 방법론: 질문과 가설은 명제의 형태로 미리 세워지며, 통제된 환경에서의 실험을 통해 입증 혹은 반증됨
후기실증주의	• 존재론: 절대적인 실재는 개인의 사고와 독립적으로 존재하나, 완벽히 파악될 수 없음 • 인식론: (실증주의와 유사하게) 연구자가 객관적인 입장에서 연구 대상을 인식하나, 완벽히 객관적일 수는 없음 • 방법론: 양적 연구방법을 통한 정확한 측정에 지나치게 집중하기보다, 자연적인 환경에서의 질적 연구방법도 활용해 보다 균형적인 방법으로 지식을 추구함(수정된 실험 접근 방식)
비판이론	• 존재론: 후기실증주의와 동일(비판적 실재론) • 인식론: 연구자의 가치 등이 반영되는 방식으로 주관적으로 연구 대상을 인식함 • 방법론: 특정 현상 및 이슈에 대한 연구 참여자의 의식을 올바르게 인도하여 어느 한 상태에서 (보다 더 나은) 다른 상태로의 전환을 꾀함
구성주의	• 존재론: 실재는 개개인의 정신적인 틀 안에서 사회적·경험적 인식을 토대로 구성되므로, 여러 형태의 실재가 존재함(상대적 실재론) • 인식론: 연구자와 연구 대상의 상호작용을 통하여 연구 결과가 주관적으로 생성됨 • 방법론: 개개인이 구성한 실재가 해석되고, 다른 이들의 실재와 비교 및 대조되어 많은 이들의 합의를 도출할 수 있을 법한 형태의 실재를 이끌어 내는 방식으로 지식을 추구함

자료: Guba(1990), 필자 재구성.

구성주의(constructivism)로 분류될 수 있으며, 각각의 패러다임은 〈표 11-1〉과 같은 존재론, 인식론, 방법론을 담고 있다고 설명한다.[4]

오랜 고민 끝에 필자의 패러다임은 역량중심접근법을 기반으로 한 구성주의에 가깝다는 결론을 내렸다. 먼저 존재론적 측면에서, 개인의 가치관 및 소속 집단의 사회적 규범 등에 따라 개인이 추구하는 '더 나은 삶'의 형태 혹은 '발전'의 모습은 여러 가지일 수 있다고 생각한다(상대적 실재론). 인식론적으로, ICT는 도구로서 '더 나은 삶'에 이르는 데 필요한 역량 강화에 도움이 될 수도 있고, 그렇지 못할 수도 있으며, 이러한 ICT 활용–발전 간

---

4) 연구 패러다임에 대해 더 깊이 공부하고 싶다면 Denzin·Lincoln(2013)을 추천한다.

관계의 실재는 ICT4D 참여자(연구 대상)와의 직·간접적인 대화 등 상호작용을 통해서만 파악될 수 있다고 본다. 마지막으로 방법론적 측면에서, 특정 ICT4D 사업의 효과는 통제된 환경에서 정량적으로 측정되는 것에 그치지 않고, 여러 연구대상의 관점을 파악 및 비교, 대조하여 종합적으로 연구되어야 한다는 입장이다.

필자가 왜 이러한 패러다임을 갖게 되었는지 곰곰이 생각해 보았더니, 어렸을 때부터 숱하게 들어 온 '선진국', '개발도상국', '후진국'의 구분에 대한 의문과 반감이 큰 원인인 것 같았다. 학창시절 신문, TV, 라디오 등 여러 매체에서 한국은 항상 '선진국'을 향해 열심히 달려가는 '개발도상국'으로 불렸는데, 필자는 누가, 왜, 어떠한 방식으로 이렇게 국가를 구분할 수 있는지 늘 궁금했고 불만스러웠다. 경제지표와 같은 정량적 수치에 밀려 한 나라의 사람들이 추구하고 발전시킨 사회적 가치는 무시되는 듯하여 씁쓸하기도 했다. 또한, 각종 지표의 결과보다 그러한 발전 과정에서 사람들이 경험하는 긍정적·부정적 삶의 변화에 대한 정성적인 관심은 상대적으로 낮아서 안타까웠다. GDP, 소득 상승 등으로 대변되는 특정한 형태의 발전만이 더 나은 삶을 의미한다는 '개발의 선형적 접근'에 대한 이의가 센의 역량중심접근법을 이론적 틀로 택한 계기가 되었던 것 같다.

그렇지만 필자가 선택한 이론적 틀과 패러다임이 정답이라고 주장하려는 것은 결코 아니다. 연구자마다 채택하는 이론과 패러다임은 다르고 또 그 차이를 존중한다. 다만, 필자를 예로 들어 연구자의 사고의 틀이 정리될 수 있는 한 방식을 설명하고자 했다. (예비) 대학원생 여러분들이 이러한 패러다임에 대한 고찰을 거쳐 다른 연구자들과 보다 활발히 소통함으로써 논리적 일관성을 갖춘 연구를 진행할 수 있기 바란다.

4. 짧았지만 강렬했던 현장에서의 경험 그리고 학위 논문

학생 때는 학업과 관련해 여러 힘든 순간을 겪기 마련인데, 그중 하나는 이론과 실제 간의 간극을 경험할 때다. 교과서에서 혹은 교실 안에서 배웠던 것과는 사뭇 다른 현장을 만났을 때 새로운 것을 알았다는 호기심과 아직도 갈 길이 멀다는 약간의 좌절감을 동시에 느끼는 경우가 있다. ICT4D 연구 패러다임에 대해 스스로 정리했다고 생각하면서 행복했던 것도 잠시, 평가 프로젝트 현장에 참여하면서 이론과 실제의 차이 때문에 잠시 혼란에 빠졌던 경험이 있다.

워싱턴 대학교 정보대학원 산하에는 '기술과 사회변화 연구센터(Technology & Social Change Group: TASCHA)'가 있는데, 이 센터에서는 20여 년간 다양한 연구 사업을 통해 디지털 기술의 활용과 사회변화 간의 복잡한 상관관계를 조사해 오고 있다. 필자는 입학 직후 특별히 소속된 연구실이 없었는데, TASCHA에서 개발도상국을 배경으로 한 연구 사업도 진행한다고 들어서 이 센터에 관심을 갖게 되었다. 입학 첫 학기에 무작정 TASCHA 측에 이메일을 보내고 CV 출력본과 석사학위 논문을 들고 센터에 방문하여 연구 보조원으로 일할 수 있는지 문의했는데, 당시에는 연구 보조원을 채용할 계획이 없다는 답이 돌아왔다. 그러나 포기하지 않고 연구 경험을 쌓는 의미에서 봉사 형태로도 좋으니 프로젝트에 파트타임으로 일하게 해 달라고 부탁했다. 마침 박사과정생들이 필수로 들어야하는 과목 중에 '연구 실습(research practicum)'이 있었는데, TASCHA 소속 연구교수를 해당 과목의 지도교수로 선택하여, TASCHA 프로젝트를 경험하면서 학점 이수도 할 수 있는 일석이조의 수업이 있었다. 센터 측에서는 당시 진행 중인 사업 몇 개를 소개해 주었고, 필자는 그중 제일 관심이 갔던 '나미비아 지역 도서관 성과평가 연구사업(Namibia Regional Library Performance Evaluation)'에 참여하게 되었다.

미국의 원조기관 중 하나인 새천년도전공사(Millennium Challenge Corporation: MCC)는 '2009~2014 나미비아 콤팩트(Namibia Compact)'의 일환으로 나미비아 3개 지역 도서관 건립 및 운영 비용 2080만 달러를 지원했다. TASCHA는 MCC와 계약을 맺고 이 사업이 계획대로 진행되었는지, 운영 상황은 어떠한지, 도서관 이용자들이 체감하는 학습적·경제적 효과는 어느 정도인지 등에 대해 종합적으로 평가하는 연구를 2015년부터 2020년까지 기획 및 실시했다. 2016년 겨울 학기에 '연구 실습' 과목을 통해 프로젝트에 참여했을 때는 도서관 평가 관련 문헌조사를 바탕으로 도서관 이용자를 대상으로 하는 설문조사 문항을 개발하는 일을 맡았다. 겨울 학기가 끝날 때까지 연구 보조원 자리가 나지 않아서 아쉬운 마음으로 TASCHA와 잠시 작별했는데, 2017년 가을 학기 즈음에 TASCHA에서 연구 보조원을 맡아 줄 수 있는지 연락이 왔다. 정말 감사하고 기쁜 일이었다.

평가는 2015년, 2017년, 2018년 세 차례에 걸쳐 나미비아를 방문해 진행했다. 2015년도 평가 시에는 도서관 사업을 기획 및 실행, 운영하는 기관의 관계자 인터뷰를 중심으로 도서관 개관(2014년)까지의 기획 및 실행 과정을 평가했다. 2017년과 2018년에는 도서관 개관 이후의 운영 상황과 이용 실태, 이용자 체감 효과 등을 조사했다. 필자는 팀원들과 함께 2차 평가(2017년) 때 수집한 자료를 분석하여 중간보고서를 작성했고, 3차 평가 때는(2018년) 약 3주에 걸쳐 직접 나미비아 현장을 방문해 평가를 진행하고 이후 자료 분석, 최종보고서 작성에 참여할 기회를 얻었다. 2, 3차 평가 때 설문 조사, 인터뷰, 관찰, 포커스 그룹 등 다양한 연구 방법을 활용했는데, 여러 경로로 수집된 자료들을 분석하고 의미를 도출해 내는 작업이 결코 쉽지 않았으나 더할 나위 없이 좋은 배움의 기회가 되었다.

2차 평가 때 수집된 자료를 분석하고 중간보고서를 작성하면서 가 보지 못한 도서관을 머릿속으로 상상했다. 어서 빨리 도서관에 방문하여 평가를 직접 진행해 보고 싶었다. 마침내 3차 평가의 시기가 왔고, 한껏 들뜬 마음으로 나미비아에 도착했다. 현장은 필자가 상상한 것보다 훨씬 더 복잡했고, 예상치 못한 일들이 종종 발생하는 곳이어서 상당한 순발력이 필요했다. 필자는 이용자 관찰과 도서관 직원 인터뷰를 담당했는데, 세 도서관 모두 동양인이 많지 않은 지역에 위치한 터라 필자가 오히려 이용자들에게 관찰을 당하는 느낌이었고, 직원 인터뷰는 약속 시각과 장소에 대상자가 나타나지 않아 뒤로 밀리기도 하고, 중간중간 끊기기도 했으며, 인터뷰 참여자의 특유한 억양 때문에 답변의 의미를 재차 확인하느라 예상보다 시간이 훨씬 더 많이 소요되기도 했다. 다행히도 인터뷰 참여자들이 당황한 초보 연구자를 인내하며 기다려 주기도 하고, 동행했던 연구자들이 노하우를 전수해 준 덕분에 무사히 진행할 수 있었다.

그렇게 긴장과 설렘 사이의 아슬아슬한 줄다리기를 하며 인터뷰를 하던 중 당혹스러운 순간이 있었다. 인터뷰를 마치고 혹시 궁금한 것이 없냐고 물었더니 한 직원이 평가 결과가 나오면 예산을 더 받을 수 있겠냐고 질문한 것이다. 당시 각 도서관은 높은 이용률과 이용 만족도, 직원들의 열의에도 불구하고, 나미비아 경제 상황이 좋지 않아 부족한 예산과 자원으로 운영되고 있었고 직원 사비로 도서관 물품을 구입하는 경우도 있었다. 이러한 상황에서 그 직원은 너무나도 답답한 심정에 그와 같은 질문을 했으리라 생각한다. 필자는 애써 난처한 마음을 숨기고 평가만을 담당하고 있어 추가적인 예산 집행에 대해서는 이야기하기 어렵다고 정중히 대답했는데, 그 당황스러웠던 순간을 계기로 ICT4D 사업의 평가자와 평가 대상 간의 관계에 대해 다시 깊이 생각하게 되었다.

나미비아에서의 경험을 통해 필자가 스스로 정리했다고 생각한 ICT4D 연구 패러다임이 현장에서는 상당히 불완전한 것임을 깨달았다. 구성주의에 기반하여 연구자와 연구 대상 간의 진솔한 상호작용을 통해 연구 질문(ICT4D 사업의 효과성, 개발/발전의 의미 등)에 대한 답을 얻고 싶었으나, 이는 두 주체가 어느 정도 동등한 관계여야 가능한 작업이었다. 하지만 공여기관과 파트너 기관을 둘러싼 복잡한 이해관계와, 종종 빠듯한 예산과 지속성 이슈에 부딪히는 개발협력 사업에서 외부로부터 온 평가자와 평가 대상 간에 힘의 불균형(power imbalance)이 발생하면 사업의 효과성에 대한 진솔한 의견을 나누지 못할 가능성이 높고, 이에 따라 필자가 바라던 진정한 의미의 상호작용은 일어나기 어려운 상황이었다.

필자는 'ICT4D 평가에서 힘의 불균형을 어떠한 방식으로 해소할 수 있을까?'라는 의문을 품은 채 박사학위 논문 작업에 들어갔다. 논문 주제는 ICT4D 평가가 행해져 온 과정, 그 한계점과 향후 방향을 찾는 것이었다. 이 과정에서 프로그램 평가, 정보시스템/정보통신기술 활용 평가, 개발협력 평가의 이론적 요소가 ICT4D 평가와 어떠한 연관성이 있는지 분석하고, ICT4D 평가를 행함에 있어 기본적으로 고려되어야 하는 것이 무엇인지 알아보고자 했다. 이 연구를 위해 ICT4D 평가와 관련된 학술지 논문 108편과 원조 및 개발 관련기관의 ICT4D 사업 평가보고서 114편을 분석했고, 다양한 국가의 개발협력평가 분야 학계 및 관련기관 전문가 24명을 인터뷰했다. 필자는 인터뷰를 통해 다른 연구자들은 ICT4D 평가를 어떻게 하는지 듣고 싶었고, 풀리지 않은 의문에 대한 답을 구하고 싶었다.

인터뷰를 하는 동안 몇몇 전문가들은 ICT4D 사업에서 대상 참여적 접근 방식(participatory approach)이 기획 및 실행 단계에서뿐만 아니라, 평가 단계에서도 적용되어야 한다고 주장했다. 즉, 평가를 통해 무엇을 알아보고자 하는지, 평가는 어떠한 방식으로 진행할지가 사업 참여자와 함께 논의되고 정해져야 한다는 의견이었다. 필자가 분석한 논문(Lennie et al., 2015: 325~343; Pade-Khene·Sewry, 2012: 1~34) 중에는 현지 참여자들과 초기 평가기획 단계부터 협력하거나, 현지인들이 직접 인터뷰나 설문을 통해 평가를 진행할 수 있도록 하면서 그들의 평가 역량을 증진시키는(evaluation capacity building) 경우가 있었다. 이때 연구진은 외부로부터 온 '평가자(evaluator)'가 아닌, 주로 평가 과정을 함께 진행하거나 도와주는 '협력자(facilitator)'의 역할을 담당했다. 논문을 준비하면서 정책학과 관련이 깊은 프로그램 평가 분야의 문헌을 많이 읽었는데, 이 분야에서는 이러한 참여자 능력강화 평가(empowerment evaluation)에 대한 이론이 이미 많이 발전된 것을 알 수 있었다(Fetterman, 2001; Fetterman·Wandersman, 2005).

능력 강화적 평가 방식을 활용하면 사업 참여자 집단이 정의하는 '발전'의 의미를 평가 결과에 충분히 반영할 수 있을 뿐만 아니라(센이 정의하는 '발전'의 의미, 역량중심접근법 반영), 연구자(협력자)와 사업 참여자(평가 주체이자 대상) 간의 상호작용을 통해 평가 질문에 대한 답을 이끌어 내면서도, 평가자와 평가 대상 간의 힘의 불균형을 해소할 수 있을 것으로 본다. 또한, 사업 참여자가 직접 평가를 기획하고 진행함으로써 사업에 대한 현지인들의 관심을 높이고, 사업의 지속성에 긍정적인 영향을 끼칠 수 있으리라 예상한다.

종합하면, 현재 필자의 발전, ICT4D, ICT4D 평가에 대한 관점은 다음과 같다. 선진국, 개발도상국, 후진국의 인위적 구분에 대한 어린 시절의 저항감이 계기가 되어, 숫자를 중시하는 '경제적 성장'보다 개개인이 추구하는 가치에 따라 삶을 영위해 갈 수 있는 '자유'로서 '발전'을 정의하고, '역량강화 과정'을 강조하는 센의 역량중심접근 관점에 동의하게 되었다. 개개인이 이해하고 추구하는 발전의 형태는 다양하다고 생각하며, 이에 따라 상대적 실재론과 주관적 인식론을 반영한 구성주의 기반 패러다임을 ICT4D(평가) 연구에 적용하려 노력하고 있다. 또한, ICT4D 평가에서 사업 참여자를 수동적인 수혜자로 바라보기보다 사업의 실행부터 평가까지 여러 단계에서 공여기관과 협력하는 능동적인 주체로 인식하며, 개발협력 분야 특유의 환경 속에서 평가자와 평가 대상 간의 힘의 불균형을 해소할 수 있는 방안으로서 능력 강화적 평가 방식에 관심을 갖고 있다.

5. 글을 맺으며

위 글에서 밝힌 몇몇의 계기 외에도, ICT4D 분야의 국내·외 주요 학술지[5]에 게재된 논문들을 읽고, 컨퍼런스[6]에 참석하여 여러 연구자들과 대화를 나눈 것도 연구에 큰 도움이 되었다.

앞서 언급했지만, ICT4D 분야를 바라보는 필자의 관점이 정석이라고 주장하는 것은 결코 아니다. 다만 이 글을 통해 이 분야에 대해 관점을 정립해 나가는 과정을 공유하고자 했다. 또한, ICT4D 분야를 공부하면서 필자와 비슷하게 심적 어려움을 경험하는 이가 있다면 이 글을 통해 응원해 주고 싶었다.

필자는 박사과정을 마치고 현재 4차 산업혁명의 주요 기술이 어떻게 국제개발협력에 활용될 수 있을지, 4차 산업기술 기반 ICT4D 사업을 어떻게 평가할 수 있을지에 대해 고민하고 있다. 앞으로 이 분야를 연구하면서 계속 고민과 도전, 실패와 성취를 반복하겠지만 이러한 과정을 통해 연

---

5) ≪국제개발협력연구≫, *Information Technology for Development*, *The Electronic Journal of Information Systems in Developing Countries*, *Information Technologies & International Development*.

6) 국제개발협력학회 학술대회, International Conference on Information and Communication Technologies and Development (ICTD Conference), IFIP WG 9.4 International Conference on Social Implications of Computers in Developing Countries, International Conference on Information Systems – SIG GlobDev Workshop.

구자로서 차츰 성장할 것이라 믿는다. 아직 끝나지 않은 길고 긴 연구의 레이스에서 여러분과 필자 모두 너무 쉽게 포기하지 않았으면 한다. 개개인과 사회의 '발전' 과정에 힘을 실어 줄 수 있는 ICT4D 분야는 연구해 볼 만한 가치가 충분하기 때문이다.

참고문헌

＊ 해외 문헌

Denzin, N. K. and Y. S. Lincoln(eds.). 2013. *The Landscape of Qualitative Research.* 4th ed. Thousand Oaks, CA: SAGE Publications.

Fetterman, D. M. 2001. *Foundations of Empowerment Evaluation.* Thousand Oaks, CA: SAGE Publications.

Fetterman, D. M. and A. Wandersman. 2005. *Empowerment Evaluation Principles in Practice.* New York, NY: Guilford Press.

Gomez, R. and S. Pather. 2012. "ICT evaluation: Are we asking the right questions?" *The Electronic Journal of Information Systems in Developing Countries*, 50(5), pp.1~14.

Gomez, R., P. Reed and H. Y. Chae. 2013. "Assessment of community wellness outcomes to measure ICT impact." *Proceedings of the Sixth International Conference on Information and Communications Technologies and Development - ICTD 2013*, pp.37~40.

Guba, E. G. 1990. "The alternative paradigm dialog." E. G. Guba(ed.). *The Paradigm Dialog*(pp.17~30). Newbury Park, CA: SAGE Publications.

Lennie, J., J. Tacchi, M. Wilmore and B. Koirala. 2015. "A holistic, learning-centred approach to building evaluation capacity in development organizations." *Evaluation*, 21(3), pp.325~343.

Pade-Khene, C. and D. Sewry. 2012. "The rural ICT comprehensive evaluation framework: Implementing the first domain, the baseline study process." *The Electronic Journal of Information Systems in Developing Countries*, 51(8), pp.1~34.

Song, J., M. Kim and A. Bhattacherjee. 2014. *Social Science Research: Principles, Methods, and Practices*(in Korean). Online publication.

＊ 인터넷 사이트

CWO (Community Wellness Outcomes Toolkit): https://sites.uw.edu/rgomez/cwo
iSchools: https://ischools.org/

ICT4D 연구회

ICT4D 연구회(정보통신기술과 개발협력, Information and Communication Techno-logy for Development)는 개발협력 사업에서 정보통신기술을 효과적으로 활용하는 데 관심을 가진 연구자와 현장 전문가들로 구성된 연구 모임이다. 2017년부터 국제개발협력학회의 연구분과로서 활동하고 있다. 개발도상국의 발전에서 정보통신기술의 활용은 더욱 촉진되어야 하고, 정보통신기술이 긍정적인 역할을 수행한다는 점에 대해서는 이론의 여지가 없다. 그러나 정보통신기술의 활용 자체는 어디서나 다양한 부작용을 수반하고, 이것이 개발도상국의 맥락에서는 더욱 확대 재생산되는 경향이 있다. ICT4D 연구회는 이런 문제들에 대해 현장 연구를 수행하면서, 이론적 고찰을 도모하고자 정보시스템, 개발컨설팅을 비롯해 개발학, 경영학, HCI(Human-Computer Interaction) 등 다양한 분야의 전문가들이 모인 연구회다.

엮은이

이희진   연세대학교 국제학대학원 교수

지은이

이희진   연세대학교 국제학대학원 교수
유성훈   정보통신정책연구원 국제협력연구본부 부연구위원
김태은   정보통신정책연구원 국제협력연구본부 부연구위원
배진현   한국국제협력단 과장
차경진   한양대학교 경영대학 교수
김민진   University of East Anglia 박사과정
장승권   성공회대학교 경영학부 및 대학원 협동조합경영학과 교수
조수미   성공회대학교 대학원 협동조합경영학과 박사과정
정영찬   서울대학교 융합과학기술대학원 박사과정
셉제임스 계명대학교 정치외교학과 교수
박경렬   KAIST 과학기술정책대학원 조교수
권호   KODAC 수석컨설턴트
임문정   KAIST 한국4차산업혁명정책센터 연수연구원

한울아카데미 2285
국제개발협력학회 연구총서 3

국제 전문가가 들려주는 ICT4D
정보통신기술과 국제개발협력

ⓒ 이희진, 2021

엮은이 | 이희진
지은이 | 이희진·유성훈·김태은·배진현·차경진·김민진·장승권·조수미·정영찬·섭제임스·박경렬·
　　　　권호·임문정
펴낸이 | 김종수
펴낸곳 | 한울엠플러스(주)
편집 | 배소영

초판 1쇄 인쇄 | 2021년 2월 18일
초판 1쇄 발행 | 2021년 2월 25일

주소 | 10881 경기도 파주시 광인사길 153 한울시소빌딩 3층
전화 | 031-955-0655
팩스 | 031-955-0656
홈페이지 | www.hanulmplus.kr
등록 | 제406-2015-000143호

Printed in Korea.
ISBN 978-89-460-7285-5 93340 (양장)
　　　 978-89-460-8030-0 93340 (무선)

* 책값은 겉표지에 표시되어 있습니다.